認知的アプローチから見た第二言語習得

日本語の文法習得と教室指導の効果

A Cognitive Approach to Second Language Acquisition:
Grammar Development in Japanese and the-Effect-of-Instruction Research

小柳かおる Kaoru Koyanagi
峯　布由紀 Fuyuki Mine

くろしお出版

まえがき

　第二言語習得研究は，さまざまな理論が展開され，扱う分野も広範である。第二言語習得の研究者と言えども，もはや全ての研究に精通していることは不可能なほど，扱われる研究課題は多岐にわたっている。また，それぞれの分野で研究方法も理論も洗練され，独自性を強めている。そんな中で，本書は，認知的アプローチによる教室における第二言語習得(Classroom/Instructed Second Language Acquisition)の研究の成果に焦点を当てたものである。この分野の研究では，教室指導の効果を探る研究が盛んである。ただし，大雑把なマクロレベルで教授法同士を比較してもあまり違いが見られないため，もっとミクロレベルの教育的介入の効果を探っている。そして，なぜ，あるタイプの教室指導が有効なのかを説明するには，その背景に学習者の頭の中で何が起きているか，つまり認知的なメカニズムを考える必要がある。教育的介入が，そのメカニズムに合致しているのか，あるいは，そのメカニズムを効率よく活性化するものなのかを理論的に考察するのである。

　この分野は，教室実践への応用につながる，教授法に最も近い習得研究ではあるが，その理論はRobinson(2001)の *Cognition and second language instruction* の出版以降，近年とみに理論が複雑かつ高度になっている感がある。日本語教育に興味を持つ者は，学習者に教えるための文法や教え方を勉強しようという意気込みで，大学・大学院の日本語教育の専攻コースや民間の日本語教師養成講座を受講する場合が多い。そもそも人文系の学問に興味や強みを持っていることが多く，認知心理学，さらには脳科学にまで言及がある教室習得研究は，期待と大きく異なりハードルが高いと思われる。実際，そのような声を耳にすることも多い。英語で書かれた文献ならなおさらである。よって，本書は，教室習得研究に関心がある読者に，日本語で情報を提供することを一つの目的としている。そして，この分野で研究を行うとなると英語の論文を読むことは避けられないので，これまでの研究動向や研究上の論点をまとめることを意図している。対象は第二言語習得の入門，概論的な知識がある学生や研究者である。

　どんな教育的介入が習得にインパクトがあるかを表面的に知るだけでなく，あるタイプの教育的介入がなぜインパクトがあるのかを，学習者の認知的なメ

カニズムに照らして理解することは，研究者を目ざすにも教育実践に役立てるにも重要だと考える。そのようなメカニズムの解明が進んでいることこそ，第二言語習得研究の成果だと言える。筆者は，21世紀に入る前後に，教室習得研究の動向が一気に認知的なプロセスやメカニズムの解明に向かっていった頃，理論が急激に難しくなり，今までの知識では不十分だと危機感を感じたと同時に，知的な刺激を大いに受けたものである。それから約20年過ぎ，この機会に，筆者自身も研究成果を系統立てて整理しておきたいというのが執筆の動機でもあった。

　本書を執筆した小柳と峯は，日本語教育に関わっているので，英語の文献を多く引用しつつも日本語教育を念頭に教室習得研究を概観している。日本語教育における第二言語習得の研究者および学生に大いに役立ててほしいと思っている。そのため，本書では，海外の研究成果をまとめた章に加え，日本語の文法発達段階や教室習得研究の成果をまとめた章も含まれている。しかし，普遍的な習得の認知プロセスやメカニズムが存在するので，日本語教育分野以外の方にも，本書を役立ててほしいと願っている。日本語と英語やその他の言語の研究との接点や対話が生まれ，日本における第二言語習得研究に貢献できれば，こんなに嬉しいことはない。また，本書の出版にあたり，くろしお出版の池上達昭氏に大変お世話になった。原稿の完成を辛抱強く待ってくださり，丁寧に校正をして本に仕上げてくださったことに，この場を借りて感謝の意を表したいと思う。

2015年11月
小柳かおる

本書は，以下のように分担して執筆した。
小柳かおる＝前書き・1・2・4・5・6章担当
峯　布由紀＝3章担当

目　次

まえがき……………………………………………………………………iii

第1章　SLA 研究における理論構築の流れ ───────── 1
1. 脳科学と教育……………………………………………………………1
   1.1 「脳科学と教育」の潮流の中で…………………………………1
   1.2 脳科学と SLA……………………………………………………2
2. 認知的アプローチの SLA と日本語習得研究………………………6
   2.1 認知的アプローチの SLA 研究と言語教育……………………6
   2.2 日本語習得研究の課題…………………………………………7
3. 本書の構成………………………………………………………………10

第2章　SLA の認知過程 ─────────────────── 11
1. SLA に関わる心理的特性………………………………………………11
   1.1 意識とアウェアネス……………………………………………11
   1.2 注意………………………………………………………………16
      1.2.1 注意とアウェアネス　16
      1.2.2 注意の制約　20
   1.3 記憶………………………………………………………………22
      1.3.1 注意と記憶　22
      1.3.2 作動記憶　24
      1.3.3 記憶とアウェアネス　27
      1.3.4 言語知識と長期記憶　30
      1.3.5 記憶におけるチャンキング　33
2. 言語処理…………………………………………………………………36
   2.1 言語処理のメカニズム…………………………………………36
   2.2 言語処理と言語学習……………………………………………41
   2.3 処理可能性と文法発達段階……………………………………44
   2.4 競合モデルから見たインプット処理…………………………47
3. 言語スキルの自動化……………………………………………………49
   3.1 「自動化」の概念………………………………………………49

v

      3.1.1　自動性と自動化　51
      3.1.2　情報処理アプローチ vs. スキル習得論　51
      3.1.3　記憶のシステムから見た自動化理論　54
    3.2　SLAにおける「自動化」の実証研究……………………56
  4. 明示的学習 vs. 暗示的学習………………………………58
    4.1　「明示的／暗示的」の区別……………………………58
    4.2　SLAにおける学習タイプの比較研究…………………61
      4.2.1　規則提示の有無　61
      4.2.2　コネクショニスト的見解　62
      4.2.3　学習タイプと言語形式の難易度　65
    4.3　暗示的学習の可能性……………………………………69

第3章　日本語に関する第二言語習得研究　75

  1. 文法発達と処理可能性理論………………………………75
    1.1　処理可能性理論の概要…………………………………75
    1.2　日本語習得研究における理論的枠組み………………79
  2. 日本語の文構造の発達過程………………………………82
    2.1　助詞………………………………………………………82
      2.1.1　格助詞　82
      2.1.2　とりたて助詞「だけ」「しか」　85
      2.1.3　「は」と「が」　87
    2.2　ヴォイス…………………………………………………89
      2.2.1　視点の習得　91
      2.2.2　形式の使い分けの習得　96
    2.3　テンス・アスペクト……………………………………105
      2.3.1　テイル・タの習得研究とアスペクト仮説　110
      2.3.2　スル・シタ・シテイル・シテイタの使い分けとその習得　116
    2.4　モダリティ………………………………………………120
      2.4.1　蓋然性を表す形式の習得　120
      2.4.2　聞き手目当てのモダリティ表現の習得　125
    2.5　複文……………………………………………………129
      2.5.1　連用修飾節の習得―接続辞の習得　129
      2.5.2　連体修飾節の習得　134

3. 日本語の発達段階……………………………………………………140

第4章　教室指導の効果に関する SLA 研究 ——— 143

1. Focus on Form の概念化………………………………………143
   1.1　教室習得研究の歴史的変遷…………………………………143
   1.2　Focus on Form の定義………………………………………146
   1.3　実証研究の成果と問題点……………………………………152
2. 教室における指導技術とその効果に関する実証研究……………155
   2.1　インプット処理指導…………………………………………155
      2.1.1　理論の枠組み　155
      2.1.2　実証研究　159
      2.1.3　問題点と今後の課題　172
   2.2　視覚的インプット強化………………………………………174
      2.2.1　理論的背景　174
      2.2.2　実証研究　177
      2.2.3　方法論上の問題点　181
   2.3　フィードバック………………………………………………182
      2.3.1　意味交渉　182
      2.3.2　否定フィードバックの実証研究　184
      2.3.3　第一言語習得における否定証拠　188
      2.3.4　リキャストの実証研究　190
      2.3.5　リキャストの心理言語的妥当性　200
   2.4　アウトプット…………………………………………………204
      2.4.1　アウトプット仮説　204
      2.4.2　アウトプットに関する実証研究　206
      2.4.3　アウトプットの心理言語的妥当性　215
   2.5　プライミング活動……………………………………………216

第5章　日本語に関する教室習得研究 ——— 223

1. 初期のインターアクション研究…………………………………223
2. 社会文化理論からのアプローチ…………………………………228
3. インプット処理―競合モデル……………………………………231
4. 教室指導の効果……………………………………………………238

- 4.1 記述的レビュー vs. 系統的レビュー……………………………………238
- 4.2 教室指導の効果の大きさ………………………………………………239
- 4.3 目標言語形式の選択……………………………………………………243
- 4.4 暗示的指導の効果………………………………………………………248

巻末資料……………………………………………………………………………256
引用文献……………………………………………………………………………258
索引…………………………………………………………………………………289

第1章

第二言語習得（SLA）研究における理論構築の流れ

1. 脳科学と教育

1.1 「脳科学と教育」の潮流

　昨今は「脳科学と教育」というテーマが国内外でしばしば話題となる。脳科学の知見を教育に生かそうというのは，全世界的なトレンドだと思われる。例えば，脳科学の発達により，「赤ちゃん学」（小西 2003）が進歩し，脳の発達に合わせて子どもをどう育てるべきかという議論も盛んである。「三つ子の魂百まで」とは昔の人はよく言ったものだと思うが，生後3歳までは脳の発達において今でも重要な時期だと考えられている。それで，脳科学の知見に照らして0～3歳児の早期教育を考えようという特集記事が，毎年のようにニューズウィーク誌に掲載されている。また，最近の子どもはテレビゲームやコンピューターに多くの時間を費やし外であまり遊ばなくなったというが，それも脳科学の研究から「ゲーム脳」なるものの存在を唱える者が現れ議論を呼んだこともあった。低年齢の時期からテレビやコンピューターに長時間浸った世代の脳は，認知面のみならず情緒面にも悪い影響があるというような警告がしばしば出されている。日本も他国の例にもれず，文部科学省が2002年に「脳科学と教育」というテー

マの検討会を発足させている。脳の発達や脳内メカニズムに合わせた学習メカニズムを探ろうとしている。

　脳科学がこのように注目されるようになった背景には，近年の脳の画像処理診断装置の技術的革新がある。このような技術により患者の診断のみならず，高次の認知活動に従事する健常者の脳までをも観察することが可能になっている。大人だけでなく乳幼児の頭にも脳の内部の活動を見る装置をつけて実験が行われることもある。21世紀は，期待を込めて「脳の世紀」とまで言われている。文部科学省が「脳科学と教育」の検討会を設置した当初は，「脳のしくみがわかれば，英語学習を何歳から始めればいいかがわかる」というような記事が新聞をにぎわしていた。では，脳科学は教育における問題解決に対して果たしてそれほど万能なのだろうか。SLA には研究者間で見解の一致が見られない，物議を醸している問題が多々あるが，脳科学の成果を見れば SLA の論争すべてに決着がつけられるのだろうか。次節においては，このようなことを考えながら，脳科学と SLA をどう結びつけられるのかを考察する。

1.2　脳科学と SLA

　基本的な脳内メカニズムは，どんな行動においても共通である。ある刺激が知覚器官から入力されると，コンピューターのように処理，計算され，入力パターンに合った反応が運動器官を通じて出力される。これが人間の行動を司り，同時にこのような刺激と反応の繰り返しにおいて学習も起きていると考えられている。入力から出力までの一連の流れを脳の「情報処理」のプロセスと見なす。相手が言ったことに対して，ことばで何らかの反応をする会話という言語運用の1つの形態も，インプットからアウトプットにいたる「言語処理(language processing)」という情報処理のプロセスである。そして，言語処理と同時に頭の中で生じている言語学習も，目標言語の言語データであるインプットを受け，そのインプット情報を取り込み内在化して長期記憶に統合し，必要があれば長期記憶から検索してアウトプットを出すという情報処理のメカニズムが関わっている。よって，昨今では，言語処理と言語学習を同一のメカニズムとしてとらえて議論しようという気運が高まっている。

　このような SLA の学習メカニズムを解明しようとする認知的アプローチの立場をとる教室習得研究(Instructed/Classroom Second Language Acquisition)は，最近ますます認知心理学の影響が色濃くなっている。「脳の世紀」と言われる21世紀の認知科学の究極のテーマが「意識の解明」とされるが，認知心理学

においても，また認知的アプローチのSLAにおいても，習得は意識的であるべきか否かという問題や，意識に関わる注意や，記憶，アウェアネスなどが研究の重要テーマになっている。このような動向は，特に今世紀に入り，言語学習における「認知」の関わりを扱った論文集(Robinson, 2001a)や，SLAを認知科学の一領域と位置づける論文(Long & Doughty, 2003)の出版にも現れている。また，教室習得研究において，教室の指導技術の妥当性は，言語心理面，認知面から論じるべきだとされているので，認知に言及した論文(例：DeKeyser, 1998; Doughty, 2001: N. Ellis, 2003; Segalowitz, 2003)が増加している。さらに，認知心理学に加えて脳科学の先行研究に言及するSLAの論文(例：Hulstijn, 2002; Schumann et al., 2004)も増えている。

　しかしながら，脳科学から言語学習に関して何らかの示唆が期待できるとはいえ，文部科学省が提案するように脳科学の知見を即，言語教育に生かすというのはあまりにも短絡的で，両者の距離はまだ遠く，脳科学から教育への直接の応用は時期尚早だと思われる。実際，脳科学の知見が曲解されて教育に応用されることがある。例えば，脳の臨界期の存在が知られると，世間ではすぐに子どもの早期教育を奨励する動きにつながるが，ある小児科医(小西 2004; 榊原 2004)は，そのような動きに警鐘を鳴らしている。

　また，脳科学の研究者は言語教育の専門家ではないので，脳科学の知見と照らし合わせながら，言語学習のプロセスを密に検証するSLA研究がやはり必要だと考える。山鳥・辻(2006)も，非侵襲的な画像処理による実験研究から導き出せる知見を歓迎しながらも，脳の物理的変化が即言語の心理面に結びつけられるわけではなく，臨床における事実と整合する必要性を説いている。それは，すなわち，学習者の言語運用や言語発達を観察した上で，脳の血流や電位の変化とどう結びつくのかを議論する段階が必要だということになるだろう。山鳥・辻は，後天的な失語症により言語に障害を負った患者と健常者との臨床データの比較は，言語の本質の解明に大きな役割を果たすと見ている。言語の発達研究において，言語発達遅滞の子ども，健常者の子どもと大人，さらには人間に最も近い霊長類の脳の機能および外から観察可能な行動を検証して，言語発達に不可欠な要因を明らかにしようというアプローチはすでに見られる(乾・安西 2001 などを参照)。

　SLAにおいては，関連領域との連係と共に言語学習のメカニズムが明らかになれば，そのメカニズムを活性化するために教育現場で何をすべきかという提言もできるようになるだろう。p.5の図1-1に示したように，SLA研究は脳

科学と言語教育をつなぐ架け橋的な役割を担っている。理想的には実際に脳を観察する脳科学，および，人間の行動から脳内メカニズムについて仮説を立て検証し，理論化，モデル化しようとする認知心理学の知見と一貫性のある学習モデルがSLAでも構築されることが望ましい。そのためにも，認知的アプローチのSLA研究では，例えば，以下のような問題に取り組む必要があると思われる（小柳 2004a; 2004b，第2部第12章の議論も参照）。

・言語形式の気づきにおいて，どの程度のアウェアネスが必要か。
・言語学習において，どのような認知資源（注意や記憶）の制約があるか。
・明示的学習と暗示的学習はどちらが有効か。
・長期記憶に残る言語学習とはどのようなものか。
・言語知識の自動化はどのように起こるか。
・学習者が言語学習に持ち込む認知能力（作動記憶の容量，処理速度）はSLAにどんな影響をもたらすか。　　　　　　　　　　（小柳 2003）

　SLAのプログラムを持つアメリカの大学院では，心理学科と提携して応用言語学やSLAを専攻する学生が，認知心理学の授業を受けられるようにしているところが増えているが，最近はさらに脳科学のトレーニングを組み込もうとする大学院も出てきている。例えば，カリフォルニア大学ロサンゼルス校（UCLA）における脳科学と応用言語学のコラボレーションの成果がSchumann et al.(2004)の論文集にまとめられている。この中でSchumann(2004)は，脳科学の先行研究を検討する限り，普遍文法（UG）の存在は疑わしく，モジュール的（＝UG専用）なUGの脳領域は特定できていないと述べている（脳とUGに関する議論は，川人・銅谷・春野 2002; N. Ellis, 1999 などを参照）[1]。そして，むしろ脳科学は動機や記憶に対応するメカニズムを脳に見いだしていて，言語学習も一般の学習メカニズムと同様にとらえることができるとしている。

---

1) しかし，日本では脳科学によりUGの存在を突き止めようとしている研究者もいる（酒井 2002）。酒井は文法の誤り判断課題において脳のブローカ野に強い活動が見られたとしている。

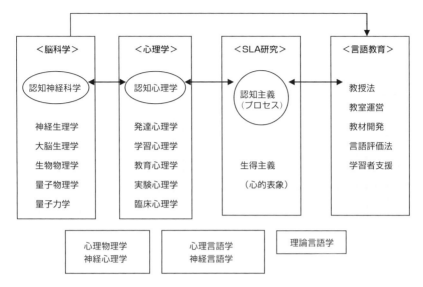

図1-1　脳科学から言語教育への流れ（小柳 2003, 2004b）

　ただし，脳科学からの知見が得られることはSLA研究にとって非常に魅力的だが，前述のように，脳科学の成果を参照すれば，SLAで未解決の問題すべてについて解答が得られるわけではないことは留意しておかなくてはならない。脳の画像処理の技術が飛躍的に進歩したとはいえ，fMRI（機能的磁気共鳴映像法）などの脳の画像技術を使っても，明らかになるのは脳のどの領域が関わっているかということであって，ニューロンの興奮状態が促進をもたらすのか，抑制をもたらすのかを示すことはできないという。例えば，Crowell（2004）によると，単語をペアにして暗記させる課題において，ペアの単語に関連性がある時は脳の活性化の領域は狭く，反対に単語のペアに関連性がない時には活性化する領域は広くなるという。しかし，記憶に長く保持されるのは，関連性がある単語のペアの方である。つまり，サプライズ的な要素を含む情報を処理するには脳の広範囲の領域を使う必要があるが，それが必ずしも学習効果と結びついていないということである。

　Schumann（2004）は，認知心理学やSLAの研究アプローチと脳科学の研究アプローチが非常に対照的であると論じている。認知心理学やSLAでは，まず人間の行動を観察し記述することから研究が始まる。そして，その根底にはどんな学習メカニズムがあるかを仮説検証型の実験研究により考察する。仮説

が正しいという確証が得られなければ，仮説を訂正し実験を繰り返す。そうやって学習メカニズムを理論化，モデル化しようとしているのである。一方，脳科学のアプローチは反対にまずメカニズムありきである。例えば，脳科学では，画像診断技術を駆使して，ある特定課題において活動が盛んな脳の領域，血流やニューロンの動き，神経回路などのメカニズムを調べる。その上で，それが，外に現れた人間の行動とどう結びつくか，行動パターンをどう説明できるかを考察するのである。

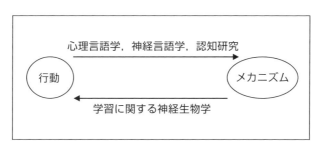

図1-2　心理学およびSLAと脳科学のアプローチの違い
（Schumann, 2004, p.2に基づく）

したがって，SLA研究に脳科学的な見解を取り込む際には，脳科学がすべて解決してくれるというような過度の期待を抱くのではなく，SLAの実証研究と突き合わせて，脳科学の知見とどのように一貫性が持たせられるかを慎重に検討すべきだと思われる。言い換えると，脳科学はまだ万能ではなく，SLA研究がやらなくてはならない課題がまだまだ残されているということである。

2. 認知的アプローチのSLAと日本語習得研究

2.1　認知的アプローチのSLA研究と言語教育

　認知的アプローチによるSLAの実証研究は，学習者の認知過程に何らかの介入を行って，それが言語発達にどのようなインパクトがあるのかを検証する。介入というのは，何らかの方法で目標言語を教えることにより学習者の認知過程に侵入するということであるが，かといって，このような研究は教え方そのものを研究しているわけではない。教育的介入の方法をいろいろ操作して言語学習のプロセスにどんな影響をもたらすかを検証することにより，言語習得のメカニズムを明らかにしようとしているのである。結果としてインパクトがあ

るということになれば，もちろんその教え方は有効だと考えられる。しかし，結果に影響を及ぼすであろう介在変数(intervening variables)(学習者間のレベル差，予備知識の差，母語の違いなど)の影響をできるだけ排除し，学習過程のほんの一断片を独立変数(independent variable)にして行う。SLAの教育的介入の実験は，よいことは何でも取り入れて教えようとする教室の実際のティーチングとはやはり性格を異にする。今までのSLA研究では，むしろ独立変数が絞りきれておらず，どのような指導技術が習得にどのようなインパクトがあるかが明確になっていないという問題点が指摘され(Norris & Ortega, 2000)，独立変数を絞った研究がいっそう求められている。しかし，多くの現場の教師が求めているのは，SLAによいとされることをすべて網羅した教授法への示唆であろう。したがって，SLAの実験研究の結果を解釈したり実際の教育現場に応用したりする際には，細心の注意が必要である。実験結果1つのみを見るのではなく，関連する研究と照らし合わせて総合的に判断する目が必要になる。

SLAという学問分野は，長い歴史を誇る哲学など他分野に比べると，その歴史は非常に浅い。Selinker(1972)が「中間言語(Interlanguage)」という用語を提唱したあたりがSLA研究の始まりだとすると，せいぜい40年程度しか経っていない。ましてや認知的アプローチのSLA研究が盛んになったのは，もっと最近のことである。しかしながら，SLAは理論言語学はもちろんのこと，心理学や脳科学，教育学などとも関わる学際的な分野であり，関連する認知心理学や脳科学などの分野の成熟と共に，SLAの理論も研究方法もかなり洗練されてきている。それと同時に，研究をやってみたいと思う者は，以前よりずっと高度で難解な理論を理解しておく必要に迫られている。特に言語教育というと人文系の学問として位置づけられることが多いが，SLAは理系の要素が強い学問でもある。SLAの分野は多岐にわたるが，その中で言語教育への示唆が最も多く得られると思われる認知的アプローチの教室習得研究は，認知心理学，脳科学の影響が大きく，仮説検証型の論理構成や，統計を駆使した実験手法が求められるので，文系というより理系に近い。理論言語学，特に生成文法の研究者の間でも，言語学は自然科学，理系の学問であるという意識が強い(例えば，松本他 1997，郡司他 1999参照)が，SLA研究においても今後は理系的な発想，思考が求められるだろう。

2.2 日本語習得研究の課題

SLAは日本語教育において関心が高まっている分野の1つである。研究面で

も国内の論文数は1990年あたりから増加している。1990年には日本語教育関係者の間で「第二言語習得研究会(JASLA)」が設立され，年に一度の全国大会の開催とジャーナル『第二言語としての日本語の習得研究』も年に1回発行されている。しかしながら，日本語教育に寄与するSLA研究が求められているものの，特に日本国内における研究は，言語学習のメカニズムを解明しようというような気運にはなっていない。1つには，記述的研究が主流で，学習者から言語データを集め，日本語学的な分類で誤りや発達過程を記述し，研究者なりの説明，解釈を与えるにとどまっていることが多いのが一因であろう。また，教室談話やインターアクションのプロセスを観察する研究は多いが，教育的介入を行う実験研究は敬遠されがちである。学習者を実験台にすることの躊躇や反発が教育現場にあることも事実である。記述的な研究は，SLAにおいて「○○が起こっているらしい」という仮説を生成することはできるが，SLAの根底にあるメカニズムを何ら証明したことにはならない。そこで，観察や記述的研究から派生した仮説や直観が正しいかどうかを確かめるためには，研究倫理を尊重した上で，さらに厳密な仮説検証型の実証研究を行う必要があるのである。また，観察による直観や記述的研究から生まれた研究者なりの主観的な仮説を一歩進め，研究仮説を形成するには，何らかのSLA理論やモデルなど，仮説の根拠となる理論的な枠組みも必要になる。

　一方，海外の日本語習得研究では，当然のことながら海外の研究パラダイムの中でなされているので，さまざまな理論に基づいた研究がなされている。しかし，時として日本国内の研究に無関心であることが多い。また，日本の研究者が海外の日本語習得研究を見る場合に，日本語の論文のみ取り出してみると，それがSLA全体の中でどのような研究動向に位置づけられるものなのかが見えにくくなる恐れがある。したがって，日本語習得研究は，日本語とはいえ日本語のみの研究にとどまるのではなく，海外のSLA全体の動向を常に把握しておくべきであるし，国内外の日本語に関する研究者間の対話や交流がもっと必要である(小柳 2001; 2004b, 第2部第12章の議論も参照)。また，日本語学習者(L1：英語)と英語学習者(L1：日本語)の裏返しのデータが研究に新たな洞察をもたらすこともあり，国内でも，日本語習得の垣根を越える必要があるものと思われる。

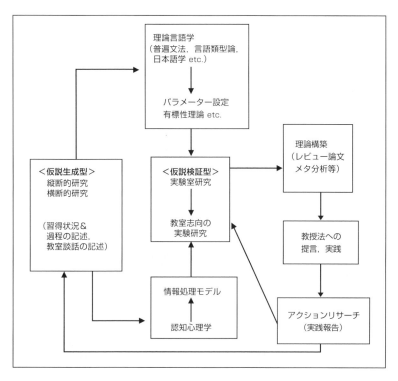

図1-3　言語習得研究の流れ（小柳 2001）

　今後，さらに日本語教育に貢献する習得研究を目ざすなら，今後は以下のような課題に取り組む必要がある。
 1) 日本語の言語形式に学習者の母語に関わらず存在する普遍的な習得順序があるかを系統だてて解明する。
 2) 習得が困難で FonF の対象となり得る言語形式を特定する。
 3) どんな習得モデルや習得理論が1) 2) を最もよく説明し得るか検証する。
 4) 教室指導が学習者の習得過程にいかに介入できるかを検証し，指導技術の有効性を言語習得論に基づき考察する。
 5) 学習者要因がどう影響するかを検証する。
 6) 教室学習者の習得過程の全体像をとらえて，教授法へ提言を行っていく。　　　　　　　　　　　　　　　　　　　　　　（小柳 2000）

3. 本書の構成

　本書の目的は，このような日本語の習得研究を推進するにあたり，教室習得研究の枠組みを提示することである。さまざまな教室指導が SLA にどのようなインパクトを与えるかを考察する際には，その背後にある学習者の認知的なメカニズムがどうなっているかを考えることが重要である。そこで，まず第2章では，これまでの SLA 研究からわかってきた言語学習における学習者の認知的な側面について概観する。特に SLA を記憶のプロセスでとらえた認知的なメカニズムを紹介する。第3章は，「処理可能性理論(Processability Theory) (Pienemann, 1998)をベースに，日本語の文法習得の特徴や，文法の発達段階について概観する。習得には普遍の発達段階があることは，英語の疑問文や否定文の形成に見られることは知られているが，日本語にも一定の発達段階があるとされている。そのような段階が生じるのは，言語処理のプロセスの作動記憶などの認知的な制約によるものだと考えられている。これは，第2章で紹介する認知的なメカニズムにもつながるものである。処理可能性理論の下，各発達段階で習得される言語形式を肉付けしながら，日本語の文法の習得の全容に少しでも近づけるよう考察を重ねる。

　第4章では，第2章で紹介した認知的なメカニズムを効率的に活用する教室指導を行い，SLA へのインパクトを検証した研究を概観し，それぞれの指導テクニックが心理言語面から見て妥当性のあるものかどうかを考察する。さらに，第5章では，日本語に関する教室習得研究を概観し，今後の課題を確認する。

第2章

SLAの認知過程

1. SLAに関わる心理的特性

1.1 意識とアウェアネス

　教室第二言語習得研究(Classroom SLA/Instructed SLA)において長い間論争になってきたことの1つが,習得は意識的であるべきか,あるいは無意識的,潜在意識的にも起きるものなのかという問題である。この議論はKrashen(1977, 1980など)が,教室における意識的な文法学習は真の意味での習得にはつながらないと主張した「習得／学習仮説(Acquisition/Learning Hypothesis)」に端を発するものである。意識的な文法学習によって得られた明示的知識(explicit knowledge)と,無意識にインプットを理解することで習得された暗示的知識(implicit knowledge)を区別して,2つの知識に接点(インターフェース)はないと見なしたという意味で,「ノン・インターフェース仮説」とも呼ばれている。この仮説は,意識的に得られた知識と無意識的に得られた知識を完全に二分化したことについて,習得過程やメカニズムの認知的な説明が不十分であったことから理論的な不備を指摘され,80年代にさまざまな批判(Gregg, 1984; McLaughlin, 1978, 1987など)を受けた。

対照的に，文法学習の意義を提唱する Sharwood Smith(1981; Rutherford & Sharwood Smith, 1985に引用)は，以下のように，教育文法仮説(Pedagogical Grammar Hypothesis)を提示していた。

　　言語形式への注意が最小限に抑えられ，注意が散漫である自然習得の状況下の学習者から期待される習得速度と比べると，メッセージ内容とは切り離して，特に言語の構造的規則性に学習者の注意を引き出す指導ストラテジーは，顕著に習得を加速化させることができる。
　　　　　　　　　　　　　　　　　　　　　　　　(Sharwood Smith, 1981)

Rutherford(1987a, b, 1988)や Rutherford & Sharwood Smith(1985)，Sharwood Smith(1981)は，目標言語の言語形式の特徴に学習者の注意を引き寄せる試みを「意識化(consciousness raising)」という用語で表現し，この意識化こそが教室指導の役割だとしていた。これは Krashen に対抗する SLA のインターフェースの立場である。明示的知識から暗示的知識へと文法知識が発達する過程において，意識化が中間言語と目標言語のギャップを徐々に埋めていくのを助けると考えたのである。インターフェースの立場は，2つの知識の間のつながりを認め，SLA における言語形式の指導に何らかの効果を期待するものであるが，R. Ellis(1985)は，Sharwood Smith の説はやはりまだ第二言語(L2)に2つの知識が存在するという前提に基づいていて，よって，インターフェースの立場は，Krashen のいう「習得」による知識，つまり暗示的知識が SLA の主要な知識源だとする Krashen の説明を，間接的に支持していることになるのではないかと疑問を投げかけた。
　Bialystok(1979, 1981)も初期の研究の中で，「明示的」および「暗示的」知識に関して，明示的知識が自動化の練習を通じて暗示的知識に転換されるという点で，SLA において2つの知識の間に相互作用があると論じていた。このような考え方は認知心理学のスキル習得論に根拠を見いだすことができる。Anderson(1983, 1985)の ACT*[1] (Adaptive Control of Thought)理論では，長期記憶において異なる2種類の知識[2] を想定している。それらは，事柄に関す

---

1)　「アクト・スター」と読む。
2)　本書では，宣言的知識(declarative knowledge)と明示的知識(explicit knowledge)，手続き的知識(proceduralized knowledge)と暗示的知識(implicit knowledge)をほぼ同義語として使っている。筆者の知る限り，心理学用語辞典には「明示的／暗示的知識」

る知識で言語にして表現できる宣言的知識(declarative knowledge)と，物事のやり方や手順，スキルに関する知識で無意識にアクセスされる手続き的知識(procedural knowledge)である。そして，ACT* 理論では，宣言的知識が練習により手続き的知識に変換されると考えている。L2学習においては，教室で習った文法規則に関する知識である宣言的知識が，文法練習を行う中で手続き的知識に変わっていくと考えたのである。宣言的知識が手続き的知識に変換されるプロセスを手続き化(proceduralization)と言う。そして，さらに練習を積み重ねると，手続き的知識の使用が自動化(automatization)され，流暢に言語運用ができるようになると見たのである。これは，教室指導において提供された文法知識が習得につながるとする強いインターフェースの立場を理論的にサポートするものであった。

　また，Krashen の知識の二分化を批判した McLaughlin(1978)は，認知心理学の Schneider & Schiffrin(1977)の情報処理アプローチを SLA にも応用し，言語習得とは言語スキルの運用が「統制的処理(controlled processing)」から「自動的処理(automatic processing)」へ移行するプロセスだとしている。この枠組みでは学習から習得は連続体をなすものだと見なされるが，異なる2種類の知識の存在と学習過程における知識の変換は想定していない(McLaughlin, 1990)。その代わり，習得のプロセスにおいて，記憶の心的表象(mental representation)にインプット情報が統合される度に，中間言語文法知識の再構築(restructuring)が起きるとしている。つまり，記憶における抽象的な心理的構造である表象レベルで何らかの質的変化が起きるのだとしている。McLaughlin は，2つの知識を区別しないものの，教室内の練習が次第に自動的な言語運用につながっていくと見ている点で，教室学習から習得へは連続性があると見ているのである。

　前述の Bialystok(1988, 1994)は，さらに心理言語的見地から考察を進め，タスクの要求度により L2使用において系統的に変化する要素があることを強調する二次元のモデルを改良案として提案した。Bialystok は SLA を引き起こす要素である2つの認知過程として，知識の分析(analysis of knowledge)と処理の統制(control of processing)の2つの次元を挙げた。知識の分析というのは，言語形式と意味のマッピング(mapping)が進行している心的表象の分析の度合いであり，処理の統制というのは，心的表象へのアクセスにおける自動化

という項目は見当たらない。心理学では「宣言的／手続き的知識」の方が一般的である。

の度合いである。学習者の運用能力が上がるにつれて、言語形式と意味の関係に関する知識はより分析されたものになり、心的表象へのアクセスはより流暢にもしくは自動化されたものになるはずである。こうして、Bialystok(1988, 1994)は、言語形式の指導は知識の分析を促進させることを目的としているが、さまざまなタイプの指導が、2つの次元のいずれか、または両方を発達させるように機能すると述べている。そして、分析と統制の相互作用の結果として焦点的注意(focal attention)を配分する過程でアウェアネスという主観的な感覚、すなわち意識も生じるのだとしている。しかしながら、Hulstijn(1990)は、このモデルはタスクの要求度による言語使用の次元を表しているのであって、言語能力の発達モデルにはなり得ないのではないかと指摘している。Bialystokのモデルでは、同一個人間でも状況によって2次元モデルのどこの部分でパフォーマンスしているかが異なってくることを説明しているが、言語発達がどう進行するのかは明確ではない。

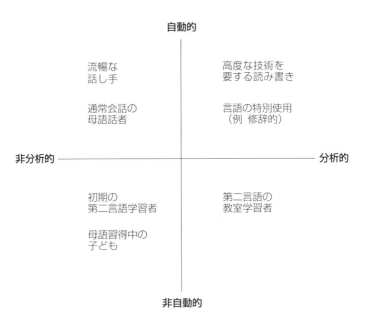

図2-1　言語運用能力の2次元モデル(Bialystok, 1988)

このような論争の背景には「意識」や「アウェアネス」といった概念の定義づけの難しさや曖昧さの問題と，「明示的知識」と「暗示的知識」の区別に関する混乱があった（「明示的」「暗示的」の定義に関しては，第3節で詳しく検討することにする）。「意識」は日常的にも使われる用語であり，生物学的な覚醒状態から，哲学の対象となる深い思索の状態にいたるまで，使用範囲の広い語である。苧阪(1994)は，図2-2のように，認知心理学において認知過程に関わる意識の働きに3つのレベルがあるとしている。このような階層があるとすると，「意識」という語はSLAで論じるには幅が広くて曖昧な概念だと言える。また，SLAでもSchmidt(1990)は，Krashen(1985)の枠組みの「無意識(unconscious)」は，意図なしの学習，明示的なメタ言語知識なしの学習，アウェアネスなしの学習の3つが混同されていることを指摘している。さらに，Tomlin & Villa(1994)は，「意識(consciousness)」は，アウェアネス(awareness)，知覚(perception)，意図(intention)などを含み，広い意味で使われている語で，SLA研究の拠り所とするのは不適切であると見なしている。21世紀は「脳科学の世紀」と言われているが，その究極の目標の1つが「意識の解明」と言われているほど「意識」は大きな存在である。よって，現時点では，SLAの実験で直接操作して扱うには適切な概念ではないと言えるだろう。現在ではSLAの議論の対象は「注意」や「記憶」といった心理的特性に移っている。もちろん，注意や記憶は意識とも関連がある心理的特性であり，注意や記憶の問題を解き明かすことにより，意識のしくみもいずれ明らかになると思われる。次節では現行のSLA理論における「注意」や「記憶」の問題を論じることにする。

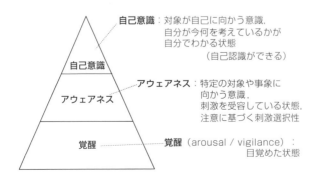

図2-2　3つの意識(苧阪 1994, p.13)

1.2 注意
1.2.1 注意とアウェアネス

　前述の教育文法仮説の中で，学習者が言語形式に注意を向けるように「意識化」を図ることが重要だと主張していた Sharwood Smith(1981; Rutherford & Sharwood Smith, 1985)は，後に自らがその用語を「インプット強化(input enhancement)」(Sharwood Smith, 1991, 1993)と言い換えている。物議を醸した「意識」という用語を避け，学習者の注意が特定の言語形式に向くように外から操作し，インプットの質を高めるという試みを意味する語に変えている。学習者の内面にある「意識」は教師が立ち入って操作できるものではないので，教師が外からコントロールできる教育的な側面を強調したのである。また，Schmidt(1990)は，習得の第一歩として，学習者がインプットに注意を向け，ある言語形式を認識して取り込むプロセスが重要だとして「気づき仮説(noticing hypothesis)」を提示した。さらに，意味ある伝達活動に従事する中で，学習者が注意を適宜，言語形式に向けることが SLA を促進するという主張から，Focus on Form(Long, 1991)という概念も提唱された。このようなことから，教室指導において，どのように言語形式に「注意」を向けさせれば SLA はより効率的に促進されるのかということが議論の対象になっていった。

　Schmidt(1990)は，自らのポルトガル語学習の経験を日記につけ，教室の外の母語話者とのインターアクションや教室場面を録音し，後にそれらのテープと日記や教材を照合して第三者と分析したダイアリー研究(Schmidt & Frota, 1986)を気づきの証拠としてあげている。この研究で明らかになったのは，インプットに決して含まれていなかった言語形式は彼のスピーチにおいても産出されなかったこと，インプットでよく聞いた言語形式は彼のスピーチの中に現れる傾向があったこと，彼が使った言語形式は人々が彼に向かって使っていたことに気づいていたものだったこと，また，5 か月も聞いていたはずなのに気づかなかった言語形式が教室学習を通して認識され，すぐに使い始めたこと，などであった。よって，Schmidt は(1)期待感，(2)頻度，(3)知覚的卓立性(perceptual saliency)，(4)言語処理能力の自動性を含むスキル水準，(5)課題の要求度のすべてがインプットの気づきの可能性を左右するとしている。

　認知心理学者の苧阪(2002)は，注意は人や環境に「気づく」という志向的な性質を帯びた，意識の働きの基盤となる作用だと述べている。しかしながら，「注意」という用語も日常生活で気軽に使われる使用範囲の広い語で，認知心理学でも「注意」の性質に関しては見解の相違が依然として存在している。注意

には2つのタイプがあり，外的な刺激を受けると呼び覚まされる受動的注意と，自らが刺激を選択して向ける能動的注意があるとされる(水田・宮地 2003)。Tomlin & Villa(1994)は，認知心理学の文献を概観した上で，Posner(1992)に基づき，注意の3つの構成要素として，警戒感(alertness)，志向性(orientation)，検出(detection)を特定し，SLAのプロセスをより厳密に研究すべきだという提言を行った。彼らは「アウェアネス」は注意を増加させる補助的な役割を担うだけで，「意識」と同様にSLAには直接関係がないと論じている。Tomlin & Villaの見解によると，注意の3つの構成要素の中で「検出」が，言語習得に使われる言語データとして入ってくるインプットをふるいにかける役割を果たすという点でSLAにおいて最も重要なものである。そして，「検出」が起こる可能性は「警戒感」，「志向性」もしくはその両方により高まる(図2-3参照)。

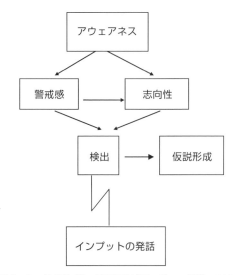

図2-3　**注意と第二言語習得**(Tomlin & Villa, 1994)

「警戒感」とは，学習者のインプットを受ける一般的なレディネスのことをさすが，動機とも関係づけられる。教師の励ましや視覚補助教材は，学習者がどんなインプットが入ってくるかを予測し受け入れる準備を整えるのを助ける役目を果たす。一方，「志向性」は入ってくるインプットへの学習者の期待をさすが，例えば，インプット中のある言語形式が高い頻度で与えられたり，インプッ

ト中のある部分が強調されていたりすれば,学習者が入ってくるインプットに集中するのを助けることになると考えられる。学習者の注意を言語形式に向けさせるインプット強化などの指導は,この志向性を高めることを目ざしたものだと言える。

　Schmidt(1990)のいう「気づき」は,Tomlin & Villa(1994)の枠組みでは「選択的注意を向けた範囲内における検出」と再定義されている。言語形式の指導は,検出のチャンスを増加させることになる警戒感や志向性のレベルに訴えるようにデザインされなくてはならない。ここでは,意識的に注意を向けた,すなわちアウェアネスを伴って認識されたインプットだけが「気づき」として取り込まれるとする Schmidt と異なり,Tomlin & Villa は,アウェアネスは注意を増すための補助的なもので,暗示的,潜在意識的な学習も可能だとしている。また,Tomlin & Villa は「警戒感」や「志向性」は「検出」の可能性を高めることはあっても,どちらも気づきの必須条件とは見ていない。Leow(1998)は,Tomlin & Villa(1994)に基づき注意の3つの要素の有無を操作した実験から彼らの立場を支持しようとしたが,Simard & Wong(2001)は,Tomlin & Villa(1994)の注意の枠組みは,神経科学の脳の活性部位から3つの機能を分離したもので,必ずしもL2学習に対応していないのではないかと疑問を呈している。そして,注意の3つの機能が学習に存在するか否かの二者択一ではなく,比重でとらえるべきもので,課題のタイプ,言語項目の性質,個人差とも相互作用することにより3つの比重が変化するのだとしている。

　このように,「意識」に代わる「注意」の枠組みにおいても,学習にアウェアネスが必要かという論争が続いた。実証研究において,例えば,Rosa & O'Neill(1999)は,高次レベルのアウェアネスが学習過程全般にわたり重要であると論じている。実験では,スペイン語学習者に対して条件文を目標言語項目として問題解決タスク(クロスワード・パズル)を行い,インテイクとアウェアネスのレベル,および学習条件の違い(言語形式の説明の有無と規則を探すという指示の有無)の関係を調べた。インテイクは多肢選択の認識テストで,またアウェアネスのレベルは思考表出(think-aloud)法によりプロトコル分析を行うことで測った。その結果,言語形式の説明を受けた学習者は,暗示的学習[3]の学習者,

---

3)　「暗示的学習(implicit learning)の訳語としては「潜在学習」とすることも可能であるが,まだ定訳がないようである。心理学においては"latent learning"の訳語として「潜在学習」がかなり定着しているが,使用されるコンテクストが異なるという。言語学習のコンテクストで睡眠学習のようなタイプの学習を潜在学習(subliminal learning)と呼ぶこともあるので,本書では「暗示的学習」とした。

つまり，出会った文を単に記憶にとどめていただけの学習者よりインテイクにインパクトがあったとしている。Rosa 等によると，暗示的学習のただ「記憶する」という行為は認知的負担が高く，気づきが起こりにくいのだとされている。ただし，認知心理学の最近の動向では，暗示的学習の成功条件は意味あるコンテクストで情報を処理することが重要であるとされており，何をもって暗示的学習というかは議論が必要である(第3節を参照)。Rosa & O'Neil は，高次レベルのアウェアネスは，ある言語形式を検出する習得の初期の段階より，むしろ仮説形成，検証というような洗練されたインプット処理につながり，優れた学習効果を生むのに重要だとしている。したがって，教室学習では常に学習者のアウェアネス・レベルを高く保つ工夫が必要だとしている(注意とアウェアネスに関する研究のまとめは Leow(2000)を参照のこと)。

　SLA のこのような論争の中で，Schmidt(1995, 2001)は，認知心理学における約一世紀をかけた実験研究を経ても，「学習に注意が必要か」という問いに対して未だ明確な答えは出ていないとしながらも，少なくとも注意が多く向けられれば向けられるほど多くの学習が起きることは確かだと述べている。また，SLA の実証研究(Leow, 2000; Rosa & O'Neil, 1999)を見る限り，上述のように気づきには高次レベルのアウェアネスが必要だと言われている。ただし，90年代の研究は，Schmidt(1990)の操作上の定義に基づき，「目標の言語形式が何であるかに気づいた」「文法規則がわかった」というような言語報告ができるレベルを高次のアウェアネスが存在する証拠と見なしていたのだが，より最近ではアウェアネスを測定する難しさや問題点も指摘されるようになった。Robinson(1995, 2003)は，経験を言語化する能力には個人差があり，また，言葉にできない性質のアウェアネスもあるので，言語学習におけるアウェアネスは潜在記憶(implicit memory)で測るべきだと論じている。Jourdenais(2001)も学習者の言語報告には一貫性がないことを示し，プロトコール分析などは必ずしも気づきを正確に反映してはいないと見ている。

　このような議論を経て現在では，気づきの対象は，普遍文法(UG)の原理や文法規則ではなく，言語の凡例や表層構造だと再概念化されている(Doughty, 2003; Schmidt, 2001)。つまり，学習者はインプット中の何かまとまった表現や動詞の末尾の活用部分などの表層的な言語形式に選択的に注意を向ける必要がある。また，Doughty(2003)は，規則がわかっているというメタ言語的アウェアネスと認知的な気づきは全く性質の異なる心的過程であり，気づきはインプット処理における音や語の分節化(segmentation)の手順を促進するもので

なければならないとしている。しかしながら，このような理論上の提案はなされているが，さらなる実証が必要である。また，上述のように，アウェアネスを記憶との関連でとらえる見方(Robinson, 2003)もあり，これは**1.3.3**で扱うことにする。

1.2.2 注意の制約

　認知心理学で注意研究が盛んになった当初は，注意には容量制限があることが前提となっていた。よって，その限界に対処するためには，インプット中の情報は選択される必要があり，どの段階で情報が選択されるのか(Broadbent, 1958)，あるいは，注意を分割して2つ以上の刺激を処理できるか(Kahneman, 1973 など)というような問題が研究の関心を集めた。しかし，最近の「注意」に関する認知心理学の動向から，Robinson(2003)は，注意の容量制限という考え方は今や無効だとしている。なぜなら，多くのインプットを同時に平行して処理できることや，刺激が完全に分析された後でも情報が選択されるという実証があるからである。よって，情報の多くは，いったん知覚的に処理されるが，その中から情報を選択するのではなくて，認知課題の要求に応じて不必要な情報は，活性化されるのを抑制もしくは排除されていると考えられている(Schmidt, 2001; Robinson, 2003 などを参照)。さらに，Robinson(2003)は，注意の制約は，課題に対処する注意配分のプランニングや課題遂行を管理する際の時間的な制約として説明すべきだとしている。刺激と反応の間で選択肢がいくつかある場合や，情報コードが類似していて紛らわしい場合に刺激間に干渉が起き，注意が逸れて課題遂行の効率が下がると見ているのである。Robinson は競合モデル(Competition Model)(Bates & MacWhinney, 1987)で示される習得過程も干渉の一例として説明できるとしている。競合モデルの枠組みでは，文を理解する際に，語順や格，名詞句の有生性などの重要なキュー(手がかり)がインプットの中で競合していると見る。そこで，学習者は L2 において L1 とは異なる重要なキューを見いださなければならない。しかし，文を処理する際には，類似するキュー(言語 vs. 言語)の間で干渉が起き，それらのキューの間で注意が分散してしまう可能性がある。L2 の学習者には，適切なキューを見つけ出すのに困難が伴い，習得に時間を要すると考えられる(競合モデルについては，本章**2.4**を参照されたい)。

　このような認知心理学や心理言語学の動向を踏まえた SLA の理論研究と，教室習得の実証研究における「注意」の扱いには，まだかなりの隔たりがある。

SLA研究の中には，容量制限のある注意の単一資源モデル(Kahneman, 1973)を前提としているものも依然として多い(Skehan, 1998; VanPatten, 1996 など)。Robinson(1995)は，Wickens(1989)の多次元モデルを引用して，同一の資源内では容量の制約があるが，課題の要求する次元が異なる場合，例えば，処理コードが言語的なものか，空間的なものか，モダリティが聴覚か視覚か，処理のタイプが言語処理か手動操作か，といった異なる次元の注意は競合しないと見ていた。しかし，同一の資源内ではやはり容量制限があるという見解であった。その後，Robinson(2003)は，認知心理学の新たな研究動向を鑑み，容量制限があるという考え方を放棄しつつも，資源の次元の区別は維持してSLAにおける「注意」の概念の枠組みを提案している。そして，注意資源の同じ次元の資源内で注意を分配する際に競合するコードの間で干渉が起きると見て，多次元資源の考え方と干渉モデルの考え方を融合しようとしている。干渉が起きて注意が散漫になる場合に，円滑な課題遂行が妨げられると考えられる。

　L2学習に関わるもう1つの注意の制約として，「心的努力(mental effort)」がある。課題遂行にどれほどの心的努力を伴うかは，パフォーマンスの流暢さにも関係するからである。人間は不慣れな課題や難しい課題を遂行する場合には，注意資源(attentional resources)を消耗する。頭を使って，つまり，心的努力をして課題を遂行するということである。しかし，課題に慣れ，次第に自動的に行えるようになると，さほど注意資源を消耗しなくても課題を達成することができる。注意資源を消耗するとは，つまり，消耗を少しでも食い止めようとするところに心的努力を伴うということである。前述のSchneider & Shiffrin(1977)は，スキルの習得は統制的処理から自動的処理に移行するプロセスととらえ，スキルが上達するにつれ心的努力は必要でなくなると考えた。このような考え方はMcLaughlin(1987, 1990)によってSLAにも応用されている。したがって，SLAにおいて「注意」はインプット中にある言語形式に注意を向けて取り込む段階だけでなく，スキルの自動化，つまり言語運用の流暢さにも関わっていることになる。そして，ある課題遂行が自動化され，そこに注意資源を必要としなくなると，また新たな課題に注意を向けることができるようになり，そこに次の学習が起きる余地が生まれると考えられる(「自動化」の問題は第3節で扱う)。

　SLAにおける「心的努力」としての注意も，これまでは容量制限が前提となって論じられていた。しかし，Robinson(2003)は，心的努力は時間の制約の中で注意を維持するために必要となる情報処理のエネルギーとしてとらえる

べきだとしている。例えば，タスクの構成要素が，異なる次元の注意資源に分散されている場合は心的努力をあまり必要としない。一方，同じ次元内で注意を配分しなくてはならない場合は，注意配分の調整と時間管理の相互作用が生じ，そこで注意を維持するためにエネルギー，すなわち心的努力を要すると考えるのである。また，ストレスなどの情意レベルも心的努力が必要か否かに影響を及ぼすとしている。

　以上のように，言語学習において「注意」は重要な役割を果たすと考えられるが，その概念については認知心理学においてもさまざまな理論の変遷がある。Schuchert(2004)は，SLA における「注意」を神経生物学的にとらえる中で，言語学習における注意を一元的にとらえることは適切ではなく，注意とは，神経生物学的な要素(神経的なネットワークなど)と，刻々と変化する環境(行動上のゴール，記憶の形成段階)との相互作用を伴うダイナミックな「プロセス」としてとらえるべきだとしている。言語課題の遂行において，時間の制約の中での円滑な注意配分が課題遂行の成否を左右する重要なカギになるが，どこに注意を配分するかを決定するのは作動記憶(working memory)の制御機能だとされており，注意と記憶のメカニズムもまた密接な関係にある(小柳 2001, 2005a のレビューを参照)。次項では，SLA の「記憶」の問題を扱ってみたい。

1.3　記憶

1.3.1　注意と記憶

　従来，記憶は短期記憶(STM: short-term memory)と長期記憶(LTM: long-term memory)の二重貯蔵庫としてとらえられていた。この記憶のモデルでは，インプットはまず感覚登録器(sensory register)を通過し，さらに STM においてマジックナンバーの7±2の項目を保持しておく(Miller, 1956)ことができ，重要な情報のみが LTM に転送されるのだと考えられた。しかし，研究が進むにつれ，説明できない部分も出てきた。例えば，新しいことが覚えられない(＝ STM)のに古いことを覚えている(＝ LTM)といった脳に損傷を負った患者の症例が存在するため，STM が LTM への入り口と考えることが難しくなった。また，私達はテキストを読む場合に文字から情報を得るボトムアップの情報処理のプロセスが進行しているが，内容を理解するには文字情報だけでなく，文字情報の構造を支える言語知識や常識，内容に関する背景知識など LTM にある知識も使っている。読みには STM と LTM 双方が関わっていると考えられる。しかし，STM の保持する能力を測るテストと読みの能力には相関が見られな

かった(Daneman & Carpenter, 1980; Harrington & Sawyer, 1992)ことから，STM の読みへの関わりを説明することが難しくなった。言い換えれば，STM と LTM を区別して2つの異なる貯蔵庫を想定し，STM から LTM への転送経路を記憶と見たのでは，このような情報処理のメカニズムがうまく説明がつかないのである。よって，一時的に受動的に情報を保持する STM ではなく，LTM からの情報を使いながら新たなインプットを統合して情報を処理する能動的な作業スペースとして，作動記憶(WM: working memory)(Baddeley, 1986; Baddeley & Hitch, 1974)という概念が導入されたのである。WM は概念的には STM と異なるが，神経生理学的に見ると，記憶のシステムとして区別することは難しいようで，SLA の文献でも同義語のように使われる場合もある。WM は注意を向けて活性化された認知資源の総体で，記憶の機能やメカニズム，またはプロセスとしてとらえるべきものだと考えられている(齋藤 2000a 参照)。

　また，前述のように，記憶は注意と表裏一体をなすものとしてとらえられるようになっている。Robinson(1995)は，意識やアウェアネスの論争の混乱を避け，早くから SLA における記憶の機能に着目していた。そして，「気づき」を「短期記憶における検出とアウェアネスを伴うリハーサル(復唱)」(p.296)と定義していた。注意も記憶も，実はこの「気づき」の段階のみならず，SLA のプロセス全般に関わっている。注意とは，インプットを符号化(encoding)し，WM／STM における活性化状態を保ち，さらに貯蔵されたインプットを LTM から検索する「プロセス」である(Robinson, 2003 参照)。符号化とは，記憶を形成する第一段階として，視覚や聴覚から入ってきたインプットを，頭の中で情報処理を行うのに適したコード(符号)に変換するプロセスである。符号化する際にはインプットに注意が向けられなくてはならない。また，言語学習を進めるには，符号化された情報を WM／STM において活性化状態に保ち，情報処理の作業場に載せておく必要がある。そこでインプットが既存の言語知識に合致するかどうかを判断する。つまり，既存情報と未知情報の認知比較(cognitive comparison)を行うのである。そして，既存の言語知識に合致しない場合は，新しい言語データの分析を行わなくてはならない。活性化状態が保たれるのは，そこに焦点的注意(focal attention)が向けられているからである。このようなプロセスを経て LTM に知識が統合される。LTM に知識が貯蔵されるということは，認知心理学的に見ると，心的表象(mental representaion)という抽象レベルの知識構造が頭の中に形成されたということである。この心的表象が実際に言語運用で使われるには，LTM からの迅速な検索ができなくてはなら

ない。検索が容易ということは，効率的な検索ができる形態で心的表象が LTM に貯蔵されているということである。

1.3.2　作動記憶

　注意の容量制限の論争と異なり，WM／STM には一定の容量があり，LTM には容量の限界がないことは一般に受け入れられている。WM を想定することにより，STM と LTM のつながりを説明することができるようになったが，WM と LTM の関係は認知心理学においても未だ研究の余地が残されているようである(三宅 2000 参照)。WM は活性化された LTM の部分集合だとする見解もあるし，長期記憶から意識的に取り出された情報が活性化されると作動記憶になるという見解もあるという。SLA では Cowan(1997)に基づき，前者の見解が採用されているようである(例：Doughty, 2001; Robinson, 2003)。WM はまさに言語学習の作業場で，未知情報と既知情報を結びつける機能を果たし，SLA に貢献している(Doughty, 2001)と考えられている。脳科学や認知心理学において学習とは，一般に未知情報と既知情報を結びつけていくプロセスのことである。

　WM の容量はリーディング・スパン・テスト(RST: reading span test)(Daneman & Carpenter, 1980)で測定される[4]。RST は，被験者に文を口頭で読ませ，文の中の 1 つの単語を覚えておくように指示するものである。複数の文を読み終わった後に，覚えた単語を再生するように求められる。これを 2 文条件から 5 文条件(時には 6 文条件)まで行う。音読という情報処理を行いながら，単語を覚えておかなくてはならないので，情報の処理と保持を行う WM の機能を測っているとされる。容量が小さければ処理に WM 資源を費やし，保持に割り当てることができなくなる。あるいは反対に情報を保持しようとすれば，処理に WM 資源を使えないことになる。つまり，情報の処理と保持に資源のトレードオフがあると考えられている。しかしながら，認知心理学においては，RST が何を測っているのかということがしばしば議論となる(Miyake & Shah, 1999 参照)。処理と保持は別々のプロセスで，RST が測るのは保持の方だという主張もある(Towse, Hitch & Hutton, 1998)(WM に関する解説は苧阪(満)2002 に詳しいので，参照されたい)。RST が何を測っているかは認知心理学で未だ議論となる問題であるが，SLA において，RST やその音声版のリスニング・スパ

---

[4]　リーディング・スパン・テストの実施方法については，苧阪満里子(1998, 2002)を参照されたい。

ン・テストは，一定の評価を得た WM のテストとして最近は研究ツールとして用いられるようになっている。

　WM は，中央実行系(central executive)と，従属システムとしての音韻ループ(phonological loop)と視空間記銘メモ(visuo-spatial sketch pad)から成るという考え方は，一般的に受け入れられている。中央実行系は，LTM の表象を活性化する働きがあり，焦点的注意をどこに向けるかという注意配分を調整したり，課題遂行の進行具合を管理したりしている制御機構のようなものである(齋藤 2000b; 森下・近藤・苧阪 2000 参照)。音韻ループは言語的に符号化された情報を一時的に保持しておくところで，音韻コードの素材を保持する音韻ストア(phonological store)と，時間と共に減衰する音韻コード情報を再活性化する内的な構音コントロール過程(articulatory control process)のプロセスから成る。視空間記銘メモについては音韻ループほどまだ解明されていないようであるが，視覚的，空間的素材のイメージを生成し，一時的に保持する視覚キャッシュ(visual cache)と，減衰する視覚情報を再活性化する働きをするインナー・スクライブ(inner scribe)と呼ばれる部分から構成されている。つまり，WM の機能のうち，情報の処理については中央実行系が，情報の保持については音韻ループと視空間記銘メモが担っていると言える。

　WM は情報処理に関わる能動的な記憶なので，言語理解や学習，推論，計算など高次な認知活動を司っているとされる。実際，WM の容量が第一言語(L1)の読解力と相関が高いことは，すでに知られている(Carpenter, Just & Miyake, 1994; 苧阪・苧阪 1994)。読解はボトムアップ処理とトップダウン処理が同時進行している。スクリプトから得た情報を取捨選択し，必要情報はある時点まで保持しつつ，LTM の知識(言語知識や背景知識など)も引き出しながら，情報を処理してテキストの意味づけをするというプロセスが必要であるから，WM の容量が影響するのは当然であろう。視覚から入力された言語の文字情報も，いったん音韻コードに変換されて構音コントロール過程に入るとされている。また，Baddeley(2000)の改訂されたモデル(次頁の図 2-4 を参照)では，LTM から取り出した情報の活性化状態を保ったり，複数の情報源からの表象を保ったりすることができる「エピソード・バッファー」の存在を提案している。

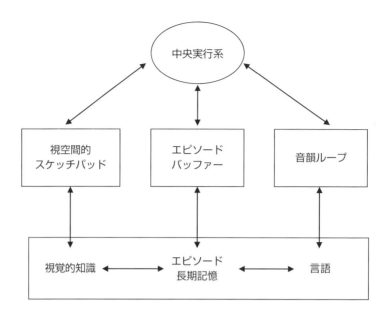

図 2-4　作動記憶のモデル(Baddeley, 2000)

　そして，さらに WM が SLA とも相関関係があることが指摘されている (Geva & Ryan, 1993; Miyake & Friedman, 1998; 苧阪・苧阪・Groner, 2000; Sawyer & Ranta, 2001 など)。SLA は L2 のインプットを受け，既存の中間言語知識に新たなインプットを追加し，心的表象を再編成しながら構築し，アウトプットを出すプロセスである。よって，読解と同様，そのプロセスに WM が関わっているであろうことは十分予測できる。また，WM の課題遂行は LTM に支えられて機能するようである。例えば，WM の保持機能を持つ音韻ループ (言語性短期記憶) の情報処理は LTM の音韻知識に支えられて保持可能になるという (N. Ellis, 1996; 齋藤 2000b; J. N. Williams, 1999)。LTM の音韻知識と合致する音韻情報のみが WM で維持されるということである。
　このように，インプットからアウトプットにいたる情報処理のメカニズムで SLA をとらえる認知的アプローチの教室習得研究において，情報処理のプロセス全般に関わる記憶のメカニズムを理解することは重要である。このような記憶のメカニズムに照らして，どのような教育的介入が SLA に効率的かという議論もなされるべきである。

1.3.3　記憶とアウェアネス

　小松(2000)は，当時より約20年前までは，アウェアネスに関して「何かに気づいている」という受身的な心的状態が注目されてきたが，外に能動的に働きかける側面があることも無視できないとしている。この問題の探究が，認知心理学におけるアウェアネスと記憶の関係に関する研究にもつながっていったようである。このような記憶研究の新たな動向から，Robinson(2003)は，言語学習における記憶とアウェアネスの関係を論じている。まず，インプット中から検出された情報はSTMに入り，そこではアウェアネスの外でLTMの情報に自動的にアクセス可能だとしている(N. Ellis, 2001も参照)。例えば，UGの原理やすでに習得された言語項目はアウェアネスの外で自動的に認識されると考えられる。そして，新たに入ってきたインプット中の情報がLTMの心的表象と類似性がないと判断された時に学習の必要性が生じ，そこに焦点的注意があたってWMになるのである。そして，学習を進めるために，すなわち，LTMに新たな情報を統合するために,心的なリハーサル(復唱)過程が生じる。リハーサルには2種類あって，データ駆動で凡例中心の処理を行う場合には維持リハーサル(maintenance rehaearsal)が起き,概念駆動でスキーマ中心の処理を行う場合には精緻化リハーサル(elaborative rehearsal)が起きる。維持リハーサルは，忘れないように声に出して，または心の中で復唱するタイプのリハーサルである。一方，精緻化リハーサルとは，項目同士を関連づけたり，イメージ化したりして情報を付加していくタイプのリハーサルである。どちらのタイプのリハーサルが優勢に働くかは，学習課題の性質により認知的に何が要求されるかということと相互作用がある。アウェアネスはリハーサルを行う過程で生じるもので，リハーサルがある一定量，すなわち閾値(threshold level)を超えるとLTMに情報が統合される(図2-5参照)。

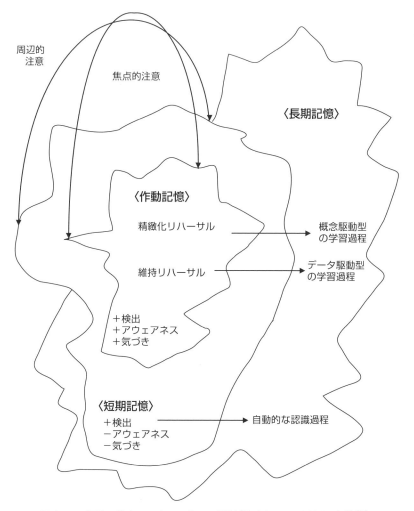

図 2 - 5　記憶，注意，アウェアネスの関係（Robinson, 2003: 小柳訳）

　SLA において，データ駆動型の暗示的学習 (implicit learning) と概念駆動型の明示的学習 (explicit learning) の対比がしばしば議論となるが，Robinson によると，それは，どちらの学習タイプへの依存が強いかという程度の問題であって，両方共リハーサルと LTM への統合という観点から見れば，同一の記憶のメカニズムが関わっていると見ている。これを「根本的類似仮説 (Fundamental Similarity Hypothesis)」(Robinson, 1997a) という。一方で，子どもの L1 習得

は暗示的学習の典型で，大人のL2学習は明示的学習への依存が強いという点で，大人と子どもは全く違うとした「根本的相違仮説(Fundamental Differences Hypothesis)」(Bley-Vroman, 1989)とも矛盾しないとしている。しかしながら，L1もL2も同一の記憶システムが機能していて，注意やアウェアネスが必要だという見地から，同様の学習メカニズムが働いていると考えているのである。また，思考表出(think-aloud)法によるプロトコール分析などを用いたアウェアネスの測定方法の問題点が指摘されている(Jourdenais, 2001)ことを前に述べたが，Robinson(2003)は，認知心理学で用いられる潜在記憶(implicit memory)の測定方法の方がアウェアネスを適切に測れるのではないかと見ている。

　以上，見てきたように，意識，アウェアネス，注意，記憶のメカニズムは密接に関連し合っている(苧坂 1994, 2000, 2002なども参照)。意識はアウェアネスを内包し，現時点でSLAにおいて論じるには概念の幅が広く，直接の実験対象にはなり得ない。よって，意識そのものを論争の的にすることは難しい。そこで，意識の代わりに論じられるようになったのが注意である。教師が外から教材や指導技術を操作して，学習者の注意を言語形式に向けさせる(=Focus on Form)ことがSLAの促進につながる(Long, 1991)と考えられているように，注意の役割は重要である。しかし，「気づき仮説」(Schmidt, 1990)で注意が論じられた時は，注意が向けられる条件として，学習者自身が何に気づいたか言語化できるレベルのアウェアネスが必要だという操作上の定義が提案されたために，規則に気づくことが重要であるかのような誤解も生じた。アウェアネスは，概念駆動の規則学習(明示的学習)だけでなく，データ駆動の学習(暗示的学習)においてもリハーサルの結果として生じるものである。そして，注意と記憶も表裏一体のメカニズムである。また，記憶は未知情報を取り込んで知識として定着させる学習のプロセスそのものでもあり，その知識を取り出して使うという意味では言語運用のプロセスとも考えることもできる。SLAにおいて，「意識」や「注意」がしばしば議論の対象となってきたが，今後は「記憶」という観点からSLAをさらに綿密に検証する必要があると思われる。「記憶」は，容量制限などの論争がある「注意」と比べると，理論上決定的に大きな見解の相違はそれほど見当たらない。また，測定するのが難しい「注意」や「アウェアネス」と異なり，「記憶」は認知心理学において測定方法もある程度確立しており，SLA研究に取り入れることもできる。よって，以下の節からは，記憶システムの観点からSLAをより詳しく見ていくことにする。

1.3.4 言語知識と長期記憶

SLA を記憶のシステムとして見るにあたり，言語知識が貯蔵されている長期記憶(LTM)の性質についても理解しておかなくてはならない。一時的な記憶がどのようにして LTM として固定化(consolidation)するのか，また，その際の LTM の表象はどのような形態をしているのか，そして，どのように検索(retrieval)され課題遂行に用いられるのかといった問題は，言語学習の持続効果や言語スキルの自動化(流暢さ)を考える上で重要である。また，Krashen 以来，議論の絶えない明示的知識と暗示的知識の接点があるか否か，あるいはどちらの知識が真の習得につながるかという議論も記憶のメカニズムから論じる必要があると思われる。記憶の下位カテゴリーをどのように区分するかは，研究者により多少見解が異なる(例えば，山下 2000 のまとめを参照)が，ここでは，SLA の記憶を神経生物学的なメカニズムと結びつけて論じた Schumann (2004)の分類(図 2-6)を掲載しておく。

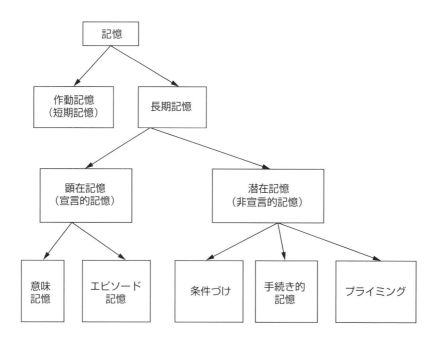

図 2-6 記憶の階層的分類
(Schumann, 2004; Fabbro, 1999に基づく)

LTMには大きく分けると，顕在記憶(宣言的記憶)と潜在記憶(非宣言的記憶)という2種類の記憶がある。顕在記憶には，特定の時間や場所が関係し，個人的な経験に関する記憶であるエピソード記憶(episodic memory)と，一般的な概念や知識に関する記憶である意味記憶(semantic memory)が含まれる。意味記憶は，言語を使う際に必要になる記憶で，語彙やその意味，使い方に関する規則の体系化された知識などを含む[5]。メタ言語的な知識を学習者に与えるか，すなわち文法説明をするべきかどうかということがSLAでは議論となるが，このようなメタ言語的知識は宣言的記憶に含まれる。一方，非宣言的記憶の中でも，手続き的記憶は音楽や運動などスキルに関する記憶だとされる。言語運用を支えるのは手続き的知識だとされるので，対応する記憶は手続き的記憶だと考えられる。

　宣言的記憶とはKrashenのいう意識的な文法学習によって得られた明示的知識におおよそ対応する記憶だと考えられる。宣言的記憶の形成過程には脳の海馬と呼ばれる領域が関わっていることが知られている(Crowell, 2004; Hulstijn, 2002などを参照)。言語に関して，少なくとも語彙の符号化において，海馬が活性化されることがfMRIを用いた研究などで確認されている。また，意味的側面を持たず，表層構造に規則性がある人工文法(artificial grammar)[6]の符号化の実験でも，海馬領域の活動が活発になることが認められたが，文法性に慣れてくるとその活性化の範囲は減少するという(Crowell, 2004)。つまり，学習が進むと，同じ課題に消耗する労力は減ると言える。一方，手続き的記憶は，Krashenのいう無意識にインプットを理解することで起きる習得によって得られた暗示的知識に対応する記憶だと考えられる。手続き的記憶は言語スキルの「自動化」に関わる記憶でもある。手続き的記憶の形成や検索には脳の前頭連合野の皮質下にある大脳基底核が関わっていることが知られている(Lee, 2004参照)。すなわち，宣言的記憶と手続き的記憶では脳の異なる領域が活性化され，異なる神経回路が形成されている可能性が高い。

5)　意味記憶の概念を1970年代に提案したTulving(1991)の分類では，意味記憶を潜在記憶として扱い，潜在記憶として，意味記憶，知覚表象システム，手続き的記憶の3種類をあげている。意味記憶を顕在記憶と潜在記憶のどちらに含めるかは研究者により見解の相違が見られる。また，意味記憶とエピソード記憶の境界線もしばしば議論になるところである。

6)　認知心理学の実験でしばしば用いられる人工文法(artificial grammar)は，文字の配列などに規則性を持たせたものである。SLAの実験で用いられる人工言語(artificial language)は架空の言語とはいえ意味領域を有し，実在する英語や日本語などの自然言語(natural language)との対比で使われる。

SLA では，Krashen 以来，「明示的知識(explicit knowledge)／暗示的知識(implicit knowledge)」が用いられてきたが，筆者の知る限り，心理学辞典の見出し語としてこれらの用語は見当たらない。また，「明示的学習(explicit learning)／暗示的学習(implicit learning)」という用語も，心理学辞典には収められていない。暗示的学習が注目を集め始めたのは比較的最近のことである(Berry, 1998; Stadler & Frensch, 1998 などを参照)。本書で SLA を論じる際には，顕在記憶(explicit memory)と宣言的記憶(declarative memory)をほぼ同義に，また，潜在記憶(implicit memory)と手続き的記憶(procedural memory)をほぼ同義に用いることにする。また，記憶と学習，知識の区別もしばしば問題となるところである。学習とは世界に関する知識を習得するプロセスで，記憶とは知識を符号化，貯蔵し，後に検索するプロセスである(Kandal, Schwartz & Jessell, 2000)が，生物学的な細胞レベルで見ると，学習は記憶の結果そのもので，記憶と学習を分けて考えるのは難しいという(Jones, 2004)。また，脳内メカニズムにおいては，知識とは記憶の心的表象のことなので，宣言的知識に言及する場合は宣言的記憶が示唆されていると思われる[7]。本書では，表 2 - 1 の同一コラム内の用語はほぼ同義語，縦割りのコラムの用語は関連する概念として扱うことを記しておく。

表 2 - 1　Explicit (Declarative) と Implicit (Proceduralized) の対応表

	EXPLICIT	IMPLICIT
学習	明示的学習 (explicit learning) (概念駆動型の学習)	暗示的学習 (implicit learning) (データ駆動型の学習)
知識	明示的知識 (explicit knowledge) 宣言的知識 (declarative knowledge)	暗示的知識 (implicit knowledge) 手続き的知識 (proceduralized knowledge)
記憶	顕在記憶 (explicit memory) 宣言的記憶 (declarative memory)	潜在記憶 (implicit memory) 手続き的記憶 (procedularized memory)

7)　ただし，厳密に言うと記憶は貯蔵された記憶の検索のプロセスまでを示唆する動的な概念だが，知識は記憶された中身をさす静的な概念である。

1.3.5　記憶におけるチャンキング

　記憶は動的なプロセスとしてとらえられるが，ここでは記憶形成のメカニズムを見ていきたい。脳の活性化領域や神経回路を見る限り，宣言的記憶と手続き的記憶では異なる領域が関わっている(Hustijn, 2002; Paradis, 2004 などを参照)とされる。また，言語の脳内メカニズムは，言語産出に関わるブローカ野と言語理解に関わるウェルニッケ野で説明するのはもはや単純すぎるだろう。神経回路による脳の他の領域との結びつきなども見る必要がある。脳を見ていくと，言語学習も，他の運動や認知スキルの学習と同様，聴覚的，視覚的刺激を受容し，情報処理の加工を施し，何らかの反応を出力するという意味で，脳の一般的学習メカニズムで説明できると考えられている(Schumann, 2004 などを参照)。宣言的知識が言語学習に必要かは SLA において議論になる問題であるが，少なくとも言語運用能力の習得に着目すると，言語運用を支える手続き的知識を習得すること，すなわち手続き的記憶を形成することが最終ゴールになる。その際に習得に関わる記憶のメカニズムとして考えられるのが，チャンキング(chunking)というプロセスである(N. Ellis, 1996, 2001, 2003 参照)。

　チャンキングとは，個々の情報をより大きなユニットに統合していくプロセスのことで，チャンク(chunk)とは記憶の編成ユニットのことである(Newell, 1990)[8]。チャンキングという語はそもそも，STM に保持できる項目が7±2であるとした Miller(1956)の命名による用語である。例えば，7ケタの電話番号の数字を1つずつ覚えれば7項目になってしまうが，3ケタと4ケタに分けて覚えれば2項目になり，それ以上の項目を STM に保持することができる。当時は，あるまとまりで覚えるという記憶するためのストラテジーをさしていたが，現在の記憶の理論では，心的実存性(psychological reality)を伴った概念としてとらえられている。つまり，チャンクは抽象レベルの記憶の心的表象なのである。言語知識が記憶として LTM に蓄積され自動化されていく順序は言語の下位レベルからである。まず，音素，音韻に始まり，それが単語，複数語のフレーズというように，より上位レベルの記憶の編成ユニット，つまり，より大きなチャンクに統合されていくのである。そのプロセスがチャンキングである。

　N. Ellis(1996)は，言語習得の大部分はシークエンス学習(sequence learn-

---

[8]　チャンクという用語は，言語教育における決まり文句(collocation)，定型表現(formulaic speech)などと同等の意味で用いることもある。本書では，心的実存性のある記憶のメカニズムにおける記憶のユニットをさす語として用いる。

ing)によるもので，抽象的な文法知識はシークエンス情報の分析から派生したものだと論じている。言語のシークエンス学習には，語彙と談話のシークエンスを学ぶ2つのプロセスが必要である。語彙については，音節構造，音素の配列など言語の音韻的特徴の並び(＝シークエンス)を学ぶ。談話については，フレーズ，コロケーションなどの語彙のユニットの並びを学ばなくてはならない。そして，文法学習は，貯蔵された語彙的ユニットのシークエンスから規則性を抽出するプロセスだとされている。例えば，言語は数秒の時間的な長さを持って音が連なったものだが，学習者はそのような音のかたまりを聞いた場合，スピーチの流れを分析して，即座に意味がとれる単位のチャンクにする必要がある。語の単位を認識するには音素や音韻ユニットをまず見いだす必要があり，それから次第に語の切れ目がわかるようになる。学習初期にはチャンクの単位が小さく，単語認知もままならないことがあるが，言語習得が進めば，同じ音の連なりを聞いてもチャンクの単位が大きくなるので，1語あるいは複数語のまとまりとしてパターン認知が迅速に起き，素早く理解できると考えられる。また，LTMからチャンクを呼び出して言語産出する際も大きなユニットで呼び出せるので，検索過程が迅速になる。そして，チャンクの単位がコロケーション(決まり文句)のように数語にまとまった単位で呼び出せれば，話者は残った認知資源をもっと上位レベルの談話構成に使うことができるようになるのである。

　学習過程では，同じパターンが高い頻度で起きると，連合的な結合パターンとしてLTMに固定化されていく。また，ある同様のコンテクストの中で繰り返し，または同時に，あるいは隣接して注意を向けた項目は，LTMからの検索においても連合を伴って一緒に検索されると考えられている(N. Ellis, 1999)。最近では，習得を機能と言語形式のマッピングにおける重要なキューを発見していくプロセスと見ている競合モデルも，このチャンキングが文法の習得に重要な役割を果たすとしている(MacWhinney, 2005)。例えば，日本語で個々の単語レベルでしか言語を処理できないと，格助詞の機能を抽出することは難しい。「図書館で本を借ります。」「図書館にコピー機があります。」の助詞「で／に」は，動詞「借ります／あります」により決定されるが，学習者の処理できるチャンクが小さいと，場所の名詞句と動詞を同時に処理することができない。学習者はより大きなチャンクで言語を処理し，そのようなインプットが蓄積されなければ，形態素などの規則性を抽出することはできないのである。チャンキングのメカニズムから見ると，言語の創造性は，既知のチャンクの新たな組み合わせにより全く新しい文法構造，あるいは全く新しい考えを表現することができ

るとしている。このような記憶のチャンキングによる言語習得のプロセスは，LTM に永続的に貯蔵される連合的連結パターンのセットを形成するプロセスであり，また，言語運用の自動性，流暢さにいたるプロセスでもある(N. Ellis, 2001)。

このような記憶のチャンキングのプロセスに関しては，それに対応する脳内メカニズムも存在する(Lee, 2004)とされる。Lee によると，手続き的記憶の貯蔵や検索には前頭連合野の皮質下の大脳基底核が関わっているが，ニューロンの投射，つまり皮質情報の統合や分類のプロセスが，記憶のチャンキングのプロセスに一致するという。大脳基底核では，約 1 万のニューロンが投射されてから，単一のニューロンに統合される収束(convergence)のプロセス，そして，1 つの領域からニューロンが散布され，散布されたニューロン同士に結びつきができる発散(divergence)のプロセス，さらに，発散により結びつきができたニューロンが統合される再収束(reconvergence)のプロセスを繰り返している。収束，再収束のプロセスは，まさに言語情報が統合され，大きなチャンクになっていくプロセスだと考えられる。このようなメカニズムにより認知的行動の流れがルーティン化されるのである。言語スキルもこのようなプロセスを経て自動化にいたると考えられる。つまり，規則を 1 つずつ検索するのではなくて，必要に応じて，チャンクに相当する適切な神経回路が一度に検索され，言語スキルの自動化にもつながる。

N. Ellis はコネクショニスト的な見解で一連の研究を行っており，言語の暗示的学習のプロセスの検証がもっと必要だとされている教室習得の現状(Doughty, 2003 参照)では，チャンキングのメカニズムを明らかにすることは今後いっそう重要になってくると思われる。一方，普遍文法(UG)による生得的な立場の研究者とは見解が対立している(Loup, 1996; Major, 1996 など)。しかし，UG 路線の研究は言語能力(competence)を研究対象にしているが，その言語能力が言語運用(performance)にどう結びつくのかには関心が払われていない。UG 路線の研究者にとって，言語運用は，非文法的な文も生成されるので，そもそも科学的検証の対象になり得ないものである。しかしながら，言語教育の立場から見れば，言語は使うために存在するのであって，言語運用(＝言語処理：language processing)を無視して言語能力を考えるのは非現実的である。言語処理のプロセスを考えた場合，やはり，記憶のシステムを視野に入れて SLA を論じる必要があると思われる。記憶のチャンキングによる言語習得過程に対する見解は，言語の処理単位(processing units)から見た普遍の言語発達段階にも通じるものがある。これを次節で見ていくことにする。また，第 3 節で自動化の

問題を扱うが，チャンキングは，記憶の表象が統合されて言語処理が効率的になっていくプロセスだという意味で，記憶ベースの自動化理論にもつながっていく。言語習得を言語処理と同一のメカニズムの中でモデル化しようという教室習得研究の動向(Doughty, 2003; Pienemann, 1998, 2003 など)の中で，言語処理を行う認知的なスペースである記憶を核にした習得理論を確立することは意義があることだと思われる。

2. 言語処理

2.1 言語処理のメカニズム

　言語を理解したり産出したりする際に頭の中で起きているプロセスを，認知的な用語で言語処理(language processing)と言う。L1とL2で処理システムが共有されているかどうかは議論になるところであるが，少なくとも言語を使うということに関して，L1とL2で全く異なる言語処理のメカニズムが機能しているとは考えにくい。そこで，L1の言語処理モデルを概観し，言語が使えるとはどういうことか[9]をまず考察し，L2の言語処理およびそのシステムの構築(=SLA)に関する議論へとつなげていきたい。図2-7で紹介するのは，Levelt(1989, 1991, 1993, 1999a, b)の言語処理のモデルである。

　Levelt(1989)は，L1の言い間違い(speech error)[10]に関する日常生活上の実例や言い間違いを誘発するような心理言語的な実験の研究結果を総括して，発話のプランニングの階層を特定し，L1の言語産出モデルとして提案したのである。

---

9) 　ことばが話せるとはどういうことかという問題を，羽藤(2006)が，SLAの知見を反映させながらも専門用語を使わず平易に解説しているので参照されたい。

10) 　言い間違い(speech error)は，同じ言語レベルで起きるとされている。例えば，音同士が入れ替わったり，単語レベルで概念的に似通った語彙，あるいは音が似ている語彙に入れ替わったりする現象が認められる。このような証拠を基にLeveltは言語処理のモデルを構築したのである。日本語の言い間違いについては，寺尾(2002)に詳しい。またL1における他のモデルとの比較はKormos(2006)およびLevelt(1999b)に詳細な議論があるので，参照されたい。

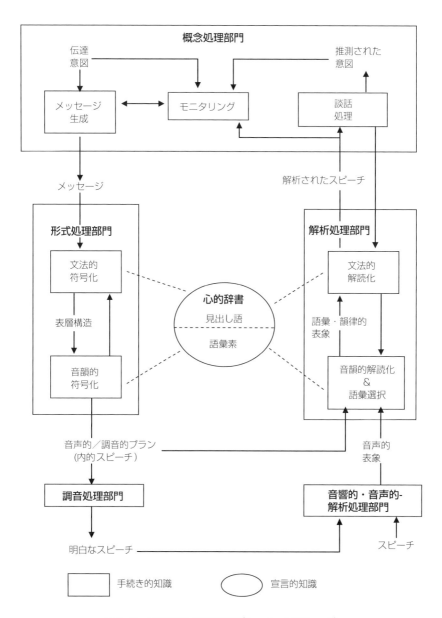

図 2-7　言語使用の処理過程（Levelt, 1993, p.2）

2.　言語処理

このモデルでは，言語処理において，心的辞書の部分のみが宣言的知識で，それ以外の運用システムは手続き的知識に支えられて機能する。また，言語処理の各段階はモジュールになっていて，それぞれ専用の自律した機能があるが，言語処理は漸増的に進むので，あるメッセージのチャンクが形式処理へ送られる一方で，概念処理段階で次のチャンクの処理がすでに始まるというように並列的に処理が進行している。Levelt(1999b)によると，英語をL1とする大人は1秒に2～3語，音にして10～12の音素を出していることになるという。それぞれの言語のモジュールの階層が同時に並行して瞬時のうちに処理が行われるので，言語処理は高次で複雑な認知スキルだと言える。また，言語処理のスピードからすると，L1話者の場合，この言語処理システムは高度に自動化していると考えられる。

〈言語産出〉
　図2-7において，左側が言語産出のプロセスで，右側が言語理解のプロセスを示している(モデルの概要はLevelt, 1989, 1993, 1999a, bを参照されたい[11])。言語産出においては，まずメッセージありきで，概念処理部門(Conceptualizer)では，話者は自ら何らかの伝達意図を伝えるためにメッセージを生成する。その際にはその意図をどう伝えるのか，発話行為をどの順序で行うのかといったプランニング(計画策定)を行う必要がある。これがマクロ・プランニング(Levelt, 1989)と呼ばれる手順であり，より詳細なミクロ・プランニングの手順と区別している。ミクロのプランニングでは，何(だれ)を中心に出来事や場面を記述し，命題を構成するのかなどを決定しなくてはならない。ここでは言語特有のプランニングも必要で，言語形式として時制を表現するのか，名詞の数やジェンダーを表すのかといったプランニングも含まれる。例えば，多くの言語では動詞の時制が必要だが，中国語のように時制を形態素で表さない言語では，時制に関するプランニングは必要ではない。この段階では，以下の形式処理で必要になるすべての情報が概念化される。概念的に構築された言語化以前のメッセージ(preverbal message)は，形式処理部門(Formulator)に送られる。

---

11) Levelt(1999a, b)はモデルを改訂しているが，言語理解のプロセスは言語産出のモニターのプロセスに組み込まれ，言語産出により焦点を当てたチャートになっているので，本書では改訂前のチャートを用いた。改訂箇所については本文の中で言及することにする。

形式処理段階では，文法的符号化(grammatical encoding)と音韻的符号化(phonological encoding)が行われる。文法的符号化は，メッセージの統語的な表層構造を形成する段階である。表層構造を構築するには心的辞書(mental lexicon)から，メッセージの概念に相当する語彙項目を呼び出さなくてはならない。語彙は文法情報を含む見出し語(lemma)と音韻または書記素の情報を含む語彙素(lexemes)から成っている。Levelt(1989, 1993)の最初のモデルでは，見出し語には，辞書的な単語の意味情報も含まれていたが，改訂版(Levelt, 1999a)では，概念と語の意味情報を区別することは難しいことから，語彙の意味的な情報は概念段階で処理されると見ている。よって，文法的符号化の段階では，概念化された意味情報に合致する見出し語にアクセスし，その統語的な情報(名詞や動詞といったカテゴリーなど)や文法素性(性，数，時制など)の情報をもとに表層構造が形成される。この段階の表層構造とは，句構造などにまとめられた見出し語の順序だった配列のことである。そして，次の音韻的符号化の段階で，心的辞書の語彙素にアクセスして表層構造に音声上のプランを付与する。音韻形式が作られたら，さらに調音処理部門(Articulator)に送られて，調音・構音器官の運動によるアウトプットとしてスピーチが発せられる。まだ音声化されていない音声上のプランも，音声化されたスピーチも言語理解の処理過程に送りモニターすることができる。

〈言語理解〉
　右側の言語理解のプロセスは，言語産出の処理とは反対に音を分析するところから始まるが，読解で知られているように，理解にはボトムアップとトップダウンの処理があり，矢印は下から上にも，また上から下にも向けられている。耳から入ってきたスピーチは，まず音響的，音声的解析処理部門(Acoustic-phonetic processor)に入る。あるまとまった音声パターンが心的辞書の語彙を活性化するが，この時は例えば，語頭の音声的特徴を共有する語は一緒に活性化され競合している。さらに分析を続けることで適切な語彙が選択され，音韻的解読(phonological decoding)が行われる。音韻形式の語彙の情報が時間の流れにしたがって次々に得られると，文法的解読(grammatical decoding)が行われる。ここでは，統語処理が行われ，語の範疇(名詞か動詞かなど)や文法的な意味情報が解読される。このようにして解析されたスピーチに談話処理(discourse processing)が行われる。談話処理には，例えば，指示詞とその指示対象

を見つけるというようなことも含まれている。また，談話や百科事典的な知識によりトップダウンでも理解がなされ，それまでの理解過程が正しかったかをチェックするモニター機能が働く。

　このような産出と理解の言語処理は階層的，モジュラー的な段階が設定されているが，実際の言語運用は迅速に行う必要があり，あらゆる階層の処理が並列的に，ほぼ同時に瞬時のうちに起きていると言ってもいい。会話では言語産出と理解の両方のプロセスがほぼ同時に起きていることになり，処理はさらに複雑になる。図2-7の中で心的辞書の部分だけは宣言的知識だとされているが，各部門，および，それらをコーディネートして動かすシステム全体は手続き的知識に支えられて機能している。言語処理の手順は基本的にどの言語にも共通だとされるが，L1以外の言語を習得する場合は，L1とは異なる語彙，形態素・統語，音韻の規則などを用いて新たに言語処理システムを構築しなくてはならない。

　80年代以降の習得研究では，意味あるコンテクストの中でインターアクションを行ったり，書かれたテキストと自分の内面との対話により内容を理解したりするプロセスを通して言語が効率よく習得されると考えられてきた(Long, 1996参照)。意味あるコンテクストから離れてメタ言語的な練習を行うのではなく，言語を使うプロセス，すなわち，通常の言語処理システムを動かしながら，同時に言語学習を行うことが大前提となっている。学習者にとってL2を使うということは，教室活動にしろ生活密着場面にしろ，その場の伝達ニーズを満たすための言語使用であるが，一方で，頭の中では同時に言語学習も進行している。したがって，言語処理の認知的なプロセスを理解した上で，そのプロセスにおいてどんな教育的介入ができるかを考察することが重要となる。そのプロセスにおいて，注意や記憶などの認知資源を効率よく活用する教室指導を考える必要がある。

　前述のLeveltのモデルは，de Bot(1992, 2002)がバイリンガル・モデルとしてL2に応用して以来，SLAの言語処理モデルとしても用いられるようになった。L2ではコード・スイッチングの事例により，L1で見いだされた言語処理の階層がL2にも適用できることの根拠となっている。L1では，言い間違いが，干渉により，音素同士，形態素同士，単語同士といった同一の言語構造レベルで入れ替えが起きるが，L2では，二言語間のコード・スイッチングという形で現れる。ゆえに，それが言語処理のプランニングの単位であり，すなわち，モジュール階層の存在を示す証拠と見なされているのである。Leveltの言

語処理モデルは,言語産出のみならず,言語理解,特に読解のプロセスにも適用されている。Levelt のモデルに言及している研究には,例えば,アウトプット仮説(de Bot, 1996; Izumi, 2003),Focus on Form(Doughty, 2001),処理可能性理論(Pienemann, 1998),語彙習得(Nation, 2001),読解(門田・野呂 2001)などがあり,SLA においてしばしば引用されるようになっている。

　Levelt は初期のモデルを一部改訂しているが,Kormos(2006)が,さらに,改訂版をバイリンガル・モデルとして再検討している。概念処理部門のメッセージ生成のプロセスは L1 も L2 も共通であるが,L2 では,新たな語彙を心的辞書に蓄積したり,L2 の文法や音声の符号化のために新たな言語処理システムを構築したりする必要がある。言語産出における L1 と L2 の大きな違いは,L1 ではメッセージの概念化に注意を向ければ,文法や音声の符号化は自動的に起きるが,L2 では,語彙や統語,音声の処理に注意資源をしばしば消耗してしまうことである。よって,L2 では発話をモニターするための注意資源はほとんど残されていないため,L2 の学習者は,内容と形式,語彙と文法のどちらを優先するかという決断に迫られるのである。また,前述のように,de Bot(1992)は言語特有の手順は概念処理段階のミクロ・プランニングにあるとしており,概念的に何を文法化する必要があるかというプランニングも含めて,L2 の処理システムを構築する必要がある。L2 学習者が習得すべき言語能力は,このようなシステムを流暢に正確に動かせるようになることであり,このようなシステムを動かすにはどんな教室指導が有効かということを考える必要がある。

2.2　言語処理と言語学習

　通常の言語処理において,言語理解のプロセスではメッセージの意味を理解することに,また,言語産出のプロセスでは何を伝えるかということに焦点がある。このような処理モードを Focus on Meaning(FonM)と言う。教室の外でL2 を自然習得している場合の言語処理は,たいてい FonM モードに設定されている。FonM は人間の言語処理のデフォールト値(初期設定値)でもある(Doughty, 2001)。そして,言語処理を行うプロセスにおいて認知的な意味で言語学習も頭の中で進行しているとすると,FonM は言語学習のデフォールト・モードでもある(Doughty, 2003)。これは,自然習得環境を教室に持ち込もうとしたイマージョン・プログラムで,流暢さはネイティブ並みになっても文法的な正確さはネイティブには程遠かったことが示された(Swain, 1991)ように,FonM では言語形式の正確さの習得は進まないとされている。一方,伝統的な

文法教育では，言語形式に注意が行き過ぎ，意味が処理されないという問題がある(VanPatten, 1990)。このような言語形式のみに注意が向いている処理モードを Focus on FormS(FonFS)という。SLA とは，表現したい概念や意味／機能をどのような言語形式で表すか，あるいはチャンクとして取り込んだ表層構造の個々の言語形式がどんな意味／機能を表しているのかを見つけ出し，結びつけていくマッピング(mapping)のプロセスである。しかし，FonFS では肝心の意味／機能の部分が欠落してしまい，マッピングを促進することはできない。よって，言語学習を促進する処理モードとして Focus on Form(FonF)(Long, 1991)が提唱され，SLA が起きるには言語形式と意味／機能の同時処理を行うことが重要だと考えられるようになった(Doughty & Williams, 1998a, b; Long & Robinson, 1998 など)。学習者は辞書や文法書を見るなど，FonFS に自ら切り替えることは比較的容易に行うことができる。しかし，FonF への切り替えは，意味あるコンテクストがあり課題の認知的要求度が適切で，学習者の発達的レディネスがあれば不可能ではないが，実際にはそのような条件がそろうことは稀である。そこで，教師が学習者の認知過程に教育的介入を行う意義があるのである。基本的には FonM の教室活動を行う中で，適宜 FonF モードにスイッチさせることが教室指導の役割である(Doughty, 2001)。ここでは，言語処理と言語学習の関係を認知的な観点から見ていきたい。

　Doughty(2001)は，これまでの教室習得研究のさまざまな概念が教育的な用語で定義されてきたという反省から，今後はこれらをもっと認知的な用語を用いて議論し，言語学習のプロセスを厳密に検証する必要があるとしている。教育的な概念とそれに対応する認知的な特性を示したのが，表 2-2 である。このような言語処理も言語学習も，記憶のシステムと大きく関わっている。言語学習には，学習素材としての言語データであるインプットが必要で，まず音声的に処理されたインプットは STM に入る。前述の Robinson(2003)の記憶のモデルでいうと，STM のアウェアネスの外で，自動的に LTM の既存知識とのパターン認知が起こるが，既存知識との類似性が認められないと察知した場合に学習の必要性が生じるとしている。Doughty(2001)は，処理された言語が学習者の L2 能力を超える場合に言語学習のための処理が始まるとしているが，これは，言語処理システムが対処不可能だと判断した場合，つまり，Robinson のいう STM が新たな学習ターゲットを検出したことを意味していると言える。

表2-2　Focus on Form と認知的特性との対応（Doughty, 2001, p.209）

「言語形式の焦点化」の概念	認知的特性
1. ミクロ過程	
焦点化（Focus）	選択的注意，期待，志向性
（学習者による）Focus on Form	作動記憶における言語形式と意味／機能の同時処理
Focus on FormS	明示的学習 （メタ言語的練習であることが多い）
ギャップへの気付き	検出，認知比較
（教師もしくは他の学習者による） Focus on Form，教育的介入	認知的侵入 注意を向けさせる，または引き出す
2. マクロ過程	
Focus on Meaning	暗示的（経験的）学習
言語学習のための処理 （インテイク）	音声，語彙／意味，統語の符号化 規則抽出，モニタリング，プランニング リハーサル，記憶の検索
言語使用	スピーチ処理 （言語産出，理解）
言語学習	インプットの内在化，分析 言語形式，意味，および機能のマッピング 再構築
3. リソース	
中間言語知識	長期記憶における心的表象
一般知識（world knowledge）	談話と百科事典的知識

　言語学習のための処理過程として，Doughty（2001）は，継続的で，比較的自動的に起きているマクロ処理（macroprocessing）と，短期的，瞬時的に起きているミクロ処理（microprocessing）を区別している。マクロ処理では，インプットの内在化，マッピング，分析，再構築といった認知処理が行われている。分析が進むと，LTMの心的表象は構造化されていない曖昧な表象から，次第に明示

的，分析的な形態へと移行する。分析のためには概念の音韻形態への継続的なマッピングが必要である。したがって，教師が文法説明をすればマッピングが完了するのではなくて，学習者の頭の中で認識され，時間をかけて累積的に行われなくてはならない。そして，既存知識に統合する際には，心的表象を再編成する必要性が生じるのだが，それが「再構築(restructuring)」(Mclaughlin, 1990)である。これはマッピングと異なり，ある時点で心的表象に突発的な質的変化が起きると考えられている。マクロ処理は，伝達ニーズを満たすための言語運用から離れて，すなわちオフラインで自動的に進行していて，外から教師が直接アクセスすることはできない。それで，Doughty(2001)は，一定の短い時間のうちに起きるため介入が可能なミクロ処理に働きかけることで，結果的にマクロ処理にも影響を及ぼしSLAを促進することができると見ている。しかし，Doughtyはマクロ処理のプロセスがまだ完全には解明されていないという問題点も指摘している。

　ミクロ処理では，通常の認知処理(=FonM)に入り込むという意味で，SLAでしばしば用いられる「教育的介入(pedagogical intervention)」という語は，「認知的侵入(cognitive intrusion)」という意味合いの強い語で表されている。ミクロ処理過程では，ある言語形式に選択的注意(selective attention)が向けられ，認知比較(cognitive comparison)が行われる。認知比較を促進するには，学習者が言語学習のニーズを認知的に察知した場合に，それをターゲットに教育的介入をすると効率がいいと考えられる。認知比較は，インプットとLTMの心的表象，アウトプットとの間，また，発話意図とインプット，アウトプットとの間でも起きる。このような認知比較の機会を多くすることで，気づきが起きると考えられる。心的辞書を検索して対応する語彙がない場合は，新たにL2の見出し語が作成される。Doughty(2001)は，マクロ処理におけるマッピングの成否，つまりFonFによる教育的介入の持続効果は，ミクロ処理の言語形式と意味／機能の注意の統合レベルにかかっているとしている。深い統合レベルで処理されたものがLTMに残ると考えられる。

2.3　処理可能性と文法発達段階

　言語処理のメカニズムに関連して，Pienemann(1998)は，LeveltのモデルをWelト用いて，中間言語に普遍的な発達段階が存在することに対する説明を与えようという処理可能性理論(Processability Theory)を打ち出している。これは，Pienemann自身の英語やドイツ語の疑問文や否定文の発達段階に関する研究

に基づく多次元モデル(Multidimensional Model)(Pienemann & Johnston, 1987; Pienemann, Johnston & Brindley, 1988)や教授可能性仮説(Teachability Hypothesis)(Pienemann, 1989)をさらに発展させたものである．また，言語処理のメカニズムを言語習得のプロセスに統合して理論的にも貢献しようとするものである(Pienemann, 2002)．処理可能性という観点から見たSLAは，言語を処理するのに必要なスキルの習得ととらえられる．

Pienemannの初期の研究では，L1にもL2にも共通で，L2の自然習得でも教室習得でも変わることのない強固な発達段階が存在することが明らかにされた．どの言語においても共通の統語の発達段階として，以下のような段階があると考えられた．

第1段階：語彙，決まり文句が言える．
第2段階：標準的な語順の文が作れる．
第3段階：文末の要素を文頭に置くなど，文の要素を動かすことができる．
第4段階：文の構成要素に対する認識ができ，文中の要素を前や後ろに動かすことができる．
第5段階：単文構造の中でさまざまな要素を自由に動かすことができる．
第6段階：複文構造の中で要素を動かすことができる．
　(Pienemann & Johnston, 1987; Pienemann, Johnston, & Brindley, 1988)

言語習得にこのような発達段階が存在するのは，認知的な制約が統語の発達に影響を及ぼすからだと考えていた．多次元モデルでは，スピーチにおいて文の構成要素をどれだけ動かすかという言語処理のプロセスには，記憶などの認知資源に制約が伴うために，文の要素を動かす構造ほど表出が遅れると考えたのである．例えば，英語で語順を変えずに上昇口調で疑問文にするのは易しいが，助動詞を文頭に出して主語と助動詞を倒置する疑問文はより難しいということになる．

新たに展開している処理可能性理論(Pienemann, 1998)では，言語処理の言語の下位レベルの手続き的スキルの自動化の程度によって，言語産出において表出する言語構造に発達的特徴が現れるのだとしている．この階層は，言語産出において，語彙を心的辞書から呼び出し，統語的な構造を整えて，文法符号化を行うという言語処理の手順(Levelt, 1989)と一致する．そして，それは同時に認知面での処理能力が，語彙レベルの処理から複雑な構文への処理へと自動

化が進む言語の発達段階でもある。文法符号化の手順には，見出し語，範疇，句構造，単文，従属節という階層が存在する。学習者は，心的辞書に見出し語を加え，見出し語(語幹)に文法範疇を付与し，句構造の機能を決定し，さらに文の節点に句構造を付与していくという段階を経て，文構造が蓄積されていくというプロセスをたどる。さらに，処理可能性理論は，構文が派生する段階を語彙・機能文法(Kaplan & Bresnan, 1982)により説明しようとしている。また，漸増手続き的文法(Incremental Procedural Grammar)(Kempen & Hoenkamp, 1987)を取り入れ，言語産出は，語彙，句構造，文構造の処理へと，各階層の文法情報を交換しながら漸次的に上位構造へと文が派生する様が，言語の発達段階とも一致すると見ている。日本語の文法発達段階については，次章で論じる。

　第一言語習得では，子どもは生まれてからおよそ1年の沈黙期の間に，まず母語の母音を認識し，次第に子音や音の弁別単位を見いだしていく。基本的な音が認識できるようになると，韻律的情報をもとに語構造を分析して語の単位を認識できるようになる。そして，時間的なまとまりのある音の連なりから単語やチャンクを切り出すようになる。これが，分節化(segmentation)と呼ばれるプロセスである。語の単位に分節できるようになると，その処理に認知資源を消耗する必要がなくなるので，さらに大きなチャンクを切り出せるようになる。このように，心的表象が形成されスキルが自動化されていくのは，言語の下位レベルからである。SLAで新たな言語処理システムを構築していくには，やはりFLAと同様のプロセスが必要である。L2でも，新たな語彙や文法で言語処理ができるようにならなければならない。下位レベルの処理が自動化され，そこに注意を向ける必要がなくなると，その上のレベルに注意を向けることができるようになり，処理単位は大きくなっていく。

　これは，前述の記憶のチャンキングのプロセスにも相当するものだと思われる。次第に処理単位，つまりチャンクが統合され，より大きな単位になると，複雑な構文を理解したり産出したりすることが容易になるのである。迅速さが要求される自発的な言語運用において，L2の言語能力が不十分な学習者が，限られた時間内に，概念処理から音韻処理までの言語処理を行うのは困難である。それで，表出する言語に発達的な特徴が見られるのである。このような処理を担うのは作動記憶(WM)であるが，必要なところに注意を配分し，言語処理システムのあらゆる部門をコーディネートして課題遂行を管理する際に，時間的な制約を受けると考えられる。

　このように言語処理の単位にしろ，記憶のチャンクにしろ，言語習得の根底

にあるのは音韻識別能力である。L2でL1の音からの負の転移がしばしば見られるのは，特に学習初期にはL2の音もL1の音韻体系で知覚してしまうからである。外国語学習障害の大学生は，L2のみならずL1の音韻識別能力が弱いという報告(Ganschow & Sparks, 2001; Sparks & Ganschow, 2001 など)もあり，Skehan(1998)も学習初期の段階では音韻識別能力が非常に重要だとしている。また，言語習得をチャンキングのプロセスとして見ると，音を分析して記憶の編成ユニットを形成することが後の文構造の規則性の抽出，複雑な文構造の生成にもつながるので，音韻スキルは言語学習全般に影響を及ぼすと考えられる。ところが，Doughty(2003)は，このようなインプット処理，特に音の分節化のプロセスはL1においては研究が行われているものの，L2においては，まだあまり解明されていないことを指摘している[12]。よって，このプロセスの解明が急務であり，教室指導もこの分節化のプロセスを促進するものでなくてはならないとしている。Doughtyはさらに，習得の単位は言語項目ではなく処理単位(processing units)にすべきで，物議を醸したKrashenの「$i+1$」の「$+1$」のターゲットは，次に処理可能なもの(processable)であるべきだとしている。

Pienemannのモデルは言語構造の表出段階を示したもので，正用順序を示したものではない。それぞれの段階の構造的な特徴を示してはいるものの誤った文も混在していることが多い。しかし，段階が上がるにつれ，誤りも次第に消滅して言語処理も迅速に行われると考えられている。表出順序を習得の指標にするのは，学習者の言語が複雑な発達過程をたどるからである。一度は正しく使われていた言語形式がある時から不正確になったり，使用が見られなくなることもある。そのような時期を経て再び正用が増加する。このような言語発達曲線は，U字型行動(U-shaped behavior)とも呼ばれるが，Pienemannのモデルでは，最初に使用が始まった時が習得の開始時期と見なして発達段階を判断しているのである。

2.4 競合モデルから見たインプット処理

Krashen(1985)の「インプット仮説」以来，SLAではインプットが常に研究の的になっていたが，実はインプット処理のプロセスには未解明な点も多い(Doughty, 2003)とされていた。その中にあって，インプット処理の問題に早くから取り組んでいたのが，競合モデル(Competition Model)である。このモ

---

[12] 近年は，目標言語の最初の接触から初期のインプット処理を見る研究が出てきている(Rast, 2008; Gullberg & Indefrey, 2010 など)。

デルは，生成文法でいう「言語能力(language competence)」ではなくて，「言語運用(language performance)」も含めて習得と見なし，言語習得とは機能レベル(意味もしくは発話意図)と形式レベル(表層形式もしくは表現手段)を直接結びつけていく過程だととらえる。そのマッピング過程でカギとなるのがキュー(手がかり)で，言語により重要なキューが語順であったり格であったりする。競合モデルで重要な概念が，「キューの妥当性(cue validity)」と「キューの強度(cue strength)」である。キューの妥当性は，言語のある領域においてキューが入手可能な事例が全体に占める割合，すなわち利用可能性(availability)と，あるキューが正しい解釈にいたる割合，すなわち信頼性(reliability)に基づき決定され，キューが意味と言語形式の結びつきに重みや強度を加えていく。つまり，さまざまなキューが競合する中で，その言語特有のキューを獲得していくことを習得と見なしているところが「競合モデル」と呼ばれる所以である。競合モデルは，言語習得を個々の言語を特徴づけるキュー(語順が重要なのか，格が重要なのか)の違いを学び，「キューの強度」を習得するプロセスととらえるので，規則を内在化するプロセスとは見ていない。また，競合モデルは，普遍文法のパラメータのようにL1と同一なのか，または異なるパラメータを再設定するのかといった二者択一のアプローチでは言語による変異や個人差を説明できないとして，普遍文法のような言語理論的なアプローチに代わるものとして習得過程を説明しようとしている(競合モデルの概観はMacWhinney, 1987; Bates & MacWhinney, 1987; MacWhinney, 2001を参照のこと)。英語とは異なる言語的特徴を持つ日本語は，競合モデルの格好の研究対象になっている(日本語の実証研究については，本書第5章の第3節を参照されたい)。

　現在のところ，競合モデルに関する研究は，インプットを受けた時に，どのようなキューを用いて正しい解釈にいたるのかということに研究の主眼がおかれ，インプットがどのようにアウトプットにまで結びついていくかは説明されていない。よって，競合モデルが目ざす言語運用力の習得の包括的なモデルとするにはまだまだ不完全だが，言語と機能が1対1の対応だけではない複雑なマッピング処理を必要とする時に，習得が困難になると言える。キューを教室指導の中でどのように操作できるのかを検証すれば，FonF研究に取り込むことは可能である。また，アウトプットにいたるメカニズムまでは説明されていないが，言語形式と意味のマッピング過程のある側面を示唆していると思われる。近年，競合モデルは，第一言語習得およびバイリンガリズムを含む第二言語習得の広範囲の現象を説明し得る言語習得の統合モデル(Unified Model)

(MacWhinney, 2005, 2008, 2011 参照)として，さらに発展している。従来から，競合モデルは，L2において重要なキューがL1と異なる場合に，習得に困難が生じるとしていたが，L2, L3と習得する際には，既習の言語のキューも活性化される可能性があると考え，L2もL3もL1と同じメカニズムで包括的に習得をとらえようとするものである。

3. 言語スキルの自動化

3.1 「自動化」の概念

　DeKeyser(2001)は，SLA 研究において「自動化(automatization)」という概念は1990年頃まではあまり関心を集めなかった領域だと述べている。認知心理学で Schneider & Schiffrin(1977) が「自動性(automaticity)」という概念を導入して以来，McLaughlin, Rossman, & McLeod(1983)がSLAにも取り入れたが，「自動化」「自動性」がどのようなものなのかは，まだ十分に理解されているとは言い難いようである。「自動化」とは，一般には「自動性」がどのように発達するかということだと考えられるが，「自動性」という用語をどう解釈するかという定義も揺れている。私達は経験的に，日常生活において何かのスキルや動作が自動的に行われるということがどういうことなのかを知っているが，認知的な意味で厳密に「自動性」または「自動化」が何をさすのかを考えてみる必要がある。なぜなら，それは言語教育で一般的に流暢なL2使用と見なしているものや，流暢さの発達過程と同じだととらえていいのかを知っておかなくてはならないからである。SLAにおける言語運用能力の発達を見る場合に，このような理論の枠組みは，どんな練習が真の自動化をもたらすのかという示唆も得られると期待できる。

　Schmidt(1992)は「自動化」とは何かを考察する前に，L2における「流暢さ」が，どのようにとらえられているのかを論じている。そして，日常会話で私達が「あの人はドイツ語が流暢だ」と言う場合，たいていは「よい話し手」であるという意味で，言語運用能力を包括的にとらえて「流暢」だと表現していることが多いとしている。また，Schmidtは，母語話者(NS)が非母語話者(NNS)のスピーチの流暢さを評価した研究(Lennon, 1990; Riggenbach, 1991など)から，流暢さの判断はやはり包括的になされるもので，しばしば正確さも含んだ評価であるとしている。話す速度やポーズの長さだけでなく，語彙の豊富さや構文の複雑さなどを伴い，熟達度と同等に，または少なくとも熟達度の

構成要素として判断している場合も多い。L1話者の流暢さを概念化したFillmore (1979) によると，そもそも流暢さとは広範な言語能力を含む用語として定義されている。少ないポーズで切れ目なく話せることはもちろんだが，論理的に一貫性のある中身の濃い内容を話すこと，コンテクストに適切な方法で話すこと，創造性豊かに話すことまでを含んでいる。しかし，言語教育の世界ではなぜか「正確さ」と「流暢さ」がしばしば区別され，教室ではどの段階でどちらに比重を置くべきかというように対比させて考える場合が多かった。教授法の変遷を見ても正確さと流暢さの間で常に理論の振り子が揺れてきた。Lennon (2000) は，L2の流暢さを，話す速度などの時間的な尺度で測る低次の流暢さと，思考を言語化するプロセスに関わる高次の流暢さを区別すべきだとしている。後者には考えている間にフィラー（日本語なら「ええっと」「あのう」など）を入れたり，適切な語彙にアクセスできない場合はパラフレーズしたりするという能力も含まれる。

　SLA 研究，特にタスクに関する研究（Foster & Skehan, 1996; Robinson, 2001b; Skehan, 1996, 1998; Skehan & Foster, 1999 など）では，タスクによる言語運用を正確さ，流暢さ，複雑さに分けて測定する。その中で，流暢さの指標としてしばしば用いられるのは，時間的な意味での流暢さの尺度として話す速度や，ポーズの長さ，また躊躇の程度を測る尺度として出だしのつまずき（false starts）や繰り返し，自己訂正の数などである（R. Ellis & Barkhuizen, 2005, Ch.7 も参照されたい）。これらは心理言語的なアプローチの SLA における研究ツールとしては有効である（Towell, Hawkins, & Bazergui, 1996）が，言語教育の現場で多くの学習者に対して限られた時間にこのような分析をして評価を下すことは難しい。教育現場で用いられるのは，むしろ言語行動の記述に基づくレベル判定である。しかし，実際には言語テストにおいては，特別の訓練なくしては評価者の「流暢さ」の基準が個々人で異なることも多い。理想的には SLA の流暢さの測定による言語の発達段階と，ACTFL-OPI に代表されるような流暢さを含む言語運用能力に関するレベル判定が一致することが望ましい。したがって，認知的な観点から見たスキルの自動化を，言語学習と関連づけて理解しておくことは非常に重要な課題である。SLA を最も促進すると推定される FonF の言語処理モードは，学習者の正確さと流暢さの両方を同時に伸ばすことを目ざしている（Doughty, 1998）が，どのようにしてそれが可能になるかを知っておく必要があるだろう。

3.1.1 自動性と自動化

　Segalowitz(2003)は，「自動性」の概念の変遷を論じている。初期の研究では，「自動性」とは迅速な処理，弾道的(ballistic)で中断のない処理，他の情報負荷に影響されない独立した処理としてとらえられていた。その後，認知資源としての「注意」の考え方から，心的努力を必要としない処理，つまり注意資源を必要としない自動的な処理，無意識に行われる処理ととらえられるようになっていった(DeKeyser, 2001 の「自動性」の基準に関する同様の議論も参照されたい)。しかしながら，これらは自動的ではない処理と比べた場合の相対的な概念であって，実際には「自動性」の定義は難しいようである。認知心理学において，「自動性」には上記のような特徴があることは暗黙の了解となっているが，「自動化」の理論は，そのような「自動性」の厳密な定義問題を避け，提案されてきたというのが実情のようである(Segalowitz, 2003 参照)。DeKeyser(2001)は，自動化を自動性につながるプロセスと見るのか，自動化のプロセスを経た結果を自動性と見なすのかなど曖昧な点があるとしながらも，自動化のプロセスは観察や実験により実証が可能なので，追求する価値があるとしている。次のセクションでは，SLA に影響を及ぼした認知心理学の自動化の理論とSLA の実証研究を検討し，自動化と言語運用の流暢さとの関連を考えていくことにする。

3.1.2　情報処理アプローチ vs. スキル習得論
(1)　Shiffrin & Schneider(1977)の自動的／統制的処理

　スキルがどのようにして自動化されるかは，Shiffrin & Schneider(1977), Schneider & Shiffrin(1977)の情報処理アプローチや Anderson(1983)のスキル習得論(ACT* 理論)で説明することができるが，両者の見解は少し異なっている。共に SLA 研究にも影響を与えたが，前者の考え方を早くから取り入れたのが McLaughlin(1987, 1990; McLaughlin & Heredia, 1996)である。McLaughlinは Krashen のモニター理論を強く批判したことでも知られている。情報処理アプローチにおいて，自動化された情報処理を「自動的処理(automatic processing)」と言う。自動的処理とは，何度も試行を重ねて，同一のインプットを同一の活性化パターンに継続的なマッピングを行った末に，そこで構築された表象が，記憶から自動的に活性化されることである。活性化された表象は，連合的なつながりでまとまったものである。自動化にいたる以前のプロセスは「統制的処理(controlled processing)」として区別されている。統制的処理におい

て活性化されるのは，記憶の断片的な表象で，処理のプロセスは注意資源の制約を受ける。学習において，それまで統制的処理を行っていたスキルが自動化されると，そこにはもはや注意を向ける必要がなくなる。そこで，注意資源をもっと難しい課題に使うことができ，新しい学習が起きる。こうして，徐々に認知的に複雑な課題も遂行できるようになると考えられる。

　また，あるスキルが自動化される度に，自動化された処理手順が順次，統合され，新たな心的表象を作る。このプロセスを「再構築（restructuring）」という。このアプローチでは，自動化されるプロセスにおいて，心的表象は質的（＝心的表象の中身の変化）にも変化するととらえている。言語処理は音韻から談話にいたる階層的な処理を行う複雑な認知スキルであり，スキルが発達するにつれ，各階層の処理に必要な注意資源が減少していくと見る。このようにして，統制的処理から自動的処理へと移行するという理論が，L2の言語スキルの自動化を説明するのに適用されたのである（McLaughlin, Rossman, & McLeod, 1983; McLaughlin, 1990）。ただし，情報処理の発達段階は説明しているが，自動化の学習メカニズムとしての理論になり得ていないという批判（Schmidt, 1992）もある。

(2) Anderson(1983)の ACT* 理論

　一方，Anderson(1983)のスキル習得論（ACT* theory: adaptive control of thought）では，LTMにおいて2つの知識が存在すると考え，宣言的知識と手続き的知識に分類している。流暢な言語運用は，手続き的知識（＝暗示的知識）に基づいてなされるものであるという見解は，Krashenのノン・インターフェース仮説とも一致する。しかし，Krashenと異なり，伝統的な文法学習から得られる宣言的知識との間のインターフェースを認める立場をサポートする心理学の理論である。言語スキルが自動化されるプロセスは，まず宣言的知識を習得することから始まる。そして，その宣言的知識を練習で使うことにより，知識が手続き化（proceduralization）される。その際に，言語化して表現することが可能なメタ言語的な知識である宣言的知識が，処理手順やスキルを支える手続き化知識に変換（convert, transform）されると考える。そして，さらに練習を積むことにより，手続き化知識が自動化されると見ている。知識が自動化された後，宣言的知識は必ずしも失われるわけではない。場合によっては，宣言的知識を維持していることも考えられる。例えば，英語が流暢な人でも，英語教師であれば宣言的知識をずっと維持しているが，国際舞台で活躍するビジネ

スマンであれば，英語を正確に使えても文法規則は忘れてしまっているということがあり得る。このスキル習得論は，スキルが必ず宣言的知識から出発することが前提となっていることで，批判を受けた。後に Anderson & Fincham (1994) は，手続き的知識のソースは常に宣言的な形態から始まる必要はないことを認めているが，今でも基本的には宣言的知識を習得の出発点ととらえている。

　Anderson の ACT* 理論は，その後も改訂が試みられ，ACT-R 理論 (Anderson & Lebriere, 1998) へと発展している。基本的な考え方は変わっていないが，個別の宣言的知識が，手続き化の過程において宣言的知識のチャンクとなり，プロダクション・ルールを形成すると考える。WM における処理を容易にするために，いくつかのチャンクがより大きなユニットに変換されるチャンキングが起きる。LTM からの検索においては，宣言的知識に直接アクセスすることなく，プロダクション・ルールにより課題を遂行すると考えられている。しかし，プロダクション・ルールがいくつかの宣言的知識が集まったものであるという点で，検索においては規則ベースの知識にアクセスしていると見なしている。ただし，この理論を SLA に応用している DeKeyser (1998, 2001) は，規則ベースの宣言的知識から学習が始まるとしても，機械的ドリルのような意味や機能の部分が欠如していて，言語形式とのマッピングの機会が排除されている練習では，手続き化や自動化は起きないとしている。DeKeyser も，コンテクストにおける練習の重要性を強調しているのである[13]。

　情報処理のアプローチにしろ，ACT* 理論にしろ，共通点として，認知スキルは，注意を向けて課題遂行を制御する必要がある段階から，注意資源をあまり消耗せずに自動的に処理が行える段階に移行することでは見解が一致している。また，その途中のある段階で，心的表象（知識）に何らかの質的な変化が起きると見ていることでも共通点がある。前者では「再構築」，後者では「手続き化」と呼んでいるが，このような変化は練習を重ねる中で，ある時突発的に起きるとされている。両者の相違点は，言語学習の始まりに宣言的知識を必要と見なすか否かである。今や教室習得研究では，宣言的知識で始まる明示的学習が，本来暗示的であるはずの言語知識の習得につながるという考え方を必ずしも支持していない (Doughty & Williams, 1998b; Long & Robinson, 1998; Norris & Ortega, 2000 のレビューを参照)。規則が複雑で難しい場合は，明示的学習は弊害

---

13) 今や「練習」の意味するところは，単なるパターンプラクティスや機械的なドリルを指すものではなくなっており，SLA における「練習」は再概念化されている (DeKeyser, 2007 参照)。

にすらなると考えられている(MacWhinney, 1997; Doughty, 2003 など)。また，DeKeyser(1997)は，スキルの習得は練習したスキル固有のもので，インプット練習はインプット，アウトプット練習はアウトプットにのみインパクトがあるとしている点で，インプットを受けることがアウトプットへもつながると考える情報処理アプローチとは立場を異にしている。ACT* 理論が提唱された頃は，単純な認知スキルに関する研究が多かったが，最近は複雑な認知スキルに関する研究も進んでいるようである。そして，自動化の理論は，これまでは注意との関連で論じられることが多かったが，今ではパフォーマンスを LTM からの検索過程ととらえて記憶から自動化を論じる理論もある。SLA を記憶のプロセスとして論じることが多くなった現在，記憶から自動化をとらえることは特に重要になってくると思われる。

3.1.3 記憶のシステムから見た自動化理論

　自動的に処理されるパフォーマンスは，LTM の心的表象の素早い検索を必要とする。その際にどんな表象が形成されていれば検索が迅速に行えるのであろうか。マッピングが進み，高度に分析された心的表象は規則ベースか項目ベースか，またどちらが検索に効率的かという問題も SLA の議論の対象になる(R. Ellis, 1999 など)。規則として知識が貯蔵されているとすれば，記憶の貯蔵スペースはコンパクトで，文の生産性，創造性が高いのではないかという想像が成り立つ。一方，項目ベースの知識，つまり言語が用例や定型表現の形で貯蔵されているとすれば，莫大な量の記憶を必要とするが，記憶からの検索は素早くそのまま取り出して使えるという利点があると考えられる。自動性とはどのような記憶の表象に基づくパフォーマンスなのであろうか。

　Logan(1988)は，学習は必ずしも宣言的知識が手続き的知識に変換されることによって起きるものではないという前提で，記憶ベースの事例理論(Instance Theory)を提唱し，アクセスする知識は規則ではなくて，過去に遭遇した事例(instance)であるとしている。事例というのは，共起するイベントの表象のことで，自動的なパフォーマンスでは，1回きりの検索で問題に対する過去の解決策である事例が取り出される。スキルの発達過程では，初期はアルゴリズム(問題解決のための特定の手法，操作手順)に基づきパフォーマンスがなされるが，凡例(examplar)が蓄積されてくると，アルゴリズム検索から凡例検索へのシフトが起きる。つまり，関連するさまざまなアルゴリズムが統合されて，一度の検索でそれらがすべて呼び出されるのである。そして，凡例を直接記憶から検

索できるようになると，検索も加速化するとされている。Loganによると，自動性とは項目ベースの記憶検索から派生するものである。あるまとまったユニットとして記憶に表象が形成されていれば，検索は効率よく自動的に行われると考えられる。しかしながら，言語理解のように無限に過去の事例と異なる文を聞いたり読んだりすることがあることを考えると，事例のみで言語運用が成立するのかという疑問が生じる。したがって，DeKeyser(2001)やKormos(2006)は，Palmeri(1997)が主張するように，過去の事例との類似性に基づく項目検索が行われるという考え方を組み込むことで，項目ベースのパフォーマンスの自動化を説明できるのではないかとしている。

　このようなLoganの理論は，データ駆動型の暗示的学習の可能性を示唆している。また，アルゴリズムが凡例として統合される過程は，記憶のチャンキングのシステムでより大きな記憶ユニットのチャンクを形成していく学習過程にも通じる。Schmidt(1994)は，暗示的学習によるパフォーマンスは，規則ベースのように見える意思決定が，実は個々に貯蔵された凡例への類似性，あるいは自動的な記憶ベースのパターン認識メカニズムに基づくものだとしている。目下のところは，自動的なパフォーマンスを支える記憶検索において，検索される情報が規則ベースか項目ベースかという議論は，両者の見解にはまだ隔たりがある。どのような理論で説明するにしろ，脳科学の実証を見る限り，学習中には脳の活性領域が広いが，スキルがいったん自動化されると，活性領域は狭まるという(Segalowitz, 2003参照)。よって，自動化されたスキルは記憶のより大きなチャンクや凡例に統合され，新たな学習に記憶容量をつぎこめる余裕が生まれていると考えられる。

　Skehan(1998)やDeKeyser(2001)は，先行研究から推論して，少なくとも言語運用において両方のソースが存在し，相互作用もあるのではないかと見ている。例えば，言語学習の初期の段階ではチャンクや定型表現として言語形式を未分析のまま覚えることが多い。固まりとして覚えたものは，必要時にそのまま取り出せばいいのでアクセスが素早いという利点がある代わりに膨大な記憶を必要とする。一方，規則による記憶は，分析の段階を経てコンパクトな規則として保持されているので，記憶容量は少なくてすみ生成率が高い。しかし，規則から生成するには伝達場面のプレッシャーがある場合などかなりの努力を要し，情報の検索に失敗することも考えられる。そこで，Skehan(1998)は，規則に基づいた上でもう一度凡例が蓄積されれば，二種の記憶の長所が合わさり，正確で素早いアクセスが可能になると考えることができるとしている。このよ

うな記憶検索においてアクセスする知識が規則ベースなのか項目ベースなのかという論争は，概念駆動の明示的学習とデータ駆動の暗示的学習とどちらが効率がいいか，どちらが自動化につながるかということにも関係があり，この問題は第 4 節でさらに取り上げることにする。

3.2　SLA における「自動化」の実証研究

　SLA において，読みにおける単語認知の自動化の研究，つまり言語理解の処理過程の入り口のプロセスに関する研究はいくつか行われている(例えば，Segalowitz & Segalowitz, 1993 や Segalowitz, Segalowitz, & Wood, 1998 など)。言語理解のプロセスは，インプットが音声情報であっても文字情報であっても，文字情報の入り口が視覚というだけで，文字が音韻情報に変換された後の処理のプロセスは共通だと考えられている。読みでも下位レベルの単語認知が自動的であれば，既有知識を用いたトップダウン処理などに処理資源を当てられると考えられる。今のところ，文法の処理に関する「自動化」の実証研究は非常に少ないが，SLA の実証研究では，言語運用の流暢さの指標として反応時間 (reaction time) を，そして，正確さの指標として誤用率 (error rate) を測定することが多い。

　前述のように DeKeyser(1998) は，認知心理学の ACT* 理論を SLA に応用している。言語学習においては，明示的な文法説明により提示された宣言的知識を一時的に貯蔵しておき，文法に焦点を置いたコミュニカティブな練習により，何か意味のあることを伝達しながら，言語形式と意味のマッピングを促進させることを目ざす。完全に手続き化された宣言的知識は，必要に応じて迅速に取り出せる手続き的知識になると考える。そして，さらに，より広いコンテクストにおいてさまざまな形態の宣言的知識を組み合わせた使用を促進し，複数の言語形式の組み合わせに的を絞った伝達活動をすれば，文法知識へのアクセスは比較的容易に自動化されるとしている。このようなやり方は，イギリスのコミュニカティブ・アプローチが日本の言語教育に影響を及ぼすようになって以来，実際，日本語教育の現場においてもかなり取り入れられていると思われる。

　その実証研究として，DeKeyser(1997) は，人工言語 Autopractan のコンピューター学習により，明示的説明により提供された文法知識の自動化に関して，インプット練習とアウトプット練習の効果を検証している。規則の提示と練習は，視覚補助教材を用いることで意味も重視し，メタ言語テストへの反応

時間の減少と誤用率の減少をもって，自動化と見なした．その結果，どちらの練習グループも，最初のタスクを遂行するのに非常に時間がかかり，その後次第に時間が短縮されていくことが示された．DeKeyser は，言語のスキルの習得も他の認知スキルの習得と同様，宣言的知識が手続き化知識に転換される過程（＝手続き化）において，知識の質的変化に時間を要し，その後転換された知識が自動化するのだと見ている．ここで重要なのは，反応時間の減少（流暢さ）と誤用の減少率（正確さ）が連動して変化していたことである．よって，自動化にいたるプロセスは，単に流暢さのみが伸びていくのではなく，正確さも伴っていたのである．この発達パターンは，自動化を説明する理論のアプローチは異なっていても，他の認知スキルの習得においても見られるものである（DeKeyser, 2001）．ただし，この実験も ACT* 理論に基づく他のスキル習得の実験結果と同様，練習効果はスキルと結びついたものだとしている．つまり，インプット練習はインプットに，アウトプット練習はアウトプットにのみインパクトがあり，練習効果は練習した方向においてのみ有効だったとしている．これは，インプットがアウトプットに結びつくことが前提の情報処理の SLA の理論的枠組みとは見解が異なる点である．DeKeyser は人工言語を用いたので練習には制約があると思うが，絵を示したことを除くと練習はメタ言語的なものに近い．

　さらに，記憶ベースの事例理論（Logan, 1988, 1990）を SLA において検証したのが Robinson（1997b）である．この中で，英語の与格交替において架空の新しい動詞を作って4つの学習条件：(a) 例を暗記するように言われた暗示的学習群（implicit condition）；(b) 文の意味を理解するように言われた付随的学習群（incidental condition）；(c) 視覚的にインプット強化したテキストを見せられ意味を理解しながら読むように言われたインプット強化群（enhanced condition）；(d) 文を見せられる前に規則を示された規則学習群（instructed condition）が比較されている．そして，文法性判断テストによる未知の動詞への知識転移の程度と記憶の検索の自動化の程度が分析された．その結果，(1) 記憶型学習であった暗示的学習群と，幾分記憶型学習であった付随的学習群は，学習段階で得た知識を未知の文に転移することができなかった，(2) ある程度，記憶型学習と言えるインプット強化群は，未知の語に遭遇した際に規則に基づいた知識を示していたが，そのような知識へのアクセスは意識的な努力を必要とした，(3) 規則中心の学習であった規則学習群は正確さにおいてもスピードにおいても最高のパフォーマンスを見せた，ということがわかった．つまり，明

示的知識を与えられた上で凡例を多く読んだグループが，指導直後のテストで判断する限り，最も有効であったと言える。したがって，SLA において記憶ベースの暗示的学習や付随的学習の効果が見いだせなかったことから，この実験を見る限り，Logan の事例理論を SLA に適用するのは限界があるように思われる。しかし，前述のように，DeKeyser(2001)は，新しい項目に事例検索が適用されるには，類似性ベースの項目検索のプロセスを想定すべきではないかとしているので，効果を見いだすには学習にもう少し時間をかける必要があるかもしれない。また，ここで取り上げた実験室研究[14]は言語形式の規則に焦点を当てたもので，言語運用本来の複雑な認知スキルとしての言語能力に踏み込んだ検証はなされなかったと言える。

いずれにしても，SLA において自動化に関する実証は少なく，自動化がどのように進むのかを結論づけるのは時期尚早であるが，認知心理学や SLA の先行研究から 1 つ言えることは，自動化は単に言語運用における流暢さのみを示しているのではないということである(Segalowitz, 2003 の詳細な議論も参照されたい)。理論上の立場は異なっていても，そこには，ある時点において心的表象に何らかの質的変化が生じており，つまり，正確さにも関わってくるということである。しかも，学習曲線を見ると正確さと流暢さの発達は連動して起きている。よって，正確さと流暢さのどちらかしか促進しない FonM や FonFS と異なり，正確さも流暢さもどちらも犠牲にしない Focus on Form(Long, 1991; Long & Robinson, 1998 など)が言語学習の処理モードとして推奨されており(Doughty, 1998 参照)，複雑な認知スキルの自然な発達過程からすると，両方を同時に伸ばすのを目ざすのは理にかなっていると言える(小柳 2005a, b)。

4. 明示的学習 vs. 暗示的学習

4.1 「明示的／暗示的」の区別

前節では，スキルが自動化されるプロセスを論じたが，どんなタイプの学習がそのような自動化を促すかということが SLA では重要な研究テーマになる。前節の，スキルの自動性が規則ベースの記憶表象から来るものなのか，あるいは項目ベースの記憶表象の検索に基づくものなのか，という議論とも関わ

---

14) 教室の指導の効果を探る研究では，自然言語を用いて教室または教室に近い実験環境で行われる研究に対して，人工言語を用いたコンピューター実験を実験室研究と呼んでいる。

る問題である。また，Krashen 以降，「意識的／無意識的」や「明示的／暗示的」をどう区別するかという定義の問題に見られるように，論争の絶えない領域でもある。本節では，効率のよい言語学習という観点から，明示的学習(explicit learning)と暗示的学習(implicit learning)に関する研究をまとめ，教室習得研究が追求すべき道を探ってみたい。

　SLA において Krashen のノン・インターフェース仮説以降は，意識的な文法学習によって得られた知識，すなわち明示的知識を有していることが習得に結びつくか，ということが論争の的であった。その意味で，明示的知識と暗示的知識との対比で議論されることが多かった(例えば，R.Ellis, 1994; Robinson, 1994の論争を参照)。SLA 研究においては，文法知識を言語により記述化できることをもって便宜上，明示的知識を有していると見なしていた。例えば，Green & Hecht(1992)は，英語の母語話者と初級から上級までの英語の学習者を被験者にして暗示的知識と明示的知識の関係を調査した。被験者は12個の文法の誤りを見せられ，可能なら間違っている理由についての説明，もしくは誤りに対する文法規則を述べ，誤りを訂正するように求められた。その際，被験者は規則を形成できた時の方ができなかった時より誤りを訂正できる傾向があったが，正しく誤りを訂正できたもののうち，学習者では43%，母語話者では57%が明示的知識を持ち合わせていないのに訂正できたものであった。また，学習者に限定していうと，上級の学習者になるほど高レベルの明示的知識を示していた。したがって，Green & Hecht は，学習者は第一には暗示的知識に頼っていること，また，明示的知識は学習者の知識のほんの一部ではあるが，明示的知識もまた SLA に効果があるのではないかとしていた。

　第2節で扱った言語処理のモデルからわかるように，言語運用は手続き的知識(≒暗示的知識)に基づいて成り立っている。よって，流暢で正確な言語運用を目ざす場合のゴールは言語スキルの手続き的知識を習得することである。SLA で議論すべきは，そのような知識がどのようにして発達するのか，言い換えると，心的表象の形態がどのように変化，発達するのかということである。前節の記憶から検索する表象が規則ベースか項目ベースかという問題も，言語発達過程においてどんな心的表象が形成され，どのように変化していくかということと関係がある。このような問題の探求のために，異なるタイプの学習の効果を調べることにより，習得モデルの検証，修正を行って理論化を目ざしているのである。

　Doughty & Williams(1998b)は，言語学習における「明示的／暗示的」の概

念のとらえ方を表2-3のように整理している。この2つは二極化したものとしてとらえられる傾向があるが，表のコラムが縦割りで二極化されるのではなくて，暗示的学習でも明示的に注意をインプットに向けさせることもあり得るし，実際の教室指導はもっと柔軟に対応すべきだとしている。そして，「明示的／暗示的」の概念は，二極化ではなくて連続体をなすものだとしている。確かに，教室の実践においては，このような柔軟性が必要だが，認知心理学やSLAの実験では厳密な操作をすることが多い。認知心理学では，暗示的学習の実験群において，学習の後で意図的な規則抽出を行ったと報告した被験者をデータ分析から除外して，純粋な暗示的学習の被験者のデータのみを集めようとすることもある。次項では，認知心理学の実験パラダイムに影響を受けた，学習条件の違いによるSLAへのインパクトを検証したSLA研究を見ていくことにする。

表2-3　暗示的および明示的言語学習 (Doughty & Williams, 1998b, p.230)

領域	暗示的	明示的
中間言語知識 (心的表象)	・生得的(普遍的) ・直観的 ・凡例ベース	・明示的(分析された言語固有の知識) ・規則ベース
中間言語知識へのアクセスおよび／または使用	・自動的(努力を要しない) ・流暢，熟練	・故意的(努力を要する) ・流暢さを欠く
学習 　分析 　仮説検証 　認知比較 　ギャップ，穴に気付く 　再構築	・帰納的 ・付随的 ・内在的 ・アウェアネスなし ・知覚できない	・演繹的 ・意図的 ・アウェアネスあり ・気付く
注意	・誘引される(attract) ・無意識的	・向けられる(direct) ・意識的
言語コントロールの発達	・経験的 ・自動化される	・練習による ・手続き化される
教育的介入	・介入が自然，またはなし	・顕著 ・介入的 ・メタ言語的

4.2 SLAにおける学習タイプ別の比較研究

指導の効果に関するSLA研究において「明示的/暗示的」が使われるのは，最初に文法規則を説明するか否かという学習のタイプのみでなく，例えば，訂正フィードバックを与える際に，はっきりと誤りを指摘したり，誤りの原因を説明したりする明示的フィードバックと，それとなく誤りを正した文を与える暗示的フィードバックとどちらが有効かを比較することもある。また，文法説明を意味ある伝達活動の中に組み込んで与えることもある。このような実証研究は第4章で扱うこととし，本項では，認知心理学の実験研究のパラダイムと平行して行われている明示的学習と暗示的学習の比較を扱ったSLAの実証研究を見ていくことにする。つまり，規則を提示され，その規則を適用する練習を行う明示的学習と，規則は提示されずに用例に多く出会うタイプの暗示的学習を比べたものである。言語教育において教師がどのようにメタ言語情報を操作するかは，SLAの成否に関わる重要な関心事である。

4.2.1 規則提示の有無

SLAでは，実験室研究(laboratory studies)の数は限られているが，そのような研究をいくつかあげておきたい。N. Ellis(1993)は，ウェールズ語の軟音化(soft mutation)の規則に関するコンピューター学習で，ウェールズ語を英語に訳す課題を課した。比較した学習条件は，用例をランダムに見せられた暗示的学習条件("random group")，単語を学習し規則を提示された明示的学習条件("rule group")，規則を提示され，軟音化する場合としない場合の典型的な用例を見せられた明示的学習条件("rule + instances group")である。これら3つの実験群にはすべて，ウェールズ語の表現や文を見せられ英語に訳していくという共通の学習課題が課せられた。コンピューターは，誤りをおかすと試行を繰り返さなくてはならないように設計されていて，それでも誤りが訂正されない場合は，正しい英訳が画面上に現れるようになっていた。そして，学習の後には規則のアウェアネスを調べるテストと文法性判断テストが行われた。また，暗示的学習と同様の学習を行い，後者2つの実験群と学習量が同等になるように操作された統制群("yoked random group")が置かれた。被験者は，言語適性テスト(MLAT)のスコアに基づき，4つのグループが同質になるように振り分けられた。実験の結果，暗示的学習条件の被験者は，規則を記述できず，明示的知識は発達していなかったことが示された。また，文法性判断テストでは，既習項目はできていたが，未習項目まで知識の一般化が進んでいなかったこと

が示された。反対に，規則を提示されただけのグループは，学習後も規則を記述することはできたが，文法性判断テストにおいて新しい項目に学習を転移することはできなかった。しかし，規則と用例の両方が提示された明示的学習条件は，規則の記述に関しても文法性判断テストにおいても優れていたことが報告されている。したがって，規則を提示された場合は明示的知識が発達するが，提示されない場合はそのような知識はなかなか発達しないこと，また，規則の提示のみでは，新しい項目に適用可能な規則の一般化ができないということが，この実験から明らかになった。

　明示的知識の有無による学習条件を言語形式の難しさとの関係で検証すると，結果はさらに複雑になる(小池 2002のレビューも参照)。例えば，DeKeyser (1994, 1995)は，文法を暗示的に学習するのと明示的に学習するのとどちらが効果的なのかを調査するにあたり，次のような仮説を立てた。

> 仮説1：簡単な範疇規則に関しては明示的／演繹的学習が暗示的／帰納的学習より優れている。
> 仮説2：言語的プロトタイプに関しては暗示的／帰納的学習が明示的／演繹的学習と同等かもしくはより優れている。

そして，文法性判断テスト，メタ言語テストと言語産出テストにより学習効果を測定した。彼の人工言語 Implexan を用いた実験では，仮説1のみを支持する結果となり，形態素や統語の規則性のような簡単な規則は，暗示的学習(絵と共に例を見る)より明示的学習(規則提示)の方が学習が進んだとしている。仮説2に関しては，統計的には有意ではなかったが，異形態(allomorph)のようなより抽象的で微細な区別がある規則は，明示的に学習するのは難しかったようだ。よって，規則学習が有効かは言語形式の性質によるのではないかとしている。例えば，英語の複数形の -s のような簡単な形態素は明示的知識として学習することが可能で，一方，英語の過去形の不規則動詞のようなより複雑な規則は，過去形を含むインプットを受けることにより暗示的に学習することが可能なのではないかと推定できる。

4.2.2　コネクショニスト的見解

　Schmidt(1990)が典型的な暗示的学習の例としてあげていたのが，フランス語の名詞のジェンダーに関する母語話者(NS)の文法知識であった。フランス語

の名詞には男性形と女性形があり，具体名詞は1つ1つジェンダーを覚える必要があるが，抽象名詞は以下のように語尾の音韻および形態素で区別することができる。

〈フランス語の名詞のジェンダー〉
男性形：-age（marri**age** 結婚）　-ism（social**ism** 社会主義）
　　　　-ement（content**ement** 満足）　-at（professor**at** 教職）　　など
女性形：-aison（compar**aison** 比較）　-esse（sag**esse** 知恵）
　　　　-eur（douc**eur** 優しさ）　-erie（moqu**erie** 嘲笑）
　　　　-tion（inven**tion** 発明）　など

Schmidt(1990)は Tucker, Lambert, & Rigault(1977)を引用し，フランス語のNS の多くはそのような区別に関する規則を記述できないばかりか，規則の存在にすら気づいていなかったことを報告している。その後，Holmes & Dejean de la Batie(1999)が，コンピューター実験により，ジェンダーの規則性のある既知語と未知語，規則性のない名詞についてジェンダー判断課題を課し，NS と学習者である非母語話者(NNS)の正答率と反応時間を比較している。その結果，NNS は規則性がある名詞は既知語も未知語も同様の速さ，正答率で判断していたが，規則性のない名詞の判断には時間がかかり正答率も下がっていた。一方，NS は既知語に関しては規則性の有無に関わらず素早く正確に判断が下され，未知語の判断には時間がかかるという結果になった。つまり，NNS にとっては語尾の情報がジェンダー判断の拠り所になるが，NS にはそのような情報が判断のベースではなく，語彙単位で判断していたということである。前述の Schmidt は，NS のフランス語の名詞のジェンダーの文法知識の解釈として，(1)NS は FLA のある時点で規則性に気づいていたが，その後は手続き的知識として貯蔵された，(2)インプットの中から無意識に規則を帰納的に導き出した，(3)関連する言語形式を記憶に蓄積していったが，規則に気づくことはなかった，という3つの可能性をあげている。3つ目は用例を記憶に蓄積することにより強度の結合ユニットが脳内ネットワークに形成されるというコネクショニストの見解である。コネクショニストは規則ベースの知識の存在を否定する立場である。Sokolik & Smith(1992)は，このコネクショニストのモデルを検証し，FLA も SLA も，明示的規則を適用するのではなく，低次の知覚段階で名詞の語尾の形からジェンダーが判断できるようになり，未知の名詞

にも適用できるとしている。つまり，NNS も文法規則を教えられなくても，NS と同様の暗示的学習が可能だということを示唆している。

　他にも，英語の過去形が，FLA においても SLA においても，しばしば取り上げられる。FLA も SLA も言語発達は U 字型曲線(U-shaped behavior; Bowerman, 1982; Karmiloff-Smith, 1984; Kellerman, 1985)を描くとされ，英語の過去形が例としてしばしば使われる。子どもは，"go" の過去形として "went" が使えていても，ある時期から "goed" のような誤りを表出するようになることが知られている。最初は丸暗記で覚えてコンテクストの中で正しく使えていたのだが，"-ed" が過去形であることがわかると，規則を過剰般化するのである。そのような時期を経て再び正用が現れるので，その発達パターンから U 字型と呼ばれる。この過去形の習得パターンはさまざまな理論的立場から説明が試みられているし，議論を呼んでいる領域でもある(N.Ellis, 2001, 2002; N. Ellis & Schmidt, 1998 参照)。よく知られた事実に，英語の NS に動詞の過去形を産出するように求めた場合，不規則動詞に関しては頻度の高い動詞の反応は早く，頻度の低い動詞の反応が遅いのに対し，規則動詞は動詞の頻度に関係なく同様の早さで反応することができるということがある。

　英語の動詞の過去形の習得過程の説明については，異なる見解が示されている。大きく分けると，生得主義者とコネクショニストの見解の相違である。生得主義の立場の研究者(Pinker, 1991 など)からは二重処理モデルが出され，規則動詞は規則ベースの知識に基づき生成され，不規則動詞は連合記憶(associative memory)から生成されるという異なる処理ソースがあるという提案がなされている。また，他にも，神経生理学的な立場から，Ullman(2001a, b; Ullman, et al., 1997)が，NS は規則動詞の活用は手続き的知識によってなされ，不規則動詞の活用は宣言的記憶として貯蔵しているとしている。これは，複数の言語を調べて同様の結果が確認されている。つまり，不規則動詞の活用は語彙と同様にとらえ，心的辞書，すなわち宣言的記憶に依存するが，規則動詞のような規則ベースの文法は，手続き的記憶によるものだということである。

　一方，刺激と反応の連合から脳内に連結ユニットが作られていくのが SLA だと見なすコネクショニストは，そもそも規則ベースの知識の存在を否定しているが，英語の過去形についても生得主義者とは異なる説明を与えている。英語の過去形では，初期は丸暗記で不規則動詞を用いているが，後に過去形の形態素との連合が強まると，不規則動詞にもそれが適用されてしまう。しかし，さらにインプットを受けると，不規則動詞への連合は弱まり過去形の形態素の

使用は消滅すると考えるのである。N. Ellis & Schmidt(1998)は，大人のL2学習で何が起きているかを検証するために，ミニチュア人工言語を用い名詞の複数形の学習に関して実験を行っている。その結果，規則的な項目と不規則な項目の違いは，不規則な項目の方が反応時間の減少が遅いというスピードの問題のみであった。この研究では，さらにコンピューターのシミュレーション実験も行われ，人間の被験者を使った実験と同様の結果を得ている。すなわち，規則性があるもの，頻度が高いものほど習得が早く，規則性があるものは，頻度の影響が消滅するのが早いということである。よって，N. Ellis & Schmidt (1997, 1998) は 2 つの異なるシステムが関わっているのではなくて，同一の学習メカニズムが機能していると見ている。つまり，文法的な規則性の確率的なパターンを抽出する連結ユニットの強化という連合学習によりSLAが起きるというコネクショニストの立場を支持しているのである。コネクショニストのモデルは規則ベースの知識の存在を認めておらず，暗示的学習を説明する究極の理論である。

4.2.3　学習タイプと言語形式の難易度

4.2.1でDeKeyserが規則の難易度により言語形式を分けて，比較，分析を行った実験研究に言及したが，何をもって規則の難易度を決めるかという問題も，SLAにおいて大きな議論になるところである(DeKeyser, 2005のレビューを参照)。Robinson(1996) は自然言語である英語を使って実験を行い，DeKeyserと同様の結論に達している。彼の易しい規則，難しい規則の基準は，経験のあるEFLの教師の判断に基づいている。Robinsonの研究で特筆すべきは，規則を提示されたグループは，難しい規則に関して非文を非文だと判断することにおいて最も誤りが多く，非文を文法的だと判断する傾向が強かったことである。したがって，全体的には暗示的／付随的学習のグループは，文法性判断テストのスコアは低かったものの，非文法的な文の文法性判断においては最も正確であった。この中で暗示的学習条件とは，用例を暗記するように指示された学習をさし，付随的学習とは，意味を理解しながら文を読むことを指示された学習をさしている。持続効果は調べられていないが，暗示的／付随的学習においては，学習のスピードは遅いが，最終的には規則の正確さが習得されるかもしれないと考えられる。実験室研究で，明示的説明を独立変数にして指導の効果を検証したものはないが，少なくとも易しい規則に関しては補助的な役割はありそうである。そして，難しい規則に関しては過剰般化が起きる可

能性を示している。

　また，DeKeyser & Sokalski(1996)は，スペイン語の2つの形態素・統語的規則の学習を比較している。簡単な規則として接辞的直接目的代名詞を選択し，知覚するのは比較的容易だが産出するのが難しい規則として条件節を選択した。そして，インプット練習は前者に，アウトプット練習は後者によりインパクトが大きいのではないかとの予測を立てた。しかしながら，統計的に有意な差は見いだせず，記述的統計から判断すると，易しい規則に関してインプット練習は理解テストに，アウトプット練習は言語産出テストにより優れたパフォーマンスを示していた。一方，複雑な規則と見なした条件節は，全体的にアウトプット練習の方がインパクトが大きいようであった。この実験では，条件節には意味的な難しさも関わってくると思われるが，この研究では表層形式の難しさからの判断にとどまっている。DeKeyser & Sokalski は，ACT* 理論の枠組みで，スキルの自動化は一方向だと見ており，インプット練習はインプットに，アウトプット練習はアウトプットにしかつながらないと見ている。よって，インプットがアウトプットにつながるという情報処理の立場とは異なる。しかし，DeKeyser の一連の研究は，学習効果は，言語形式の難易度や複雑さと相互作用があることを示している。

　さらに，de Graaff(1997)は，エスペラント語の文法を改訂した eXperanto という人工言語により，明示的説明の有無が暗示的知識の習得にインパクトがあるか，また文法の複雑さとの相互作用があるかどうかをコンピューター実験で調べている。文法的な複雑さについては，適用する文法概念の数が多いほど複雑な規則だと見なしている(Hulstijn & de Graaff, 1994 参照)。形態素と統語からそれぞれ単純な規則と複雑な規則が選ばれ，明示的学習のグループは文法説明を受け，言語理解や産出活動においてもフィードバックとして説明を受けた。暗示的学習のグループは同様の活動を行い,同量のインプットを受けたが，文法説明は受けなかった。その結果，単純な形態素の規則と複雑な統語の規則に関して，明示的学習に効果があり，暗示的学習と比べて統計上の有意差が見られた。しかしながら，規則の複雑さについて，形態素と統語の間に一貫性のある結果が得られなかったことから，de Graaff は文法の複雑さに意味的な透明性，複雑さなども加えるべきではないかとしている。また，de Graaff(1997) 以前に，Hulstijn & de Graaff(1994)は，形態素は個々の語形を貯蔵していく項目学習が可能だが，統語はより広いコンテクストを必要とし，項目学習は起こりにくく,規則学習により習得されるのではないかとしていた。しかし，de Graaff

(1997)では複雑な形態素の習得に明示的指導のインパクトが見られなかったことから，十分な項目学習を行うにはもっと時間が必要なのではないかとしている。

　Gass, Svetics, & Lemelin(2003)は，具体名詞である語彙，形態素，統語の中で，学習者が焦点的注意を向けた場合，語彙学習にはインパクトがあるが，一文内の要素の動きを伴う抽象的で複雑な規則である統語にはインパクトが少ないという仮説を立て，英語話者のイタリア語のコンピューター学習の実験で検証している。焦点的注意条件[+focused attention]では，規則の提示や下線を引くなどして目標言語形式に注意を向かせた。焦点的注意のない条件[−focused attention]では，内容を理解するために読むことが要求された。Gass et al. は，焦点的注意条件において，予測に反して，最も複雑な規則と考えられる統語にコンピューター学習のインパクトがあり，語彙に最もインパクトが小さいという結果を得ている。一方，焦点的注意を向けることがなかった条件では，語彙，形態素，統語の順でインパクトがあった。しかしながら，学習効果は文法性容認判断と誤りを訂正するテストで測定されており，規則の提示を受けた統語学習に有利だった可能性がある。また，焦点的注意を向けた条件では提示された文の意味を処理することは求められていないので，意味を処理できずに注意が極度に言語形式に向けられたために，語彙学習が進まなかったという可能性も考えられる。また，Gass et al. は，言語の熟達度が上がるにつれ，注意条件の影響がなくなることから，言語が発達すれば，外から注意を操作されなくても自らの内的メカニズムを使えるのではないかとしている。実際，学習者中心のESLの教室を観察した記述的研究(Williams, 1999)では，学習者の熟達度が上がるにつれ，自ら言語形式に注意を向けるようになることが報告されている。

　このような研究から，指導の効果は言語形式の難易度との相互作用を伴うと考えられるが，難易度をどのように決めるかということ自体，大きな問題であることがわかる。少なくとも易しい規則に関しては明示的学習は有効に思われるが，難しい規則に関しては明示的に文法説明を与えてもあまり役に立っていないようである。そのような複雑な規則を暗示的学習により学ぶことが可能だという実証はあるが，暗示的学習は時間がかかるプロセスで，そのような学習の効果が，実験室研究で十分に実証されたとは言い難い。「明示的／暗示的」に関連して「付随的(incidental)／意図的(intentional)」という区別も問題になるが，意味を理解しようとする付随的プロセスにおいて，学習者が意図的に規

則を導き出して明示的学習になることもあるし，意図的に学習しようとしても規則が難しければ混乱を招き，学習者にとっては規則ではなく用例に頼る暗示的学習と同じになってしまう可能性もある(MacWhinney, 1997)。よって，Schmidt(1994)は，学習が付随的か意図的かは学習者の内的なプロセスによるもので，アウェネスを測ることによってしか決定できないとしている。ただし，Schmidt(1994)は，明示的学習を学習時の意識的な学習に基づくもの，暗示的学習はアウェアネスを伴わない学習と定義している(Doughty & Williams, 1998bの「明示的／暗示的」の区別も同様。表2-2参照)が，記憶から学習を考える場合，凡例ベース，データ駆動型の暗示的学習においても，維持リハーサルが起こり，アウェアネスが生じているという可能性はある(Robinson, 2003 の議論を参照)。しかし，そのようなアウェアネスはSLA研究においてあまり検証されていない。

　Norris & Ortega(2000)は，1980年から1998年の教室指導の効果に関するSLA研究の大がかりなメタ分析を行って，明示的な指導の優勢を示している。しかし，同時に，SLAの測定方法の多くが，文法性判断テストなど紙と鉛筆式の個別文法(discrete-point grammar)テストを用い，明示的学習に有利に作用するものであったという問題点を指摘している[15]。第3節で見てきたように，言語運用スキルは本来，手続き的知識に基づくものであるのに，SLAが宣言的知識で測定されてきたというミスマッチがあるからである。認知心理学者のBerry (1994)は，実験で採用した学習条件が意図した学習を誘導していたか，テストが指導で促進しようとした知識を測っていたかを確かめる必要があるとしている。認知心理学の実験では，暗示的学習条件でも，学習後に意図的に規則を導き出そうとしたという報告をした被験者を除いてデータ分析をすることもある。

　さらに，Doughty(2003)もNorris & Ortega(2000)を受け，SLAの暗示的モードにおいてインプットがどのように処理されるのかという研究が不十分であるという問題を指摘している。しかし，SLAには実証は少ないものの，認知心理学には，L2以外の領域の複雑なシステムの制御(人工文法の習得，工場の生産ラインの管理や交通整理のコンピューター・シミュレーション，シークエンス学習など)に関する実証研究の蓄積がある。このような先行研究から，複雑な認知スキルはコンテクストにおける暗示的学習により効率的に習得され，流暢で正確なパフォーマンスは暗示的学習の結果であること，宣言的知識は暗示的学習

---

15) 明示的知識，暗示的知識の測定に関するより最近の議論はEllis, Loewen, Elder, Erlam, Philp, & Reinders(2009)を参照されたい。

における練習の副産物として後からオプションとして発達することなどが示唆されており，高次で複雑なスキルの習得である SLA にも適用できると推定される(Berry, 1994; Doughty, 2003 のレビューを参照)。また，規則が複雑な場合，明示的学習はスキルの習得に弊害になることから，Doughty(2003)は今や，メタ言語的な文法説明は SLA 過程を阻害するので学習デザインから排除すべきだという強い立場をとっている。次項では，SLA において暗示的学習がどこまで可能かを，認知心理学の知見に基づき考察してみたいと思う。

4.3 暗示的学習の可能性

Berry(1998)によると，Reber(1967)が最初に暗示的学習の研究を始めた頃はほとんど関心を集めなかったが，90年代頃から多くの関心を集めているテーマだという。認知心理学においても暗示的学習の研究は後発の分野なのである。「明示的」というと，知識にしろ学習にしろ，言語化できる規則や事実に関する知識や，そのような知識を学ぶ学習が明示的であるという共通理解がある程度定着している。しかし，「暗示的」となると，認知心理学でも一致した見解を見いだすのは難しいようである(N. Ellis, 1994; Stadler & Frensch, 1998 などを参照)。また，学習，知識，記憶の3つのレベルをどう区別するかも意見が分かれる。Frensch(1998)は，先行研究の操作上の定義の共通点を集約して，暗示的学習を「物体または出来事間の構造的学習における意図的ではない，自動的な知識の習得」と定義している。そして，見解の相違は，学習そのものをさすか，獲得された知識の検索過程も含めるかにあると見ている。知識の検索まで含めると，記憶ベースの事例理論に見られるように自動化のプロセスまでを見ることになる。

暗示的学習は，環境における何らかの規則性や規則的構造を帰納的に見いだし一般化していくプロセスであるが，そこから派生した知識は，暗示的，抽象的に表象される。よって，この知識は意識的な内省には向かないが，関連する意思決定や判断課題に用いることができる(O'Brien-Malone & Maybery, 1998)。Berry(1994) の複雑なシステムの制御に関する認知心理学の先行研究のレビューによると，集中的な練習なくしては，暗示的に学習した知識の中身を明確に表現することはできないという。Schmidt(1994)は，暗示的学習は，一見規則ベースに見える意思決定を行うが，実は個々に貯蔵された凡例への類似性，あるいは記憶ベースの自動的なパターン認識メカニズムに基づくものだと考えている。つまり，暗示的学習のメカニズムは，言語特有の習得装置によるもの

ではなくて，記憶がベースになっているという見解である。SLAにおいては，暗示的学習の実証は少ないが，認知心理学に理論の拠り所を求めるSLAの研究者の間で，暗示的学習をさらに検証する重要性が指摘されている(Doughty, 2003; Norris & Ortega, 2000など)。

　最近は脳の画像処理の技術が進み，学習課題を行う健常者の脳の状態を見ることができるようになり，認知心理学やSLAにも影響を与えている。学習が起きると脳に何らかの変化が起き，新たな神経回路が形成される。そのような目で脳を見ると，明示的学習と暗示的学習では明らかに脳の異なる部位が活性化されているという(Cleeremens, Destrebecqz & Boyer, 1998のレビューを参照)。また，メタ言語的知識は一種の宣言的知識(＝意識的に想起される事実や出来事の知識)で，脳の海馬を含む側頭葉中部にあり，一方，手続き的知識は大脳基底核が中心だが，活性化領域は脳に拡散しているという(Crowell, 2004; Hulstijn, 2002; Lee, 2004参照)。**1.3.4**の宣言的記憶と手続き的記憶の脳の活性領域に関して述べたように，明示的学習と暗示的学習では異なる神経回路が形成されている可能性が高い。つまり，神経基盤から見ると，明示的モードと暗示的モードはインターフェースがないとも言えるわけである。

　Paradis(1994)は，バイリンガルの患者の失語症の症例から，脳の障害によりL1が損なわれているのに，言語能力がもっと低いはずのL2が影響を受けていなかったという事例を報告している。これを，L1は手続き的記憶，L2は宣言的記憶に依存していたので，障害のパターンに違いが見られたのではないかと説明している。Paradisは神経生理学からKrashenの立場を支持できるとしたのである。ただし，海馬と大脳基底核は神経組織において新皮質の領域を共有しており，お互いに影響を与えることは可能だという見方もある(Lee, 2004)。また，宣言的知識が手続き的知識に変換されるというスキル習得論があるが，Crowell(2004)は，宣言的に貯蔵された知識が，手続き的な知識に変換すると考えるのは適切ではないとしている。変換されるというより，手続き化の過程では，宣言的記憶の神経回路の活動が弱まり，手続き的記憶の神経回路の活動が強化されるのだと見ている。したがって，言語学習がたとえ宣言的知識から出発するにしても，神経回路の異なる手続き的知識の形成を目ざさなくては，言語運用にはつながらないと言える。

　ただ，Hulstijn(2002)は，L2の明示的学習は，暗示的学習においてインプットを受けて神経回路を形成する際に，同時に起きることは可能ではないかと見ている。なぜなら，実際に運動スキルにおいて，そのような二元システムの存

在が実証されている(Willinghan & Goedert-Eschmann, 1999)からだという。このような見解は，Robinson(2003)が明示的学習と暗示的学習の記憶のシステムは同一で，どちらへの依存が強いかという程度の問題だと見ていることとも一致する。強弱の差はあっても両方の記憶の脳領域が活性化されている状態があり得ることになる。前述のBerry(1994)やDoughty(2003)の複雑な認知スキルの習得研究のレビューにおいて，複雑な認知スキルの習得はまず手続き的知識が発達し，宣言的知識は手続き的知識に遅れてオプションとして発達することが示されているが，こちらも異なる記憶の神経回路が存在していると見ている点では，脳科学の知見と矛盾していないと思われる。

　以上のように，宣言的知識は明示的学習で，手続き的知識は暗示的学習でそれぞれ発達するようである。また，2つの知識に対応する記憶は，脳で異なる神経回路を形成し，脳を見る限り，宣言的知識が手続き的知識に変換されると考えるのは妥当ではないようである。よって，言語運用に関心を向けるSLA研究においては，やはり手続き的知識の習得過程をさらに検証する必要があるだろう。Doughty(2003)は，複雑な認知スキルの習得過程に照らして，宣言的知識は学習デザインから一切排除すべきだという強い立場をとっているのに対し，Hulstijn(2002)は，宣言的知識と手続き的知識に接点はないとしながらも，宣言的知識を使うかは学習者のオプションと考えていいのではないかとしている[16]。DeKeyser(1998, 2001)も同様に，限られたL2のインプット量を考えると，メタ言語的知識も1つの有効な情報ソースととらえてよいとしている。しかし，メタ言語的知識といってもHulstijnによると，詳細な規則の記述ではなくて，概念的な理解でよいとしている。宣言的知識を練習により手続き的知識に変えるというスキル習得論(DeKeyser, 2001)は誤解を招きやすいが，自動化するのは詳細に記述された規則ではなくて，規則適用のプロセスである。

　さらに，Hulstijn(2002)は，暗示的学習を脳の神経ネットワーク形成のプロセスというコネクショニスト的な立場でとらえ，そのように見れば，学習と知識を区別する必要がないとしている。発達するネットワークのそれぞれの段階が知識であり，変化のプロセスが学習でもあるからである。第2節で学習者がアウトプットを出す時，つまり刺激に対する反応を出す時は，それが，その場の伝達ニーズを満たす言語運用であると同時に，一方で言語学習も進んでいることを述べた。言語処理過程のこのような2つの側面を考えると，学習，知識，

---

[16] 明示的／暗示的学習に関する最近の議論はSanz & Leow(2011)を参照されたい。

記憶を区別するよりむしろ,統合して考える方がSLAの全容を明らかにするのにも都合がいいと思われる。第3節では規則ベースの記憶検索ではなくて,項目ベースの凡例にアクセスすることでスキルの自動性が生まれると見る理論があることを述べたが,自動化は,暗示的学習の結果として習得される付随的なものだとされている。知識とは記憶に貯蔵された心的表象であり,学習のプロセスにおいて心的表象へのアクセスを繰り返しながら,心的表象は量的,質的な変化を遂げているのである。日常生活で「記憶力がいい」と話題にする時の記憶というと,意識的に何かを想起する顕在記憶(explicit memory)のことである場合が多い。しかし,実際には私達の日常生活も学習もすべて記憶で成り立っている。例えば,友人に会って自分の知り合いだと認識できるのも,久しぶりに海へ行っても体が覚えていて,また泳げるのも記憶のおかげである。このような記憶は意識的な想起を伴わない潜在記憶(implicit memory)であるが,言語スキルも暗示的学習が有効だとすると,潜在記憶の役割をもっと検証する必要があるだろう。

　脳の活性部位から明示的モードと暗示的モードを区別することができるが,Robinson(1995, 2003)は,第1節で言及したように,L2学習を記憶のメカニズムでとらえると,どちらのタイプの学習も短期記憶におけるリハーサルと長期記憶への統合処理を伴い,注意やアウェアネスが必要という点で,基本的に同じメカニズムが機能していると見ている。学習課題が何を要求するかにより,どちらのモードが優位になるかが決まるのだとしている。明示的学習は,規則ベースの概念駆動型の処理が優勢になり,明示的な仮説検証モードが機能する。一方,暗示的学習は,項目ベースのデータ駆動型の処理が優勢になる。認知心理学には転移適切性処理の原理(Principle of transfer appropriate processing)(Morris, Bransford & Frank, 1977)という考え方がある。学習時の記憶素材の処理の方法とテスト時の処理の方法が類似しているほど成績がよくなるというものである。Norris & Ortega(2000)が,暗示的学習の効果を宣言的知識で測るミスマッチを指摘したように,今後,暗示的学習の効果を検証するなら,L2能力をどう測るかも再考を迫られる。さらに一歩進めば,言語テストとは本来,目標言語使用域における言語運用を推測できるものでなくてはならない(Bachman, 1990)。正確で流暢な言語運用が,手続き的知識に支えられたものだとしたら,言語学習においても実際の言語運用の処理と同じ方法の練習を行うことで,学習が実際の言語運用に適切に転移されると言える(小柳 2005, 2008a)。特に,手続き的知識は同様のコンテクストが与えられた時にスキルを発揮できる(Graf,

1994)とされ，SLAの実証に基づく教授法として提唱されている「タスク中心の教授法」において，教室外で遭遇し得る実地タスクに近いタスクを教室で練習しておくことの有効性を示唆していると言える。手続き的知識において，意味あるコンテクストの中で関連する表象を一度に検索できるのは，記憶のチャンキングや事例理論に基づく凡例ベースの記憶形成のプロセスから説明することができる。それから，暗示的学習は，教室学習者の動機など情意面を考慮する上でも，認知との接点がありそうである。動機に対応する脳領域が大脳辺縁系であることは早くから指摘されていた(Lamendella, 1977)が，自然習得の環境ではそれがよく働き，発話以前の伝達意図や相手を理解しようとする動機の源となり，手続き的記憶の発達につながる(Paradis, 1994, 1997)という。これも，自然習得環境に近い暗示的学習において，タスクのような学習者の動機づけを高める活動を行うことの意義につながる。

第3章

日本語に関する第二言語習得研究

1. 文法発達と処理可能性理論

1.1 処理可能性理論の概要

　日本語学習者の発話の文構造や文法項目の発達[1]の過程に目を向けると，学習者間に似通った過程が見られることはすでに多くの研究で報告されている。しかし，それらの研究成果を今後の研究に生かしていくためには，その習得の過程を，人間の認知的な側面を踏まえて理論的にとらえていくことが必要である。そうすることにより，調査されていない言語項目の発達過程も予測可能となるからである。

　そこで，本章では，これまで行われてきた日本語の文法習得に関する研究を概観するだけでなく，言語処理の発達という観点から日本語の文法の発達をとらえてみたい。そして，それを行うにあたり，その理論的枠組みとして処理可

---

[1] ここでいう「発達」とは，1つ1つの言語知識やスキルの「習得」を積み重ねて，学習者の言語処理システム全体が変化していくことを意味する。したがって，「発達」と言う場合には，動詞の否定形の発達(例. 言うない→言うじゃない→言わない)のように局部的なものから，構文の発達(例. 語→単文→複文→複段落)のように全体的な発話の発達まで含まれる。

能性理論(Processability Theory)を援用する。処理可能性理論とは,「言語発達の各段階で,学習者が処理可能な文法構造を予測する理論(Pienemann, 1998, p.xv)」である[2]。この理論は,第二言語習得の過程に起こる言語処理の自動化と,Levelt(1989)の発話モデルを基盤として提唱されたモデルである(本書第2章2.3も参照)。

Levelt(1989, 1999a)の発話モデルでは,発話意図の形成から実際の発話に至るまで,次の3つの段階を経るとされている。①概念処理(発話意図の形成),②形式処理(心内辞書から語彙が選択され,文法処理を経て発話意図を表す意味情報が言語形式に置き換えられる),③音声処理(言語形式の音声情報をもとに発話される)である(第2章参照)。処理可能性理論は,特にこの②の形式化に注目し,言語処理の自動化という観点から第二言語の発達の過程を説明する理論である。

Levelt の発話モデルによると,この形式処理は語の情報をもとに,「語アクセス⇒語彙・範疇化処理⇒句処理⇒文処理⇒複文処理」と言語単位の小さな階層から順に処理が行われていく。下の階層での処理情報は上の階層へと送られ,そして,さらに上位の階層での処理へと続く。逐次的に,かつ同時並列的に処理が行われるのである。

ただし,母語で話す際には,このような処理は自動的に行われるため,文法を意識することはほとんどない。自分が母語で話す時のことを考えてもらいたい。通常,頭の中で考える(注意が向かう)のは話す内容,概念処理であろう。つまり,注意資源の配分を司る働きがある作動記憶は,主としてこの概念処理に注意資源を割り当てる。

一方,日本語で話すのに慣れていない日本語学習者,母語話者のように自動的に言語を処理することができない学習者の場合には習った文法知識を駆使しながら文を組み立てる。そのため,学習者の頭の中では,相手に伝えたい内容を考える(概念処理)のみならず,文法的な処理(形式処理)にも注意資源が使われるのである。

しかしながら,言語処理を行う作動記憶の処理容量には限界がある。そのため,学習者に文法的な知識があったとしても,それを用いた処理ができるとは限らない。

---

2) この理論は,多次元モデル(Multidimensional Model: Meisel et al., 1981; Pienemann, 1984, 1989; Pienemann & Johnston, 1987; Pienemann et al., 1988, 1993)という,第二言語習得過程に見られる普遍性と多様性の両方に目を向けたモデルを前身とする理論である。この理論の変遷の背景については峯(2002, 2007b, 2015)を参照のこと。

例えば，桁数の多い数値の掛算を暗算でするのを想像してほしい。桁数が少なければ簡単にできる暗算も，桁数が多くなり，繰り上がりも多いと暗算でするのは難しくなる。数字と計算方法を知っていても，作動記憶の処理容量を超えてしまうと処理できなくなる。このような経験は誰にでもあるのではないだろうか。

　これと同じように，発話意図を表現するための語彙と文法規則についての知識があったとしても，伝えたい情報が多く，処理する情報量が多くなると，文法知識に照らし合わせながら文を組み立てるというような意識的な処理は難しくなってしまう。日本語の筆記試験や作文では正確にできる動詞の活用や助詞の使い分けも，話す時にはできないということが起こる。作動記憶での処理容量を超えてしまい，処理できなくなってしまうと，途中で話せなくなってしまう，あるいは，文法的な処理のできていない，単語を並べただけの発話になってしまう[3]。

　処理可能性理論は，このような学習者の頭の中で行われる言語処理の限界を想定した理論である。そして，その処理の過程，すなわち，「語アクセス⇒語彙・範疇化処理⇒句処理⇒文処理⇒複文処理」という言語処理の過程では下位の階層の処理情報は上位の階層の処理に必要不可欠であることから，言語処理の発達は必然的に一番下の階層の語の処理から自動化されていくとしている(Pienemann, 1998 参照)。

　では，どのようにして各文法項目が習得可能となる発達段階を特定するのか。それは，言語の統語構造をもとに，当該項目を使用するのに要求される文法的な処理を考えることにより，予測可能となる。

　処理可能性理論では，図3-1，図3-2に示すように，語彙機能文法(Kaplan & Bresnan, 1982; Bresnan, 2001)で示される統語構造を用いて必要とされる文法処理が判断される。

　例えば，次頁の英語の，(1)の複数のsと(2)の3人称単数のsを例に説明しよう。英語の複数のsのほうが3人称単数のsよりも早く習得されることについては，すでに多くの形態素習得研究で報告されている(Goldschneider & DeKeyser, 2001 参照)。

---

3)　発話場面によっては学習者が正確に話そうと文法を意識しすぎてしまい，処理できなくなる場合も考えられる。

（1） Peter sees two dogs.
（2） Peter sees a dog.

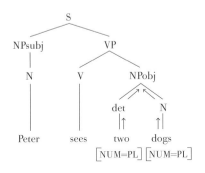
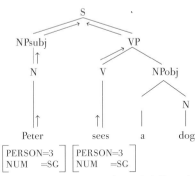

図 3 - 1　句の階層の処理（複数の s）　図 3 - 2　文の階層の処理（ 3 人称単数の s）
　　（Pinemann et al. 2005, p.200）　　　　　　　（峯 2015, p.47）

　この習得時期の違いについて，処理可能性理論では次のように説明される。(1)の名詞につく複数の -s は，図 3 - 1 に示されるように，直前の数量詞との間で素性の一致処理，つまり，名詞句内の処理で使用される形態素である。これに対して，(2)の動詞句につく 3 人称単数の s は，図 3 - 2 に示されるように，主語と動詞句の間での素性の一致，つまり，文の階層の処理で使用される形態素ということになる。このことから，句処理の形態素である複数の -s に遅れて，3 人称単数の -s が使用できるようになると説明されるわけである。
　表 3 - 1 は処理可能性理論で提示される言語の発達段階を示したものである。この表からもわかるように次第に自動的に処理される言語単位が大きくなっていく。しかしながら，発達段階 X に位置づけられる 5 つの形態素［a, b, c, d, e］すべてを習得して，次の発達段階に進む学習者もいれば，そのうちの 2 つだけを習得して次の発達段階に進む学習者もいる。同じ発達段階に位置する学習者であっても，学習者の個性や，環境等の影響もあり，使用する形態素には学習者によって多様性が見られるのである。

表 3-1　言語処理過程の階層と発達段階
(Pienemann, 2005, p.24, table 5 をもとに作成)

段階	process procedure (言語処理過程)	情報交換	発話の文構造(例　英語の場合)
第1段階	word/lemma access (語アクセス)	ナシ	語彙や決まり文句だけの発話 例：語，定型表現
第2段階	category procedure (語彙・範疇処理)	ナシ	統語的処理を伴わない形態素の使用，典型的な語順に沿った発話 例：基本語順(SVO) 　　語彙形態素(ed, 複数のs など)
第3段階	phrasal procedure (句処理)	句内の情報交換	名詞句内での情報処理が行われる 例：文副詞句 + 基本語順，Do 前置 　　数量詞 + 複数のs
第4段階	VP-procedure (動詞句処理)	句間の情報交換	動詞句の情報処理が行われる 例：Yes/No 疑問文における主語と助動詞の語順転換，have+ 過去分詞
第5段階	S-procedure (文処理)	句間の情報交換	主語名詞句と動詞句間の情報処理 例：3人称単数のs，WH 疑問文でdo や助動詞を文頭から2番目に置く
第6段階	the subordinate clause procedure (従節処理)	節間の情報交換	主文と従属節の間で情報処理が行われる 例：付加疑問文 　　間接疑問文での語順の非倒置

注．Pienemann (1998, p. 171, Table 5.2.1)では，上記の第4段階は第5段階と同様に，S-procedure (文処理)とされ，第4段階は語順規則＋卓立性(WO Rules +Saliency)，第5段階は語順規則－卓立性(WO Rules -Saliency)とされていた。

1.2　日本語習得研究における理論的枠組み

　処理可能性理論の妥当性については英語，ドイツ語，スウェーデン語，イタリア語等，さまざまな言語の第二言語習得研究で検証されている。日本語でも，Kawaguchi(Di Biase & Kawaguchi, 2002; Kawaguchi, 2005a, b)がオーストラリアで日本語を学ぶ成人学習者を対象に調査を行い，表3-2に示す発達段階を提示している。この発達段階は，オーストラリア人児童の日本語の自然習得を調査した研究(Iwasaki, 2004)や，バイリンガル幼児の英語と日本語の習得を調査した研究(Itani-Adams, 2007)で追検証が重ねられており，同様の発達段階をたどることが報告されている。

表3-2　Kawaguchi の日本語の発達段階
(Di Biase & Kawaguchi(2002), Kawaguchi (2005a, b)をもとに作成)

言語処理の階層	日本語の形態素習得
word or lemma access	語，形式表現
category procedure (語彙範疇処理)	基本語順(SOV) 基本語順の場合のみ適切に格助詞が使用できる 動詞の活用(マス・タ・ナイなど) 主題主語ハ＋目的語ヲ＋動詞(主語と主題は同じ) 主語ガ
phrasal procedure (句処理)	複合動詞(動詞テ形＋動詞)， 名詞＋の＋名詞 主題ハ(付加詞の主題化)＋主語ガ＋目的語ヲ＋動詞
S-procedure/ WO Rules (文処理)	語順が変わっても適切に格助詞が使用できる 使役，受身，授受表現 目的語の主題化

　しかしながら，語彙機能文法では日本語の言語処理を十分にとらえきれないとし，峯(2007b, 2015)は，小さな言語単位から大きな言語単位へと自動化が進むという処理可能性理論の考え方を理論的枠組みとして踏襲しながらも，発達段階の認定にあたっては，日本語についての研究の進んだ日本語学の知見，南(1993)の示す日本語の階層構造を取り入れている。そして，南(1993)で示されている日本語の階層構造(図3-3)をもとにして，言語処理の階層の認定に次のような2つの判断基準を設けている。

　言語処理の階層の認定基準1
　・動詞句の定義：A類の階層を動詞句とする。
　・文の定義：B類以上の階層を文とする。

　言語処理の階層の認定基準2
　・言語処理の階層は，「当該表現の使用が義務的となる言語処理の階層」という観点で判断する。
　・「複文処理」を「複文・文脈処理」とし，先行する文，文脈で使用が義務的となる表現も複文と同じ階層の処理とする。

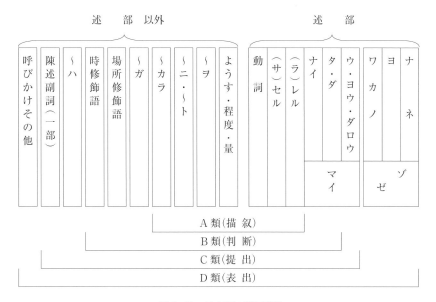

図 3 - 3　日本語の階層構造
(南 1993, p. 54)

注．原書では，図中には「描叙」「判断」「提出」「表出」という林(1960)の用語が用いられているが，本書では，南(1974)の用語，「A類」「B類」「C類」「D類」を用いるため，上の図のように併記した。

　この認定基準1に従うと，例えば，「ごはん<u>を</u>食べた」の助詞の「を」の使用は句の階層の処理，「<u>去年から</u>ピアノ<u>を習っている</u>」の時の修飾語と動詞句との間での情報処理によって使用されるシテイルは文の階層の処理と判断される。
　そして，次の認定基準2により，次節で見ていく「対比」を表す助詞の「は」や従属節内の「が」の使用，加えて，Kawaguchi(Di Biase & Kawaguchi, 2002; Kawaguchi, 2005a, b)が文処理としている受身文や授受表現の使用(表 3 - 2 参照)を「複文・文脈処理」に位置づけている。複文と文脈を同じ階層にする理由は，次の(3)のように複文という形式をとる場合も，(4)のように独立文として2つ並ぶ場合も，先行する節や文との関係で使用が義務的となるからである。

　(3)　勇気を出して本当のことを話したら，<u>褒められました</u>
　　　　　　　　　　　　　　　　　　　　(?? <u>褒めました</u>)

1．文法発達と処理可能性理論　　81

(4) 勇気を出して本当のことを話しました。そしたら，褒められました
(??褒めました)。

　また，学習者が事例ベースに場面に応じた形式を学ぶにしても，視点設定など文脈に応じた形式を学習者自身が生産的に使用できるようになるためには，前後の文との関係を理解できることが必要となる。その理解のためには単文を越えた言語情報の処理能力が要求されるため，文脈情報の処理は文処理よりも上の階層の処理として位置づけるべきものとしている。
　以下，第2節でこれまで行われてきた日本語の文法習得研究を概観し，その後の第3節で，日本語の発達段階について改めて考察することとする。

2. 日本語の文構造の発達過程

　ここでは，これまでに行われてきた日本語の文法発達に関する先行研究を文法カテゴリー別に概観する。以下，2.1で助詞，2.2でヴォイス，2.3でテンス・アスペクト，2.4でモダリティ，2.5で複文の順に見ていく。

2.1　助詞
　助詞の習得にはさまざまな要因が絡んでくるが，その習得を難しくしている要因の1つとして機能的に重なる他の助詞の存在が挙げられる。ここでは，①名詞に後接して述部との関係を表示する格助詞，②名詞やさまざまな品詞に後接して文中の要素を際立たせるとりたて助詞[4]，③初級から超級に至るまで使い分けの習得が難しいとされる格助詞の「が」ととりたて助詞の「は」に注目する。

2.1.1　格助詞
　格助詞とは，名詞に後接して，述部にくる動詞や形容詞／形容動詞と当該名詞との関係を示す助詞である。ここでは，日本語学習者に混用が多く見られるとされている，①場所を表す格助詞「に」と「で」，②感情を表す動詞の対象を

---

[4] 「とりたて助詞」の定義は研究者によって異なるが，ここでは寺村(1991)に倣い，従来，係助詞，副助詞と呼ばれてきた助詞をまとめて「とりたて助詞」と呼ぶ。寺村(1991)では，とりたて助詞の機能を，近似的に「文中のいろいろな構成要素をきわだたせ，なんらかの対比的効果をもたらす」とし，「は，も，こそ，さえ，まで，でも，だって，しか，だけ，ばかり，など」を取り上げている。

表す格助詞「を」と「に」の習得を取り上げる。

a. 〈場所を表す格助詞「に」と「で」〉

　学習者の産出する日本語において，場所を表す格助詞「に」と「で」の混用が頻繁に見られることについてはさまざまな研究で指摘されている(石田 1996; 久保田 1994; 迫田 1998, 2001; 中川 1995; 松田・斎藤 1992; 横林 1995 など)。

　初級では，格助詞「に」は到達点や存在場所，格助詞「で」は動作を行う場所や範囲を表す助詞として教えられる。(5)～(8)の例を見てわかるように，述語句全体が状態的か動的かというような単純な区別で使い分けられているわけではない。例えば，太郎がいる場所は(6)も(7)も図書館であるという客観的事実は同じであるが，動詞によって助詞を使い分けなければならないのである。このほかにも，「住む」「暮らす」，「勤める」「働く」のように動詞の表す意味は似ているにも拘らず，共起する場所を表す名詞句につく格助詞が異なる場合もある。このような場合，「に」「で」のどちらの格助詞と共起するのか，動詞と格助詞をセットにして覚える必要がある。

　しかしながら，(9)のように複数の助詞が共起することもあるため，単に助詞と述語とをセットで覚えればよいというわけではない[5]。指導する際には，それぞれの助詞の表しうる意味の違いも示すことが必要であろう。

(5)　太郎は図書館に行きました。　　　　(到達点)
(6)　太郎は図書館にいます。　　　　　　(存在場所)
(7)　太郎は図書館で勉強しています。　　(動作を行う場所)
(8)　日本で一番高い山は富士山です。　　(限定的な範囲)
(9)　新宿でバスに乗る。

　迫田(1998, 2001)は，学習者には名詞とそれに後接する助詞とを1つのユニットとして使用する傾向があるとし，その結果，不適切な誤用が生じるとしている。迫田が中級学習者を対象に行った助詞の四肢選択問題による調査によると，(10)のように，前，後ろ，中などの位置名詞に後接する場合は「に」，

---

5)　表される意味が微妙に異なるが，次のように「に」「で」どちらでも可能な動詞もある。
　・夜空［に／で］星が光っている。
　・静かな教室［に／で］大音響が響き渡る。　　(日本語記述文法研究会 2009, p.54)

(11)のように東京，食堂など，地名や建物を示す名詞に後接する場合は「で」が選択されやすいという。

  (10) 門の前に(→で)話をしました。
  (11) 東京で(→に)住んでいます。   (迫田 2001, p.50, (10))

　この傾向について野田(2001)は日本語母語話者の会話データおよび日本語教科書を分析し，「～の中」「～の上」には「に」が後接することが多いという分布の違いを指摘し，インプット頻度の影響であろうと考察している。このように助詞が名詞と1つのユニットのように使用される傾向は初級から中級学習者にはよく見られ，「は」「が」の習得を調べた花田(2001)においても，「私は」の固定した形での「は」の使用が初級・中級学習者に見られることが指摘されている。

　これは野田(2001)にも同様の指摘があるが，処理頻度をもとに名詞句内で処理の効率化が進んでいることを示唆する事象であると思われる。格助詞が適切に使用できるようになるためには，述語と名詞句の間の情報処理が必要となるため，その段階に達するまでは混用も生じるであろう。

a.〈感情を表す動詞の対象を表す「を」と「に」〉
　「諦める」「飽きる」など，感情を表す動詞の対象を表す格助詞「を」「に」の混用は，中級，上級になっても混乱の見られる格助詞である(生田・久保田 1997;今井 2000)。例えば，「同情する」「賛成する」「反対する」などは「に」を「を」とする誤用が多く，また，「楽しむ」「嫌う」「好む」などは，感情形容詞・形容動詞「楽しい」「嫌い」「好き」の影響か，「を」ではなく「が」とする誤用が多く見られることが指摘されている(今井 2000 参照)。

　当然ながら，感情を表す動詞と共起する格助詞すべてに混乱が見られるわけではない。今井(2000)の調査によると，使用頻度の高い動詞や学習者にとってなじみ度の高い動詞の場合は格助詞の正答率は非常に高いという。このことについて，今井(2000)は格助詞の習得は動詞の理解度との関わりが深く関係しているとしている。このことは，学習者がそれぞれの使用例に接して，あるいは，自ら使用しながら動詞についての理解度を深め，次第に適切に表現できるようになっていくことを示唆している。

格助詞は語彙・範疇処理ができるようになった段階で名詞の後ろに付与できるようになるが，適切な使用ができるようになるためには，名詞句と述部との間の句間の情報処理が可能となった段階でできるようになると想定される。しかし，上位の発達段階に達していても新しい語の習得が随時起こるように，新しく学んだ語との情報処理で決まる助詞の使い分けも，それまでに蓄積されてきた格助詞についての知識と事例を通して1つ1つ習得されていくと思われる。したがって，助詞の誤用傾向がわかっているものに関しては，語彙を導入する際に学習者の気づきを高めるべく，教師から学習者に注意を促すことも有効であろう。

2.1.2　とりたて助詞「だけ」「しか」

　格助詞は名詞句の動詞句に対する関係を示すという職能上，2.1.1で見たように共起する動詞の習得と深く関係する。一方，とりたて助詞は，格助詞とは性質が異なり，名詞だけでなくさまざまな品詞の語に後接し，話者の判断や文脈情報を付与するために使用される助詞である。ここでは，特に機能的な重なりのあるとりたて助詞の「だけ」と「しか」を取り上げて，見ていくこととする。

　とりたて助詞の「だけ」と「しか」は，次の(12)にあるように肯定・否定と異なる構文をとりながらも同じように限定の意味を表す。

　　　（12）　太郎だけ来た。／太郎しか来なかった。　　　　　（峯 2012, p. 42）

　日本語学習者にとってはこの二形式の使い分けの習得が難しく，(13)のようにシカを使うべきところでダケを使ってしまう誤用がしばしば見られることはすでに多くの指摘がある（市川 1997; 野田 2007; 峯 2012 など）。

　　　（13）　??日本語は半年だけ勉強しましたから，まだ下手です。
　　　　　　　（正：日本語は半年しか勉強していませんから，まだ下手です。）
　　　　　　　　　　　　　　　　　　　　　　　　　　　　　（峯 2012, p. 42）

　「だけ」と「しか」の機能的な違いを簡単に説明すると，「だけ」はとりたてたもののみに限定の意を付与するのに対し，「しか」は，とりたてたものに限定するだけでなく，同時に，とりたてたもの以外のものを否定する。

　例えば，次の(14)のAの質問に対するBの答えとしては，Aが期待するア

イスコーヒーを否定しなければならないため、aのように「しか」で答えるのが自然である。ホットだけに言及するbの答えは不自然となる。これは、「だけしか」を使った(15)の答えは自然なことから、(14)Bのbは「だけ」を使用したことに起因するものではなく、「しか」を使っていないことに起因する不自然さと言えよう(峯2012参照)。

(14) A：アイスコーヒーはありますか。
B：a．　すみません。ホットしかおいてないんです。
　　 b．？すみません。ホットだけおいているんです。

(澤田 2007, p.96, (2))

(15) B：すみません。ホットだけしかおいてないんです。

このように、「だけ」は限定の意味を付与するのみであるのに対し、「しか」は文脈でその使用が必須となる助詞である。したがって、処理可能性理論の発達段階で考えると、「だけ」は「語彙・範疇処理」、「しか」は「複文・文脈処理」が可能となったレベルで使用可能となる助詞であると想定される。そして、このことは、初級から超級学習者の発話データで確認されており、「だけ」は初級から使用されるのに対し、「しか」は他の複文処理が必要な接続辞表現の使用が可能となる時期(中級)まで使用が見られない(峯2012参照)。

しかしながら、学習者の「だけ」の使用を母語話者のそれと比較すると、違いがあるという(中西2010)。そこで、「だけ」の使用の発達を見ていくと、初級学習者が「だけ」でとりたてることができる言語単位は(16)のような語レベルのものに限られており、中級、上級と言語のレベルが上がるにつれて、(17)(18)に示すような句や節をとりたてられるようになっていくことがわかったのである(峯2012参照)。

(16)　(パリを旅行したときに泊まったホテルについて)
　　　T：んー〈んー〉、トイレありますよね
　　　S：あります
　　　T：なんか、ほかに、ありませんでしたか
　　　S：ほかは、んーない｛笑｝でも、休むだけ、のはじゅうぶんです

【初級上　中国語　国-378】

(17) （お正月は外で遊んだりしないのかという質問に）
　　　S：外はあんまり，出ない
　　　T：あそ，遊ばない〈はい〉，んーんーんー
　　　S：家にいるだけで，おもしろいから　　【中級中　韓国語　国-220】
(18) （韓国では地方独特の伝統的な音楽をポップスに混ぜたりしないのかという質問に対して）
　　　S：そういうのがなんか〈ん〉，ないって思ったんですよ〈ん〉もうある自分が興味がなくて見てないだけかもしれないんですけど
　　　　　　　　　　　　　　　　　　　　　　【上級下　韓国語　国-123】

　一見，容易に習得されるように見える「だけ」であるが，上記の(16)～(18)の例からもわかるように，とりたてることのできる言語単位には発達段階の制約がかかる。母語話者のように使えるようになるためには，言語処理の発達が必要と言えよう。

2.1.3 「は」と「が」

　ここで取り上げる，とりたて助詞の「は」と格助詞の「が」は，第二言語としての日本語の習得研究の調査対象項目として数多く扱われている項目の1つである(石田1991, 1996; 市川1988, 1989; 坂本1996, 1997; 土井・吉岡1990; 遠山2003; 富田1997; 中川1995; 長友1990, 1991; 花田2001; 松田・斎藤1992; 八木1996, 1998, 2000; 横林1995; Yagi, 1992)。

　「が」は主語，そして，状態性述語の対象を表す格助詞で，「は」は文の主題を表すとりたて助詞である。そして，ガ格，ヲ格が「は」によってとりたてられる場合は，次のように助詞の「が」「を」は表示されない。

(19)　太郎がケーキを食べた。　→　太郎はケーキを食べた。
　　　ケーキを太郎が食べた。　→　ケーキは太郎が食べた。

　通常，「主語＝主題」となることが多いため，当然ながら，主語名詞句に「は」が後接することが多い。「は」ではなく，「が」を使わなければならない場合もあるが，どちらでもよい場合もあり，学習者の発話には「は」と「が」の混用が初級から超級に至るまで多く見られる。
　坂本(1996, 1997)は「は」「が」に関する習得研究を概観し，機能別に次のよ

2.　日本語の文構造の発達過程　　87

うな順序で習得が進むとしている[6]。

(20) 状態述語の対象の「が」： 私は太郎が好きだ
主題の「は」： 太郎は学生だ
中立叙述の「が」： 雨が降っている
総記の「が」： 太郎がする
対比の「は」： 肉は好きだが，魚は嫌いだ
従属節の「が」： 私が行ったとき，山田さんは勉強していた

　この坂本の提示した「が」と「は」の習得の過程を検証すべく，花田(2001)では，OPIの手法で収集した初級から超級学習者18名のデータを分析し，学習者の使用した「が」と「は」を日本語のレベル別に見ている。

　その結果によると，初級では「は」の使用が多く，過剰に使用される。一方，「が」は「ある」「好き」「上手」といった状態性述語の対象を表す場合にのみ使用される。しかし，このような述語と共起する場合でも「が」の脱落や「は」を用いる誤用が見られるという。中級以降になると，中立叙述と主題とを区別した「が」と「は」の使い分け，さらに，上級以降になると，従属節内での「が」の使用ができるようになり，「総記」の用法の「が」や「対比」を示す「は」というのが，はっきりとした形で使用されるようになる。坂本(1996, 1997)の示す習得の過程を支持する結果が得られたのである。

　また，峯(2015)は，花田(2001)に示されているデータの分析結果を，同じOPIの手法で収集されたKYコーパスに所収されている学習者の接続辞表現の使用状況と照らし合わせ，「対比」の「は」や従属節内の「が」の使用を開始する時期が，複文処理を必要とする接続辞表現の使用開始時期とほぼ同時期であることも確認している。

　「は」と「が」の使い分けは，はっきり二分できるものばかりではなく，どち

---

[6] 坂本(1996, 1997)では，「状態述語の目的語」，「対照」という用語を使用しているが，ここでは峯(2007, 2015)に合わせ，それぞれ「状態述語の対象」，「対比」と呼ぶ。

らでもよい場合も多々ある。どちらを使うかで微妙に伝えるニュアンスが異なる場合もあるが，そこに表現される話者の意図は，学習者には理解しづらいものと推察される。

しかしながら，そのニュアンスは決して習得されないものではなく，超級学習者になると適切に使用できるようになる（花田 2001）。長友（1991）は，日本語母語話者の「は」「が」の使用に見られる可変性には傾向があるとし，それを系統的可変性と呼び，学習者の「は」「が」の使用も，習得が進むにつれて日本語母語話者のその系統的可変性に近づくとしている。

2.2　ヴォイス

ここではヴォイスの習得について見ていく。次の（21）を見られたい。ここに示す文は同じ出来事を示すと解釈可能である。だが，描写する出来事の動作主，被動作者，関係者の誰を主人公とするか，つまり，誰を主語にして表現するかによって，文の形態が変わる。このような事態のとらえ方に関する文法カテゴリー，具体的には，名詞の格と，それに対応して動詞の語形変化を伴うものをヴォイスという（寺村 1982 参照）。

(21) a.　太郎が　次郎を　連れてきた。　　　　　（能動文）
　　　b.　次郎が　太郎に　連れてこられた。　　　（受身文）
　　　c.　先生が　太郎に　次郎を　連れてこさせた。（使役文）

また，可能文も，次の（22）に示すように格が変わり，動詞の形態も変わるということで，ヴォイスとして扱われている。

(22)　英語を話す　→　英語が話せる（可能文）

さらに，次の（23）の a，b は，「起こす／起きる」のように語形変化ではないが，形態に共通する部分と異なる部分があり，異なる格をとって同じ出来事を表しうる。この「起こす／起きる」や「閉める／閉まる」のように，日本語には対になっている他動詞と自動詞（以下，有対自他動詞と呼ぶ）が多い。そして，これらの有対自他動詞も共通の語根から分岐した動詞であるとして，ヴォイス

の1つとして扱われる(寺村1982)[7]。

(23) a. 母親が 子供を 起こした (他動詞文)
　　　b. 子供が 起きた 　　　(自動詞文)

　これらに加え,田中(1999b)では授受表現［テアゲル／テクレル／テモラウ］もヴォイスの1つとして扱われている[8]。その理由として,①日本語の間接受身文(例：友達に来られた)が「迷惑・被害」を表すのに対し,授受表現(例：友達に来てもらった)が,同じ格関係で「うれしいこと,ありがたいこと」を表す,また,②使役文(例：友達を来させた)とも意味的に共通するところがあるという2点を挙げている[9]。本章でも,上の(21)は次のように授受表現でも表現可能なことから,ヴォイスの1つとして扱うこととする。

(21)′ (授受表現)
　　　a. 太郎に次郎を連れて来てもらった。
　　　b. 太郎が次郎を連れて来てくれた。

　以下では,これまでに行われた日本語のヴォイスの習得に関連する研究を,次の2点に絞って見ていこうと思う。
　1つは,日本語の視点設定の習得に注目する。上述したように,ヴォイスとは,何／誰を主語にとるかによって選択される文の形態の文法カテゴリーである。視点とは,久野(1978)の言葉を借りると,カメラをどこに設置して出来事を描写するか,その「カメラ・アングル」のことを言う。例えば,受身文というのは,被動作者寄りに視点を置いて出来事を描写する時に選択される構文ということになる。

---

[7] 寺村(1982, p.211)は,レル／ラレルやセル／サセルといった形態素が付与されて生産的に作られるヴォイス(受動態,可能態,自発態,使役態)を文法的「態」(ヴォイス)とし,それとは区別して,共通の語根から分岐した有対自他動詞は,生産的に作ることができない,語彙的「態」(ヴォイス)としている。なお,寺村は有対自動詞／有対他動詞を相対自動詞／相対他動詞,対応のない自動詞／他動詞を絶対自動詞／絶対他動詞と呼び,自他両用の動詞を「両用動詞」と呼ぶ。

[8] 田中(1999b)では受益文と呼ぶ。

[9] テアゲル／テクレル／テモラウは「周辺的なヴォイス」として扱われることもある(早津2005など)。

以下で述べるように，同じ出来事であっても，どこに視点を置いて出来事を描写するか，そして，それを表すためにどのような構文を選択するかは言語によって異なる。そのため，日本語を習得する上で，日本語らしい視点設定の習得は必要不可欠である。ここでは，特に受身文の習得を取り上げ，視点設定の観点から見ていく。

　次に，形式の使い分けの習得に注目する。授受表現や有対自他動詞は，意味や形態が類似しており，その習得は学習者にとって容易なものではない。使い分けが難しいということもあるが，意味の類似性は長期記憶において混乱を来たしやすいということも要因の1つであろう。さらに，使役や可能といった構文は日本語以外の言語にもあるが，その使用は言語によって微妙にズレがあり，それ故に誤用も生ずる。多くは母語の干渉によるものであるが，日本語の特異性ゆえに多くの学習者に共通して見られる誤用もある。ここでは，表現形式の混用や習得に関する研究を概観する。

2.2.1　視点の習得

a.〈視点設定とその習得〉

　言葉は自分の体験した出来事を，それを見ていない人に伝えるのに用いられるが，出来事をどのようにとらえ，言語化するかは言語によって傾向がある。

　例えば，電車の中で財布をすられた時，この事態をどのように人に伝えるか。一般的な日本語話者であれば，「財布をとられた」あるいは「財布をすられた」と受身を使って表現するのが普通であろう。しかし，同じ状況でも英語話者の場合には，動作主を主語の位置に置き，「誰かが私の財布をとった(Someone took my wallet.)」と能動文で表現する。

　水谷(1985)はこのような英語話者と日本語話者の出来事の描写の仕方の違いを事実志向型と立場志向型ということばで説明する[10]。英語話者は事実志向が強く，何が起こったのかをそのまま伝えるのに対し，日本語話者は立場志向が強く，話者の立場からとらえた事態を話す。相手の話を聞く場合も日本語話者は立場志向で理解するため，上記のような英語話者の発話は，日本語話者にとっては誰か他の人に起こった話をしているように感じられ，違和感を覚えて

---

[10]　池上(1981)は，この日本語と英語の違いについて，日本語は出来事をすべて「状態変化」としてとらえる「なる」的な性格の言語であるのに対し，英語は「動作主」の概念に特別の地位を与え，それを中心に文の構成を行う「する」的な性格の言語であると説明している。

しまう。

　このように日本語は話者の立場から事態をとらえる傾向があるが，描写する出来事には話者が関与していないものもある。その場合に，どのように視点を設定するかが問題となる。次は，久野(1978)の提示する視点ハイアラーキーの一般的原理である。

　　(24)　視点ハイアラーキーの一般的原理(久野 1978, pp.146, 148, 169)
　　　　　①発話当事者の視点ハイアラーキー
　　　　　　話し手は，常に自分の視点をとらなければならず，自分より他人寄りの視点をとることができない。
　　　　　②談話主語の視点ハイアラーキー
　　　　　　談話に既に登場している人物に視点を近づける方が，談話に新しく登場する人物に視点を近づけるより容易である。
　　　　　③表層構造の視点ハイアラーキー
　　　　　　一般的に言って，話し手は，主語寄りの視点を取ることが一番容易である。目的語寄りの視点をとることは，主語寄りの視点を取るのより困難である。受身文の旧主語(対応する能動文の主語)寄りの視点を取るのは，もっとも困難である。

　上記の久野の視点ハイアラーキーが日本語と英語でどのように異なるかを確認すべく，大塚(1989)は日本語で書かれた小説，川端康成の『雪国』と，その英訳，サインデンステッカー訳の *Snow Country* を分析し，比較している。
　その結果，日本語では受身文が使用されるところで，英語では能動文が使用されていること，さらに，日本語で受身文が使用される際にどのような名詞句が主語に選ばれたのかを見ていくと，補文や副詞節では主節の主語名詞句と同一の名詞句を，主文の場合にはすでに導入された話題と同一の名詞句を主語に選ぶ傾向が示された。
　このような日本語と英語の違いについて，大塚は次のように考察している。日本語では基本的に主語寄りの視点をとり，目的語に視点が来る場合はテクレルのような補助動詞をつけるなどして特別な言語形式で示さなければならない。一方，英語の場合は，目的語寄りの視点があっても，日本語のようにそれを特別な形式で明示する必要がない。これは，英語の場合には主語を持たなければならないという統語的な制約があるため，「表層構造の視点ハイアラー

キー」があまり働かないのであろうとしている[11]。

このような日本語らしい視点設定の習得について，大塚(1995)は英語，韓国語，中国語を母語とする中上級学習者を対象に横断および縦断調査を行い，「テイク，テクル，テアゲル，テモラウ，テクレル，受身，使役，テシマウ」の使用を調べ，次のような「視点」の習得の段階を示している。

(25) ①話者の立場から叙述する
②話者自身が関与しない情報では，関与者の誰かの立場に立って事態を叙述できるようになる
③視点を一貫した叙述ができる
④視点人物を示す省略が増える

次に，この視点の習得過程も念頭におきながら，受身文の習得研究について見ていくこととする。

b.〈受身文の習得〉

日本語の受身文は，大きく直接受身と間接受身の2つに分けられる。直接受身とは，(26a)のように，述語動詞の語幹によって表される動作の直接的な影響を受けた人／モノが主語になっている受身，つまり，対応する能動文の目的語が主語になっている受身のことを言う。一方，間接受身とは，(26b)のように，述語動詞の語幹によって表される動作の影響を，直接的にではなく，間接的に受けた人が主語になっている受身で，対応する能動文のない受身のことを言う。

(26) a. 太郎は先生に名前を尋ねられた。〈直接受身〉
　　　← 先生が　太郎に　名前を　尋ねた。
　　b. 私は5年前に父親に死なれた。〈間接受身〉
　　　← *5年前に　父親が　私を／に　死んだ。

間接受身はその構文的な特徴から「第三者の受身」とも呼ばれるが，その構文

---

11) 同様の指摘は金水(1992)においてもなされており，金水は，「表層構造の視点ハイアラーキー」は日本語の他動詞構文／受身文の選択動機とは密接に関係しているが，英語の場合には日本語ほど密接には関係しておらず，英語はむしろ"他動性優位"の言語と言えるであろうと論じている。

の表す意味から「被害の受身」や「迷惑の受身」とも呼ばれる。

　この直接受身と間接受身の中間的な受身として「持ち主の受身」がある。述語動詞の語幹によって表される動作の直接的な影響を受けた人／モノの広い意味での持ち主が主語になっている受身，対応する能動文の目的語の属格(ノ格)が主語になっている受身のことを言う。持ち主の受身には，主語と直接影響を受けたヲ格の関係が，(27a)のように「全体」対「部分」の関係のものや，(27b)のように「所有者」対「所有物」の関係のものが含まれる(山内 1997 参照)。この「持ち主の受身」については間接受身とされることも多いが，研究者によっては直接受身に分類されることもある[12]。

(27)　a.　男性が女性に足を踏まれた。　　〈部分〉
　　　　　←　女性が男性の足を踏んだ。
　　　b.　学生が先生に論文を褒められた。　〈所有物〉
　　　　　←　先生が学生の論文を褒めた。

　田中(2010)は日本語受身文の習得研究を概観し，これまでの受身文習得研究から得られた知見として，次の3点を指摘している。

①受身文の習得の過程は，能動文⇒直接受身文⇒間接受身文(「持ち主の受身」も含む)の順に習得される。
②意味・機能面からは，「マイナス概念の明確な直接受身」から「視点統一の手段」の順で習得される。
③母語と一致する受身のタイプは習得されやすい。

　この③に関連して，サウェットアイヤラム(2009)はタイ語を母語とする日本語学習者の発話に見られた受身文を，日本語母語話者の受身文と比較し，学習者は「被害・迷惑の意味の顕在化」のために受身を使用しており，視点統一のための受身の使用はほとんど見られなかったと報告している。加えて，この「被害」の意味での使用が多いという結果については，母語であるタイ語の影響をあげ，さらに，日本語の教材の影響もあるのではないかと考察している。

---

[12]　今井(2010)は「持ち主の受身」を「所有受身構文」と呼び，所有受身構文の表す意味は「迷惑の意味」ではなく，直接受身と同じように「中立の意味」であり，また，構文的な特徴からも直接受身であると論じている。

ヴォイスの習得においても,母語の影響は看過できない。例えば,上述したように,英語母語話者は母語の英語の影響もあり,動作主を主語とする能動文の使用が多いのに対し,インドネシア語では対象を語頭に置く構文が多く使用されるため,インドネシア語を母語とする日本語学習者には次のような受身文の使用も多く見られるという。

(28) (バザーで焼肉を作ったときの作文)
　　　まず,私は野菜を切って,にく鳥[鶏肉]を切りました。そして,にく鳥を[が]焼かれてから,あとでやしの葉の心[芯]にさされました。
　　　　　　　　　　　　　(田中 1991, p.110,[ ]内訂正および下線は田中)

この(28)の受身文は,上述の久野(1978)の発話当事者の視点ハイアラーキーおよび,表層構造の視点ハイアラーキーのどちらにも違反していることがわかる。

田中(2010)は,このような誤用は,特に,日本国内ではなく,国外,つまり,JFL環境で学ぶ学習者の場合に母語の影響が強く出やすいと考察している。しかし,日本語らしい視点設定は日本国内であっても容易に習得されるものではない。(30)のように受身文を使った視点の統一ができるようになる前の段階には,次の(29)のような「ねじれ文」も見られる(田中1996)。

(29) 日本人はアメリカのどこから来たについて聞いて(⇒日本人にアメリカのどこから来たか聞かれて),アメリカ人じゃありませんから,困っていました。　　　　　　　　　　　　　　　　　　　　　[中級中期・英語]
(30) 一郎に旅行さそわれたけど,あのやつきらいだから,行く気持ちがぜんぜんなくて,お金もひまもないと答えた。　　　　　　　[上級後期・中国語]
　　　　　　　　　　　　　　　　　　　　　　(田中 1996, p.106, 表1 [13])

受身文の習得においては,視点の習得が深く関係しており,単に受身文という構文を習得すればよいというわけではない。例えば「私は財布をとられた」と言うべきところで,適切な語を主語とすることができずに,「私の財布がとられた/私の財布をとられた」のような表現が見られる(田中1996)。適切な語を

---

13) [ ]の中の学習者の日本語のレベルは,田中(1996)に示されていたものであり,OPIの判定によるものではない。

主語に置けるようになるためには，日本語式の視点設定を習得し，直接受身だけでなく，持ち主の受身を含む間接受身が使えることが求められるのである。
　以上をまとめると，受身文の習得には，動詞句の形や対応する助詞といった構文の習得，「被害」といった構文の表しうる意味の習得，これに加えて，誰の立場に視点を置いて出来事を描写するかという視点設定の習得も関わっている。とりわけ，この視点設定の習得が要となってくると言えよう。

2.2.2　形式の使い分けの習得

　学習者が各形式を適切に使えるようになるには，関連する表現との使い分けについても習得しなければならない。ここでは，まず，授受表現，テアゲル／テクレル／テモラウの習得研究について見ていく。その後，自動詞と可能表現について見ていこうと思う。

a.　〈授受表現：テアゲル・テクレル・テモラウ〉
　ここでは，アゲル，クレル，モラウの本動詞としての使用ではなく，(31)に示す補助動詞としての使用の習得について見ていく。
　三形式の使い分けを簡単に説明すると，(31)を見てわかるように，テアゲルテクレルは恩恵の与え手である本動詞(ここでは「見せる」)の動作主が主語であるのに対し，テモラウは恩恵の受け手が主語にくる[14]。恩恵の方向で見ると，基本的に，テクレルとテモラウは，テアゲルと異なり，どちらも恩恵の方向がソトからウチへと向かうことを示す表現で，主語にくる名詞は異なるが，(31)のbとcにあるように同じ状況を表し，テクレルとテモラウを入れ変えても意味が変わらない場合もある。だが，常に入れ替え可能というわけではなく，次の(32)の例のようにテクレルとテモラウを入れ変えると，(32)'のように非文になってしまう場合もある。

　　(31)　a.　私／妹が友達にノートを見せてあげました。
　　　　　b.　友達が私／妹にノートを見せてくれました。
　　　　　c.　私／妹が友達にノートを見せてもらいました。

---

14) テクレル，テモラウの「恩恵の受け手」は，次の例にあるように，本動詞(ここでは「伝える」)で表わされる「動作の受け手」とは必ずしも一致しない。
　　例．姉は私が結婚することを両親に伝えてくれました。
　　例．私は自分が結婚することを姉から両親に伝えてもらいました。

(32) a. 四月には桜の花が咲いて<u>くれる</u>。
　　 b. 来月から君に経理をやって<u>もらう</u>よ。

(堀口 1987, p.60, (8)(9))

(32)' a. *四月には桜の花に咲いて<u>もらう</u>。
　　　 b. *来月から君が経理をやって<u>くれる</u>よ。

　このような授受表現テアゲル・テクレル・テモラウは学習者に使用の混乱が見られる表現である。日本語教育の現場でもこの三形式の使い分けについては念入りに教えられていることと思う。そのためか，この授受表現の習得に関する研究も，この三形式の使い分けに関わる研究が多い(尹 2004, 2006 参照)。
　尹(2006)は韓国国内(JFL環境)および日本国内(JSL環境)で日本語を学ぶ韓国語を母語とする日本語学習者を対象に絵を用いた文産出テストを行い，授受表現の使用を調べ，学習環境と日本語能力により，JFL下位群・JFL上位群，JSL下位群・JSL上位群に分けて，日本語母語話者の使用と比較している。そして，調査の結果，母語話者はテクレルよりもテモラウを多く使用する傾向があるが，それに比べ，学習者群，特にJFL下位群の学習者はテモラウの使用が少なく，テクレルを多く使用する傾向があることが示された。これについて，尹は，韓国語にはテクレルに相当する表現はあるが，テモラウに相当する表現はないため，母語の影響であろうと考察している。
　このように，尹(2006)はテモラウの習得が他の授受表現に比べて遅れる要因の１つとして母語の影響も挙げているが，この結果は英語を母語とする学習者を対象とする田中(1999a)の結果とも一致している。その一方で，韓国語，英語，中国語母語話者を対象として調査を行った大塚(純)(1995)ではテクレルの方が難しいとされており，さまざまな母語の学習者を対象に行った坂本・岡田(1996)の研究においてもテクレルの習得が大きな課題であると述べられている。
　この調査結果の違いについて，尹(2004, 2006)は調査方法の影響が考えられるとしている。尹(2006)の調査は話者が関与する状況での使用に限定した調査であるが，状況が限定されていない場合は，話者が関与している場合とそうでない場合とでは異なってくる。話者が直接関与していない場合，恩恵の与え手と受け手のどちらの側に自分が属するかという状況理解の有無が形式の選択に影響してしまうのである。坂本・岡田(1996)においても，母語による違いだけでなく，調査に用いた質問文によって正答率が随分異なることが指摘されている。このことから，今後調査を行う場合には，その点に十分考慮して行うこと

が必要であるということは言うまでもない。それに加えて，このことは，同時に日本語教育の現場でも，自分自身が関与する出来事描写での使用と，自分が直接関与していない出来事描写に使用する場合との両方を分けて指導することが必要であることを示唆するものとも言えよう。

しかしながら，中・上級学習者の作文に見られた授受表現の誤用(不適切な使用を含む)を分析した堀口(1983)によると，日本語教育の現場で強調されているような三形式の混用による誤用は1割程度でそれほど多くないという。授受表現の関わる誤用のうち，最も多いのは使うべきところ，あるいは使った方が自然なところで授受表現が使用されていない誤用である。例えば，次の(33)や(34)のような誤用である。(34)は受身が使用されているが，テモラウの方が適切であろう[15]。

(33) 私が病気になったとき，毎日お父さんはおいしゃさまにつれて行って[つれて行ってくれて]，チョコレートを買いました[買ってくれました]。
(堀口1983, p.100, (48))

(34) 私の日本語の発展のために，先生にある人を紹介されました[紹介してもらいました]。
(堀口1983, p.100, (50))
([ ]内訂正および下線は筆者)

また，次の(35)のような必要のないところで授受表現を過剰に使用している誤用も見られること，中でもテアゲルの過剰な使用が多いことが指摘されている。(35c)は，誤用とは言えないが，料金を払って貸しボート屋で借りるのであるから「貸してもらう」よりも「借りて」の方が適切であろうとしている。

(35) 授受表現の不適切な使用例：
 a. 先生は韓国語が分からなければ，私が訳してあげます。
(堀口1983, p.99, (33))
 b. 友達にお礼を書いてあげます。
(堀口1983, p.98, (37))

---

[15] 寺村(1982)でも，直接受身ではないが，間接受身文の格関係を変えずに被害と反対の受益の表現にするには，受身文をテモラウとすればよいとし，受身文とテモラウとの共通性について指摘がなされている。

　　　　c. 湯の湖へ行って，ボートを貸してもらって，一時間位楽しくこいで
　　　　　 いました。　　　　　　　　　　　　　　　(堀口 1983, p.99, (41))

　授受表現の三形式の混用よりも(33)～(35)のような誤用の方が多いことから，視点設定や恩恵の方向性をもとにテアゲル・テクレル・テモラウ形式の使い分けができることと，必要な場面で適切に使用できることとは必ずしも一致しないことがわかる。また調査の際に見せられた絵と与えられた単語を使用して授受表現の文が作成できたからといって，自由な会話の中で自分で単語を思い出しながら適切に授受表現が使用できるとは限らない。
　田中(1999a, p.153)は，自身の行った2つの研究，①授受表現の習得を文生成テストを用いて調査した結果と，② KY コーパス[16]に所収されている初級から超級まで計90名の学習者の発話に見られた使用を調べた結果を比較し，次のように考察している。
　①の文生成テストで扱ったものは恩恵行為も明確なもので，扱っている用法も非常に限られていた。それに対し，②のKY コーパスでの実際の会話での使用を見てみると，さまざまな使われ方があり，また，学習者の使用が正用になるか誤用になるかにはさまざまな要素が関係してくる。特に，第三者が関与した場合や，話者がどの心理的グループに入るかが曖昧な場合に非用や誤用が見られるとしている。
　さらに，②の KY コーパスの分析結果，授受表現の使用が見られるのは中級以降で，次のような授受表現の使用状況の推移が見られたという。まず，定型的な授受表現の使用に注目すると，依頼表現(例：～てください／～ていただけませんか／～てくれませんか)の使用が先に見られ，上級以降になると，お礼を述べる(例：～てくださって／～ていただいて，ありがとうございます)，婉曲な依頼(例：～ていただきたいんですが)，謙譲表現(例：～(さ)せていただきます)等の使用が増えていく。
　次に，学習者の語りにおける授受表現の使用に注目すると，中級では学習者が第三者から直接恩恵を受けたことを語る場面と，映画のストーリーなどを説明する場合に登場人物に感情移入して語る場面がある。前者の単純な場面設定

---

[16] KY コーパスは OPI のインタビューの手法で収集されたデータである。このコーパスには，英語，韓国語，中国語を母語とする学習者各30名，計90名の発話が所収されており，各母語，OPI 判定の初級5名，中級10名，上級10名，超級5名で構成されている（詳細は鎌田 1999; 山内 1999 を参照のこと）。

の方が正用率は高く，後者では格関係などの誤用が増える。上級や超級になると，恩恵の受け手を，自分一人ではなく，自分を含めた集団とする授受表現も使用されるようになり，さらに恩恵行為が抽象的なもの(例：理解してくれる，慰めてくれる)にまで使用されるようになるという。

以上，田中(1999a)の研究から，形式の習得が進むと同時に，学習者が日本語らしい視点設定も身につけていっている様子もうかがえる。また，先に見たように，授受表現の習得は三形式の使い分けができればよいというわけではなく，文脈の中で適切に使用できるようになることが重要である。このように考えると，授受表現の習得研究は，田中(1999a)がKYコーパスを分析して行ったように，三形式の使用に限って見るのではなく，他のヴォイスの使用にも目を向けて，文脈全体の中でとらえていく必要があろう。

b. 〈有対他動詞と使役，有対自動詞と可能〉

ここでは，「閉める／閉まる」のように共通の語根から分岐した有対自他動詞に関連する形式の習得について見ていく。自他動詞は形態上の対応における規則性が複雑なため，学習者にとっては動詞の形を覚えるのも困難である[17]。また，形を覚えたとしても，自動詞と他動詞とで混乱が多々見られる。例えば，「u-eru」のペアで「続く－続ける」は「自－他」の関係であるが，「焼く－焼ける」は「他－自」の関係となり，規則的に覚えようとすると余計に混乱してしまう。

さらに，関連する他の構文との使い分けも習得していかなければならない。母語では可能や使役を使用するところで，日本語でも同じように受身や使役，可能表現が使われるかといったら，そうとは限らない。2.2.1の受身文の習得研究で紹介したインドネシア母語話者の受身文の使用に見られるように，言語によって各形式の使用には微妙なズレがある。

中国語と日本語の使役表現においても，その対照研究を行った楊(1989)によると，中国語では使役表現を使うところで日本語では他動詞文やその他の表現(テモラウ等)が使用される場合があり，一対一の対応になっていないことが指摘されている。

---

[17] 一般的には次のような規則性が見られる。
① -aruで終わるものはすべて自動詞であり，-aruを-eruに変えると他動詞になる。
② -reruで終わるものはすべて自動詞である。
③ -suで終わるものはすべて他動詞である。 (庵他 2000, p.97)

浅山(1995)は，中国語を母語とする中級から上級日本語学習者の作文に見られる自動詞使役構文と他動詞の使用を調べ，また，それをどのような意図で書いたかを中国語で確認し，学習者が使用した日本語の構文と中国語である母語の表現とを比較している。その結果をもとに，母語で使役構文を用いていたものは日本語でも使役構文を，他動詞文を使用していたものは他動詞文を使用する傾向があるとしている[18]。

このような使役表現と他動詞文の使用のズレについては英語と日本語の対照研究においても指摘されており，小宮(1983)は日本語教育の現場においてそのズレの部分，日本語らしい使役表現の使い方への注意を喚起する指導が必要であると説いている。

以上は他動詞と使役表現の混乱を示唆する研究であるが，次に，自動詞と可能表現について見ていこうと思う。この二形式も学習者に混乱の見られる形式である。例えば，次は可能表現の習得を調べた渋谷(1998)に挙げられている可能形式の過剰使用例である。（　）の中に学習者の母語と，OPI判定の日本語のレベルを示す。

(36) まあ確かに十日間の仕事は一週間でがんばってやれるんですけど，いつもこんなふうにやったらですね，なんか体力こーからだが<u>もてない</u>んですから　　　　　　　　　　　　　　　　　　　　　　（中国語　超級）
(37) 日本の政治とか，あれはもうあんまり話題に<u>なれない</u>。あんまりわからないみんなが。　　　　　　　　　　　　　　　　　　　（英語　上級上）
(38) いろんな考えがありますよね。どういうふうに授業を進めるのか。で，う〜ん，うまく<u>行ける</u>と，いいんですけどね。　　　　　（英語　上級上）
　　　　　　　　　　　　　　　　　　　　　（渋谷1998, p.76, (21)(22)(23)）

上記は学習者のレベルを見てわかるように，かなり日本語の習得の進んだ学習者に見られた誤用である。日本語母語話者であれば，(36)から順に，「もた

---

18) 母語で使役文のものは日本語でもすべて使役文が使用されていたのに対し，他動詞文で表現していたものについては，多くはないが，自動詞使役文（正用）も使用されていたことから，浅山(1995)は母語の言語体系は転移するが，その度合いに処理形式の生産性も関与していると考察している。生産性の高い母語の形式（ここでは「使役構文」を意味する）は転移しやすく，そうでないものは転移の度合いが弱まり，その結果，日本語で生産性の高い形式が現れるとしている。しかし，この調査で見られた使役文は正用であることから，その形式でのインプットを得てすでに習得している形式である可能性もあり，この点については検証が必要であろう。

2. 日本語の文構造の発達過程　　101

ない」「ならない」「行く」と表現するのがより自然であろう。

　このように日本語母語話者が自動詞文を多く用いる表現(例：ドアが開かない)において，習得の進んだ学習者でも他動詞の可能形(例：ドアが開けられない)を多く用いることについては，小林(1996)の行った調査でも報告されている。

　さらに，小林(1996)は次のような有対自他動詞[19]の習得の過程を提示している。

（39）　①　対応する自他動詞[20]の語彙を覚える
　　　　②　格助詞と一致させる
　　　　③　活用形を正確に作れる
　　　　④　自他動詞を適切な文脈で使用する

　小林は「対応する自他動詞の語彙を覚えること，格助詞と一致させること，その活用形を正確に作れること，というような初歩的な学習がほぼ達成されている学習者でも，受身，使役，可能，使役受身，自発のようなヴォイス全体の中で自他動詞を位置づけ，使い分けられるようになるのは困難である」とし，自他動詞の使用に関わる文法記述や，日本語教育の現場での指導の見直しの必要性についても言及している。

　この後，張(1998)により，日本語母語話者が自動詞を用いて表現する箇所で学習者が可能表現を使用する原因を探る研究が行われる。張は，学習者が日本語の可能表現の形式と用法を理解していないということではなく，学習者の表現意図と日本語文法との間にギャップが存在する。学習者の表現意図の中には可能の意味が含まれているために可能の形式を使用してしまうとしている。そして，学習者が可能表現を使用してしまう自動詞文について次のように説明する。

　可能表現の本質的な意味とは「動作主の意図の実現」を表すことであり，必ず何らかの形で動作主の意図が関わる。動作主の意図したコトガラには「動作の実現」である場合もあれば，「動作によるある種の出来事または状態変化」の場合もある。そして，この後者の場合は，日本語では次のように有対自動詞表現で表される。

---

19)　小林(1996)は「相対自他動詞」と呼んでいるが，本書では「有対自他動詞」に統一して表記した。
20)　小林(1996)では「相対する自他動詞」と表記されていたが，本書で使用している「有対自他動詞」に合わせて「対応する自他動詞」とした。

(40) いくら努力しても，彼との差は<u>縮まらない</u>。
　　　　手が痛くて，腕が<u>上がらない</u>。　　　（超 1998, p.2, (7)(8), 下線筆者）

　この(40)は次の(40)'のように可能表現を用いて表現することも可能ではあるが，日本語母語話者が一般的によく使用するのは(40)のように自動詞を用いた表現であろう。

(40)' いくら努力しても，彼との差を<u>縮めることができない</u>。
　　　　手が痛くて，腕を<u>上げることができない</u>。

　張(1998)は，このように自動詞で表される可能表現を「無標識の可能」と呼び，「有標識の可能」，つまり，可能動詞や可能の助動詞ラレル，コトガデキル等が付与された特別な形式の可能と区別している。そして，無標識の可能で表される「動作主の意図した出来事または状態の実現」という可能の意味を「結果可能」と呼び，有標識の可能と無標識の可能からなる日本語の可能表現の体系を次のように示している。

(41) 現代日本語の可能表現の体系(張 1998, p.77)

(42)に「結果可能」以外の意味の例文を示す(「結果可能」の例文は(40)を参照)。出来事内部の可能で，「能力可能」でも「条件可能」でもない可能，「結果可能」が無標識の可能で表示されるとしている。

(42) 認識可能：バスは時刻通りに来ないことも<u>ありうる</u>
　　　　　　　　　　　　　　　　　　　　　　（張 1998, p.65, (147)）
　　　能力可能：母は中華料理も<u>作れる</u>　　　（張 1998, p.71, (155)）

---

21)「条件可能」とは「動作主が意図した動作が主体的または客体的条件によって実現することができるかどうかを表す」(張 1998, p.78)可能表現のこととされており，一般的に使用されている用語「状況可能」に相当する。

条件可能：火を通せば食べられる　　　　　（張，1998, p.146, (311)）

　日本語教育の現場でどのように指導するかについてであるが，説明のしかたによっては学習者をかえって混乱させかねないので注意が必要である。例えば，(40)と(40)'のような例を用いて説明しても学習者にはどのように使い分ければよいのか理解しづらいであろう。日常的によく使われる無標識の可能，有標識の可能表現では不自然に感じられる表現，例えば，「鍵が見つからない」，「もう入らない」，「ドアが開かない」などを使用場面とともに導入していくことが望ましいと思われる。

　教科書によっては自他動詞がペアで新出語彙として導入されているものもあるが，記憶の研究や語彙指導の研究から音声的に似ているものや類義語などは一緒に教えない方がよいとの実験結果が示されている(Nation, 2000参照)。また，中石(2005)によると，自他動詞の両方が使えるようになるまでの段階として，自動詞あるいは他動詞のどちらかのみが使用される，特定の活用でのみ使用されるという段階があることが報告されている。この調査結果も初期の段階として対応する自動詞と他動詞の両方を一緒に導入するよりも，当該語彙が必要となる場面設定で別々に教えた方がよいことを示唆しているものと思われる。

　以上，ヴォイスの習得を見てきたが，ヴォイスは出来事をどのようにとらえるかという文を組み立てる上で根本的なところに関わる文法カテゴリーである。母語に対応する形式があったとしても，母語と日本語で使用にズレがあることが多く，そのために誤用も生じてしまう。

　また，先に見たように受身文や授受表現は，単文を越えた視点の統一のために使用が義務的となる表現である。峯(2015)は受身文や授受表現のこのような特徴から，これらの形式は前後の文との情報交換，つまり，複文・文脈処理を要する言語形式としている。そして，学習者の発話コーパスを分析し，授受表現と受身文は，複文処理を必要とする接続辞表現とほぼ同時期に使用が開始することを確認しており，言語処理の側面から考えても，ある程度習得が進んだ段階にならなければ使いこなせるようにはならないことがうかがえる。

　自他動詞の習得も，各語を覚え(語彙処理)，格助詞と一致させ(句処理・文処理)，最終的に小林(1996)が自他動詞の習得過程における最終段階としている「ヴォイス全体の中で自他動詞を位置づけ，使い分け」ができるようになるためには，他の文法形式の習得と互いに関連し，全体的に徐々に習得が進んでいくものと推察される。

日本語教育の現場ではこのような習得を促すために，単に構文を教えるだけでなく，場面設定や文脈の中で各形式がどのように使用されるのかを提示していくことが必要であろう。

2.3　テンス・アスペクト

　ここでは日本語のテンスとアスペクトの習得研究について見ていく。テンスとは，出来事の時間軸上の位置づけを表す文法化された表現のことである。基準時，主節末であれば発話時を基準時とし，出来事がそれよりも前か後かという時間的位置づけをいう(Comrie, 1985 参照)。一方，アスペクトとは「出来事の内的時間のとらえ方」(Comrie, 1976 参照)をいう。例えば，同じ出来事を，開始から終了まで全体としてとらえて表現するか(例：ごはんを食べた)，プロセスのみをとらえて表現するか(例：ごはんを食べていた)といった出来事のとらえ方の違いはアスペクトの違いである。

　テンスとアスペクトの体系は言語によって異なるが，日本語では表3-3に示すように，スル，シタ，シテイル，シテイタの4形式で基本的な体系が構成される[22]（奥田 1977）。タがつく形で過去が表され，タのつかない形で，現在や未来，非過去が表される。そして，この表3-3に示される基本的な体系，スル vs. シテイルというアスペクト対立を持つのは運動動詞である(以下，断りがない限り，運動動詞のスル/シタを，「スル/シタ」と呼ぶ)。運動動詞とは動きや変化を表す動詞で，「食べる」「落ちる」など，ほとんどの動詞がここに分類される。運動動詞に含まれない動詞というのは，静態動詞で，存在を表す「いる」「ある」や可能動詞など，状態を表す動詞である。

表3-3　日本語の基本的なテンス・アスペクト体系

	完成相 (perfective)	継続相 (imperfective)
非過去	スル	シテイル
過去	シタ	シテイタ

　運動動詞は，スル/シタの形式で完成相を表し，シテイル/シテイタの形式で継続相を表す[23]。完成相というのは次の(43)のような出来事の開始点から終

---

22)「完成相」「継続相」は，それぞれ，「完結相」「非完結相」とも呼ばれる。
23)　静態動詞はスル/シタの形で状態相を表す。

了点まで丸ごととらえた表現をいう。一方，シテイル／シテイタで表される継続相というのは，出来事の開始点および終了点を除いた部分をとらえた表現で，(44)に示すように，いくつかの用法がある。しかし，主となる用法は出来事の開始点と終了点の間のプロセスを表す a の「進行」と，出来事の終了点の後の状態を表す「結果」である。以下はこの2つの用法の拡張で，c と d の「反復」は「進行」の，e の「経験」と f の「性状」は「結果」の拡張用法である。

(43) 幕が下りる／下りた　　　　　　　　　　（完成相）
(44) 継続相：テイルの用法
  a. 太郎が勉強している　　　　　　　　（進行）
  b. 木が倒れている　　　　　　　　　　（結果）
  c. 毎日学校に通っている　　　　　　　（反復）
  d. 毎日どこかで赤ちゃんが生まれている　（反復）
  e. 彼はその前にも中国に一度行っている　（経験）
  f. 道が曲がっている　　　　　　　　　（性状）

この中の「進行」と「結果」の用法に注目すると，テイルがついた形で「進行」の意に解釈されやすい動詞と，「結果」の意に解釈されやすい動詞がある。例えば「遊んでいる」であれば「進行」，「落ちている」であれば「結果」と，動詞句を見ただけで多くの人が同じように解釈するであろう。

では，このような違いがなぜ生じるのであろうか。金田一(1950)は，これは動詞の表す動作・作用の時間的な長さに起因するとした。そして，テイルが付与された時の意味の違いに注目し，動詞を分類したのである(表3-4参照)。

表3-4　金田一(1950, 1976)の動詞分類

種類	特徴	例
状態動詞	状態を表す テイルをつけることができない。	ある，できる(可能)
継続動詞	継続して行われる動作・作用を表す テイルがついて進行を表す	読む，書く，笑う，泣く
瞬間動詞	瞬間的な動作・作用を表す テイルがついて結果の残存を表す	死ぬ，点く，消える，知る，分かる
第四種の動詞	ある状態を帯びることを表す 常にテイルの形で状態を表す	聳える，優れる，ずば抜ける

しかしながら，次の(45)の文を見られたい。他動詞文で表される a は「進行」，それに対して，自動詞文 b や同じ他動詞の受身文 c は a で表される動作の「結果」と解釈される。(45)a, b, c の文の表す動作・作用の時間的な長さは同じはずであるが，テイルによって表される意味の解釈が異なってしまうことに気づかれよう。

(45) a. 花子が窓を開けている
b. 窓が開いている
c. 窓が開けられている　　　　　　　　　　　　　　　　（工藤 1995, p.5）

このようなことから，奥田(1977)は，動作・作用の時間的な長さ，継続的なものか瞬間的なものかという金田一(1950)の動詞分類の説明では十分でないとし，「主体の動作」か「主体の変化」かという意味特徴もテイルの解釈に関わると主張した。つまり，テイルが「主体の動作」を表す動詞につく場合には「進行」，「主体の変化」を表す動詞につく場合は「結果」と解釈されやすい。「主体の動作」を表す動詞も，受身の形となり，客体の変化が前景化された構文になった場合には，テイルは結果を表すと解釈されやすくなると説いたのである。

さらに，工藤(1995)は奥田(1977)の主張を取り入れ，動詞の分類をさらに精緻化し，表3-5に示すように動詞を分類した。

表3-5　工藤(1995)の動詞分類

	種類	特徴	例
外的運動動詞	主体動作・客体変化動詞（内的限界動詞）	客体の状態変化を引き起こす 能動＋テイル：「進行」 受動＋テイル：「結果」	開ける 落とす 売る
	主体変化動詞（内的限界動詞）	基本的に自動詞で主体の変化を表す テイルがついて「結果」を表す	閉まる 来る 出る
	主体動作動詞（非内的限界動詞）	他動詞も自動詞も所属しているが，主体の動作のみを表す 能動／受動＋テイル：「進行」	鳴らす, 鳴る 泣く 走る
内的情態動詞（非内的限界動詞）		人の思考，感情，感覚を表す スル／シタの使用で人称制限がある （1人称に限られる）	思う 助かる 感じる
静態動詞		アスペクト対立のない動詞 常にテイルのついた形／ついていない形で状態を表す	居る 聳えている 値する

この表を見てわかるように，工藤(1995)の動詞分類の「主体動作動詞」と「主体変化動詞」は，それぞれ金田一(1950)の動詞分類の「継続動詞」と「瞬間動詞」に相当する。「主体動作動詞」には「鳴らす」と「鳴る」のような対になる他動詞と自動詞も含まれており，このタイプの自動詞と「主体変化動詞」との違いは，次の(46b)に示すように，受身文になってもテイルは「進行」と解釈される点である。

(46) a. 太郎がレコードを鳴らしている。
    b. レコードが鳴らされている。
    c. レコードが鳴っている。　　　　　　　　　（工藤 1995, pp.5-6）

また，この「主体動作動詞」の他動詞と，「主体動作・客体変化動詞」との違いは，その意味に「変化」，すなわち，「内的限界」が含まれるかどうかという動詞の意味の違いである。内的限界というのは「運動が必然的に尽きる時間的限界（工藤 1995, p.57）」のことを言う。「主体動作・客体変化動詞」も「開く」のような「主体変化動詞」も運動の目標となる内的時間的限界に達することで運動が成立する内的限界動詞(telic verb)である。しかし，「鳴らす」や「泣く」などの「主体動作動詞」は運動が成立したというクライマックスのない非内的限界動詞(atelic verb)である。変化を引き起こさない「主体動作動詞」は受身になっても動作の継続，すなわち進行しか表さないのである。

加えて，工藤(1995)は人の思考や感情，感覚を表す動詞を「内的情態動詞」として，他の運動動詞とは別に扱っている。人の思考や感情，感覚を表す動詞の場合は，次の例にあるように1人称の場合はスルで現在を表しうるが，3人称の場合は非文となってしまうというように，他の運動動詞とはアスペクト体系が異なるからである[24]。

(47) 私は彼のやり方は間違っていると思います。

---

[24] 峯(2007b, 2015)は，Langacker(2001)の認知文法を用いた英語の完成相現在についての説明を日本語にも援用し，完成相現在(スル)は発話時と出来事時が一致する際に使用されるとし，遂行動詞「宣言します」「お願いします」の他，発話時における自分(1人称)の思考や感情等も，出来事時と発話時が一致するため完成相現在(スル)が使用されるとしている。3人称の思考や感情を述べる場合はその開始時と終了時を発話時と一致させることは不可能であり，また，話者にとってとらえられる第三者の気持ちや感情というのは開始から終了までの間の一部であるので，通常テイルで表現されるとしている。

(48)　a.　＊姉は彼のやり方は間違っていると思います。
　　　b.　　姉は彼のやり方は間違っていると思っています。

　以上，動詞の持つ意味と時間的な限界の有無がテイルの使用と深く関わっていることを見てきた。しかしながら，動詞には「できる」のように多義的なものもあり，その意味から２つのカテゴリーにまたがるものもある[25]。また，「増える」のように主体の動作とともに変化を表す二側面動詞の場合は，次のようにテイルが進行を表すか結果を表すかは構文や文脈によって決まる（工藤 1995, p.79 参照）。

(49)　a.　口こみでユーザーが徐々に増えています。　　（進行）
　　　b.　２年間でユーザーが約四倍にも増えています。（結果）

　さらに，次の(50)の例からもわかるように，テイルが進行の意味を表すか，結果の意味を表すかは共起する副詞句等によっても変わり得る。つまり，テイルの用法がどの用法で使用されているかは，複数の要因が絡んでくるため自動的に判別できるわけではない。したがって，テイルに先行する動詞で，おおよその予想は可能であろうが，テイルがどの用法で使用されているかを正確につかむためには，実際の用例を見ていくことが必要となる。

(50)　a.　カーテンが下りています。　　　　　（結果）
　　　b.　カーテンがゆっくりと下りています。（進行）

　以下では，テイル・タの習得に関する研究を次の２つに大きく分けて見ていく。まず初めに，テイルとタの形態素の習得に注目した研究を取り上げる。日本語の習得研究では主にテイルとタの形態素の習得に注目した研究が行われてきた。そこで，これらの研究を概観するとともに，そこで言及されているテンス・アスペクトを表す形態素の習得の普遍性を説くアスペクト仮説との関係も考えながら，形態素習得の普遍性について考察する。
　その後に，スル・シタ・シテイル・シテイタの四形式の使い分けの習得を見

---

[25]「できる」は「可能」の意味を表す場合は「状態動詞（金田一）／静態動詞（工藤）」に分類され，「完成する」の意味を表す場合には「瞬間動詞（金田一）／主体変化動詞（工藤）」に分類される。

た峯(2007b, 2015)の研究を紹介する。例えば，次の(51)を見られたい。

(51) a. 私は毎朝1キロ走ります。
b. 私は毎朝1キロ走っています。

この例にあるように，スルでもシテイルでも同じ状況を伝えうる。しかし，次のように「明日から」という副詞句と共起する場合にはスルの方が自然である。

(51)' a. 明日から私は毎朝1キロ走ります。
b. ??明日から私は毎朝1キロ走っています。

スル・シタ・シテイル・シテイタの各用法を理解しても，必要な場面で適切に使用できなければ，習得できたとは言えないであろう。そこで，この形式の使い分けの習得について見ていくこととする。

2.3.1 テイル・タの習得研究とアスペクト仮説

　ここでは日本語のテンス・アスペクトの形態素テイルとタの習得に関する研究について見ていく[26]。日本語のテンス・アスペクトの習得研究で主に扱われてきたのはテイルの「進行」と「結果」の用法の習得である。

　学習者の使用する形態素を縦断的に調べてみると，（スル）⇒タ⇒テイ（ル）という順序で使用が始まる。Di Biase & Kawaguchi(2002)は，これを処理可能性理論で示される発達段階に照らし合わせ，タは語の形態素(lexical morpheme)，テイルは句の形態素(phrasal morpheme)であるとし，それぞれ，語彙・範疇処理が可能な段階，句処理が可能な段階で習得されるとしている。

　黒野(1995)は，シテイルの「進行」と「結果」の用法に注目し，留学生17名を対象に文法性判断テストによる縦断調査を行った。その結果，次のように習得が進むことを報告している。

①「進行」が「結果」の用法に先行して習得される。
②「進行」は，まず，スルで表され，次に，スルとシテイルの両形式で表現される過程を経て，シテイルで表現できるようになる。

---

[26] テイルの用法と動詞分類の呼称は各研究によって異なるが，混乱を避けるため，「進行」と「結果」に相当するものについては，この呼称を用いることとする。

③「結果」は，まず，スル，次にシタで表されるという過程を経て，シテイルで表現できるようになるが，シタとの使い分けに混乱が見られる。

さらに，許(1997, 2000, 2005)は台湾人学習者を対象とした文法テストと絵の描写タスクテストを行い，さらに，KYコーパスを分析した結果をもとに，(52)に示すシテイルの用法の習得順序を提示している。

許(2000, 2005)はシテイルのプロトタイプは「持続性」「現在性」「運動性」であるとし，プロトタイプ性の高い用法「進行」から習得が進み，プロトタイプ性の低い「経験」の用法は習得が遅くなると説明する。さらに，許(2002, 2005)はシテイタの習得についても調べ，①シテイタの習得はシテイルに遅れる，②用法別に見ると異なりも見られるが，概ねシテイルと同様の順序をたどるとしている。

(52) シテイルの習得過程[27]　　（許 2000, 2005：例文は許 2000, p.22 より）
易　　進行（±長期）
　　　　　例：弟は今香港に住んでいます（＋長期）
　　　　　例：大学院で政治を勉強しようと思っています
　　　性状（＋可変性）
　　　　　例：この歌は最近流行っています
　　　性状（－可変性）
　　　　　例：弟と母は似ています。
　　　反復
　　　　　例：毎日，テレビを見ています
　　　結果の状態
　　　　　例：ランプが壊れています
　　　状態の変化
　　　　　例：この問題が深刻になっています
　　　経験
　　　　　例：向こうで大学を卒業しています
難

---

27) 許(1997, 2000, 2002, 2005)では「動作の持続」「繰り返し」という用語が用いられていたが，本書では，それぞれ，「進行」「反復」に統一する。

許(2000, 2005)の結果から，「結果」を表すシテイルだけでなく，「反復」を表すシテイルもまた「進行」を表すシテイルに遅れて習得されることがわかる。また，黒野(1995)の研究も許(2000, 2005)の研究も，どちらも「進行」の方が「結果」よりも先に習得されるということで一致している。
　この「進行」が「結果」に先行して習得されるということについては，他の研究でも同様の結果が報告されている(小山 2004; 菅谷 2002a 参照)。しかし，これらの調査は文法体系に「進行」を持つ言語を母語とする学習者を対象に行われたものであるため，母語の影響も考えられるとし，菅谷(2005)は，母語の影響の有無を確認するためにさらに調査を行っている。中上級レベルの学習者で「進行」を文法体系に持つ言語を母語とする学習者とそうでない学習者を対象に文法テストと口頭描写タスクを行い，「進行」と「結果」のシテイルの使用を調べたのである。
　その結果を見てみると，文法テストでは母語体系による違いは確認できず，日本語のレベルの低い下位群の正用率は「進行＞結果」であった。上位群になると「結果」の用法の習得が進み，テストの結果は「結果＝進行」であった。そして，上位群においても「結果」のシテイルを選択すべきところでシタを選ぶという使い分けの混乱が見られたのである。
　ところが，同じ学習者に口頭描写タスクを行った研究では，母語による違いが見られたのである。母語体系に「進行」を持つ学習者は上位群も下位群も「進行＞結果」という成績であったのに対し，母語体系に「進行」を持たない学習者の場合，下位群の学習者は「進行＝結果」であったという。
　菅谷(2005)は，これらの結果をもとに，宣言的記憶としては「進行」は習得されやすいが，手続き的記憶となると，習得初期は母語の影響が出て，母語の体系に「進行」がなければ「進行」から先に習得されるという傾向は弱まるのではないかと考察している。
　菅谷(2005)の研究は調査方法で母語の影響の現れ方が変わりうることを示唆するものとして非常に興味深い。しかし，「進行」，「結果」という用法の習得の順序に関しては，菅谷(2005)の研究はすでに「結果」および「進行」の用法を使用している学習者を対象としているため，実際にどちらの用法から先に使用が始まったのかは定かではない。したがって，菅谷(2005)で報告されている母語体系に「進行」を持たない学習者の結果は，先に紹介した「「進行」の用法から使用が始まる」という黒野(1995)の結果を否定するものとは言えないのである。

しかしながら，「結果」の用法が先に習得されたと報告する研究もないわけではない。Ishida(2004)はアメリカの大学で学ぶ学習者4名を対象に縦断的に調査を行い，授業で「結果」を「進行」よりも4か月先に教えた場合，「結果」の用法のテイルの使用が「進行」の用法よりも高い正用率で使用されたことを報告している。しかし，「住んでいる[28)]」「持っている」「知っている」「似ている」といった通常シテイルの形式で使用されるものが定型表現として使用され，それが高い正用率へと寄与している可能性も指摘されている(p.323)。また，この調査は日本国外で行われているため，教授順序に加えて十分なインプットを得られないといった学習環境の影響も否めないであろう[29)]。

　以上をまとめると，全体的な傾向としては，テイルの用法は「進行」が先に習得され，それに遅れて「結果」の用法が習得されるということが言えるかと思う。そして，このような形態素習得の傾向は，他の言語習得にも共通する普遍性として，Shirai & Kurono(1998)はアスペクト仮説を用いて説明している。アスペクト仮説とは，Andersen & Shirai(1994, 1996)により提唱されたテンス・アスペクトの形態素の普遍的な習得パターンを説明する仮説である。もともとは仏語や伊語，英語，トルコ語，日本語などさまざまな母語習得研究において報告されているテンス・アスペクト形態素の普遍的な習得パターンから導き出された仮説である。この仮説は，動詞の意味に含まれる内在アスペクトの特性と形態素の特性をもとに，動詞と形態素の結びつきやすさを説明する。第二言語習得研究でも，日本語の他に，英語やスペイン語の習得においても支持する結果が報告されている(白井 1998 参照)。

　次がアスペクト仮説で提示されている形態素の習得パターンである。この仮説で用いられているVendler(1957)の動詞分類を表3-6に示す。

　このVendler(1957)の動詞分類は，動詞の持つ意味の時間的長さと，時間的限界により，動詞を分類したものである。工藤(1995)も時間的限界を動詞分類の要素の1つとしているが，Vendler(1957)の動詞分類では外的限界，例えば，「1キロ走る」の「1キロ」のように動詞に付加された外的限界を含めてい

[28)] 「住んでいる」については，Shirai & Kurono(1998, p.278)の定義によると，「結果」の用法に分類される(「住む」は到達動詞)ため，その分類に従ったIshida(2004)でも「結果」の用法に分類されている。しかし，工藤(1995, p.76)では，「住む」はシテイルの形で動作の継続(「進行」)を表す「人の長期的動作動詞」として分類されており，「住んでいる」を「進行」とする研究者もいる(許 1997, 2000, 2002, 2005; 小山 2004; 峯 2007, 2015 など)。

[29)] 定型的な表現の取り扱いについてはすでに菅谷(2002b)において問題が指摘されている。

る。したがって，動詞と言うよりも，動詞句の分類と言った方が正確であろう。

(53) アスペクト仮説[30]　　　　　　　　　　　　　　（白井 1998, pp.79-80）
① （完結相）過去形はまず主に到達・達成動詞に付加され，後に活動，状態動詞にも使われるようになる。
② 完結相過去と，非完結相過去の区別をする言語においては，非完結相過去の習得は完結相過去よりも遅れ，主として状態・活動動詞から始まる。
③ 進行形は，主として活動動詞から始まる。
④ 進行形を誤って状態動詞につけることは，ほとんどない。

表3-6　Vendler(1957)の動詞分類
(動詞の種類の日本語訳および例は西・白井 2001 より)

種類	特徴	例
状態動詞	動的でなく静的で，持続的である。開始点や終了限界点をもたない。	ある，いる
活動動詞	動的で，かつ持続的である。終了限界点はない。	走る，歩く，遊ぶ
達成動詞	動的で，かつ持続的である。終了限界点がある。	椅子を作る，風呂を沸かす
到達動詞	動的で，瞬間的である。終了限界点がある。	死ぬ，落ちる，勝つ

同じように動詞の意味の時間的長さに注目した金田一(1950)の動詞分類(表3-4)と照合すると，Vendler(1957)の「状態動詞」は金田一(1950)の「状態動詞」に相当する。つまり，テイルがついてアスペクト対立を表さない動詞である。次に，「活動動詞」「到達動詞」はそれぞれ，金田一の「継続動詞」と「瞬間動詞」に相当する。テイルがついて，前者は「進行」を表し，後者は「結果」を表す。最後に「達成動詞」は持続性があるが，時間的限界のある動詞である。持続性があるためテイルがついて「進行」にも解釈され，また，時間的限界，動作の終了点も明示的に示されているためテイルがついて「結果」にも解釈される。

---

30)「完結相」は本書で用いている用語「完成相」に相当し，「非完結相」は「継続相」および状態動詞のスル／シタであらわされる「状態相」が含まれる。

(53)のアスペクト仮説を日本語の習得にあてはめると，アスペクト仮説の③よりテイルは継続動詞に相当する活動動詞との結びつきが強いことから，「進行」の用法は早く習得される．また，仮説の①より，瞬間動詞に相当する到達動詞との結びつきが強く，瞬間動詞とテイルとが結びついて表される「結果」の用法の使用は遅れる，ということになる．

　Shirai & Kurono(1998)は中国語母語話者3名と日本語母語話者の日本語の発話データを分析し，タに先行する動詞とテイルに先行する動詞のタイプの割合の違いを比較している．その結果，学習者の場合は，母語話者に比べて，タは到達動詞との結びつきが強く，一方，テイルは活動動詞との結びつきが強いことが示され，アスペクト仮説を支持する結果として報告されている．

　また，橋本(2006)も英語を母語とする幼児の日本語の習得を縦断的に観察し，習得初期においては，タは到達動詞と，テイルは活動動詞との結びつきが強いことを確認している．そして，習得が進むと，テイルは次第に他のタイプの動詞と一緒に用いられる割合が大きくなっていくと報告している．

　さらに，塩川(2007)は，初級，中級，上級学習者を対象に文法性判断テストを行い，主節末と連体修飾節内部におけるシテイルとシタ形式の使用について調べている．連体修飾節内では，「瓶に薬が入っている」が「薬が入っている／入った瓶」のようにシテイルとシタの両方で表現可能なため，主節末と連体修飾節内部でシテイルとシタの学習者の使用が異なる可能性が考えられるためである．

　調査の結果，主節末，連体修飾節内の両環境において「活動動詞」とテイル，「到達・達成動詞」とタの強い結びつきが確認された．これもアスペクト仮説を支持する結果である．そして，その傾向は上級でも見られるが，しかし，中級と上級を比べると，上級では，文末で「到達・達成動詞」とテイルの選択率が上がる一方で，従属節内ではタの選択率が上がり，母語話者の選択に近づいていることを示唆する結果であったことを報告している．

　以上はアスペクト仮説を支持する結果であるが，柴田(1998)では，タと到達動詞の結びつきは確認されたものの，テイルについては異なる結果となったことが報告されている．これについて，柴田はテイルに対応する英語(調査対象者の母語)の"ing"の使用範囲の違いが影響しているのではないかとの考察を行っている．母語の影響については，Methapisit(2001; Methapisit et al., 2001)においても，日本語と母語で対応する動詞の内在アスペクトの違いによる誤用が指摘されている．このことから，アスペクトの習得には，母語と日本語のアスペ

クト体系の違いや，また母語と日本語で対応する動詞の内在アスペクトの違いなども深く関わってくるものと推察される。

2.3.2 スル・シタ・シテイル・シテイタの使い分けとその習得

では，次に4形式，スル・シタ・シテイル・シテイタの使い分けの習得について見ていくが，その前に，4形式の使い分けの概要を確認する。

表3-7は工藤（1995）と高橋（1985）を参考にして出来事時とそれを表す運動動詞の形式の分布をまとめたものである（峯 2015参照）。

表3-7　出来事時を表す形式の分布（峯 2015, p.83, 表3-2）

出来事時		1つの出来事	反復**
(a)	未来*	スル・シテイル 例：明日は，うちで勉強します 例：明日は，うちで勉強しています （直近の未来は，1つの出来事も，反復もスルだけである） 例：では，帰ります	スル・シテイル 例：来年から毎日勉強します 例：来年の今頃，週1ぐらいは勉強していますよ 例：今日から毎日勉強します
(b)	現在	シテイル 例：今，テレビを見ています （遂行動詞，1人称の思考・感情の場合はスルも用いられる） 例：お願いします 例：これは難しいと思います	スル・シテイル （恒常的反復） 例：蛙は虫を食べます 例：毎日2時間勉強します 例：毎日2時間勉強しています
(c)	現在 －結果	シタ・シテイル 例：そのことは，昨日，知りました 例：そのことは，知っています	シタ・シテイル 例：彼には何度も注意しました 例：彼には何度も注意しています
(d)	過去	シタ・シテイタ 例：昨日は友達が遊びに来ました 例：昨日は友達が遊びに来ていました	シタ・シテイタ 例：金曜の夜はいつも友達と飲みに行きました 例：金曜の夜はいつも友達と飲みに行っていました

*　未来を表すシテイルが使用されることは少ないと言われている（高橋 1985, p.252）。
**　「反復」には，習慣的な動作も含める。

この表を簡単に説明すると，出来事時は(a)未来，(b)現在，(c)現在－結果，(d)過去の4つに大きく分けられる。(c)現在－結果とは，工藤（1995）が「現在パーフェクト」と呼んでいるものに相当し，過去の出来事の結果，あるいは，

効力が現在に残存するものを呼ぶ[31]。現在よりも前を表す時間枠に(d)過去があるが，これを現在から切り離された過去の出来事を表すものとし，これとは別に現在に結果の残る出来事として(c)現在−結果を設ける。そして，出来事はその時間的特性から「1つの出来事」と，時間をおいて繰り返される「反復」の2つに大きく分けることができる。

この表3-7を見てわかるように，「現在(1つの出来事)」以外は2つの形式が競合する。例えば，「現在(反復)」ではスルとシテイルが，「現在−結果」ではシタとシテイルが競合する。

(54) 現在(反復)
　　a. 毎朝，私が犬の散歩を<u>します</u>。
　　b. 毎朝，私が犬の散歩を<u>しています</u>。
(55) 現在−結果
　　a. 友達が日本に<u>来ました</u>。
　　b. 友達が日本に<u>来ています</u>。

峯(2007b, 2015)は，KYコーパスを分析し，表現形式が競合する出来事時においてシテイル／シテイタの使用が遅れるとしている。つまり，シテイルの「結果」や「反復」の用法が「進行」の用法の習得に遅れるのは，「進行」は表3-7の「現在(1つの出来事)」で競合する形式がないのに対し，「反復」や「現在−結果」の用法のシテイルは，先に使用が始まるスルやシタ形式と競合するために使用が遅れるのである。

2.3.1で紹介した菅谷(2005)においても，結果のシテイルを使用すべきところでシタ形式が使用されていたと指摘されている。また，(52)の許(2000)のシテイルの用法の習得で習得が遅いとされている「状態の変化」とは，「増えている」「高まっている」のように，前述した「二側面動詞」で表されるテイルである。これらの動詞で表される出来事は，次の(56)のaのようにシテイルを用いて進行中であることを示すことも可能であるが，bのように発話時点までの変化をとらえてシタ形式で表すことも可能である。このように「状態の変化」もシタ形式と競合する用法であるため，シテイルの使用が遅れると推察される。

---

[31] 工藤(1995)は「現在パーフェクト」を現在時の形式として扱っているが，本研究では，出来事は発話時前に成立しているものであることから，(b)現在とは異なる時間枠でとらえる。

(56) a. 近頃，コンビニが増えています。
　　 b. 近頃，コンビニが増えました。

　また，峯(2007b, 2015)は，特にシテイタの使用が遅れる理由として，競合的関係にあるシタの存在の他に，現在から切り離された過去の出来事を描くというシテイタの職能に付随する認知的な負担を挙げている。
　さらに，峯(2007b, 2015)は，KYコーパスのスル・シタ・シテイル・シテイタに見られる誤用を，句のレベル，文のレベル，複文・文脈レベルに分類し，誤用の質の推移を調べている。
　例えば，次のような出来事時で決まる形式の使い分けができなかった場合は句のレベルの処理における誤用である。

(57) S: 昔は長安と呼ばれます(⇒呼ばれていました)ね 〈中 中級上〉
(峯 2015, p.104, (25))

　次の(58)は，「現在－結果」の出来事でシタ・シテイルが可能であるが，「ずっと前から」と共起するためシタの使用は不自然となる。また，(59)は思考や感情を表す表現で，主語の人称との呼応に失敗した誤用である。このように同一文内の共起成分との関係で誤用となったものは文のレベルの誤用と判断される。

(58) (日本語の練習のために夫とは日本語で話をするようにしていたが，すぐ喧嘩になってしまったという文脈での発話)
　　 S: だからもう，ずーっと前から，やめました(⇒ずっと前からやめています／ずっと前にやめました)わたし叱られますから 〈中 上級〉
(59) (留学生の旅行で温泉に入った時のことについて)
　　 S: 西洋の人たちは，あんまりそんなことやらない，だから，びっくり(⇒びっくりしていました)，あの，温泉に入ったとき 〈韓 上級〉
(峯 2015, pp.104-105, (26)(27))

　最後に，単文を超えた階層で不適切と判断される誤用を見る前に，文脈や従属節からの時間的な流れで求められる使い分けについて簡単に説明しておく。
　次の(60)と(61)の文を見られたい。(60)のように完成相が並ぶ場合，継起

的に時間が流れる。一方，(61)のように継続相が後続する場合，後続する節(文)は先行する節(文)との同時性あるいは時間的な後退性を表す(工藤 1995; 峯 2007b, 2015 参照)。そのため，(60)と(61)の文の話者と「山田さん」の到着順を比べると，(60)では「話者⇒山田さん」であるのに対し，(61)では「山田さん⇒話者」と逆転してしまう。シタを使うか，シテイタを使うかで2つの出来事の時間的な配置が変わってしまうのである。

(60)　病院に行ったら，山田さんが来た。
(61)　病院に行ったら，山田さんが来ていた。　　　(峯 2015, p.78, (1)(2))

そして，このような複数の文(節)の出来事の時間的な流れに応じた形式の使い分けに失敗した誤用を，峯(2015)は複文・文脈レベルの誤用としている。次の(62)は複文・文脈レベルの誤用例である。

(62)　(最初に働いた日本の会社でのアルバイト経験についての話)
　　　T：アルバイトは初めてだったんですか
　　　S：いやあじゃなくてー，高校の時から，ずーとプールで，監視人とか，水泳教える，アルバイトを①した(⇒していた)んです，8年間ぐらい，だから，一応，仕事とか，あれはもう，②慣れた(⇒慣れていた)んだけど，〈うん〉やっぱり会社，ということはもう初めてでしたから
　　　　　　　　　　　　　　　　　　　　　　　　　　　　〈英 上級〉
　　　　　　　　　　　　　　　　　　　　　　　(峯 2015, p.105, (28))

「過去」を表す表現形式にはシタとシテイタがある(表3-7参照)。この学習者はシタを使用しているので句の処理はできたことになる。しかし，この(62)の発話は，話題となっている日本の会社でのアルバイトよりも前のことについての話であるため，ここではシテイタを使用して時間を後退させることが必要となる(峯 2015, p.88 参照)。

峯(2007b, 2015)はKYコーパスに所収されている初級から超級学習者90名の誤用を分析し，小さな言語単位の階層から，つまり，句のレベルの誤用から減少していき，大きな言語単位の階層，すなわち，複文・文脈レベルの誤用は最後まで残りやすいということを示唆する結果であったことを報告している。

以上，テイルとタの習得，および，形式の使い分けの習得について見てきた。

テンス・アスペクトの習得には，日本語の動詞の意味，タ，テイルといった形態素の習得，そして，形態素の表す用法の習得，さらに，機能的に重なる形式の使い分けと，それにかかる言語処理といった複数の要素が絡み合ってくる。学習者の処理能力を考えずに，初級学習者に複文・文脈レベルの使い分けを教えても，学習者をかえって混乱させるだけである。日本語のテンス・アスペクトの体系と，学習者の言語の発達の過程を理解し，学習者の日本語のレベルに応じた指導が望まれる。

2.4 モダリティ

まず，次の文(63)を見てもらいたい。

(63) ねぇねぇどうやら太郎が帰ってくるらしいね。

この文は,「太郎が帰ってくる」という出来事を客観的に表した「命題」を，話し手の心的態度を表す「モダリティ」で外側から包み込む構造となっている。具体的には,「どうやら〜らしい」という①命題に対する話者の不確かさ，つまり蓋然性や推量を表す表現，そして，さらにその外側に「ねぇねぇ，〜ね」という②聞き手に対する話者の働きかけを表す表現がくる[32]。

以下では，上記の①のタイプのもの，話者の命題に対する不確かさ，蓋然性を表す形式と，②のタイプの形式の習得について順に見ていくこととする。②のタイプのモダリティは「発話のモダリティ」や，「聞き手目当てのモダリティ」と呼ばれるもので，聞き手に対する働きかけ，発話行為を表現するものである。「依頼」や「許可」といった発話行為と密接に結びついた言語形式だけではなく，終助詞に見られるような，聞き手との人間関係の構築をどのように進めるか，そういった対人関係の構築に関わる言語形式も含まれる。ここでは，特に終助詞に相当する表現の習得に注目する。

2.4.1 蓋然性を表す形式の習得

では，まず，蓋然性を表す形式，ダロウ，ニチガイナイ，カモシレナイ，ラ

---

[32] 日本語のモダリティは①のように事態(命題)に対する判断を表すモダリティ，②のように発話(伝達)にかかわる話者の態度を表すモダリティの2つに大きく分けられる。それぞれ「判断のモダリティ(益岡 2007)／言表事態めあてのモダリティ(仁田 1989)」，「発話のモダリティ(益岡 2007)／発話・伝達のモダリティ(仁田 1989)」と呼ばれる。

シイ，ヨウダ，ハズダの使い分けを概観し，その後，蓋然性を表すモダリティの習得研究に関する研究を見ていく。

a.〈蓋然性を表すモダリティ形式について〉

「ダロウ／ニチガイナイ／カモシレナイ」と「ラシイ／ヨウダ」の違いについて見てみると，何らかの証拠に基づいた表現かどうか，つまり「証拠性」の有無がその使い分けに関わってくる(宮崎1993)。つまり，次の(64)に示すように，判断の根拠となるもの，証拠が提示されていなければ，「ラシイ／ヨウダ」は使用することができない。

(64) 彼のことだから，何とかうまくやるだろう／にちがいない／かもしれない／＊らしい／＊ようだ。　　　　　　　　　(宮崎 1993, p.62, (1))

宮崎(1993)は「ラシイ／ヨウダ」を［＋証拠性］の形式とし，「ダロウ／ニチガイナイ／カモシレナイ」を［－証拠性］の形式としている。

さらに，［－証拠性］の形式は，それ自体が確信度を表示する形式かどうかで2つに分けられる。「ニチガイナイ／カモシレナイ」は確信度を表示する［＋確信度］の形式，ダロウは確信度を表示しない［－確信度］の形式に分類される。この［±確信度］の違いは，次の(65)～(69)の例文にあるように，「きっと」や「もしかすると」等の蓋然性を表す副詞との共起制限に現れる。ちなみに，［＋証拠性］の形式はこの類の副詞とは共起しない。

(65) (きっと／??たぶん／＊もしかすると)彼は来ないにちがいない。
(66) (＊きっと／??たぶん／もしかすると)彼は来ないかもしれない。
(67) (きっと／たぶん／もしかすると)彼は来ないだろう。
(68) (＊きっと／＊たぶん／＊もしかすると)彼は来ないらしい。
(69) (＊きっと／＊たぶん／＊もしかすると)彼は来ないようだ。
　　　　　　　　　　　　(宮崎 1993, p.62, (4)(5)(6)(2)(3))

同様にしてハズダも見てみると，ハズダも次の(70)のように共起制限があるため，［－証拠性］の［＋確信度］の形式とも考えられる。

(70) (きっと／たぶん／＊もしかすると)彼は来ないはずだ。

しかしながら，［－証拠性］［＋確信度］のニチガイナイとハズダを比べてみると，次の(71)の例に示すように，根拠が確かである場合，つまり，［＋証拠性］の文においてもハズダは使用可能である。

(71) 一人っ子だと言っていたから，彼には兄弟はいない<u>はずだ／*にちがいない</u>。　　　　　　　　　　　　　　　　　　　　　　(仁田 1989, p.46)

これについて，仁田(1989)はニチガイナイの場合は命題に対する不確かさを残した表現であるのに対し，ハズダの場合は必ずしも不確かさがあるとは限らない。根拠が確かであっても，推論過程を経て出された答えであることを示すとしている。

そして，このような［＋証拠性］を持つ「ヨウダ／ラシイ」と「ハズダ」の違いについて，木下(1998)は話者の持つ知識とある事態(証拠)をもとに行われる推論の型の違いとして説明する。「ハズダ」は，「p ならば q」という法則性についての知識に基づき，p という事態から演繹的に q という事態を推測する形式であるという(木下 2013)。一方，「ヨウダ／ラシイ」は，「p ならば q」という知識に基づき，q という事態から p を導く形式であると説明する。つまり，認識の時間軸を過去へと遡る推論に用いられる形式であるという。次の(72)を見られたい。「p：無理な運転をする→q：事故が起きる」という知識をもとに，p「無理な運転をしている」という事態から q「事故が起きる」を推論する a の場合は「ヨウダ／ラシイ」を用いることはできない。一方，b のように，q「事故が起きた」という事態から，認識の時間軸を過去へと遡り，p「無理な運転をした」を推論する場合には「ヨウダ／ラシイ」で表すことができるのである。

(72) 「知識(無理な運転をする→事故が起きる)」
　　a. (無理な運転をしているのを見て)
　　　　*どうやら事故が起きるヨウダ／ラシイ。
　　b. (事故が起きたのを見て)
　　　　どうやら無理な運転でもしたヨウダ／ラシイ。
　　　　　　　　　　　　　　　　　(木下 1998, p.159, (21))

また，ヨウダには次のような婉曲の表現としての使われ方がある(仁田 1992)。

(73) （終了予定の時刻が過ぎているのを自分の時計で確かめておきながら）
「時刻になった<u>ようです</u>ので，本日の会議はこれでお開きにいたしたい
と思います。」 　　　　　　　　　　　　　　　　（仁田 1992, p.7, (1)）

　この例にあるように，話者は命題が真であることを知っているにも関わらず，確言を避け，聞き手に対する配慮を表現している。ラシイにも婉曲の表現がないわけではないが，次のような伝聞的なものが多い。

(74) 両津「稽古を私がつけるんですか？」
　　　中川「亀戸署との交流試合も近いしいい機会ですよ。」
　　　両津「わしに練習など必要ない。」
　　　麗子「亀戸署では全国大会で上位に入った人を引き抜いた<u>らしい</u>わよ。」
（出典：こちら葛飾区亀有公園前派出所73巻，仁田 1992, pp.8-9, (5)）

　ラシイと伝聞のソウダは，命題の成立が話し手にとって確認事項ではないという点において，共通性を有している。しかし，伝聞のソウダは話し手の推量を表したものではなく，単に第三者の情報を聞き手に取り次ぐ表現形式であり，話し手の推量を表すラシイとは異なる（仁田 1989, p.49）。

(75)　彼によれば，子供達が運動場で遊んでいる<u>そうです</u>。
　　　　　　　　　　　　　　　　　　　　　　　（仁田 1989, p.49, (118)）

　そのため，伝聞のソウダは，ラシイとは異なり，次のように「どうやら」と共起することができない。

(76)　*どうやら彼によれば，子供達が運動場で遊んでいる<u>そうです</u>。
(77)　　どうやら彼によれば，子供達が運動場で遊んでいる<u>らしいです</u>。

　以上，蓋然性を表すモダリティ形式の使用には「証拠性」や，それからの「推論」の型や「確信度」，そして，「婉曲」といった聞き手への配慮等が関わってくることがわかる。では，次に，これらの形式の学習者の使用についてみた研究を見ていく。

b.〈蓋然性を表すモダリティ形式の習得について〉

　蓋然性を表す形式の学習者の使用を調べた研究に大島(1993)，菊池他(1997)の研究があげられる。どちらも文の途中までを提示して文末の蓋然性のモダリティを選択させる，あるいは述部を完成させる質問紙調査による研究である。学習者と日本語母語話者の両方に調査を実施し，その結果を比較している。

　調査の結果，大島(1993)では「母語話者が推量の形式を選択するところで，特に中国語話者には「確言」や伝聞のソウダを用いる学習者が見受けられる」こと，菊池他(1997)でも「伝聞のソウダとラシイを母語話者はほぼ同じ割合で使用しているのに対し，学習者はソウダを優先させている」ということが報告されており，両研究から学習者が伝聞のソウダを優先させて用いる傾向にあることがわかる。

　また，日本語母語話者が「ダロウ／カモシレナイ」か「ヨウダ／ミタイダ／ラシイ」のグループかを使い分けている文で，学習者は両者を混同している場合があること，「ヨウダ／ミタイダ」の婉曲的な用法については「使えない」，つまり「不適当である」と判断する傾向が学習者にあることも指摘されている(大島1993)。これは前述した各形式の用法や使い分けについて混乱が見られることを意味する。菊池他(1997)は日本語のレベルによる比較を行い，言語能力の発達に応じて，モダリティの正用が増えていくとしている。具体的にどのようなものの誤用が残りやすいのかについては明らかにされておらず，今後の調査が望まれる。

　さらに，国立国語研究所(2001)の作文データベースに収録されている中国語母語話者の作文を分析し，蓋然性の表現の使用実態を調べた研究に，張・徐(2001)と曹(2001)の研究がある。

　張・徐(2001)では，学習者の作文では，ダロウ，ハズダ，カモシレナイ，ソウダ，ヨウダは多用されているが，その他の表現，マイやニチガイナイなどの使用はごく少ないという結果が報告されている。

　さらに，曹(2001)は，日本語の作文とその中国語対訳を用いて分析を行い，日本語では事実確認済みのことであってもダロウや伝聞のソウダなどを用いて，不確かさを表現しているのに対し，対訳の中国語では確言表現を多く用いる傾向にあり，たとえ未確認の事実であっても確言表現を用いることを報告している。

　この両研究からも伝聞のソウダが多用される傾向にあることがわかる。また，曹の研究は，大島(1993)の指摘にある「特に中国語話者には「確言」を用いる

学習者が見受けられる」というのが，母語の影響であることを裏付けるものと言えよう。

2.4.2 聞き手目当てのモダリティ表現の習得

では，次に，聞き手の存在がその使用に深く関わる表現形式の習得について見ていく。日本語の会話を分析したメイナード(1993)の調査によると，発話文の文末の約60%が終助詞や接続辞[33]，デショ(ウ)，ジャナイ[34]など，聞き手の存在がその使用に関わる文末表現だという。つまり，日本語では発話文の半数以上が聞き手目当ての表現で終わるのである。

このように会話では多く用いられる聞き手目当ての文末表現であるが，その使い分けはかなり複雑である。聞き手に対してどう働きかけるかという発話機能(「情報提供」「情報要求」「確認」「同意要求」等)だけでなく，発話の場，話し手の性，話し手と聞き手の人間関係や情報の帰属など，さまざまな要素が複雑に絡み合い，複数の形式から使用表現が選ばれるからである。

例えば，「確認」に用いられる言語形式，デショ(ウ)，ジャナイ，ヨネについて見てみると，(78)のように入れ替え可能な場合もあれば，(79)や(80)のように使い分けが要求される場合もある(蓮沼 1995; 宮崎 2005 参照)。

(78) A：子供って，みんなカレーが好き {でしょ／じゃないの／よね}。
　　 B：そうね。家の子もみんな好きだわ。　(蓮沼 1995, p.393, (9))
(79) あら，皆さんお集まり {じゃない／*でしょ／*よね}。
　　　　　　　　　　　　　　　　　　(蓮沼 1995, p.396, (21))
(80) 私，ゆうべ，眼鏡，ここに置いた {よね／??でしょ／*じゃない}。
　　　　　　　　　　　　　　　　　　(蓮沼 1995, p.397, (23))

蓮沼(1995)によると，デショ(ウ)は聞き手領域の情報について確認する言語形式であるため，(79)のように話者が直接知り得るような状況や，聞き手が

---

[33] 聞き手へ配慮し，表現をやわらげるために文を言い切らず，接続辞で終わる表現が用いられる。
　　例　(レストランで注文していない料理が運ばれてきて)
　　　　客：すみません，これ，注文してませんけど。
[34] デショ(ウ)，ジャナイには，それぞれダロウ，デハナイカ／ジャナイカ等の変異形を含むが，本稿は代表形としてこの2形式を用いる。先行研究によって用いている代表形は異なるが，混乱を避けるために本稿ではこの2形式に統一した。

知っている見込みがない状況では(80)のように使うことができないという。一方、ジャナイは話者が認識していることを聞き手にも認識するように迫る形式であるため、自分が認識していないこと、判断できないことを聞き手に確認する(80)のような状況では使用することができない[35]。反対にヨネは話者自身の知識が不確実な場合や、第三者との間に意見の対立がある場合、非現場的な知識を呼び出すような場合に、聞き手と一緒に相互了解可能な知識の形成を誘導する形式である。そのため、(78)のような状況では使用可能であるが、(79)のように話者が直接知り得ることに用いると不自然な発話となってしまう[36]。このように、確認する内容が話者と聞き手のどちらの領域の情報か、互いの認識の程度、認識形成の求め方等によって使用可能な形式が制限されるのである。

しかし、(78)のように入れ替え可能な状況であっても、どの形式を用いるかで話者の聞き手に対する働きかけ方は異なる。日本人母語話者(女性)8組の会話を分析した張(2010)の調査によると、会話で使用されたデショ(ウ)の172例中131例(約76％)がジャナイと互換性のあるもの、ジャナイの134例中131例(約98％)がデショ(ウ)と互換性のあるものであったという。つまり、多くの場合互換性があるということになる。張(2010)は、会話分析をもとにデショ(ウ)とジャナイの発話機能の違いを次のように述べている。デショ(ウ)は聞き手の認識を確認の対象とし、「聞き手に確認を取る」、聞き手への問いかけ性の強い形式である。それに対して、ジャナイは話し手の認識を確認の対象として、「情報や話題を提供する」という機能を果たし、聞き手への問いかけ性の弱い形式であるとしている。

これらの文末表現の発話機能を学習者が実際の使用から推察し、理解することは難しいと思われる。またこのような形式の使用が必要となるのは、ある程度まとまりのある談話ができるようになってからであろう。上に見た「確認」

---

[35] 宮崎(1993)は、ジャナイは情報を話し手領域において確認する、デショ(ウ)は聞き手領域において確認する、ネは情報を融合領域において確認する言語形式であると論じている。

[36] 深尾(2005)はヨネは、聞き手の助けを借りて結論を出す表現であるとし、次のように説明している。通常、次の例①からわかるように、3人称の感情を言い切りの形で言うことはできない。これはネが後続しても同じである。一方、②のようにヨネがつくと、表現可能になる。これは聞き手の助けを借りて結論を出したものであり、話者自身の判断ではないからである。また、③のように話者自身の感情は、ヨネがつくと不自然となる。これは、聞き手の助けを借りなくても判断可能だからである。

① ＊あの人は寂しいね。
② あの人も寂しいよね。
③ ＊私は寂しいよね。

に用いられる文末表現は理解の面からも，使用の面からも習得の難しい形式であると予想される。このような文末表現の形式の使い分けに関する難しさは，「確認」の形式に限らず，「情報提供文」や「情報要求文」など他の発話機能においても同様であり，学習者は試行錯誤を重ねながら，さまざまな表現を使用するようになる。

　峯（1995）は初級から上級の留学生25名の会話を8か月間縦断的に調査し，学習者が使用する文末表現に，次のような発達の過程が観察されたと述べている（峯1995）。初級学習者の使用する終助詞等の文末表現はネ，あるいはヨといった，ごく限られた表現で，その使用も「そうですね」のような限られた形での使用である。それが，日本語のレベルが上がるにつれ，さまざまな使われ方での使用が増えていく。もちろん，不自然さを伴う使用も見られるが，その不自然な使用は，他の形式が使われるようになることによって，減少していくのである。

　これは，Slobin（1973, p.184）が述べている子どもの言語形式の発達過程「*New forms first express old functions, and new functions are first expressed by old forms.*（新しい言語形式はすでに表現していた機能を表現するのに用いられ，新しい機能は古い言語形式で表現される）」と共通する。すでに使用している形式で表される言語機能の広がりが先行し，それによって逸脱した使用を修正するように新形式の使用が始まっていくのである。

　峯他（2002）では，峯（1995）のデータに，日本に長期滞在（滞日年数4～13年）し，日本語の授業を受けたことがなく，自然習得のみで日本語を身につけたフィリピン人5名の発話データを加え，文末表現の習得に関わる要因について，環境と日本語のレベルの2つの観点から分析している。その結果，文末表現の習得には，さまざまな表現に接することのできる環境ももちろん必要であるが，それだけでなく，使用可能となる表現は日本語のレベル，つまり言語処理能力によって制約があり，日本語のレベルが十分でなければ使用する表現の種類は限られると述べている。

　さらに，峯（2007b, 2015）では，上記のデータにKYコーパスの分析結果も追加し，日本語のレベルが初級から超級へと高くなるほど学習者の使用する文末表現の種類が増えていくこと，その広がり方には自然習得であっても，教室習得であっても，次のような傾向が見られることを確認している。

　学習者の使用する文末表現は，当該形式の意味・機能という側面から見ると，主に「今，ここ」の場を共有する聞き手に働きかけるような表現「カ，ネ，ヨ，

デショウ」から使用が始まり，次第に，「今，ここ」から離れた表現，疑念を表す「カナ」や，説明を加える「ノ，ワケ，モノ」などの表現の使用へと広がっていく。

　これは，学習者が話せる話題が，最初は「今，ここ」に関連するものに限られているが，次第に未来の予想や過去の出来事についても話せるようになることと関連している。しかし，この説明では，使用可能な表現が日本語のレベルでなぜ制約を受けるのかを説明することは不可能である。

　峯(2007b, 2015)は，ここに挙げた文末表現の発達過程について，日本語の構造と言語処理の観点からも次のように説明している。

① 「カ，ネ，ヨ」
　次に示すように南(1993)の示す日本語の階層のA類からC類まで，どの階層の文でも内包することのできる表現である。発話機能を付与するのみで，内包する文には基本的に制約がなく，文法的な情報の交換が必要ないことから，語彙・範疇処理の階層の言語形式である。

　　（81）お母さんも一緒に行こう か／ね／よ／な。
　　（82）これじゃわからないだろう か／ね／よ／な。

② 「デショ(ウ)，ジャナイ，ナァ，カナ，ヨネ」
　次の(83)(84)に示すように，意志(ヨウ，マイ)や推量(ダロウ)を含む文を内包することに制約のある表現である。このように，内包する文との間で情報のやりとりがあることから，文処理を必要とする言語形式である。

　　（83）お母さんも一緒に行こう*でしょう／じゃない／*なぁ／かな／?よね。
　　（84）これじゃわからないだろう*じゃない／なぁ／*かな／*よね。

③ 「ノ，ワケ，モノ」
　(85)の例のこの形式は「説明のモダリティ」と呼ばれるように，先行する文，文脈と内包する文を関係づけるために使用が義務的となる(坪根1994, 1997; 寺村1984; 野田1997; 松岡1987参照)。したがって，この形式は複文・文脈処理を必要する言語形式である。

(85) 遅刻して，すみません。霧で電車が遅れていたんです。
(?? 遅れていました)。

　以上，この言語処理の発達の観点から，語彙・範疇処理の階層のもの「カ，ネ，ヨ」⇒文処理の階層の「デショウ」⇒複文・文脈処理「ノ，ワケ，モノ」と次第に使用可能となる言語形式が広がっていく(峯 2007b, 2015)。しかしながら，この言語処理の発達という観点だけで習得の過程をとらえることは不充分である。上で述べた「今，ここ」といった発話に関わる認知的な要素と絡み合わせて，言語の発達の過程をとらえていくことが必要であろう[37]。

2.5　複文

　日本語学習者の発話や作文で使用される構文を調べてみると，日本語の習得が進むにつれて，学習者の産出する文は徐々に長くなり，複文の使用が増えていく(石田 1991; 江原 1995; 加藤 1984; 清水 1995; 田丸他 1993)。ここでは，日本語の複文習得について見ていくが，複文は大きく連用修飾節と連体修飾節に分けられる。まず，初めに，連用修飾節を構成する接続辞の習得について見ていく。その後，連体修飾節の習得について見ていくこととする。

2.5.1　連用修飾節の習得—接続辞の習得

　使用する複文が増えるということは，単に2つの文を結合させ，複雑な文構造の文を多く使うということを意味するのではない。2つの出来事をどのような表現でつなぐかには，話者が2つの出来事の関係をどのようにとらえるか，話者の思考，恣意的な関係付けが関与してくる。
　例えば，次の(86)のaとbの文を見られたい。この2つの文で表される客観的事実は同じである。しかし，この2つの文から読み取れる話者の気持ちは同じではない。bの文のようにタラを使った場合には主節の出来事に対する話者の意外性が感じられる(久野 1973)。

---

[37] ヨネは言語処理の階層では文処理の形式とされているが，使用開始時期は遅く，複文処理のものと同時期となる。これについて峯(2007b, 2015)はそれを構成する単独の表現ヨ，ネとの違いがわかりにくく，また，同じ発話機能をもつ表現デショウ等が先に使用されるため，One to One Principle(Andersen, 1984)に則り，使用が遅れると考えられるとしている(本章第3節参照)。

(86) a. 友達に聞いて，教えてもらった。
　　 b. 友達に聞いたら，教えてくれた。

　このように，接続辞には，2つの出来事のとらえ方や，どのように伝えるかといった表現意図が現れるのである。以下では，①意味・機能面と，②構造面の2つの側面から接続辞の習得について見ていく。

a.〈意味・機能面から見た接続辞の習得〉
　子どもが使用する接続辞表現の発達過程を見てみると，その過程には普遍性が見られ，認知的な発達が関与していると言われている(Cromer, 1974, 1988)。例えば，幼児はまず現実世界での2つの出来事の関係を理解し，事実的な因果関係の把握ができるようになる。その後，この事実的な把握を想像の世界におし広げ，未来を予測する仮定的な把握へと認知的に発達する。これに伴い，幼児の発話に見られる表現も事実的な因果関係を表す表現から仮定的な表現へと発達を見せるという(内田 1996, 1999 参照)。
　これと同様の発達過程が成人日本語学習者の発話を横断的に分析した峯(2007a, b, 2015)の研究でも確認されており，「事実的な表現(順接　例：テ・カラ⇒逆接　例：ケド)⇒仮定的な表現(順接　例：タラ・ト・バ⇒逆接　例：テモ)」という順で学習者の使用する接続辞の種類が増えていくことが報告されている。
　峯(2007a, b, 2015)の分析は接続辞表現の発達の全体像をとらえようとした研究で，各表現の機能の違いまでは確認していない。しかし，条件節を表す接続辞ト・バ・タラ・ナラの機能の発達に注目して，初級から超級学習者の発話を分析したニャンジャローンスック(2001)によると，事実的な表現(例：留学生会館の後ろに行ってみると，スーパーがありました)が先に使用され，条件表現のプロトタイプと考えられる「仮説」を表すもの(例：休みがほしいなら，それは可能なはずだと思う)や「反事実」を表すもの(例：私がもし代表だったら，やり方についてもっと研究すると思う)は，日本語のレベルがある程度高くなければ使用されないという傾向が確認されている。このことから，個々の形式の習得においても，「事実的なもの⇒仮定的なもの」という形で使用が発達する傾向があると言えよう。
　このように従属句／節と主節との論理関係における認知的負荷は言語に関わらず普遍的なものであり，それが発達過程の普遍性となって現れるわけである

が，すべてが同じというわけではなく，言語による異なりも見られる。日韓の幼児の母語習得における条件文の習得を調べた赤塚(赤塚 1998; Akatsuka & Clancy, 1993)によると，他の言語の幼児が条件文を使うのは3歳を過ぎてからであるのに対し，日韓の幼児は2歳で条件文を使い始めるという。

　日本語や韓国語では，次の例にあげるように，禁止や許可に関わる義務モダリティ(deontic modality)には条件文の構造が組み込まれている。

(87)　日本人幼児 Y(1;11)
　　　(Yと母親が花瓶の花を見ている)
　　　Y：ここは，ここは <u>とっちゃ，ダメ</u> ね
(88)　日本人幼児 M(2;1)
　　　Mと母親がままごと遊びをしている。Mがお客さんの母親に想像の食べ物をさしだす)
　　　母：これ　<u>食べて　いい</u>？
　　　M：<u>食べて　いい</u>　　　　　　(赤塚 1998, pp.84-85，下線筆者)

　赤塚らは，日韓の幼児の条件文の習得の過程は，次の(89)に示すように，まず，モダリティの一部としての使用から始まり，「いい／だめ」という言葉の代わりに，望ましい(DESIRABLE)／望ましくない(UNDESIRABLE)状況を表す後件が続くようになり，普通条件文へと移行していくと説明する。

(89)　(1;11)　Vしちゃだめ(ここは　取っちゃ　だめ　ね)
　　　(2;1)　 Vしていい(許可)Vしたらだめ(教訓)Vすれば(提案)
　　　　　　 VしてもV((雪が)降っても　大丈夫)
　　　(2;2)　 VしたらV(けんかしたら，ピポピポ)
　　　(2;4)　 Vしてもいい(許可)

　この赤塚らの研究で示されているデータでは，他の接続辞との習得の順序関係が不明なため，幼児の言語発達の調査記録の詳細が記載されている大久保(1967)で確認をした。すると，接続辞の使用はテが一番早く，1歳8か月の時に観察されている。そして，次の(90)(91)にあるように，カラもその後に続く。一方，タラのほうは，赤塚らの研究と同様に，(92)のようなモダリティの一部としての使用が1歳10か月に観察され，その後，2か月間観察されず，2

歳1か月の時に，(93)のような条件文としての使用が観察されている。

(90) アシタ オマツリ イクンダカラ。(1;10)
(91) パパト，アラッタカラ ダイジョウブ。(1;11)
(92) イジッタラ メーヨ。(1;10)
(93) ママ サムイワヨ。カゼヒイタラ コマルデショ。(2;1)

(大久保 1967, pp.90-93，下線筆者)

つまり，モダリティの一部としての使用ではなく，一般的な条件文に限って見ると，大久保(1967)のデータにおいても，他の言語の母語習得と同様に原因・理由を表す接続辞に遅れて習得されているのである。ただし，習得される時期に注目してみると，赤塚らの調査同様，大久保の調査でも普通条件文の使用が2歳から見られることで一致しており，他の言語の母語習得よりも早く使用される傾向が確認できる。

日本語は普通条件文よりも構造的に単純で意味もわかりやすい義務モダリティ(deontic modality)の一部としての使用があるため，それが普通条件文の理解を助け，習得を容易にしているものと思われる。

b. 〈構造面から見た接続辞の習得〉

次に構造面から見た接続辞の習得について見ていく。南(1993)は，従属節の内部に含みうる述部以外の成分と述部の要素をもとに，従属節をA，B，Cに分類している。従属節A類，B類，C類，それぞれの構文的特徴をあげると，A類(例：同時・付帯状況を表すテ・ナガラ等)は最も素材的な事柄を表す階層で，主節と異なる主格ガや主題ハをその内部に含むことができない。次のB類(例：条件を表すタラ・ト・バ等)は，A類よりも従属度が低く，つまり独立度が高く，主節と異なる主格ガを内部に含むことができる。ただし，主題ハや，ヨウやダロウをその内部に含むことはできない。最後のC類(例：カラ・ガ等)はさらに独立度が高くなり，主節とは異なる主格ガ，主題ハ，さらにはヨウやダロウなどの主観的表現も含むことのできる階層である。

次の(94)～(96)はA類，B類，C類それぞれの従属節と主節の係り受けの関係を示したものである。

(94) A類：[花子が [_A 大声で歌いながら][部屋をそうじし] た]。

(95) B類：[[_B 郵便配達員が来ると][花子がおもてに出て行く] だろう]。

(96) C類：[_C 太郎は忘れているのだろうが], [花子はずっと待っているのだ]。

(峯 2007b, p.88, (9) (10) (11))

　主観的な表現の階層の従属節は，より客観的な階層の従属節を節内に含むことができる。例えば，次の(97)に示すように，C類従属節に分類されるカラ節は，B類従属節に分類されるテ節(理由)を，節内に含むことができる。しかし，その逆は不可である。例えば，(97)のテとカラの位置を(97)'のように入れ換えてしまうと，節間の論理関係が崩れてしまう。

(97) [_C [_B 雨が降って] 試合が中止になったから], 家でビデオでも見よう。
(97)' *雨が降ったから, 試合が中止になって, 家でビデオでも見よう。

(峯 2007b, p.88, (8))

　峯(2007a, b, 2015)は，(94)〜(96)の構造をもとに，A，B，C各接続辞の言語処理の階層を次のように想定している。A類の従属節は，主格を主節と共有し，主節の動詞句を修飾するので，句の階層の処理で使用される従属節である。次のB類の従属節は，主節とは異なる主格ガを持つことができるが，主節の主題やモダリティに従属し，そのため，視点設定や主節のモダリティに制約がある。このように，B類の従属節を適切に使用するためには，従属節と主節，2つの節の間での情報処理を必要とするため，B類の従属節は複文処理の階層で使用される従属節である。例えば，B類のトは，意志・希望・勧誘・依頼・命令などを表す文を主節にとることができないという制約がある(ソルヴァン・前田 2005)。そのため，上記の(95)は次の例(95)'のように，主節に依頼文が来ると，誤用となってしまう。

(95)' *郵便配達員が来ると, すぐ, おもてに出てください。

(峯(2007b, p.88, (12))

2. 日本語の文構造の発達過程　133

最後のC類は，従属度が低く，後続の主節とは意味的な関係でつながっている。上の(97)で見たように，C類はB類には含まれないという制約，係り先の制約がある。しかし，この従属節と主節との間で行われる文法的な情報の処理はほとんどなく，独立文と差がない。したがって，文の階層の処理と考えられる。

以上をまとめると，A類は句，B類は複文，C類は文の階層の処理を必要とする従属節である。これを処理可能性理論で示される発達段階にあてはめてみると，A類(句処理)→C類(文処理)→B類(複文・文脈処理)の順に自動化が進むと予測される。

実際に初級から超級学習者が会話で使用している接続辞表現の広がり方を見ると，最初はA類のテ形，そして，C類のカラから始まり，B類の条件を表すタラ・ト・バ等の使用は遅れることが確認されたのである(峯 2007a, 2015)。

また，B類のものは使用開始時期も遅ければ，誤用もなくなりにくい表現である。稲葉(1991)は日本国内の大学で学ぶ初級後半の英語母語の日本語学習者に条件を表す接続辞ト・バ・タラ・ナラの正誤判断テストを行い，特にモダリティ制約のあるト・バ(動作性)の習得は難しいと報告している。

これは母語の影響もあろうが，特にB類従属節の場合，従属節と主節の2つの節の視点設定やモダリティ制約などを理解するのに時間がかかるようである(峯 2015 参照)。初級から超級学習者の発話で使用された接続辞の正用率をレベル別に調べたところ，A類(句処理)の接続辞は初級，C類(文処理)の接続辞は中級で正用率90%に達するが，B類(複文・文脈処理)の接続辞の正用率は超級でやっと正用率90%を超えることも確認されている(峯 2007a, b, 2015)。

2.5.2　連体修飾節の習得

ここでは，日本語の連体修飾節の分類について概観し，その後，連体修飾節に関する習得研究を紹介する。

a. 〈連体修飾節の分類〉

日本語の連体修飾節は，構文的にも意味的にもいくつかのタイプに分類される。例えば，次の(98)と(99)の文を見られたい。

(98)　a.　君がそのとき聞いた足音
　　　b.　誰かが階段を降りて来る足音　　(寺村 1993, p.167, (7), 下線寺村)

(99)　a.　サンマを焼く男
　　　b.　サンマを焼く匂い　　　　　　　（寺村 1993, p.67,（8）, 下線寺村）

　修飾節と被修飾名詞の関係を見てみると，(98)(99)のaとbで違いがあることがわかる。(98)(99)のaはそれぞれ「君がその時に足音を聞いた」，「男がサンマを焼く」のように，被修飾名詞が修飾節の中に入って，その構成要素となる関係を持つ。ところが，bの被修飾名詞は修飾節の中に入ることはできない。そして，修飾節と被修飾名詞の関係がaのようなタイプのものを「内の関係」，bのようなタイプのものを「外の関係」と呼ぶ。
　さらに，「内の関係」の連体修飾節には「限定的」なものと，「非限定的」なものに分けられる。例えば，次の(100)は限定的修飾，(101)は非限定的修飾の例である。

(100)　私が描いた絵
(101)　空に輝く星

　ただし，この区別は表層上に違いはなく，被修飾名詞が(101)のように特定のものかどうかによる。そのため，上記の(100)も被修飾名詞が次のように特定のものになると，非限定的修飾と解釈される。

(100)'　私が描いたその絵

　加えて，「内の関係」の連体修飾節には次の(102)(103)のような「短絡」と呼ばれるものがある（寺村 1993, p.214）。

(102)　頭の良くなる本　　　　　　　　（寺村 1993, p.214,（7）, 下線筆者）
(103)　彼女が腹を痛めた娘　　　　　　（寺村 1993, p.214,（8）, 下線筆者）

　この「短絡」の場合には，先に見た(98a)や(99a)のように単に被修飾名詞に助詞を加えれば修飾節の中に入れられるようなものではなく，次の(102)'や(103)'のようにその他の要素も補う必要がある。

(102)'　この本を読めば頭が良くなる　　（寺村 1993, p.214,（9）, 波線筆者）

2．日本語の文構造の発達過程　　135

(103)' その娘を生むために彼女がお腹を痛めた

(寺村 1993, p.214, (10), 波線筆者)

　一方の「外の関係」の連体修飾節は，次のように，被修飾名詞との関係から「内容補充」と「相対的関係」の2つに大きく分けられる。「内容補充」とは修飾節が被修飾名詞の内容を説明する関係にあるもので，「相対的関係」とは，「前⇔後」「左⇔右」「原因⇔結果」のような相対的な内容を持つ言葉を被修飾名詞とし，修飾節との相対的な関係を示す。

(104)「外の関係」
　　①　内容補充：連体修飾節が底の内容を表しているもの
　　　　　例：彼女が結婚した事実
　　②　相対的関係：連体修飾節を基準とし，それと相対的な関係にある底と結びついているもの
　　　　　例：私が食事をしている隣で，

　以上，連体修飾節の分類を見てきたが，日本語の習得研究では，主に「内の関係」の修飾節の習得に注目した研究が多いことから，以下では，その習得研究について，見ていくこととする。

b.　〈連体修飾節の習得研究〉
　日本語の連体修飾節の習得研究の多くは，Keenan & Comrie(1977)によって提唱された，名詞句の関係節化のされやすさの普遍性，Noun Phrasal Accessibility Hierarchy(以下 NPAH と略す)と習得の関係について見た研究である[38]。
　Keenan & Comrie(1977)は世界のさまざまな言語を調査し，修飾する文のどのような成分の名詞句が被修飾名詞として関係節化されるかを調べ，その関係節化のされやすさに普遍性があるとした。すべての言語がすべての名詞句を同じように関係節化できるわけではなく，言語によっては関係節化できない名詞句もある。しかし，関係節化されやすい名詞句には普遍的な傾向があり，名

---

38) 日本語の関係節は，a で見た「内の関係」の連体修飾節に相当する。

詞句の関係節化されやすさには，次に示すような階層があるとした[39]。そして，この階層を NPAH という。

(105)　主語(SU)＞直接目的語(DO)＞間接目的語(IO)＞斜格(OBL)＞
　　　　所有格(GEN)＞比較格[40](OCOMP)

　NPAHによると，例えば，所有格の関係節化「例：娘が昨年結婚した友人(←その友人の娘が昨年結婚した)」が可能な言語は，それよりも関係節化されやすい階層のもの，斜格「例：ジョンがお金を入れた引き出し(←その引き出しにジョンがお金を入れた)」や，間接目的語，直接目的語，主語の関係節化が可能であるという。

　このようにNPAHはさまざまな言語に見られる関係節化の普遍性の階層を示すものとして提唱されたものである。しかし，第二言語習得研究において言語の普遍性と第二言語習得の関係が問われるようになり，普遍性の度合いを示すNPAHの階層の順に関係節の習得が進むのかという研究が，英語などのヨーロッパ言語の習得研究で行われるようになったのである。そして，英語などヨーロッパ言語の習得研究では，NPAHの無標のもの，つまり，主語が関係節化されたものの方が，直接目的語が関係節化されたものよりも早く習得され，概ねNPAHの順に習得が進むと報告されている[41]。

　一方，日本語の連体修飾節の習得研究については，Kanno(2007)が先行研究を概観し，使用頻度を見た研究では主語が関係節化されたものの方が多く使用

---

39)　">"の左がより関係節化されやすいもので，右がされにくいものの順で並ぶ。

40)　例えば，'John is taller than the man.' の the man がそれに当たる。(Keenan & Comrie, 1977, p.66)

41)　NPAHの研究には，階層順に習得が進むかを見た研究のほか，教授効果を見た研究もある。教授効果を見た研究というのは，有標のものを教えれば，無標のものも一緒に習得できるとする投射モデル(Zobl, 1983, 1995)を検証した研究である。Doughty(1991)は有標の関係節を教えることで無標のものの習得も一緒に促進することを報告している。
　なお，英語の関係節の習得において，なぜNPAHに沿うのかについて，構文的な説明も行われている(O'Grady, 1999)。そして，次に示すように，主格の関係節化の方は，被修飾名詞と空所の間の階層が1つであるのに対し，直接目的語の関係節化の場合は，VPの中に空所があり，被修飾名詞と空所との間の深さが深くなる，つまり，直接目的語を関係節化したものの方が深い処理を要するため，習得が遅くなるという説明もなされている。
　　例．主格の関係節化 : the man [$_S$ that __ [$_{VP}$ saw a dog]
　　　　直接目的格の関係節化 : the man [$_S$ that John [VP saw __]

されているが，関係節の理解を調査した研究では，目的語が関係節化されたものの方が易しいという傾向が見られると指摘している。しかしながら，Kanno(2007)自身が初級日本語学習者を対象にして行った関係節の理解を調査した結果によると，主語を関係節化した指示文の方が直接目的語を関係節化したものよりも理解度が高いこと，また，その理解には母語の影響が見られることを報告している[42]。

NPAH と習得の関係を見る研究では実験的な手続きによる調査が多いが，大関(2008)では日本語学習者の自然発話で使用された関係節を分析する研究も行われている。実際に学習者がどのように関係節を用いているかを確認するためには，このような調査が必要不可欠である。

大関(2008)は，主語を関係節化したものは母語話者の使用を見ても使用頻度の高いものであるとし，学習者の使用する関係節の使用頻度を見て，主語を関係節化したものが習得されやすいと安易に結論づけることに対して疑問を呈している。大関(2008)は，KY コーパスに所収されている初級から超級日本語学習者の発話に見られる連体修飾節を分析した結果，主語を関係節化したものが多く使用されるのは，むしろ習得の進んだ上級や超級学習者であったとし，日本語の関係節の習得過程は NPAH では説明できないとしている。

先に見たように，日本語の連体修飾節には「短絡」のような連体修飾節内部の述部と被修飾名詞が単純な格関係で示せないものもある。Comrie(1996)はこのような日本語の特徴を取り上げ，日本語の連体修飾節は，統語的制約を受けない帰属節(attributive clause)であるとしている。

大関(2008)は，この Comrie(1996)の主張を支持し，被修飾名詞と修飾節の文法関係による難易度の違いはないと論じている[43]。加えて，英語は形容詞などによる短い修飾成分は被修飾名詞の前に，関係節のような長い修飾成分は後ろに置かれるが，日本語の場合はどちらも被修飾名詞の前に置かれる。そのため，英語の関係節の習得とは異なり，日本語の場合は形容詞修飾から連続的に発達していくのであろうと論じている。日本人幼児の発話および，学習者の発話の分析結果から，特に日本人幼児や自然習得中心の学習者のように教室習得

---

42) Kanno(2007)は，母語の異なる初級日本語学習者に連体修飾節の理解タスクを行い，その理解には母語の影響を受けることを報告している。

43) Comrie(1996)は日本語や韓国語に短絡のような名詞修飾を例に挙げ，日本語や韓国語の被修飾名詞と修飾節の関係は語用論的な関係で結びついているものであり，英語のように関係節内の空所で統語的に説明されるようなものとは異なるとしている。

でない場合は「知っている人」や「結婚している人」といった「属性・状態」を表す修飾節の使用が多いと考察している。

　以上，連体修飾節と被修飾名詞の関係を見てきたが，被修飾名詞が主節のどの位置に置かれるかに注目した研究も行われている。KY コーパスに所収されている初級から超級までの学習者の発話を分析した大関(2008)によると，学習者の使用する連体修飾節は次の(106)のように文頭に置かれる場合の方が，(107)のように文中に置かれるものよりも多いという。

　　(106)　［いつも窓側に座る］女の子が今日は休みだ。
　　(107)　太郎は，［昨日やった］宿題を先生に渡した。

　しかしながら，日本語の書き言葉を分析した研究ではあるが，佐伯(1998, pp. 56-57)は日本語では長い成分は短いものよりも前に置かれる傾向があり，これはコミュニケーションに関わる基本的な理由によるものとしている。それは，長い成分，特に動詞を多く含むものが後ろに来ると，前にある名詞句との係りと受けの関係が紛らわしくなってしまうからである。確かに，次の(108)は文頭から言語を処理していった場合，「座る」の動作主が「太郎」でないことは，「女の子」という語を処理するまでわからない。したがって，そのぶん処理の負荷が大きくなってしまうと推察される。

　　(108)　太郎は，［いつも窓側に座る］女の子に告白した。

　最後に，連体修飾節の習得について言語処理の観点から考えてみたいと思う。日本語の連体修飾節は帰属節であり，被修飾名詞と修飾部との間に統語的制約がないと考えれば，処理の観点から，単純に，修飾部の構造は，語⇒句⇒節(文)と発達していくものと予測される。

　この予測の検証には，これまで行われてきたような修飾部と被修飾部との関係に注目した研究方法とは異なる分析が必要となる。例えば，次の(109)と(110)はどちらも被修飾名詞は修飾部の述語の目的語である。これまではこの2つは同じタイプの連体修飾節として分類されてきた。しかし，その修飾部のみに注目すると，(109)は主語を内部に含まず，(110)は主語を含む。峯(2007b, 2015)の提案する判断基準でいうならば，(109)は句，(110)は節と判

断され，(110)の方が処理にかかる負荷は大きくなる[44]。

(109) [$_{VP}$ 知っている] 人
(110) [$_S$ 太郎が知っている] 人

　また，このような観点で考えるならば，NPAHで主語を関係節化した連体修飾節とされていたものは(111)にあるように，修飾部内部に主語を含みえないため，(110)のように目的語を関係節化したものよりも処理の階層は低くなる。したがって，処理の観点から考えるならば，主語を関係節化した指示文の方が直接目的語を関係節化したものよりも処理の負荷は小さいと推察される。

(111) [$_{VP}$ 太郎を知っている] 人

　ただし，上に見たように，連体修飾節の習得過程を見るためには，修飾部と被修飾名詞の言語処理だけでなく，主文も含めた全体の処理を考慮に入れ，分析していかなければならない。主文の言語処理も含めて，今後のさらなる研究が必要であろう。

3. 日本語の発達段階

　次の頁の表3-8は，峯(2015)で示されている日本語の発達段階である。この発達段階は，言語の処理階層を想定して行ったKYコーパスの分析結果をもとに作成されたものである。この表にあるように，分析の結果，言語処理の発達は概ね処理可能性理論における各階層に沿って使用表現が増えていく傾向が確認された。
　しかし，中には，少数であるが，表中の第3段階の下線部，同時付帯状況を表す接続辞のナガラ，第4段階の下線部，確認を表す文末表現のヨネのように想定した発達段階よりも出現の遅いものも見られた。

---

44) 加藤(2003)は連体修飾の文性について修飾部の述部の時制解釈の有無に注目して検討しているが，「少し腐った肉」と「表面が腐った肉」を例に挙げ，名詞句の種類と数についても今後検討すべき問題としている(p.195)。

表 3-8　日本語の発達段階のモデル（峯 2015, p.221, 表7-5）

発達段階 言語処理 の階層	発話の文構造	解説
第1段階 語・表現	語，定型表現	・単語や定型表現を並べる段階である。 ・言語情報の文法処理はできない。
第2段階 語彙・ 範疇処理	基本語順 修飾語＋被修飾語 名詞＋助詞 とりたて助詞ダケ 動詞の活用 可能動詞 終助詞カ，ネ，ヨ	・品詞体系，基本的な語順が習得される。 ・修飾語が被修飾語に先行するという語順も習得される。 ・名詞に助詞がつくが，適切な使い分けはできない。 ・限定の意味を付与するとりたて助詞ダケの使用ができる。 ・タ，ナイ，ラレル（可能），とりたて助詞のダケなどの意味を付与する形態素をつけることができる。 ・内包する文との情報交換を必要としない終助詞，カ，ネ，ヨが使用できるようになる。
第3段階 句処理	名詞＋の＋名詞 形容詞＋名詞 様態副詞句＋動詞 複合動詞 シテイル（進行） A類接続辞	・「修飾語＋被修飾語」，それぞれの語の品詞によって接続を適切に変えることができる。 　例：「病気の人」，「きれいな人」，「きれいに掃除する」 ・複合動詞を使用することができるようになる。 ・目的格の助詞ヲを適切に使用できるようになる。 ・A類接続辞（同時付帯テ／ナガラ※等）を使用できるようになる。（※ナガラの使用は遅れる。）
第4段階 文処理	格助詞ニ，デ（場所） ハ＋否定 C類接続辞 シテイル （反復・結果） デショウ，ナァ， カナ，ヨネ	・場所を表す格助詞ニ，デを使い分けるようになる。 ・述部の否定形に呼応する形で，否定成分にハが後続する。（例：それは知りませんでした。） ・C類接続辞（カラ，ケド等）が使用できるようになる。 ・反復，結果を表すシテイル，そして，シテイタが使用できるようになる。 ・文末表現（デショウ，ナァ，カナ，ヨネ※）を使用できるようになる。（※ヨネの使用は遅れる。）
第5段階 複文・ 文脈処理	従属節文中でのガ 対比のハ 受身・授受表現・ 使役，B類接続辞 ノ，ワケ，モノ	・従属節文中の主語がガで表される。 ・文脈に応じて，対比のハが使用できるようになる。 ・受身，授受表現，使役表現が使用可能となる。 ・B類接続辞（タラ，ト等）が使用できるようになる。 ・説明のモダリティ表現ノ，ワケ，モノが使用できるようになる。

　このような表現に注目すると，これらは学習者がすでに使用している言語形式と機能的に重なる言語形式である。例えば，同時付帯状況を表すナガラは，同時を表すテやトキと機能的に重なる。また，ヨネもその使用の開始前には，発話機能的に重なるネやデショ（ウ）などがすでに使用されている。
　Andersen（1984）は，学習者は言語の形式と意味・機能を一対一で対応づけ

ながら習得していくとし，すでに使用している言語形式と意味・機能が重なるものは習得が遅れるという One to One Principle を提唱している。接続辞のナガラや文末表現のヨネも，意味・機能の重なる言語形式がすでに使用されているため，習得が遅れると思われる。

　また，すでに使用している言語形式と意味・機能が重なるということは，既存の形式で自分の発話意図を表現することが可能であり，当該形式の使用の必要性が低くなるとも考えられる(峯 2007b, 2015)。それぞれの言語形式の使用の必要性が話者の表現意図次第であることを考えれば，想定よりも出現が遅い表現があっても不思議ではない。そもそも，表現意図がなければ言語形式の使用は起こらない。学習者は言語処理の負荷を考えて言語形式を選ぶのではなく，自分の発話意図を表現するために必要な言語形式を使用するのである。

　使用可能なものは処理可能なものに限られるが，使用可能なものが必ずしも必要なものとは限らない。すでに使用している言語形式で表現可能な場合には新しい言語形式の必要性は低くなってしまうため，使用開始時期が遅れるのはごく自然なことと推察される。

　使用の必要性を考えることで，先に習得される言語項目の特徴も見えてくる。例えば，峯(2007b, 2015)は，すでに使用している言語形式と意味・機能の重なりのない言語形式であることのほかに，発話の現場「今，ここ」に関連するもの，また，単純な表現，つまり，思考の負担の少ない表現というのは初級学習者にとって使用の必要性の高い言語形式であるとし，先に習得されているとしている。

　すべての習得過程を言語処理の階層のみで説明することは難しいが，言語処理という観点から発達段階をとらえることにより，各発達段階を理論的にとらえることが可能となる。これに加えて，第2節で見てきたように，特定の文法カテゴリーに焦点を絞った，記述的な習得研究や誤用研究も重要な研究である。各項目のより詳細な習得の過程や学習困難点が，これらの研究によって明らかにされてきたからである。さらに，この研究成果を教育現場へ還元するには，どのような指導が効果的かという研究へとつなげていくことが必要である。そして，その研究を行うためにも人間の認知的な側面に目を向け，言語処理のプロセスから見た発達段階の精緻化を図っていくことが必要であろう。

第4章

教室指導の効果に関する SLA 研究

1. Focus on Form の概念化

1.1 教室習得研究の歴史的変遷

　第2章で論じたように，脳科学や認知心理学の知見，および SLA の実験室研究などにより，言語学習において学習者の頭の中で何が起きているか，つまり認知的なメカニズムがどのようなものかを解明する研究が進んでいる。そして，どんな教室指導が SLA を効率よく促進するかという議論も，心理言語面から見て妥当性があるか否かに基づいてなされるべきだと考えられるようになってきた。SLA を促進する言語処理モードは，言語形式と意味／機能の同時処理を行う Focus on Form (FonF) (Doughty, 2001) だとされているが，この概念はもともと，意味を処理することを最優先とする活動の中で適宜，言語形式にも注意が向くように教師または教材により操作するという指導技術 (Long, 1991) として提案されたものである。本節では，まず FonF にいたる教室習得 (Instructed SLA) 研究の変遷を見ておきたい。

　教室習得研究を大きく押し進める原点となったのは，なんといっても Krashen (1980, 1985 など) の「モニター理論」であろう。Krashen の理論はさまざまな批判にさらされ論争を巻き起こしたが，特に問題となったのは，彼が提案し

た5つの仮説のうち「インプット仮説(Input Hypothesis)」と「習得／学習仮説(Acquisition/Learning Hypothesis)」である。「インプット仮説」は，母語を習得する子どもが親から簡略化したインプットを受けるように，SLAにおいても現在のレベルより少し上の項目を含む「i+1」の理解可能なインプットを受ければ習得が促進するとしたものである。これが80年代のインプット／インターアクション研究につながっていく(小柳 2004b, 第2部第5章を参照)。もう1つの「習得／学習仮説」は，教室の文法学習により意識的に学んだ明示的な知識と，無意識に意味を処理する中で習得された暗示的な知識には接点はないとした仮説である。この仮説への批判から，「教室指導はSLAに違いをもたらすか」というテーマの研究が盛んになったのである(小柳 2004b, 第2部第6章を参照)。この2つの研究路線がFonFに統合されていったと言ってもいいだろう。

　まず，「インプット仮説」については「i+1」の定義が曖昧であるとか，インプットからアウトプットにいたるモデルとしての心理言語面の説明が不十分で実証不可能だというような批判があった。そこで，Long(1980, 1981)は，簡略化することにより理解可能になったインプットではなくて，インターアクションにおける意味交渉により理解可能になったインプットの方がより重要であると考えた。これが「インターアクション仮説」である。お互いの伝達意図を理解し合う発話のやりとり，すなわち意味交渉のプロセスにおいて，明確化要求(clarification request)，確認チェック(confirmation check)，理解チェック(comprehension check)，反復(repetitions)などの会話的調整(conversational adjustments)の特徴が生じることがインプットを理解可能にし，それが習得にも寄与すると考えられた。よって，80年代のインプット／インターアクション研究は，意味交渉により理解可能になったインプットによりSLAが促進されたことを実証することが研究目標となった。その結果，会話的調整の頻度が高い時，つまり意味交渉が多く起きている時に，理解が促進する(Pica, Young, & Doughty, 1987など)という実証がなされた。しかし，当時は，理解が習得に結びつくのかを証明するのが難しく，何よりもインプットが習得を起こしたという直接的な証拠が得られなかった。よって，インプットからアウトプットにいたるプロセスはそれまで考えられたよりずっと複雑なものだと考えられるようになった。そして，学習者の内面で何が起きているかという認知面を考慮しなければ，SLAの全体像の解明は不可能だ(White, 1987; Swain, 1994; Long, 1996)と認識されるようになった。

　もう1つの「習得／学習仮説」においてKrashenは，意識的に文法を学ん

で得られる明示的知識は，意味を処理することで無意識的，潜在意識的に習得される暗示的知識には決してつながらないとするノン・インターフェースの立場をとっていた。この仮説は第2章の1.1で述べたように，「意識」の定義や，「明示的知識」「暗示的知識」の区別などについて，認知的な説明が不十分，不適切であるとの批判を受けた。そのような論争から，Krashenが真の習得と見る自然習得環境だけでなく，教室習得環境においてもSLAが起きていることを実証しようとする研究が登場したのである(Doughty, 1991; Long, 1983など)。その結果，教室指導は自然な習得順序や発達段階を変えることはできないが，習得過程を加速化させ，最終的に高い言語熟達度に導くことができるという点で，自然習得にはない強みがあることが明らかになった(Long, 1988; Doughty, 2003のレビューを参照)。しかしながら，当初の研究は，教室指導の中身が厳密に記述，定義されていなかったので，ある特定のタイプの指導がSLAを促進したのか，あるいは，教室指導は目標言語のインプットへの接触時間をただ長く与えていただけなのかが明確ではなかった。それで，先行研究の指導のタイプを分析し，習得を促進すると推定されるFocus on Form(言語形式の焦点化：FonF)という概念が提唱され，FonFと差別化する比較対象としてFocus on FormS(FonFS)とFocus on Meaning(FonM)という概念も提案されたのである(Long, 1991)。そして，FonFの妥当性を論じるには言語学習の認知的メカニズムに基づく理論的根拠を示すことが不可欠になっている。

この2つの路線の研究は，言語教育におけるコミュニケーション活動を通じたインターアクションの役割と文法学習の役割という，教育現場で一見相対立する活動の意義を追求しているように見える。言語教育で常に振り子が揺れている「流暢さ」と「正確さ」の議論にも相当するかのようである。しかし，今や文法のとらえ方も変化しており，FonFの概念と共に両者の研究路線は統合されたと言える。FonFは意味あるコンテクストにおいてなされるべきだとしている点で，コミュニカティブな活動におけるインターアクションはやはり重要である。また，インプットを理解するには，音声や文字から情報を取るボトムアップの処理と，長期記憶から既存の知識を引き出して処理を助けるトップダウンの処理が生じていて，インプットと学習者自身の認知的な内面との相互作用もある。さらに，SLAにインパクトがある教育文法(pedagogical grammar)の役割は，もはや伝統的な文法教育とは異なるダイナミックなものとしてとらえられている。したがって，言語処理モードのデフォールト値(初期設定値)である意味処理のモード(FonM)の環境を教室に創出し，その中で適切なタイ

ミングで言語形式と意味/機能の同時処理モード(FonF)に時折スイッチさせて,言語形式も処理させることを目ざす(Doughty, 2001)ことが重要になる。

1.2　Focus on Form の定義

　Focus on Form(FonF)は,80年代後半からLongが提唱するようになったが,それを概念化,理論化するプロセスにおいて新たな実証データが蓄積されると共に,提唱者達の考え方も現在までに多少の変遷を経ている。また,研究者の間でもFonFの解釈や具現化する方法に関して,見解の相違が存在する。まずは,提唱者がどんな定義をしているのか見ておくことにする。

> Focus on Formを伴うシラバスは,その他のこと——生物学,数学,作業の練習,車の修理,外国語が話されている国の地理,文化など——を教え,意味やコミュニケーションへの焦点を優先したレッスンの中で,必要が生じた際に,付随的に学習者の注意を明確に言語要素へ向けるものである。
>
> 　　　　　　　　　　　　　　　　　　　　　　　　(Long, 1991, pp.45-46)

> Focus on Formとは,いかに焦点的に注意資源を割り当てるかということである。注意には程度の段階があって,言語形式への注意と意味への注意は必ずしも互いに排除し合うものではないが,Focus on Formは,意味に焦点を置いた教室学習において,教師および/あるいは一人か複数の生徒により,理解あるいは言語産出に伴い認識された問題によって誘発され,言語コード的特徴へ時折注意をシフトさせることから成るものである。
>
> 　　　　　　　　　　　　　　　　　　　　　　　(Long & Robinson, 1998, p.23)

　これらの定義に一貫しているのは,学習者が意味ある伝達活動を行っていることを前提としている点である。Long(1991) および Long & Robinson (1998)は,教室において学習者側に何らかのニーズが生じた時に介入するのがFonFと見ており,その意味では,教室活動は言語形式と意味を常に統合すべきだと考えている。FonFが提唱された当初は,FonFが効果があると実証されたというより,FonFSとFonMの問題点を間接証拠としてFonFを奨励していたと言ってもいいだろう。

表4-1 言語教育のオプション(Long & Robinson 1998: 小柳 2004b 訳)

オプション2	オプション3	オプション1
分析的 Focus on Meaning	分析的 Focus on Form	統合的 Focus on FormS
ナチュラル・アプローチ イマージョン 手順(procedural)シラバス	タスク中心の教授法 内容中心の語学クラス 過程(process)シラバス	文法訳読法 オーディオリンガル サイレント・ウェイ 全身反応教授法(TPR) 構造シラバス, 概念／機能シラバス

　FonFS，すなわち，オーディオリンガル・メソッドや文法訳読法のような構造，機能など言語項目を中心に構成された個別項目文法(discrete-point grammar)の指導は，言語形式に注意が行き過ぎると意味の処理ができなくなり，習得に必要なメッセージの理解過程が阻害されてしまう(Doughty, 1991; VanPatten, 1990)。つまり，SLA は言語形式と意味／機能のマッピングのプロセスであるべきなのに，意味／機能の部分が欠如してしまうのである。よって，学習者の中間言語知識には真の変化をもたらすことができない。例えば，Lightbown(1983, 1985)の英語の形態素の習得状況を調べた研究が，それを示している。教室で集中的に機械的なドリルを行った学習者は，ある時期に教室で習った1つの形態素ばかりを発話に用いる過剰使用が起きるが，授業が進むと前に習った形態素の使用はピタリと止むという。そして，また次に新しく習った言語形式ばかりを使う傾向があり，これは自然習得者には現れなかった現象だとしている。Pica(1984)が自然習得環境，教室習得環境，混合環境を比較した研究でも，英語の形態素について，教室習得環境での過剰般化，過剰学習の傾向が認められたことが示されている。つまり，FonFS による教室指導は，過剰般化や過剰学習を生む恐れがあるが，自然習得順序を変えられるわけではないので非生産的である。言語教育で伝統的に用いられてきた文法シラバスは，学習者が文法項目を1つ1つ足し算のように学んでいき，最終的には学習者がそれらの知識を足し合わせ統合して言語使用に使うことを期待するもので，その意味で「統合的シラバス(Wilkins, 1976)」と呼ばれる。しかし，学習者の中間言語は，U字型の発達曲線(Kellerman, 1985)に見られるように，時には発達が後退したかのような時期もあり，多くの時間を要する複雑で累加的な発達過程をたどるため，指導の順序がすなわち習得の順序とはならない。統合

的シラバスが前提としているように学習者は1回の指導機会で言語形式を母語話者(NS)並みのレベルまでマスターできるわけではない。言語形式同士が相互に関連し合い複雑な習得過程を経る場合もあるし，語彙ですら1回の学習でマスターできるほど単純な習得過程をたどるわけではない。また，言語処理は複数の言語項目，音韻から概念までの言語レベルを瞬時にコーディネートする複雑な認知スキルであるので，個別文法の指導ではそのような処理の練習ができない(第2章3.1参照)。このように，FonFSのアプローチはSLAの認知過程に合致しているとは言えないので，非効率的だと言える。

一方，ナチュラル・アプローチのような意味を処理するだけのFonMも，学習者が実際に目標言語を使えるようになったという点で，FonFSよりは成果を上げているものの，習得の見地から見るとやはり効果的とは言えなかった。例えば，カナダのイマーション・プログラムの一連の研究(Spada 1997, Swain, 1985, 1991のまとめを参照)によると，12年にわたり十分なインプットを受けた学習者が，NSと遜色のない聴解力や社会言語学的知識を身につけても，文法的正確さはNSには程遠いレベルにとどまっていたということが報告されている。特にSLAの臨界期を過ぎた大人の学習者には，第一言語(L1)と同様の生得的な言語習得装置，あるいは何らかの生得的な言語学習能力による言語習得を期待するのは難しく，FonMで流暢さをある程度培うことはできても正確さを伸ばすには限界がある。イマージョンのように肯定証拠のインプットが豊富な環境では学べない言語形式，つまり，否定証拠がなければ習得できない言語形式があることも指摘されている(White, 1991)。カナダの事例は小中学校から高校の年代の学習者であるが，このような比較的若い学習者ですら肯定証拠だけでは文法を習得することができなかったのである。よって，教室指導の中で否定証拠を提供したりアウトプットの機会を与えたりしながら，言語発達をサポートする必要があると考えられる。

このようなことから，Long(1991)は，FonFSとFonMの中間の立場，すなわち，意味重視の教室指導を行う中で，タイミングを見計らって学習者の注意を言語形式に向けさせることを目ざすFonFが，正確さ，流暢さ，および複雑さ(語彙の豊かさや統語的な複雑さ)を共に伸ばし，SLAに最も効果的であると論じている(Doughty, 1998も参照)。学習者は，常に自らの中間言語の文法知識を再構築しながら，言語形式を内在化しようとしている。言語形式はただ1つ，それぞれが独立して存在しているのではなく，1つの言語形式がいくつかの意味を持つこともあれば，1つの意味を表現するのに複数の言語形式が存在

することもある。また，もっと複雑な統語構造になると，いくつかの言語形式や規則が互いに関連性をなしていることもある。言語習得とは，学習者自身がそれらの言語形式と意味／機能の関係を見つけ出し，結びつけ(＝マッピング)，心的表象を形成していく認知過程である。FonFを実現するシラバスは，生のインプット，または生に近いインプットを与え，学習者がそこから言語形式と意味／機能の関係を発見していくので，分析的シラバス(Wilkins, 1976)と言われている。つまり，学習者自らが帰納的にマッピングしていった方が記憶に残り，持続性のある真の言語知識，スキルになると考えられている。

その後，実証研究の成果が蓄積され，FonFを支持する直接証拠も出されている。Robinson(1997b)は，先行研究(de Graaff, 1997; DeKeyser, 1995; Doughty, 1991; N. Ellis, 1993; Lightbown & Spada, 1990; Robinson, 1996, 1997b; White, Spada, Lightbown, & Ranta, 1991など)を総括して，異なる学習条件の学習効果を，以下のようにまとめている。

1) 暗示的(implicit)学習条件：凡例の暗記による連想学習で，起こったとしても学習速度は遅い。
2) 付随的(incidental)学習条件：意味を処理することが第一で，意図的な学習ではない。意味的処理の深さに影響され，学習速度は遅く断片的。
3) 強化(enhanced)学習条件：意味を処理することが第一で，意図的な学習ではない。ある言語形式の特徴を際立たせた適切な強化テクニックに導かれた学習。暗示的，付随的学習より学習速度が速く，しかも意味への焦点を維持できるという利点がある。
4) 規則検索(rule-search)学習条件：規則を見つけようとする意図的な試みがなされる。最も非効率的な学習条件。一部の学習者にとっては規則が易しく卓立的である場合はうまくいく可能性もあるが，ほとんどの学習者にとって易しい規則，難しい規則共に非効率的。
5) 明示的(instructed)学習条件：易しい規則に関しては最も効果的だが，その効果は時として持続しない。難しい規則に関しては，規則の大規模な過剰般化を起こす可能性がある。

(Robinson, 1997b)

そして，これらの結果を総合すると，言語形式と意味のマッピングに不可欠な意味への焦点を維持できること，易しい規則でも難しい規則でも過剰般化を最

小限に防げること,学習速度も比較的速いことから,インプット強化やインプット洪水などFonFの指導技術を用いる強化学習条件(=enhanced)が,言語学習に有効だと考えられている。

ここで,用語の定義を明確にしておくが,教室習得研究の文献では,grammar teaching, formal instruction, form-focused instruction など,類似するさまざまな用語が使われてきた。Spada(1997)は,指導効果に関連する研究を概観し,Form-Focused Instruction(FFI)とは,学習者の注意を言語形式に向けるための指導のことを言い,その意味ではFonFもFonFSも内包したものであると述べている[1]。Doughty & Williams(1998b)は,以下の定義のように,FonFSは言語形式への焦点化のみに限定したもので,FonFは言語形式に注意が向けられる段階では,意味や機能が学習者に明らかであることが前提条件だとしている。これはLongなどの見解とも一致している。また,FonFはFonFSを含むこともあり得るが,その反対にFonFSがFonFを含むことはあり得ないとしている。つまり,この定義では,メタ言語的な介入も,授業の主要目的が意味中心の活動である限りは認めている。特にイマージョン・プログラムや内容中心の教室の中でSLA研究を行うLightbown & Spada(1997) や Pica(2002)などは,意味ある伝達活動の中におけるFonFとFonFSの両方を含めてFFIと呼んでいる。FonFに関してLongなどと異なる解釈をするR. Ellis(2001)もFonFとFonFSを区別しないFFIを,FonMであるmeaning-focused instructionと対比させて好んで用いているように思われる。

> Focus on Form は言語の形式的要素への焦点化を伴うが,Focus on FormS はそのような焦点化のみに限定されるもの,Focus on Meaning はそのような要素を排除したものである。最も重要なのは,FonF指導の基本的な考え方は,意味を伝えようとするのに必要な言語的手段へ注意が引き寄せられる時点では,意味や機能が学習者に既に明白になっているということである。
> (Doughty & Williams, 1998b, p.4)

FFIが現在でも使用される(R. Ellis, 2001, 2002; Spada, 1997; Spada & Lightbown,

---

[1] Ellis(2001)は,FonF路線の研究者達とは異なるFonFやFonFSの解釈,分類を行っているので注意が必要である(向山2004のレビューを参照)。例えば,FonFをplanned/unplannedに分けているが,FonFの提唱者などは,シラバスは言語項目に基づいたものであってはならないとしているものの,タスクの伝達ニーズや習得上の問題から,何にFonFを行うかは予測できると考えている(Long, 2000 参照)。

2008など)背景には，文法重視の伝統的な言語教育のFonFSとは異なり，構造シラバスを基本とするにしても，機能を重視しコンテクストをつけて応用練習をするところまで組み込んだコミュニカティブ・アプローチによる教授法を，FonFと区別することを望まない考え方があるからだと思われる。日本語教育においても，構造シラバスのみならず，機能や場面との複合シラバスを採用する教科書は増えている。また，構造シラバスでも文型の導入に始まり，口ならし的な文型練習から，コンテクストをつけた意味ある練習，さらにもっと広げたコミュニカティブな練習へ進むというような工夫は，どんな教科書を使っていてもなされていることが多いと思われる。構造シラバスは統合的シラバスとされるが，実際の場面で習った言語項目を統合して用いることを学習者に委ねるのではなく，統合するまでを教室内で行おうとしているのである。また，カナダのイマージョン教育を中心にSLAを研究するSpadaなどがFFIを用いるのは，意味か形式かという対比が重要で，FonFSとの比較をあまり必要としていないからであろう(小柳2008bを参照のこと)。

　Ohta(2001)は，日本語教育にはすでにFFIがあるのでFonFは不要と述べているが，FonFSの統合的なFFIとFonFの分析的なFFIでは，前提とするSLAの認知的なプロセスが全く異なる。極端にFonMに傾いた経緯がない日本語教育では，むしろFonFとFonFSの比較が重要だと考える(小柳2002)。ただ，実験レベルでは習得のほんの一端のプロセスを追求して指導技術の比較をするため，その前提が統合的シラバスなのか分析的シラバスなのか見えにくい面もある。また，統合的なFFIのやり方は，現行の教授法を大幅に変えることなく取り入れられるため，SLAを専門としない一般の教師には理解しやすく，教授法として受け入れやすいという面もある。しかしながら，学習者の認知過程に合致した指導技術としてFonFの実証研究を日本語教育においても行い，学習者の認知的メカニズムを探る価値があると考える。表4-1のLong & Robinson(1998)のオリジナル版にFFIとの関係を含めて整理すると，表4-2のようになる。

表4-2　SLAの基本概念と教授法(小柳 2008b)

指導の焦点	meaning-focused instruction	Form-Focused Instruction (FFI)	
言語処理モード	Focus on Meaning (FonM)	Focus on Form (FonF)	Focus on FormS (FonFS)
関連する教授法	ナチュラル・アプローチ, イマージョン, 自然習得環境(母語話者とのインターアクション)	タスク中心の教授法(TBLT), 内容中心の教授法	構造シラバス, 文法訳読法, オーディオリンガル, 直接法, TPR, 機能/概念シラバス, コミュニカティブ・アプローチ
学習のアプローチ	分析的 (analytic)		統合的 (synthetic)

1.3　実証研究の成果と問題点

　Doughty & Williams(1998c)の編集による論文集 *Focus on form in classroom second language acquisition* は，90年代のいくつかの学会のシンポジウムの成果をまとめたもので，FonFの理論の枠組み作りに貢献したと言える。しかしながら，それまでの指導の効果を見たSLA研究で使用された指導技術，つまりFonFSも含めてすべてFonFの理論の枠組みに取り込もうとした点で，批判や混乱もあった。その後，指導の効果に関する実験研究のメタ分析[2]が行われ，その際にはFonFやFonFS，FonMの要件を明確にして，実験群に行った指導のタイプが分類された(Norris & Ortega, 2000, 2001)。それが，表4-3の操作上の定義(operationalization)である。そして，1980年から1998年までの指導の効果に関する実証研究の成果が以下のように，明らかにされた。

1) 何らかの言語形式の指導(FonF & FonFS)は，指導がなかった場合，もしくはただ教材をこなしただけという場合よりも効果があった。
2) 持続効果が不明であることがFonF研究への一番の批判としてあったが，3時間以上の指導時間があるものは持続効果があるようである。しかし，それ以上の長過ぎるものは結果が分かれる。いずれにしても，持続効果を

---

[2]　メタ分析とは，オリジナルの研究者の実験結果の解釈に基づく従来の記述的レビューとは異なり，条件を決めて一貫性のある論文検索を行い，論文中に開示されている実験の記述的統計データを基に新たな統計処理を行い，第三者が再評価して，ある特定分野の研究成果を客観的に検証するものである。

調べた研究が少ないので,結論づけるのは時期尚早である。
3) FonF と FonFS の実質的な違いは見いだせなかった。むしろ明示的学習と暗示的学習の違いの方が大きかった。

明示的 FonF ＞ 明示的 FonFS ＞ 暗示的 FonF ＞ 暗示的 FonFS ＞ FonM

表 4-3　インストラクションの構成概念の操作上の定義
(小柳 2004b; Norris & Ortega, 2000; Doughty, 2003に基づく)

指導の タイプ	操作上の定義 (先行研究の記述に基づく)
明示的	規則説明(宣言的／メタ言語的)をする,または言語形式に注意を向け規則にたどりつくように指示する。(明示的指導)
暗示的	規則説明をしない,または言語形式に注意を向けるように指示しない。
FonM	L2の目標項目に多く触れさせる,またはタスクによる体験学習。しかし,学習者の注意を意味から言語形式にシフトさせる試みは行わない。
FonF	言語形式と意味の統合。以下の特徴を含む。 (a) 言語形式以前に意味活動に従事するタスクをデザインする。 (b) タスク中のL2のある言語形式使用の必然性,ナチュラルさを追求する。 (c) 教育的介入が自然である。 (d) L2の心的過程(例 気づき)が立証されている。 (e) 学習者のニーズ分析により目標言語形式を選択する。 (f) 中間言語の制約を考慮する。
FonFS	上記(a)-(d)のいずれも備えていない。また,ある特別な方法(例.文法説明,機械的ドリル)をもってしか学習者の注意が学習目標の構造に向けられないもの。

FonF は,SLA 研究で明らかになっている,学習者がいかに言語を習得するか,すなわち認知過程で何が起きているかを最も考慮したやり方なので,理論上はSLA を促進することが期待できるが,実証上はまだその有効性を確立できていなかったのである。しかしながら,Norris & Ortega(2000)や Doughty(2003)は,言語処理は本来手続き的知識によりなされるものであるにもかかわらず,明示的学習に有利な文法性判断テストなど個別項目文法(discrete point grammar)のペーパーテストで指導の効果が測定されてきたというミスマッチの問題点を指摘している(自由産出をテストした研究のまとめは R. Ellis, 2002を参照されたい)。よって,第 2 章の4.3で論じたように,手続き的知識の習得を促進するとされる暗示的学習について,SLA におけるさらなる研究の必要性が唱えられた。

また，Doughty(2003)は，指導の効果に関する研究は，SLA の発達順序，習得の速さ，最終的な到達度に関する実証は蓄積してきたが，学習過程に関する研究が不足していると述べている。特に，生得的な言語学習能力を失った大人の学習者の認知的制約を考慮してインプット処理過程を明らかにし，それに合致した指導とは何かを認知的な見地から綿密に検証すべきだとしている。そして，Norris & Ortega(2000)は，研究方法に関する提言も行っている。今後はシンプルなデザイン，つまり，1つないしは2つ程度の独立変数(指導のタイプ)を用い，変数が錯綜しないような比較実験で，厳密に特定の心理的特性を検証するべきだとしている。その他にも方法論上の問題点と改善策をあげているので，主なものを以下にまとめておく。

1) 測定に用いられたテストの多くが，文法性判断テストなど，明示的学習に有利に作用するものである。暗示的学習の複雑な学習曲線を見いだすことの難しさもあるが，今後は自発的な発話を抽出して暗示的学習の効果をもっと検証する必要がある。
2) 研究間で FonF および FonFS の操作上の定義に一貫性がない。今後はFonF に上記表4-3の(a)から(f)の要素を含めるべきである。
3) 研究間で変数の操作上の定義に一貫性がないので，今後は追実験や研究間の比較が可能なように，独立変数，従属変数，介在変数を十分に記述し，適切な操作上の定義をするべきである。
4) 効果量を報告すること。分散分析やt検定の統計上の有意差のみでは指導の効果があったか，どれほどの大きさの効果があったかという問いには答えられない。
5) 時間経過による自然な習熟効果やテストの練習効果をコントロールするために，ベースライン・データとして事前テストの実施や統制群の設置が不可欠である。
6) 習得を測るテストや分析に用いる統計の信頼性，妥当性を高めるべきである。また，そのような数値を報告することも必要である。

(Norris & Ortega, 2000に基づく)

2. 教室における指導技術とその効果に関する実証研究

　前節で1998年までの研究全体の成果のまとめを紹介したが，本節では指導技術別に1998年以降の展開も含めて実証研究を見ていくことにする。また，それぞれの指導技術について，現段階の理論や研究動向から認知面，心理言語的な面から見て妥当性があるかどうかを検討したい。表4-3の操作上の定義によると，FonFは意味活動に従事できるタスクで，そのコンテクストにおいてある言語形式を使うことが必須，または自然であり，さらに，教育的介入も自然なものでなくてはならない。そして言語学習の認知的な制約が考慮されるべきである。FonFの枠組みでしばしば研究されている指導技術に関する実験研究の結果を概観し，その有効性に心理言語的な説明を与えることが可能かどうかを考えてみたい。

2.1　インプット処理指導
2.1.1　理論の枠組み
　SLAにはインプットが不可欠であるが，通常のコミュニケーションにおいてインプットの処理モードは，意味を理解することに注意が向いたFonMに設定されている。しかし，SLAを促進するには意味を処理するだけでなく，インプット中の特定の言語形式に注意を向けることが肝要である。そのインプットを処理するプロセスに働きかけようというのが「インプット処理指導(Processing Instruction)」である。この指導法を提唱したVanPatten(1989, 1990)は，学習者がある言語形式に気づくかどうかは，その言語形式の伝達価値(communicative value)に左右されると述べている。伝達価値が高い言語形式とは，実質的な意味を持ち余剰性がない形式のことである。学習者はSLAの早い段階から，そのような言語形式には注意を向けているが，伝達価値の低い言語形式には気づかないまま見過ごしてしまう場合が多い。例えば，英語で3人称単数の場合，動詞の末尾に *-s* をつけるが，*he* や *she*，あるいは人名などにより主語が示されていれば，3人称単数であることは明らかであり，動詞末尾の *-s* の伝達価値は低い。過去を表す *-ed* も，過去のことを話しているという明確なコンテクストがあれば，*-ed* に着目する必要はない。このような余剰的な言語形式には学習者の注意が向きにくいため，習得も難しいと考えられる。また，統語においても，80年代，90年代の競合モデルの研究(Bates & MacWhinney, 1982, 1987; Rounds & Kanagy, 1998; Sasaki, 1994など)が明らかにしたよう

に，L1のインプット処理ストラテジーはL2に転移しやすいと考えられている。例えば，語順が決まっている英語のような言語をL1とする学習者は，語順が比較的自由なスペイン語やイタリア語，日本語を学ぼうとする際に，しばしば困難を伴うことが知られている。このような学習者のインプットを処理するストラテジー使用の傾向について，VanPatten(1996, 2002a) は，次頁の表4-4のように「インプット処理の原理(Principles of Input Processing)」として示している。

そして，VanPattenなど(Cadierno, 1995; VanPatten, 1993, 1994, 1996; VanPatten & Cadierno, 1993a, b; VanPatten & Sanz, 1995など)は，見落とされがちな言語形式の処理を促進するには，習得の第一歩であるインプットからインテイクへ変換するプロセスを補強すればよいと考えたのである。VanPatten(2002a)は，インテイクを「インプットから実際に処理され，さらなる処理のために作動記憶(WM)に保持されている言語データ」であると定義している。伝統的な教室指導では，文法を明示的に教えた後は，機械的なドリルにしろ，より自発的なコミュニカティブ・タスクにしろ，とにかく即座に言語産出の練習に入ることが多い。インテイクに変換されて初めて習得に使われる言語データになり得るのに，従来のやり方ではインテイクにならないうちに言語産出を繰り返していることになる(図4-1参照)。これは，教室外で生のインプットに触れる機会の限られた外国語環境(目標言語が話されていない環境における学習)ではとりわけ問題である。

　このような伝統的指導の問題点を解消するために考案されたのが「インプット処理指導」である。この指導法においては，まず，ある言語形式や構造に関する説明を与え，通常の言語処理ストラテジーではそれらの言語形式に気づかないことに注意を喚起しておく。そこが通常の明示的な文法説明とは異なるとして，インプット処理指導の提唱者達が強調している点である。以下は英語の過去時制を対象とした際の明示的説明の例である。言語形式に関する情報を与えるだけでなく，処理ストラテジーについても明示的情報を提供している。

表 4-4　インプット処理の原理（VanPatten, 2002a）

原理 1：　学習者は言語形式のためにインプットを処理する前に意味のためにインプットを処理する。
　　a）　学習者は何よりもまずインプット中の内容語を処理する。
　　b）　学習者は同一の意味情報を得るためには文法項目（例：形態素）より語彙項目を好む。
　　c）　学習者は意味的にあまり重要でない，または全く意味のない形態素より前に，もっと意味のある形態素を処理しようとする。

原理 2：　学習者が意味的に重要でない言語形式を処理するためには，注意を全く（もしくはほとんど）犠牲にすることなく情報や伝達的な内容を処理することができなくてはならない。

原理 3：　学習者は文や発話で遭遇する最初の名詞（句）に動作主（または主語）の役割を付与するというデフォールト・ストラテジーを有する。これを第一名詞ストラテジー（first-noun strategy）と呼ぶ。
　　a）　第一名詞ストラテジーは語彙的意味やイベントの生起確率に影響される。
　　b）　学習者は，発展途上のシステムが他のキュー（例：格表示，音響的強勢）を組み込んで初めて，文法的な役割付与の他の処理ストラテジーを適用するようになる。

原理 4：　学習者は文や発話のはじめの位置にある要素をまず処理する。
　　a）　学習者は中間の位置にある要素より前に，終わりの位置にある要素を処理する。

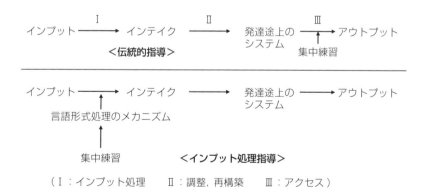

（Ⅰ：インプット処理　　Ⅱ：調整，再構築　　Ⅲ：アクセス）

図 4-1　第二言語習得過程における伝統的指導とインプット処理指導
（VanPatten, 1996）

対象言語形式：英語の過去時制
a. 言語形式に関する明示的な情報
・過去の出来事について話すために最も多く使われる形式
・既に終了した行為や出来事を表す
・単純過去は多くの場合，-ed の語尾で示す
b. 処理ストラテジーに関する情報
・時を表す副詞にのみ依存してはならない
・いつ行為がなされたかを理解するには動詞の語尾に注意
・過去の出来事が描写されている場合は動詞の語尾の -ed に注意

（Lee & Benati, 2007a, p.18 に基づく）

　その上で，学習者が特定の言語形式や構造を処理して言語形式と意味を結合(connection)できるような理解中心のタスクを行う。それを「構造的インプット活動(structured input activities)」と呼んでいる。VanPatten & Sanz(1995)は，その活動について，1)一度に1つのことを提示する，2)意味への焦点を維持する，3)一文から連結した談話へと進む，4)口頭と文字の両方のインプットを与える，5)学習者にはインプットを用いて何かをさせる，6)学習者の処理ストラテジーを考慮する，という6つの指針を示している。また，構造的インプット活動には，指示的活動(referential activities)と情意的活動(affective activities)の2種類の活動が提案されている。指示的活動では，対象となる言語形式を頼りに意味を理解し，学習者は正しい答えを選択する。例えば，文を聞いて，先週の出来事か，今日の出来事かを選択したり，聞いた文を表す適切な絵を選択するようなタスクである。これは，Loschky & Bley-Vroman(1993)が提案した「タスクの言語形式必須性(task-essentialness)」という考え方にも通じる。タスクに言語形式が必須というのは，学習者がある特定の言語形式に注意を向けることなくしては課題遂行ができないようにタスクを設計するということである。言語産出のタスクでは学習者が使用する言語形式を操作するのが難しいため，必須性は理解のタスクの方が実現しやすいと考えられる。

　もう1つの構造的インプット活動である情意的活動は，学習者が自分の意見や信念，感情を表現するような活動である。例えば，「先生に叱られました」という受身の文に対して，自分にも同じような経験があるかどうかを答えるようなタスクである。指示的活動は正解が存在するので，正否に関してはフィードバックが与えられる。一方，情意的活動は学習者自身の意見や感情を表現すれ

ばいいので，正解が存在しないタスクである。このようにして，インプット処理指導は意味を理解することが主眼の活動の中で，不適切なインプット処理ストラテジーの使用を阻止して，言語形式と意味の結合促進を助けることを目ざしているのである(インプット処理指導の手順の詳細については，Lee & Benati, 2007a, b などを参照のこと)。インプット処理指導の提唱者達(Benati & Lee, 2008; Lee & Benati, 2009 など)は，意味を処理することが最優先になっている点で，インプット処理指導は FonF の一種だと主張している。

2.1.2 実証研究

VanPatten などのインプット処理指導(PI) 提唱当時は，「伝統的指導(TI)」との比較で PI の有効性を実証することを目的とした実証研究が行われた。当時の論文では，実験において TI の操作上の定義が明確に示されていなかったり，また「PI」の中でも明示的説明でどんな情報が学習者に提示されたかなど，十分な記述がなされていないという批判があった。しかし，最近はより具体的な「PI」および比較対象としての「TI」の手順が明確に示されるようになっている[3]。そのため，TI との比較だけでなく，さまざまな研究課題に取り組むようになり，研究は広がりを見せている。また，PI の研究は，提唱者の VanPatten 自身がスペイン語教育分野の研究者なので，実証研究もスペイン語に関するものが多かったが，他言語でも実証研究が行われるようになってきた(イタリア語：Benati, 2004a, b；英語：Benati, 2005, Marsden & Chen, 2011, Qin, 2008；フランス語：Allen, 2000, Benati & Lee, 2008, Marsden, 2006, Wong, 2004b, Lee & Benati, 2007b, VanPatten & Wong, 2004；ドイツ語：Henry, Culman, & VanPatten, 2009；日本語：Lee, Benati, & Hikima, 2010, Lee & Benati, 2007b など)。ここでは，以下に PI の研究成果を整理しておきたい。

(1) インプット処理指導(PI) vs. 伝統的指導(TI)

VanPatten などの初期の研究では，PI 群を，文法説明と言語産出の練習が行われる TI 群および指導を全く受けない統制群と比較している。PI と TI を比較した最初の研究は，VanPatten & Cadierno(1993a)である。この研究では，スペイン語の語順を目標言語形式に取り上げた。スペイン語では主語の省略が可能で，目的格の代名詞は主動詞に先行するが，英語の母語話者である学習者

---

[3] Lee & Benati(2007a, b)，Wong(2004a)の解説も参照されたい。

はOVS(目的語・動詞・主語)をSVOに，OVをSVと解釈しがちである。よって，PI群では，インプット処理ストラテジーに関する説明をした後，学習者に文を聞かせて代名詞の指示対象を正しく表している絵を選ぶ指示的活動と，文を聞いて同意するかどうかで反応する情意的活動が行われた。一方，TI群では，PIの処理ストラテジーの説明とは異なる，従来の文法説明をした後に，機械的なドリルからコミュニカティブな練習へという流れの中で口頭の産出練習を行った。その結果，一文レベルの理解テストで，PI群はTI群および統制群より優っていた。また，一文レベルの産出テストでは，指導を受けた2つの実験群には同等の効果があり，4週間後の遅延テストまでその効果が持続していたことがわかった。つまり，言語産出の機会が与えられなかったPIは，理解と産出の両方に有効だったということである。Cadierno(1995)は，指導対象をスペイン語の過去形に変えて実験を行い，同様の結果を得ている。

　PIはインプット中心の指導であるが，その効果がアウトプットにもつながるなら本当に習得に効果があるということになるが，上述の研究ではTIに優るアウトプットの効果は証明できなかった。この問題をさらに追求したVanPatten & Sanz(1995)では，筆記の言語産出テストで測定すると学習効果が見られたが，口頭の言語産出への効果は文完成テストのみ，つまりコントロールされた発話のテストに限られていた。口頭能力の発達は，学習者の中間言語知識へのアクセスの自動化が求められるので，PIでは自発的な発話に結びつけるのは難しかったと考えられる。また，VanPatten & Cadierno(1993a, b)などの追検証(replication study)を行ったSalaberry(1997)は，PIのグループも，言語産出練習中心のグループも，理解と産出の両方に同等の効果を示し，グループ間の有意差は見られなかった。ただし，自由記述のナラティブのテストではどちらのグループもスコアの伸びが見られなかったが，それは，テストに目標言語形式(スペイン語の目的格代名詞)の義務的文脈が少なく，目標言語形式の使用を引き出せなかったという問題があったとしている。ただし，理解を測るテストとして，Salaberryは文字によるテストを用いており，VanPattenなどの音声モードの聴解テストとは習得の測定方法が異なる。VanPatten(2002a)は後に，Salaberryの実験は，厳密にはPIの手順を踏んでいないと指摘している。

　その後も，例えば，Benati(2001)がイタリア語初級の大学生に未来時制の形態素について，Cheng(2004)がスペイン語のコピュラ動詞について指導を行った。そして，文の解釈テストではPIがTIより統計的に有意な効果を見いだしたが，産出テストではTIと同等の効果を見いだしている。これらは，90

年代の PI の先行研究の結果と一致するものだが，Allen(2000)は，VanPatten & Cadierno(1993a)の追検証として，フランス語学習者を対象にした実験で異なる結果を得ている。この研究の対象言語形式は，フランス語の使役である。英語話者は最初の名詞句を動作主と見なす傾向があり，フランス語の使役文を理解する際に動作主が誰かを誤解する傾向がある。そこで，そのようなインプット処理ストラテジーを変えることを目標に PI を行った。実験は，被験者179人という，それまでの先行研究にはない人数規模で行い，また，効果の測定に，学校で先生に，あるいは家で親に何をさせられるかを自由に話す口頭産出のテストを含めている。事後テストは指導直後と，さらに1週間後に2回目の事後テスト，その1か月後には3回目の事後テストも行っている。この中では，理解タスクに関しては PI も TI も同等の効果を示したが，産出タスクでは，同等の効果があった2回目の事後テストを除き，1回目も3回目も TI のグループの方が事後テストの成績がよく，統計上も有意となった。

　この反証結果に対し，VanPatten(2002a)は，Allen の TI 群は，PI の要素も含んでおり，他の VanPatten の研究と単純に比較することはできないとしている。Allen(2000)の研究は，VanPatten & Cardierno(1993a)のオリジナルの研究と，被験者の年齢層や人数規模，実験材料，指導の効果の測定方法などさまざまな点で違いがある。VanPatten & Wong(2004)は，Allen と同様，フランス語の使役を目標言語形式にして再度 VanPatten & Cadierno(1993a)の追検証を行い，それまでの先行研究と同様の結果にいたっている。

　PI は，インプットがインテイクになるプロセスを強化しているのだとしたら，その先にはアウトプットにも間接的に影響が及ぶと予測できるが，先行研究は概して言語産出に関しては TI と何ら変わりはないという結果になっている。PI を提唱する研究者等は，産出で同等でも解釈テストで有意差があることから，総合的に見れば，PI は TI より優れた指導方法だと主張している。しかし，言語産出でも TI より優れていることが証明できなければ，PI の優位性に関する主張は説得力に欠ける。本来は，目標言語形式が自発的な発話に組み込まれてこそ指導の効果を主張できるが，自発的な産出テストでは，目標言語形式の使用の義務的文脈を作り出すのが難しく，また，学習者が目標言語形式の使用を回避する可能性もあり，テスト設計が難しいという問題がある。一文レベルの産出テストでは，TI 群も指導の間に提示された文を覚えていて発話したため，PI 群との違いが出なかったという可能性もある。

(2) 明示的説明の有無

　PIにはタスク活動だけでなく，インプット処理のストラテジーを教えることを含む明示的説明の部分が含まれているので，PI群の有意な伸びは明示的説明によるものではないかという批判を受けることもある。そこで，VanPatten & Oikkenon(1996)は，VanPatten & Cadierno(1993a, b)の実験デザインを一部踏襲して，明示的説明を独立変数にして，PI(＝明示的説明＋インプット活動)のグループと明示的説明のみのグループ，およびインプット活動のみのグループを比較している。その結果，スペイン語の目的格代名詞と語順に関する習得において，PI群とインプット活動のみのグループは文解釈能力に大きな伸びが見られたが，明示的説明のみのグループは何の変化も示さなかった。さらに，指導直後のテストでは，すべてのグループに言語産出能力に改善が見られたが，明示的説明のみのグループの伸びは，他の2つのグループほど顕著ではなかった。したがって，VanPatten & Oikkenonは，PIにおいて，発達途上の中間言語の知識構造に変化をもたらしているのは，明示的説明ではなく，インプット活動の方だとしている。Sanz & Morgan-Short(2004)は，コンピューター実験でも同様の結果を得ている。しかしながら，DeKeyser, Salaberry, Robinson, & Harrington(2002)は，インプット活動において，絵を選択するタスクの答えが正しいかどうかというフィードバックを受けているので，被験者が規則を抽出しようとした可能性があり，よって，どのグループも学習者にとっては明示的，演繹的な指導だったとしている。つまり，指導の中身の変数を厳密に差別化した比較になっていないと批判している。また，Doughty(2004)は，VanPatten自ら明示的説明がSLAにインパクトがなかったことを証明しており，説明の部分はもはや不要だとしているが，PIでは依然として明示的説明を排除しようとはしていない。

　VanPatten & Oikkenon(1996)以降，他言語でも明示的説明の有無による習得へのインパクトが研究されている(Benati, 2004a, b; Farley, 2004a; Wong, 2004bなど)。例えば，Wong(2004b)は，VanPatten & Oikkenon(1996)などの研究をさらに改良し，指導を受けない統制群を置いて，94人のフランス語中級の大学生を対象に，フランス語の否定辞(de)と不定冠詞を目標言語形式にして，比較実験を行った。その結果，指導直後の一文レベルの解釈テストでは，PI群とインプット活動のみのグループは同等のスコアの伸びが見られ，明示的説明のみのグループは統制群と同様，スコアの伸びが見られなかった。また，一文レベルの産出テストでは，PI群とインプット活動群が統制群との有意差を見い

だしているが，明示的説明のみとインプット活動のみのグループ間，および明示的説明のみと統制群との間に有意差はなかった。いずれにしても明示的説明が習得に寄与しているという証拠は見当たらなかったのである。

　しかし，Farley(2004a)は，PI の明示的説明が言語形式によっては有効である可能性を示唆している。Farley は，スペイン語履修 4 学期目の大学生54人を対象に，学習者にとって未習項目である不確かさを表す接続法(subjunctive)の動詞の屈折を目標言語形式にして，実験参加者を PI 群と構造的インプット活動のみのグループに無作為配分して指導を行い，2 つのグループを比較した。その結果，一文レベルの解釈テストでも産出テストにおいても，両グループに事後テストでスコアの伸びが見られ，指導の直後テストでも遅延テストでも PI 群(+明示的説明)の方がスコアが上回っており，Farley は，構造的インプット活動のみでも習得は起きるが，言語形式と意味の関係が不透明で複雑なものに関しては，明示的説明も何らかの効果があるのではないかとしている。しかし，事後テストの 2 つのグループのスコアは，PI が上回ってはいるものの，統計上の有意差は出ていない。このような先行研究から，PI は明示的説明がなくても習得に効果をもたらすことができると言えそうだが，現在でも VanPatten などは，PI から明示的説明の部分を排除していない。Lee & Benati(2009)は，アメリカの外国語教育においては文法説明をすることが一般的で，説明を一切なくしてしまうのは教師や学習者にも抵抗があるからだとしている。

　一方，上述の実証研究とは異なる方法で，明示的説明と構造的インプット活動(SIA)のそれぞれの役割を検証した研究がある。Fernández(2008)は，PI をコンピューターにより提供し，タスクへの反応時間と正確さを記録して，明示的説明がインプット処理を迅速かつ容易に行うのを補助できるかどうかを調べている。大学のスペイン語 3 学期目の学習者84人を PI 群(+明示的説明)と SIA 群(-明示的説明)に分け，答えが二者択一の指示的活動の課題を与えた。目標言語形式はスペイン語に関する先行研究でもしばしば取り上げられてきた OVS の語順と目的格代名詞，および接続法の動詞の屈折の 2 つであった。試行において 3 つの対象項目と 1 つの錯乱肢に連続して正解すれば基準レベルに到達したと見なし，そのレベルに達するまでに要した項目の数，基準到達後のタスクへの反応の正確さと，絵と文が提示されてからキーを押すまでの反応時間が測定された。その結果，語順に関しては 2 つのグループに違いが見られず，明示的説明は課題の文の意味を理解するのに直接役立つ知識にはならなかったことがわかった。しかし，接続法においては，PI 群の方が基準に達するのが早

く，基準到達後もタスクへの反応の正確さが上回り，語順とは異なる結果になった。

　Fernández(2008)自身は，語順に関するタスクは絵を選択するだけなので明示的説明の効果はさほどなかったが，動詞の屈折のタスクは，従属節を聞かされた後，画面上で正しい主節を選ぶものなので，明示的説明は，動詞の屈折に注意を向けさせることができたのではないかとしている。また，動詞の屈折のような余剰項目にも注意を向けなくてはならないケースはL1(英語)にもあるので，L1の処理ストラテジーがそのまま有効である。しかし，語順においてL2の最初の名詞を動作主と認識するというL1の処理ストラテジーがL2では通用しないので，明示的説明にL1のストラテジーを変えるほどのインパクトがなかったのではないかと見ている。しかし，2つの目標言語形式の指示的インプット活動は，語順については意味を処理して絵を選択するのに対し，動詞の屈折は，動詞の屈折が正しい主節を選択するタスクで，タスクの性質がかなり異なり，単純に比較するのは難しそうである。

　Fernández(2008)の追検証として，Henry, Culman, & VanPatten(2009)が，ドイツ語の語順(OVS)を目標言語形式にして，同様の実験を行っている。ドイツ語では，SVOの語順が基本だが，OVSも可能で，名詞の格標示により，誰が誰に対して行為を行ったかが決まる。しかし，英語(L1)話者は格標示に注意が向かず，最初の名詞が動作主だと解釈する傾向がある。学習者に課せられたタスクは，文を聞いて内容に合った絵を2つの選択肢の中から選ぶというものであった。その結果，Fernández(2008)と異なり，明示的説明を受けたグループの方が刺激文をより早くより正確に処理できるようになり，明示的説明は有効だったと主張している。したがって，VanPatten等は，PIの明示的説明の部分を排除するどころか，むしろ，その有効性を確立しようとしているようにも見える。第2章でも論じたように，明示的知識が習得を促進するかどうかは未だに議論が絶えない問題である。SLAの動向に鑑みると，Henryなどの研究だけでは，PIに明示的説明が必須の要素であると結論づけるのは難しい。メタ言語的説明がSLAを起こすという実証はない。明示的説明が有効かどうかについては言語形式の難易度との相互作用などを慎重に検討する必要があるだろう。

(3)　2つの構造的インプット活動の役割

　PIでは明示的説明に続き，2種類の構造的インプット活動(SIA)を行う。活

動には，目標言語形式が含まれた文を理解(聴解／読解)しながら，「yes/no」，あるいは絵などの二肢選択で回答する指示的活動と，学習者自身の感情や意見を表明する情意的活動がある。指示的活動は正解が存在するが，情意的活動には正解がない。前者は目標言語形式が含まれた文を聞くという意味で肯定証拠が，また正解かどうかについてフィードバックが与えられるという意味で否定証拠が与えられる。一方，情意的活動は目標言語形式が含まれた文が提示されるだけなので，提示されるのは肯定証拠のみである。PI の明示的説明は，学習者に目標言語形式に注意を向けるよう促し，気づきの可能性が高まるという補助的な役割はあるが，PI の手順の中で重要なのは，意味を処理しながら効率的なインプット処理ストラテジーを用いて意味と言語形式の結合を目ざす SIA の方である。よって，SIA の習得上の役割をさらに追求する必要がある。

　PI の明示的説明の部分を最初から排除して SIA と伝統的指導(TI)とを比較した日本語の研究がある。Lee & Benati(2007a)は，イタリアの語学学校で初級日本語を学ぶイタリア語(L1)話者27人を対象に2時間ずつ2日にわたり，SIA もしくは TI を行い，事前テスト／事後テストの結果を分析して，他言語と同様の結果を得ている。SIA には指示的／情意的活動の両方が含まれていた。この研究の目標言語形式は動詞の過去形(V-ました)と現在形の肯定／否定形(V-ます／ません)であったが，2つの形式とも同様の結果であった。この研究では，それまでの先行研究と同様，文完成テストで測った産出テストで TI との違いが見いだせなかったことから，Lee & Benati(2007b)はさらに，インプットを強化すれば SIA にさらなるインパクトが加わるかを調べている。SIA 群では口頭と文字の両方のインプットが提供されたが，SIA 強化群では口頭のインプットは目標言語形式の部分は大きな声で強調して発音され，文字のインプットは太字下線により強調された。指導の効果は，指導直後および，1週間後に事後テストが行われ測定された。その結果，SIA 群，SIA 強化群共，解釈テスト，産出テストでスコアの伸びを示し，1週間後もその効果を維持していたが，両群の間にスコアの有意差は見られなかったことがわかった。つまり，インプット中の目標言語形式をとりわけ強調しなくても，SIA で十分習得にインパクトをもたらしていることが示唆された。

　さらに，SIA に含まれる2種類の活動を区別して，その相対的な効果を検証しようという研究も出てきている。Doughty(2004)は，指示的活動は明示的知識を用いて練習しているだけで，真の言語処理に必要な暗示的知識を発達させる練習になっていないのではないかと指摘している。一方，情意的活動の方は

目標言語形式が含まれた文を，学習者自身の世界と結びつけて理解し反応するので，コミュニカティブな教授法の趣旨にはよりかなっているとしている。Marsden(2006)は，PI の指示的活動の代わりに，特に言語形式に注意を向ける必要がないインプット活動（Marsden は"enriched input"と呼んでいる）を行ったらどうなるかを調べている。対象はフランス語を学ぶ27人のイギリスの13〜14歳の中学生で，目標言語形式は動詞の時制，人称，数により変化する屈折形態素であった。PI 群（明示的説明＋指示的活動＋情意的活動）との比較対照群には，同一の明示的説明と情意的活動が行われた。異なっていたのは，PI の指示的活動に代わる活動として，"Le chat promène le chien.（猫が犬を散歩させる。）"というような文を聞いて，これが普通あり得ることかどうかを答えるというような，言語形式に注意を向けなくても回答可能な課題が与えられた。PI 群と比較対照群が聴解，読解で遭遇する項目の数は均等にそろえられ，7週にわたり9.5時間の指導が行われた。その結果，比較対照群は，明示的説明が与えられていても，言語形式に注意を向ける必要がないインプットを多く与えられるだけでは，解釈テストでも産出テストでもテストのスコアの改善が見られなかった。よって，指示的活動の方が，やはり学習者が言語形式に注意を向けるのを助けていたと言える。

　Marsden(2006)の１つ目の実験は目標言語形式が未習の学習者が対象だったが，２つ目の実験では，目標言語形式が既習で，フランス語の熟達度がもっと高い中学生を対象に，さらに指導を受けない統制群も設けて同様の実験を行った。フランス語の熟達度が高い学習者でも，解釈テストと口頭の産出テストの結果は１つ目の実験結果をほぼ支持するものとなった。しかし，動詞の穴埋めとナラティブ・タスクから成る筆記の産出テストに関しては，PI 群も比較対象群もスコアの伸びが見られ，統制群と統計的に有意な差を示した。よって，言語形式に注意を向けるように操作されているかどうかに関わらず，指導は既習の明示的知識を再活性化させ，口頭より考える時間がある筆記のテストではそのような知識にアクセスしやすかったのではないかと論じている。したがって，指示的活動および情意的活動の役割は，学習者の熟達度や指導の効果の測定方法によって，習得に与えるインパクトが異なって現れる可能性があることが示唆される。

　さらに，Marsden & Chen(2011)は，情意的活動を行うと，指示的活動のみの場合より指導の効果が増すかどうかを調べている。120人の台湾の小学６年生の英語学習者を指示的活動のみ，情意的活動のみ，指示的＋情意的活動のグ

ループと指導を受けない統制群の4つのグループに分けて実験を行った。PIに通常含まれている明示的説明は，どのグループにも与えられなかった。目標言語形式は，学習者にとって未習の過去形 -ed である。コンピューター学習を約2時間半(40分を4回)行った。練習する項目数が同数になるように学習が設計されたが，指示的活動のグループでは目標言語形式を含まない文をいくつか提示し，対比させることにより目標言語形式が導入された。指導の効果は，時間制限付きの文法性判断テストと事後の自己報告，穴埋め式の筆記の産出テストで測った。また，学習に積極的に参加したと教師が判断した学習者の中から37人を選び，さらに過去の行動が描かれた絵の描写タスクと構造的インタビュー(昨日やったことを話す)と事後の自己報告を行った。自己報告というのは，テストの際に規則を使ったか，規則のことを考えたかどうかなど明示的知識の使用を調べるためのものである。

　分析した結果，指示的活動のみのグループと指示的活動＋情意的活動のグループでは，両方とも文法性判断テストで見る限り，指導の効果量が大きかったことが明らかになった。そして，2つのグループは，文法性判断テストと穴埋めテストのスコアの相関は高かったが，情意的活動のみのグループと統制群ではそのような相関が見られなかった。また自己報告で規則を適用したと答えた学習者ほどテストの得点が高かったという。文法性判断テストは時間制限を設けて暗示的知識を引き出そうとしたものだったが，実際には明示的知識を用いた学習者ほどスコアがよかったという結果になった。情意的活動のみのグループは統制群と同等レベルのスコアであった。よって，情意的活動で肯定証拠を与えるだけでは，習得を起こすのは難しかったようである。言語産出のテストは暗示的知識を測定することを目ざしたものだったが，その強い証拠は見いだせていない。Marsden & Chen(2011)は，PIに明示的説明は不要だが，指示的活動により明示的知識が引き出され，明示的知識は少なくとも学習初期段階では短い介入なら有益ではないかと論じている。

　SLA研究では，明示的説明は易しい規則なら短期効果があるが，複雑な規則にはあまり効果がないと言われている。また，易しい規則なら学習者自身が規則を発見し，指導が暗示的学習を意図したものでも，学習者が規則を発見した時点から明示的学習になり得る可能性もある(第2章を参照のこと)。Marsden & Chen の研究はまさにこの事例で，過去の出来事に -ed をつけるというのは易しい規則に入るだろう。ここではインプット活動の文は不規則動詞を排除した文が提示され，指導の効果を測るテストでも，絵や構造化インタビューで使

用される動詞がかなりコントロールされている。したがって，学習者が現在形と過去形の対比で目標言語形式が導入された際に，即座に規則を形成して，それを適用してインプット活動を行ったと考えられる。

　SLA 研究では，Norris & Ortega(2000) の指導の効果を調べた先行研究のメタ分析以降は，実験では独立変数である指導技術の手順に，複数の変数を含むのではなく，比較したい唯 1 つの変数を比較することが推奨されている。しかし，PI には明示的説明，指示的活動，情意的活動という異なる要素が含まれ，それらの手順すべてを行い，他の指導技術と比較した研究が多かった。しばしば比較される伝統的指導も，さまざまな手順が含まれていて，指導技術の単位というより教授法の単位の比較となっていることが多い。PI のすべての要素を含む実証研究の方が現場により近く，そのような応用研究も必要だが，SLA の実証研究としては，変数をもっと絞る厳密さが求められるだろう。その意味では，前述の Fernández(2008) のようなオンライン処理を直接測定するという新たな研究手法が取り入れられたり，Marsden & Chen(2011) のように変数それぞれの効果を差別化して追求するような研究が今後もさらに必要である。

(4)　インプット vs. アウトプット

　インプットがインテイクになる処理のプロセスを強化して習得にインパクトを与えようというインプット処理指導は，伝統的指導と比較すると効果があるように見える。実験でインプット処理指導と比較される伝統的指導には，言語形式に関する規則が説明され，コンテクストを無視した機械的な練習が含まれている。そこで，もっと意味中心のアウトプット指導を行った場合に，インプット処理指導と比べてどんな相対的な効果の違いがあるのかを調べることは意義があると思われる。VanPatten(1996) 自身も，インプット処理だけでなく，発達途上の言語体系へのアクセスを促す意味でアウトプット処理の必要性を認識していた。実証研究においては，インプット処理指導(PI)に対し，意味あるコンテクストで伝達のために目標言語形式を用いる「意味中心のアウトプット指導(meaning-based output instruction: MOI)」が比較されている。

　例えば，Farley(2004b) は，英語の母語話者にとって習得が非常に難しいとされているスペイン語の接続法(subjunctive) の動詞の屈折を目標言語形式に選び，129 人のアメリカの大学生を対象に PI 群と MOI 群の比較実験を行った。両グループにはハンドアウトにより，言語形式について同一の明示的情報が与えられた。PI 群のインプットは指示的／情意的活動の両方を含み，MOI

群もそれに相当するアウトプット活動が設計され，語彙や目標言語形式の項目数は同等になるように統制された。指導の効果の測定には，従属節を聞いて主節を選択する解釈テストと，与えられた動詞を適切な形に変える産出テストが用いられ，事前テストと指導直後，2週間後の2回の事後テストが行われた。その結果，指導の効果のパターンはどちらも同様で，解釈テスト，産出テスト共，指導の効果が見られ，その効果を2週間後も維持していたことが明らかになった。よって，伝統的指導によるアウトプットと異なり，意味中心のアウトプット活動と比較すると，PIの優位性は証明できなかった。Farley自身は，この結果の解釈について，コミュニカティブなタスクにおいては，他の学習者のアウトプットがインプットの役割を果たしていたからではないかと論じている。

　Farley(2004b)以外のPIとMOIの比較を行った実証研究の結果は，必ずしも一貫していない。Benati(2005)は，英語の過去時制についてPIと伝統的指導(TI)とMOIの比較を行っている。被験者は，中国人37人，ギリシャ人30人の学童で，それぞれ自国で英語を学ぶ学習者で，それぞれを3つのグループに配分した。この研究では，解釈テストではPIが優り，産出テストでは3つのグループすべてが同等のスコアの伸びを示した。ただし，Benatiは遅延テストを行っていないので，持続効果は不明である。また，Morgan-Short & Bowden(2006)は，スペイン語の目的格代名詞について，スペイン語履修一学期目の大学生(L1英語)を対象に，PIとMOIと指導を受けない統制群を比較した。その結果，事前テスト(解釈／産出)と比較すると，PIとMOI両群とも2つの事後テストにスコアの伸びが見られたが，産出テストについては，直後テストのMOI群と統制群の差のみが統計的に有意だった。また，MOI群は解釈テストでも産出テストでも，2週間後の持続効果は見られなかった。この結果に妥当性があるとすれば，やはり習得にはインプット処理指導により，インプットからインテイクになる過程に十分に時間をかけないと持続効果がないことになる。

　インプット処理とアウトプット処理の比較は，研究間で目標言語形式や被験者の年齢などが異なるので比較が難しいが，Farley(2004b)が論じたように，教室で行う実験は，アウトプット活動でも他者のアウトプットをインプットとして聞く機会があり，純粋にアウトプットのみの活動にならなかった可能性がある。そこで，Lee & Benati(2007b)は，教室ベースのPIとMOI，およびコンピューターによるPIとMOIの4つの実験群を比較した。コンピューター実験にしたのは，一貫性のある処遇を提供できるからである。そして，イタリア

語とフランス語の接続法を目標言語形式にして，それぞれ実験を行い，事前テストと事後テストで効果を測定した。その結果，両言語とも，解釈テストではPIの方が優り，MOIでは事前テストからスコアがそれほど改善しなかったが，産出テストでは同等の効果が見いだされた。教室ベースでもコンピューター学習でも結果は同じであった。ただし，遅延テストは実施されていない。

　PI研究とは少し異なる測定方法を用いて，Toth(2006)が同様の研究課題に取り組んでいる。PI研究では通常，解釈テストと産出テストが使用されるが，Tothは解釈テストの代わりに文法性判断テストを用いた。教室習得研究では文法性判断テストの妥当性を問題視する声が大きいが，一方で他のテストとの相関が高いことを示す研究(Gass, 1994; Leow, 1996など)があることから，Tothは，このテストが発達途上の中間言語の根底にある言語知識を反映したものだと見なし採用したと説明している。テストは文法性判断テストに加え，一文レベルの絵描写(筆記)テストが使用された。被験者はアメリカのスペイン語(L2)を学ぶ大学生80人で，PI群とコミュニカティブなアウトプットタスク(CO)群と統制群に割り当て，スペイン語の逆使役形(anticausative)を目標言語形式に実験を行った。CO群の処遇は，強要アウトプット(pushed output)(Swain, 1985)を出す意味中心のクラス全体の活動である。この研究では，CO群はアウトプット中心の活動とはいえ，クラス全体の指導では教師や他の学習者のアウトプット，あるいは教師のフィードバックからインプットを得ることは当然だととらえて分析している。また，実験群の処遇をビデオ録画して，教室で何が起きていたかも質的に分析した。

　その結果，2つの実験群は統制群と比較すると，産出テストでは指導後に大きな伸びを示し，事前テストと直後テストの差は統計上も有意であった。しかし，2つの実験群とも直後テストから遅延テスト(指導から24日後)にかけてスコアが下落し，その差も統計上有意であった。PI群とCO群のスコアは同様の変化のパターンを示したが，CO群の方が上回っていた。また，文法性判断テストでは，2つの実験群は直後テストでスコアを伸ばし，遅延テストでややスコアが下がっているが，統計上有意なほどではなかった。CO群は直後テストも遅延テストもPI群と統制群との差が統計上有意だったが，PI群と統制群には有意差がなかった。よって，文法性判断テストでは全体的にCOがPIより優れていたと言える。さらに，実験群のビデオ録画を質的に分析し，TothはCO群の処遇は，学習者が自ら伝えたいことを文法的に符号化しようとする点で学習への貢献が大きく，教室内のインターアクションにおいて付随的にイン

プットを得たり，教師からのフィードバックにより足場かけ(scaffolding)が起きたりする中で，Swain(1985)がアウトプットの役割の1つとしてあげているメタ言語的内省を促しているのだとしている。

　Tothの実験計画はよく練られていて，質的にも量的にも分析してあり，かなり強固な証拠を提示しているように思われる。しかし，問題をあげるなら，Tothの2つの実験群は，7日間の指導のうち，事前テストと直後テストが含まれる1日目と7日目を除き，レッスンは毎日，復習から始まり，明示的説明が5〜10分あり，それから30〜35分インプットもしくはアウトプット活動を行っていることである。また，教科書の明示的説明を読んでくることも学習者に勧めている。したがって，活動自体は意味を重視しているものの，anticausativeが段階を踏んで毎日少しずつ導入され，説明が与えられているので，明示的，演繹的な統合的アプローチのFonFSに陥っていた危険性もある。明示的説明が毎日のように提供され，事前テストでも文法性判断テストを受けていれば，PI群にしろCO群にしろ学習者はメタ言語的知識が重要だと認識し，それを用いて活動に参加していた可能性が高い。事前テストから時間をあけずに指導を開始していることも，学習者が目標言語形式に意識を働かせる一因になったであろう。Toth(2006)の実験群は，両方とも24日後の遅延テストまで効果がそれほど持続していない。Tothの定義によるPI群もCO群も，言語を処理する心的過程への働きかけが弱かった可能性もある。いずれにしても，今後は明示的説明を排除して，PIの構造的インプット活動と意味中心のアウトプット活動を比較して，相対的な効果を見いだすことが必要であろう。

　その他にも，Qin(2008)が，中国の中学生のEFL学習者を対象に，英語の受身を目標言語形式にして，PIとディクトグロスを比較している。PIはインプットベースのFonFで，ディクトグロスは読み上げられたテキストをペアで再構築するというアウトプットベースのFonFである。指導の直後は，PIが理解タスクでディクトグロスに優り，ディクトグロスは産出タスクでPIより優っていたが，1か月後には2つの実験群の差は消滅していた。ただし，どちらの実験群も，事前テストと直後・遅延テストのスコア間には有意差が見られ，指導の効果はあったと言える。SLAにはインプットもアウトプットも必要で，それぞれに果たす役割が異なると考えられ，習得のどんな側面にインプットやアウトプットがどのように機能しているのかを今後も追求していく価値があると思われる。

2.1.3 問題点と今後の課題

　VanPatten(2002a)は，*Language Learning* (Vol. 52, 4)の中で，それまでのさまざまな批判に答える形で，PIに関する研究成果を総括しているが，同ジャーナルはそれに加えてPIに対する批判(DeKeyser, Salaberry, Robinson, & Harrington, 2002)，さらにそれに対するVanPatten(2002b)の反論コメントも同時に掲載している。DeKeyser et al.(2002)の批判は，VanPattenの「注意」のモデルが現在の認知心理学の理論の枠組みから逸脱していることと，インプット処理過程について心理言語的に妥当性のある説明がなされていないという問題点に向けられている。VanPattenの一連の研究は，学習者の注意資源には容量制限があり，言語形式と意味の間でトレードオフが生じるので，言語形式と意味の両方に注意を向けるのは難しいという見解が前提となっている。よって，インプット処理では注意がまず意味に向かうので，言語形式が処理されにくいと考えている。しかし，第2章の1.2で述べたように，今や容量制限という考え方は無効で，注意の制約は課題間の注意のシフトにおける時間的な制約から来るものだととらえられている(Robinson, 2003)。また，VanPattenは，意味を処理することと言語形式を処理することを二重課題だと見ているが，DeKeyser et al.(2002)によると，意味の処理も言語形式の処理も，同一の言語的符号化資源プールが使われるはずで，両者を同時に処理することは可能だとしている。

　さらに，内容語と機能語を処理する際に異なる処理をするというVanPattenのインプット処理の原理にも疑問が呈されている。VanPattenは「意味」には，文全体の意味とそれぞれの語が表す指示的な意味(実世界の意味的概念)があり，内容語は指示的な意味の主要なリソースであるが，機能語は言語形式と意味のマッピングが必要だとしている。しかし，DeKeyser et al.(2002)は，VanPattenの主張通りにインプットを処理する際に内容語と機能語を区別するとすれば，文を処理する以前にそれらを区別するための前段階が必要になるが，現行の文解析のモデルと照らし合わせても，そのようなプロセスは存在しないと論じている。例えば，文解析に関する競合モデル(Bates & MacWhinney, 1989)でも，人間は文を理解する際に競合するキュー(手がかり)として，語順や格標示や名詞の有生性などをあげているが，内容語と機能語が競合しているわけではない。このように，VanPattenのモデルは，現行の認知心理学の理論から見ると，インプット処理に関して心理言語的に適切な説明が十分になされていないとの批判を受けた。

その他にもDoughty(2004)は，VanPattenの研究で英語話者が最初の名詞を主語と解釈するというL1の処理ストラテジーはL2に転移しやすく指導対象として適切だが，それ以外の言語形式は単に学習者に多く見られる誤りから選択されたもので，処理上の問題ではないのではないかと指摘している。また，Doughty(2003)は，これまでの教室習得研究を総括した結果，先行研究は習得のスピード，道筋，最終的な到達度に関して多くのことを明らかにしてきたが，習得過程，特にインプットをどのように処理するかというメカニズムの研究が不足していると論じている。その中でVanPattenの研究がインプット処理の問題に取り組んだ点を評価しているが，インプット処理指導は，L2学習者の処理上の問題をもっと扱うべきだと論じている。さらにDoughty(2004)は，最初の名詞を動作主と解釈する処理ストラテジー以外の言語形式を指導対象にした研究を総括し，PI研究の結果は他の処理ストラテジーにも一般化できそうではあるが，最近のPI研究がVanPattenの初期の一連の研究(VanPatten & Cadierno, 1993a, bなど)から少しずつ逸脱して，構造的インプット活動がややもするとメタ言語的な練習になってきている傾向(Benati, 2004a; Farley, 2004a, b; Wong, 2004bなど)があることを問題視している。

　このように，PI研究は，理論的な枠組みの問題点や実証研究上のPIのデザインなど，さまざまな批判を浴びてきた。しかし，近年は以前にもましてインプット処理過程の解明がSLAの重要な課題になっているため，インプット処理指導に関する研究は現在も広がりを見せている。例えば，インプット処理指導が真の意味でSLAにインパクトがあることを証明するには持続効果を示さなくてはならないが，指導から8か月後の学習者を追跡調査しようとした研究(VanPatten & Fernández, 2004)や，ある処理ストラテジーの訓練を受けた学習者が，他の言語形式についてもそのストラテジーを転移させることができるかどうかを探った研究(Benati & Lee, 2008)なども出てきている。さらにVanPatten自身も，理解における統語，形態素，語彙にいたるすべての「処理(processing)」と統語的操作のみをさす「解析(parsing)」を区別して，L1とL2の処理および解析のプロセスを探る研究にも取り組んでいる(VanPatten & Jegerski, 2010a)。

　インプット処理指導の研究は将来的に，SLAの貢献が期待できる潜在性を秘めているが，今後のさらなる研究課題としては，以下のようなことが考えられる。まず第一に，インプット処理指導の手順の再考である。SLAの「転移適切性処理の原理」に照らし合わせて考えると，暗示的システムに支えられた言

語処理には暗示的な学習が効果があると考えられる。また，そのような効果を探る研究も不足しているとされる。しかし，インプット処理指導は初期のVanPatten等の研究から少し離れ，追随する他の研究では，実験デザインが明示的，演繹的なFonFSに陥りやすい傾向が見られる。実証研究においては，明示的説明，構造的インプット活動，フィードバックなどさまざまな要素が含まれることが多かったので，変数を厳密に絞った比較が求められる。第二に，近年少しずつ増加しているインプット処理過程そのものの研究（Rast, 2008; VanPatten & Jegerski, 2010b など）とインプット処理指導の役割をリンクさせて，学習者のインプット処理の質をどのように高められるかを追求することである。処理過程の解明が進めば，どんな側面に働きかければSLAがより効率的に促進されるか，また，どんな処理上の問題を指導の対象にすればいいかがより明確になるだろう。

2.2　視覚的インプット強化
2.2.1　理論的背景

　習得を起こすための言語データとして役立つインプットは，学習者がインプットから言語形式と意味／機能の関係を分析して，その情報を頭の中に内在化することができるような方法で提示されなくてはならない。インプット強化（Input Enhancement）とは，目標言語の言語的特徴を際立たせて知覚的卓立性（perceptual saliency）を高め，学習者に認識されるようにインプットを操作する教師側の教育的試み（Sharwood Smith, 1991, 1993）のことである。前述のように，FonF（Long, 1991）が提案される以前は，否定フィードバックなど，学習者の注意をある言語形式に向けさせる指導技術を総称して「インプット強化」という語が用いられた時期もあった。しかし，FonFが意味あるコンテクストにおいて教育的介入を行うことを前提とした点で「インプット強化」をいっそう拡大した概念となったため，「インプット強化」はもっと狭義に用いられるようになった。例えば，音声言語では，教師がイントネーションや声の大きさなどで特定の言語形式を強調する方法がある。SLAで最も研究されているのは，書かれたテキストのある部分を太字，斜体，フォントの拡大，下線，色付け，枠の囲みなどで強調する視覚的インプット強化（visual/textual/typographical input enhancement）である。これは，テキストの意味を理解するという作業の中で行われるので，言語形式と意味／機能を統合したやり方で，教育的介入の度合いが比較的自然な方法だとされている。

印字を操作するやり方は今に始まったことではない。SLA 研究で検証される以前から，社会科や理科の教科書の中でキーワードを太字にしたり，外国語の教科書でも文法項目に下線を引いたり囲んだりして目立たせるということは一般に行われてきた。FonF 路線の SLA 研究においては，内容的なキーワードではなく，特定の言語形式を強調して，読みの意味理解のプロセスを阻害せずに L2 の習得を促進することが焦点となっている。第 2 章の第 2 節で扱った言語処理のモデル(Levelt, 1989, 1993)によると，形態素は心的辞書に貯蔵される必要があり，L2 では学習者のその時点の処理システムにおいて対応する語彙がないと察知された場合に，心的辞書に新しい見出し語が作成される。特に日本語のような膠着語の形態素は，心的辞書の見出し語に貯蔵されるべきだと考えられている(Di Biase & Kawaguchi, 2002)。また，Levelt のモデルでは，語彙には統語的情報も含まれていると見なされている。形態素を含む語彙の習得も，言語形式と意味／機能の継続的なマッピングを必要とする，複雑で累加的なプロセスである(Nation, 2001)。

視覚的インプット強化に心理言語的な妥当性を見いだすとしたら，語彙の習得と同様にとらえて説明が可能だと思われる(小柳 2004c を参照)。Levelt の言語処理モデルは L2 の語彙処理にも適用され，de Bot, Paribakht, & Wesche (1997)や Nation(2001)は，このモデルに基づき学習者が同一語にさまざまな文脈で繰り返し出会うことの重要性を論じている。つまり，高い頻度で提示されることにより形式と意味／機能のマッピングが強化されるのである。Kroll & Groot(1997)は，SLA の初期段階では形式と意味の結合は不安定で，ゆえに学習者は L1 の語彙知識に頼らざるを得なくなるが，そこからさらに意味ある文脈で絶えずマッピングを行うことにより L2 の心的辞書が確立されると見ている。また，de Bot et al.(1997, p.315)は，語彙習得を助長する 3 つの条件をあげている。

(1) 語は学習者に興味を持たせ学習可能だと思わせるものである。
(2) 提示される文脈は理解するのに適切な情報を提供するものでなくてはならない。
(3) 語彙は十分に処理されなくてはならない。

Levelt のモデルに照らして，de Bot et al.(1997)は読みにおける推論のプロセスにも目を向け，学習者が未知語に出会った時に何が起きるのかを論じて

いる。学習者がある語を知らない語彙だと見なすにはいくつかの理由がある。例えば，書かれた語の形を見たことがない，見出し語と語彙素が必ずしも1対1の対応をしているわけではないことに気づいたというような場合に，見出し語を活性化させる十分な情報が与えられていないと判断するのである。その際に十分な文脈の手がかりがあれば，意味を推測することができる。また，語彙素（文字）が見なれないものなら，異なる文脈でさらに何度も出会うことにより，見出し語の情報を精緻化していくと考えられる。

　しかし，語の推測（word inferencing）は学習者にとって容易な課題ではない。Laufer(1997)は，語の推測に関する研究を概観して，L2の読み手が文脈の手がかりを使うなどL1の読みのストラテジーをL2に転移させることができるようになるには，基本語彙として約3,000語の根幹語とその派生語，つまり5,000の語彙項目を有していること，また，未知語の意味をうまく推測するためには，テキストの語彙項目のおよそ95%が既知語である必要がある(Liu & Nation, 1985)としている。Fraser(1999)は，思考表出プロトコール分析を行い，調べたり推測したりするストラテジーは効率的な読解につながるように見えるが，英語を学ぶフランス語話者は，なじみのない語に出会っても，その意味を推測することなく，その半分は無視していたことを報告している（同様の結果はParibakht & Wesche, 1999にも報告されている）。しかしながら，Gass(1999)は，一見無視されたかに見えた単語が必ずしも無視されたとは言えず，さらなる処理に用いるべく記憶に登録された可能性もあると指摘している。

　語彙（または形態素）の精緻化処理において，ターゲット語は，場面の手がかりや予備知識を用いながら，他の単語と関連づけられ，長期記憶に表象と表象の新たな結合関係が形成されていく(Graf, 1994; Mandler, 1980, 1988)。そして，ある文脈で特定の手がかりが与えられ形成されたユニットの一部が活性化されると，結合された表象が同時に活性化されると考えられる。このプロセスには潜在記憶が関わっていて，特に指示がなくても自動的に過去の学習経験の効果が現れ，関連する語が結合ユニットとなって一度に活性化されると見る。よって，この結合ユニットは，学習効果の持続性の基盤にもつながる。Graf(1994)は，さらに，見なれた語は，知覚的特徴のほんの一部がボトムアップ処理されるだけで，既存の表象を活性化できるが，見なれない項目は知覚的特徴を集中的に処理する必要があるとしている。また，見なれた項目を集中的に処理させるには，普通ではない新奇な形式で提示する必要があるとしている。このようなことが，すなわち視覚的インプット強化の有効性を示唆していると思

われる。

　精緻化処理には，さまざまな文脈の中でターゲット語を提示する必要があるが，さらに一定期間内に高い頻度で集中的に提示しなくてはならない。Manza, Zizak, & Reber(1998)は，暗示的学習の純粋露出効果(mere exposure effect) (Zajonc, 1968)をもとに，強制されずに繰り返し刺激にさらされた結果，人間はある刺激に対しての情意を増すと論じている。Zajonc以降，線画，中国の表意文字，多角形などで検証され，その効果が実証されているという。Bornstein (1989)のメタ分析によると，被験者は，最初の露出に意識的なアウェアネスを伴っていなくても，新奇刺激よりも既知刺激により高い情意判断を示すことがわかっている。人工言語の文法構造規則においても，Gordon & Holyoak (1983)が暗示的学習と結びつけて検証し，被験者は見なれた文法規則に従った項目に刺激への好みをより発達させることを示している。よって，規則を教える明示的学習と異なり，暗示的学習においては，単純露出効果の原理により，高頻度に遭遇することにより，構造化された刺激に対する好みを発達させ，規則的な構造パターンを見いだしていくプロセスを促進することができるという可能性がある。

2.2.2　実証研究

　視覚的インプット強化は，読解において意味を処理しながら言語形式にも注意を向けさせることが可能で，教師があらかじめ準備することができることから，FonFの指導技術として研究されるようになった。萌芽的な研究として，Doughty(1991)が，英語の関係代名詞における規則重視と意味重視の指導の効果を調べている。本来は「教室指導は違いをもたらすか」という研究課題を検証するためにデザインされたもので，視覚的インプット強化の効果を調べようとしたものではないが，意味重視の指導の中にこの指導技術が取り入れられている。この実験で，被験者はコンピューターの画面上で読解テキストを見せられた。規則重視群は，読みながら関係代名詞についての規則の説明が与えられたのに対し，意味重視群は，関係節の部分がハイライト(＝視覚的インプット強化)してあるテキストを読みながら，語の意味のパラフレーズなど，意味の説明が与えられた。その結果，規則重視群と同様，意味重視群も，絵描写テストでは関係代名詞の文産出において統制群より優れた言語運用力を示した。したがって，言語形式に焦点を当てた指導は，意味重視の指導の枠組みの中でも実現できるということが示された。しかも，意味重視群は指導直後の読解テキス

トの理解においては規則重視群より優れていたのである。これは，意識的に言語形式に注意を向けすぎると学習者は意味を処理することができなくなることを示している。

テキストの視覚的インプット強化の研究初期の実証例としては，Jourdenais, Ota, Stauffer, Boyson, & Doughty(1995)や Leeman, Arteagitia, Fridman, & Doughty(1995)がある。内容中心（ここでは歴史）のスペイン語の授業において，動詞の過去形(preteit)と未完結形(imperfect)を目標言語形式にして，フォントの大きさを拡大して強調したテキストを読んだグループと，強調していないテキストを読んだグループを比較した。Jourdenais et al. の思考表出法(think-aloud)分析によると，言語形式を強調したテキストを読んだグループは，強調していないテキストを読んだグループより目標言語形式の気づきの頻度が高いことがわかった。さらに，Leeman et al. ではフォントで強調したテキストを前もって読んだグループは，その後の自発的な言語産出タスク，とりわけディベートにおいて，目標言語形式の正確な使用が増加したことも示された。ただし，Leeman et al. では，視覚的インプット強化だけでなく，スペイン語の時制をどう表すかに着目するようにという指示や，テキストを読んだ後のディスカッションの中における誤りの訂正フィードバックが含まれており，純粋に視覚的インプット強化のみの効果を調べた実験ではない。

他にも，J. White(1998)は，フランス語(L1)話者の英語(L2)習得において，カナダの小学6年生を対象に既存の6つのクラスを使って実験を行った。フランス語話者は英語の所有の人称代名詞の習得に困難を示し，また，ある一定の発達段階があることが知られている(Zobl, 1983, 1985 など)。フランス語では人称代名詞のジェンダーは修飾する名詞のジェンダーに一致させるが，英語は主語のジェンダーに一致させる。フランス語話者が英語を学ぶ際に，後続の名詞が物である場合はそれほど難しくないが,特に親族の「父」「母」のような語を修飾する場合に，困難が生じるとされている。10時間ぶんの読解パケットを作成し，2週間にわたり6ユニットの読解教材が提示され，インプット強化の教材に加え，その後5か月間多読，多聴活動に関わったE+群，インプット強化のみのE群，およびインプット強化されていない同じ教材を読んだU群の比較を行った。その結果E+群が特に遅延テストで他のグループよりスコアが上回っていたが，3つのグループ間には統計的な有意差は見られなかった。また，一方でグループ内においても到達する発達段階に個人差が大きいことも明らかになった。テストで有意差が見られなかった理由として，インプット強化

の有無に関わらず，多肢選択テストで his と her の対比を見せられたことにより，インプット強化を受けなかった学習者にも知覚的卓立性が増していた可能性や，学習者には既習項目であったため，学習者が強調された代名詞に注意を向けなかった可能性が指摘されている。

　このように，視覚的インプット強化は暗示的な指導技術であるため，学習者に気づかれにくいという問題がある。よって，どんな条件下で視覚的インプット強化がより効果的になるかが検証されている。例えば，規則説明の有無(Alanen, 1995)，強調した言語形式に注意を向けるようにという指示の有無(Shook, 1994, 1999)，目標言語形式の違い(Shook, 1994, 1999)，テキストの長さ(Leow, 1997)，テキストの内容に対する親密度(Lee, 2007; Overstreet, 1998)，言語学習経験(Shook, 1999)のような要素が変数に組み込まれているものもある。例えば，Leow(1997)が，インプット強化を施したテキストの長さを比較したところ，短いテキストは理解には有効だったが，テキストを簡略化することが視覚的インプット強化の習得へのインパクトを高めることにはつながらないという結果を得ている。また，Shook(1994, 1999)は，2つの言語形式をハイライトした実験において，スペイン語の完了形と関係代名詞を比較したところ，テキスト再生課題で見る限り，関係代名詞より機能的な意味を内包すると考えられる完了形の方が，視覚的インプット強化からより多くの恩恵を受けたことを示している。しかしながら，Shook は遅延テストは行っていないので，持続効果は不明である。

　さらに，テキスト内容の予備知識の有無という観点から，Overstreet(1998)は，スペイン語(L2)を学習する英語(L1)話者を対象に，テキストの物語構成が親密度の高いものかどうかで比較している。親密度が高いテキストとは，元々は英語で書かれた物語の翻訳版をさし，反対に，親密度が低いテキストとして，スペイン語オリジナルの物語が用いられた。Overstreet は，なじみのある内容の方がトップダウンの概念処理の負担を軽減でき，そのぶん言語形式をより多く処理できるのではないかと考えたのである。しかしながら，テキストの親密度が大きな差異をもたらすことはなく，インプット強化そのものの効果も見いだせなかった。

　また，Lee(2007)は，テキストの話題の親密度とインプット強化の有無との関連を韓国の高校2年生の英語の受身の習得について調べている。目標言語形式は既習だが，事前テストでは20％の正答率だったため，学習者はこの形式が十分に習得されていないと判断している。1回目と2回目はインプット強化

したテキストあるいは強化していないテキストを読み，3回目のセッションでは，さらに親密度があるテキストか親密度がないテキストを読んだ。被験者は［±enhanced］，［±familiar］の組み合わせで4つのグループに分けられた。Lee は先行研究の測定方法について，従来，習得を測るテストとして用いられてきた文法性判断テストや穴埋めテスト，多肢選択の再認(recognition)テストは，意味処理から離れたテストなので適切な測定方法ではないという問題点を指摘している。また，理解を測った研究はそれほど多くないが，使用された命題真偽テストや多肢選択テストは，推測することも可能だとしている。そこで，Lee は改善を試み，この研究では言語形式の誤用訂正テストとテキストの自由再生テストが用いられた。その結果，［+enhanced］のグループに誤用訂正テストでスコアに伸びが見られ，効果量も大きかったことがわかった。しかし，自由再生で見るテキストの理解では，［−enhanced/+familiar］のグループのスコアが一番高く，［+enhanced/−familiar］のグループのスコアが最も低く，インプット強化が理解を阻害する可能性も示唆された。よって，Lee は，文化的に親密度が高いテキストを読ませれば，理解が阻害されるのを防げるのではないかとしている。

　このような研究を総括して，Lee & Huang(2008)は，語彙を除き文法項目を指導対象にした1991年から2007年の論文16件(査読付き学術誌と未刊行博士論文)についてメタ分析を行っている。視覚的インプット強化に関する先行研究では，強化したテキストと強化していないテキストを読んだグループを比較し，効果量の平均は小程度($d=0.22$)であることがわかった。ただし，これらの研究では，指導を全く受けない統制群がなく，統制群との比較で効果量を見ることができなかったため，この結果の解釈には注意が必要だとしているが，いずれにせよ視覚的インプット強化の効果量はそれほど大きくなかったと言える。また，この指導技術は意味処理過程を阻害しないことが前提となっているが，テキストの理解を測った研究は少ないものの，Lee & Huang のメタ分析では，実際にはインプット強化されたテキストの理解に負の効果($d=-0.26$)が出ている。

　さらに Lee & Huang は，先行研究ですでに調べられているように，視覚的インプット強化の介在変数として，学習者の習熟度レベル，目標言語形式の既有知識の有無，学習者の発達的レディネス，処遇の時間，気づきの程度などさまざまな変数が研究対象になっているが，それぞれの論文件数が少ないのでメタ分析は行えなかったとしている。視覚的インプット強化が効率的であるため

に，さまざまな要因が複雑に絡み合っていると考えられるが，それらの関係については完全に明らかになったわけではない。

2.2.3 方法論上の問題点

視覚的インプット強化の研究には，方法論上の問題点が明らかになっている。まず，1つ目の問題点として，Long & Robinson(1998)の指摘にあるように，ある言語形式が視覚的に強調されていると，学習者はそれが重要な言語形式だと思い，意味を理解しようとしながらも規則を抽出しようとした可能性がある。よって，テキストの意味を理解するというタスクは，教育的介入としては一見，自然で暗示的なFonFのように見えるが，強調された言語形式に着目して学習者が規則を導き出そうと試みたとすれば，この処遇は明示的なFonFとも言える。よって，教師が意図した指導技術がその通りに学習者に認識されていたかを確かめるには，何らかのアウェアネス・データが必要である。実際，いくつかの研究では，インプット強化のテキストを読んだ後，つまり，言語処理から離れたオフラインのタスク(多肢選択の再認，質問用紙，自由再生など)からアウェアネスを検証している。Leow(2001)は言語学習から離れて行うオフラインのデータは学習者が実際に何をやっていたかを正確に報告できていない可能性があることを指摘し，オンラインの思考表出法(think-aloud protocol)により学習者へのアウェアネスを調べた。しかし，Leowは，視覚的インプット強化の気づきへの効果を見いだすことはできなかった。

また，Jourdenais(2001)は，自身のデータを分析した結果，学習者が考えていることを言語化して表現する能力には限界があり，報告には一貫性がないことを示し，思考表出法のようなプロトコル分析の結果の信頼性に疑問を投げかけている。例えば，学習者は自分達が実際にやっていることのあらゆる側面を言葉にすることができない，言葉にすること自体がタスクのパフォーマンスを変えてしまう，などの問題点があることを指摘している。Jourdenaisはさらに，パフォーマンスが自動化されるにつれ，そのプロセスはもはや言語報告をすることができなくなるとしている。しかし，先行研究の多くは，言語報告が可能なアウェアネスを「気づき」としたSchmidt(1990)の古い定義が前提となっているように思われる。Doughty(2003)は，文法規則がわかっているというメタ言語的アウェアネスと認知面での気づきは全く異なる心的過程だとしており，視覚的インプット強化が気づきを促すのか，またそれをどうやって測るかという問題は，根本的に方法論から再検討する必要があるだろう。

2つ目の問題点として，視覚的インプット強化の効果に関してはグループ内の個人差がかなり大きいことがあげられる．前述の J. White (1998) の研究では，インプット強化の有無に関わらず，英語の人称代名詞の発達段階の上位に位置する5〜7段階に達した学習者がおり，帰納的な学習に向くタイプの学習者が存在するようである．SLA において個人差，特に言語適性の役割が認識されている (Sawyer & Ranta, 2001; Skehan, 1998; Robinson, 2001c, 2002) が，視覚的インプット強化の効果における個人差がどこから来るのかはほとんど研究されていない．L1 と L2 の読解力が作動記憶と相関関係が高いことは知られており (Harrington & Sawyer, 1992; Daneman & Carpenter, 1980 など)，読解過程の中で行われる視覚的インプット強化にも同様に作動記憶が関わっていると考えられる．すなわち，作動記憶の機能が優れているほど，視覚的インプット強化によるインパクトが大きいのではないかと推察されるが，未解明である．

3つ目は，上述の個人差である作動記憶の機能に関連して，インプット強化の前提となる認知資源の概念的な問題がある．先行研究を見ていくと，視覚的インプット強化もインプット処理指導と同様，注意の容量制限を前提としてデザインされたものが多い．よって，テキストを簡略化したり，なじみのある物語を読ませるという方向に操作して実験が行われてきた．つまり，意味処理やトップダウンの概念処理の負荷が下がれば，言語形式に注意を向けるだけの認知的スペースができると考えられたのである．しかし，「タスク中心の教授法」を提唱している Robinson (2001b) は，認知的に複雑なタスクほど選択的注意を言語的特徴に割り当て，学習者のインプットの知覚を促進し，よって，インプット中の言語形式を取り込むことにつながるとしている．もし，これが真実だとすれば，テキストの簡略化や内容に関する高い親密度はむしろ認知的には要求度が低く，易しいタスクになるので，学習者の言語形式への注意がかえって散漫になったとも考えられる．注意の配分を制御しているのが作動記憶のサブコンポーネントである中央実行系の働きであり，認知的なメカニズムを考慮してインプット強化の効果を検証する必要があると思われる．

2.3 フィードバック
2.3.1 意味交渉

Long (1980, 1981) がインターアクション仮説を唱えて以来，意味交渉の重要性が認識され，インターアクションと SLA の関係を探る実証研究が行われてきた．意味交渉とは，コミュニケーションにおいてお互いの意思疎通ができる

まで対話者間でやりとりするプロセスのことで，そこでは明確化要求や確認チェック，理解チェックなどの会話的調整の特徴が高い頻度で生じる。このような意味交渉によって理解可能になったインプットが習得を促進すると推定される。実証研究においては，NSと学習者あるいは学習者同士のペアの間に，情報の流れが双方向である，1つの収斂したゴールに向かっている，といった，意味交渉が高い頻度で起きる条件を備えたタスク(Pica, Kanagy, & Falodun, 1993)を課し，その際の参加者の発話が分析されてきた。当初は，インターアクションでは会話的調整の特徴が多く現れ，意味交渉が生じていることや，その場合に理解が促進される(Pica, Young, & Doughty, 1987; Loschky, 1994など)ことは示されたが，インターアクションとSLAを結びつける直接証拠がなかなか提示されなかった。しかし，Mackey(1999)が，英語の疑問文の発達段階(Pienemann & Johnston, 1987)を用い，積極的にインターアクションに参加したグループが発達段階において最も進歩したことを示し，インターアクション仮説の直接証拠となった。

　さらに，インターアクション研究の成果を総括したメタ分析の結果からも，インターアクションが習得を促進することが示されている。Keck, Iberri-Shea, Tracy-Ventura, & Wa-Mabaleka(2006)は，1980年から2003年のインターアクション研究のメタ分析を行い，インターアクションを行った実験群は，インターアクションを行わない統制群，もしくは，ほとんどインターアクションがない対照群との比較で効果量が大きかった($d=0.92$)ことが明らかになった。また，短期(8～29日)の持続効果については効果量が大きかった($d=1.12$)が，長期(30～60日)にわたる持続効果については小程度($d=0.35$)の効果量しかなかったこともわかった。1か月を越えるとその効果は不明瞭だが，Keckなどは，長期の持続効果を調べた研究自体が少ないので結論づけるのは時期尚早だとしている。また，Mackey & Goo(2007)は1990年から2006年までの論文28本を抽出してメタ分析を行い，Keckなどと同様，インターアクションは，直後テスト，遅延テスト共，大程度の効果量があったことを明らかにしている。また，直後テストでは語彙に関するインパクトが顕著だったが，文法は遅延テストで語彙より効果量が上がったことも示されている。文法については，インターアクションの効果が現れるまでに，ある程度の時間が必要だという可能性が高いが，論文数が限られているので，さらなる研究の必要がある。いずれにしても，これまでの先行研究によりインターアクション仮説は概ね支持されたと言える。

しかしながら，実証研究は，教室外において一対一のペアによるインターアクションを行う，いわゆる「実験室」環境でなされるので，かなり統制された条件下の「実験室」環境の研究成果は，実際の教室にはあてはまらないのではないかと疑問視する声(Foster, 1998)もあった。これに対し，Gass, Mackey, & Ross-Feldman(2005)は，実験室と教室環境との違いを直接比較して検証している。ペアの情報交換が必ずしも必須条件ではない同意タスク，情報交換が必須の絵の間違い探しタスク，および地図を用いたタスクの3種類のタスクを，74人のスペイン語を学ぶ大学生(L1: 英語)に課した。参加者のうち44人は教室で，30人は実験室環境でタスクを実施した。ペアワークの発話について，意味交渉(理解チェック，明確化要求，確認チェック)と，言語について話し合う言語関連エピソード(language-related episode: LRE)とリキャストの頻度を分析したところ，実験室と教室では何ら違いが見られず，むしろタスクのタイプによる違いの方がインパクトが大きく，情報の流れが双方向のタスクにおいて，意味交渉，LRE，リキャストすべての頻度が有意に高かったことが明らかになった。よって，意味交渉の頻度に影響するのはタスクの特徴であって，実験室でも教室でも意味交渉は同様に起きていると考えられる。

2.3.2　否定フィードバックの実証研究

　インターアクションにおける教師の役割として重要なのは，学習者の誤りに対してフィードバックを提供することである。フィードバックに関しては「誤り訂正(error correction)」「訂正フィードバック(corrective feedback)」「否定フィードバック(negative feedback)」「否定証拠(negative evidence)」などの用語が使用されるが，Leeman(2007, p. 112)が現行のSLAの成果に基づき，改めて次のように用語を整理している。まず，「証拠(evidence)」とは，習得される言語において，ある構造が許されるかどうかという情報のことである。そして，「肯定証拠(positive evidence)」は，目標言語である発話が可能だという情報のことで，「否定証拠」は，ある発話が目標言語では不可能だという情報のことである。証拠は学習者が言語を産出する前にあらかじめ提供されることもあれば，産出した言語に対する反応としても提供される。一方，「フィードバック」とは，情報のやりとりのプロセスの成否に関する情報を学習者に提供するメカニズムのことで，その意味では常に後から反応するものである。肯定フィードバックは，そのプロセスが成功したという情報から成り，否定フィードバックは失敗したことを知らせるものである。習得研究では，学習者の誤りに対す

る反応である否定フィードバックが研究の中心である。「訂正フィードバック」は否定フィードバックとほぼ同義に用いられている。「誤りの訂正」は，学習者の誤りに対してフィードバックを与える教育活動のことで，SLA研究において論じるには適切な用語ではない。

　教室指導の効果に関する研究において特に初期段階では，メタ言語的な練習におけるフィードバックが研究されていた。Tomasello & Herron (1988, 1989) は，フランス語を学習するアメリカ人の学生を対象に文法の例外(前置詞と冠詞の縮約形など)を教える2つの方法を比較した。統制群では，被験者は，まず規則に従った例を見てから，教師に規則の例外の説明を受けた。実験群では，被験者は例を見て帰納的に規則を導き出した後，その規則を例外に適用するように指示された。実験群の被験者は，予想通り規則を過剰般化したのだが，そこで教師から即座にフィードバックを受けた。この指導のテクニックは，「庭園の小道(garden path)」と名づけられている。ヨーロッパの庭園の小道が迷子になりそうなほどはりめぐらされていることに由来するものと思われる。この研究で「庭園の小道」のテクニックを用いた実験群は，統制群より例外を学習するのにより効果的で，その効果は学期中持続したことが示された。Tomasello & Herron は，「庭園の小道」のテクニックが学習者の目標言語規範から逸脱した言語形式と正しい言語形式との間の認知比較(cognitive comparison)の機会を提供し，それが学習者に規則を学習する動機づけとなったのだとしている。彼らの研究は，いつ言語形式へ注意を向けるのが学習者にとって最も効果的なのかを示した点で重要である。実際には教師はすでにこのようなテクニックを教室で用いていると思われるが，その効果が実証されたのである。ここでは，習得には発達段階があり，その段階に合った指導をすべきだ(Pienemann, 1989)という長期のタイミングだけでなく，教室におけるもっと瞬時のタイミングも大切であることを示している。

　さらに，Herron & Tomasello (1988) は，フランス語の直接目的語と否定文の学習におけるモデリングとフィードバックを比較している。モデリング群は正しいモデルの文を見せられ，フィードバック群は文を産出し，文が非文法的だった時に訂正されたが，規則は与えられなかった。その結果，フィードバック群の学習者は自分で仮説を検証するよう促されたので定着がよく，モデリング群よりずっと学習効果があったことが示された。よって，Herron & Tomasello は暗示的な否定フィードバックの方が，モデルを与えるより有効だとしている。これとは対照的に，Carroll & Swain (1993) は，英語の与格交替の学習におい

て5つの異なるタイプの否定フィードバックの効果を調査し，メタ言語情報(＝文法規則)を提供された明示的フィードバックの方が暗示的フィードバックより効果的だったと報告している。彼らの結果は Herron & Tomasello(1988)と必ずしも一致するものではないが，どちらの結果も，教室で自然発生的に起こっている訂正フィードバックが SLA に何らかの効果があることを示している。学習者には間違いなく否定フィードバックが必要であるということである。ただし，これらの研究はメタ言語的な練習におけるフィードバックのタイプの比較にとどまり，学習効果もメタ言語的なテストによって測定されている。

　その後，否定フィードバックの効果に関する研究は広がりを見せ，メタ言語的な練習においてだけでなく，カナダ・ケベック州のコミュニカティブ志向の EFL の教室でも検証されている。Spada(1987)や Lightbown & Spada(1990)は，教室観察データのコーパスを作り，教師の指導スタイルと文法的正確さ，および全体的なコミュニケーション・スキルの関係を探り，生徒の優れた言語運用は，教師が適宜，言語形式に焦点を当てた指導を行ったことに起因するものであったことを見いだしている。例えば，教師がしかめっ面をしてみせる，旗を上げるといった誤りのシグナルを出す否定フィードバックが，コミュニカティブな活動において有効だったことを報告している。ただ，この研究は通常の教室なので，フィードバックは特定の言語形式に対して集中して行ったわけではなかった。そこで，Lightbown & Spada(1990)は，この種のフィードバックでどんな言語形式でも習得が進むのか疑問を抱き，さらに，同じ教育機関で準実験(quasi-experimental study)へと研究を進めている。

　White(1991)と White, Spada, Lightbown, & Ranta(1991)は，コミュニカティブ志向の教室において，言語形式に焦点を当てた指導の効果を検証した。実験群は3時間の明示的指導を受けてから，2時間のフォローアップ活動の中で訂正フィードバックが与えられた。その結果，言語形式に焦点を絞った指導を受けた実験群の生徒は，指導を受けなかった統制群よりいくつかのペーパーテストで成績が優っていた。さらに，White et al.(1991)では，モニター・タスクである筆記テストに加え，比較的自発的な言語産出を測るテストとして口頭のコミュニカティブ・タスクも取り入れて調査し，実験群は口頭のコミュニカティブ・タスクにおいても統制群より優れていたことが明らかになった。これらの結果を総合すると，否定フィードバックは学習者の習得に何らかの役割を果たしていると言える。White et al.(1991)は，学習者がクラスメートの産出した非文法的な発話をしばしば聞いているコミュニカティブな教室では，

否定証拠は特に重要だと述べている。

ただし，持続効果に関しては，当時の研究結果は一貫性が見られなかった。Spada & Lightbown(1993)は，その後の研究で，疑問文形成の発達段階について，明示的説明と訂正のフィードバックの持続効果を検出しているが，Trahey & White(1993)では副詞の位置の習得における指導群の効果は持続しなかった。さらに，Trahey(1996)は，インプット洪水(input flood)群とWhite(1991)の指導群に相当する指導群を比較し，フランス語圏の英語の学習者は，フランス語では不可能なSAV(subject-adverb-verb)の語順に関しては，目標言語形式を含むインプットを洪水のように十分に受けることにより学び，その知識を1年後にも維持していたことを報告している。しかしながら，インプット洪水群も指導群も，英語では非文法的だがフランス語では文法的な語順，SVAO(subject-verb-adverb-object)に関しては，長期の学習効果はなかったことも報告されている。言い換えると，高い頻度で提供された肯定証拠はある程度有益であるが，学習者がL1に基づいて形成した誤った仮説を解除するには不十分だったと言える。その一方で，否定証拠もまた学習者の中間言語の知識体系を再構築するには不十分だったのである。したがって，Trahey(1996)やSpada(1997)は肯定証拠と否定証拠の両方のバランスのとれた組み合わせが，より効果的に機能するのだと述べている。そこで，もっと厳密にフィードバックのどんな側面がSLAにどのようなインパクトがあるかを明らかにしておく必要が生じ，コミュニカティブな教室において活動の流れを妨げない，また学習者の言語処理過程を阻害しない自然なフィードバックとして，リキャストがいっそう関心を集めるようになった(Nicholas, Lightbown, & Spada, 2001のレビューも参照)。

Truscott(1999)のように，否定フィードバックは学習者の言語に表面的，一時的な変化しかもたらさないので無意味だとする主張もあるが，近年では，否定フィードバックは学習につながるとする研究結果が蓄積されている。Russell & Spada(2006)は1988年から2003年の否定フィードバックに関する論文15本のメタ分析を行って，L2学習への効果($d=1.16$)が大きく，持続効果もあったことを示している。他にも，Keck, Iberri-Shea, Tracy-Ventura, & Wa-Mabaleka(2006)やMackey & Goo(2007)のメタ分析でも，否定フィードバックは語彙や文法の習得に効果があるという結果を導き出している。ただし，Li(2010)やLyster & Saito(2010)のように，インターアクションやフィードバックに関してなされた複数のメタ分析は研究間で論文の選定基準や独立変

数,従属変数の定義や分類の方法が異なり,これらのメタ分析結果の妥当性について異議を唱える研究者もいる。Li(2010)は,査読を通った学術誌の掲載論文は効果量が大きい傾向があるので,未刊行の博士論文も含めてメタ分析を行ったところ,先行研究よりリキャストの効果量の数値は低くなっている。Lyster & Saito(2010)は,フィードバックが明示的か暗示的かでしばしば論じられるがその区別は曖昧で,むしろフィードバックが肯定証拠を与えるタイプか否かの違いを見ることの方が重要だとしている。そのため,Liは,Lyster & Ranta(1997)の定義に基づき,教師が発話の再形成をする「リキャスト」と,学習者が自己訂正を促すようにしむける「誘導(prompt)」と,学習者の誤りを明確に指摘して正しい形を与える「明示的訂正」に分類して比較している。また,実際の教室環境とは異なる実験室研究は除外して,教室における準実験の論文15本のみを分析対象にしている。その結果,訂正フィードバック全般でいうと統制群と比較して事後テストの効果量はかなり大きかった($d = 0.74$)が,先行研究のようなリキャストの優位性は見いだせないと主張している。

　これまでの研究結果を総合すると,否定フィードバックはSLAを促進する働きがあり,どのようなタイプのフィードバックが有効かは,学習場面がコミュニケーション重視かメタ言語的練習かといった要因にも影響されることが示唆される。より最近では,Goo & Mackey(2013)が,フィードバックはどのタイプもL2学習には概ね有効であり,学習のコンテクストによりどんなタイプのフィードバックが効果的かは異なるので,異なるタイプのフィードバック間の比較で論議するのはあまり建設的ではないとすら主張している。それよりも,異なるタイプのフィードバックがそれぞれ,なぜ言語学習にインパクトをもたらすのかを理論的に考察し,その効果を検証すべきだとしている。FonFを具現化する教授法は,意味あるコンテクストで言語学習が行われることが大前提となっており,その活動を邪魔することなく提供できるリキャストの効果の研究はいっそう必要である(「誘導」の効果については,次の「2.4 アウトプット」のセクションでも議論する)。

2.3.3　第一言語習得における否定証拠

　SLAにおいてリキャストが脚光を浴びるようになったきっかけの1つに,第一言語習得(FLA)研究の動向がある。否定証拠,すなわち目標言語で何ができないかということに関する情報が必要かどうかはSLAでしばしば論争になるが,FLAではまず否定証拠が存在するかどうかということから議論になる。普

遍文法(Universal Grammar: UG)が存在すると考える生得主義者は，肯定証拠があれば習得には十分だと考える。よく引き合いに出される Brown & Hanlon (1970)の研究では，親は子どもの発話の内容の真偽については訂正するが，文法的な誤りは訂正しないとしていた。また，たとえ親が直したとしても，子どもの方も内容の真偽にしか興味がないため，いくら誤りを直されても直るものではない(McNeil, 1966)と考えられていた。生得主義者にとっては言語習得装置を起動させる最低限の肯定証拠があれば，装置は自動的に動き始め，FLA を起こすには十分なのである。SLA においても学習者が UG に直接アクセスすることが可能だという強い立場をとり，SLA においても特に統語の習得には肯定証拠のみで十分だという見方をする研究者(Schwartz, 1993, 1999 など)もいる。

　しかしながら，言語習得においてインターアクションの役割も重要だと見る相互交流論者は，FLA においても SLA においても否定証拠が必要だと考えている。FLA では，確かにはっきりと誤りを訂正するようなフィードバックはあまり有効ではないようである。しかし，近年は，暗示的な形なら否定証拠は存在すると考えられるようになってきた。例えば，親は子どもの誤った発話を繰り返したり聞き返したりする傾向があり(Demetras, Post, & Snow, 1986; Bohannon & Stanowitz, 1988 など)，また，親は子どもの発話の意味を維持しながら，誤った部分のみ訂正して繰り返す傾向が強いこと(Bohannnon & Stanowitz, 1988 など)が示されている。このような一部分を訂正して繰り返すタイプのフィードバックがリキャストである。さらに，子どもはそのようなリキャストを繰り返す傾向が強く(Farrar, 1992; Saxton, 1997)，親のフィードバックと子どもの形態素や統語の言語発達との相関が高い(Baker & Nelson, 1984; Farrar, 1990 など)ことなども示されている。よって，Saxton(1997)は，子どもの誤った発話に付随して与えられる親の正しいモデルは，子どもの発話が文法的に誤っているというサインを送っており，そのような対比の機会を含めて，否定証拠を拡大解釈すべきだとしている。

　FLA において暗示的な形で否定証拠が存在するなら，SLA ではなおさら訂正フィードバックが有効だと考えられる。また，FLA と同様，リキャストのような暗示的フィードバックは，コミュニカティブな意味重視の教室活動の流れを断ち切らず，しかも学習者の認知処理のプロセスを阻害しない教育的介入であることが期待され，研究を進める上での強い動機づけにもなっている(小柳 2005b; 小柳・迫田 2006 も参照)。

2.3.4 リキャストの実証研究

(1) 記述的研究

リキャストとは，学習者の誤った発話に付随して与えられ，学習者にその時点の中間言語が目標言語といかに異なっているかを提供する情報のことである(Long & Robinson, 1998)。Long(2007, p. 97)は，訂正リキャスト(corrective recast)を「学習者のすぐ前の発話のすべてまたは一部の再形成で，目標言語から逸脱した項目(語彙や文法など)に対応する，正しい目標言語形式に置き換えられたもの」としている。そして，従来の誤り訂正と異なり，対話者同士のやりとりにおいて焦点は常に言語形式でなく意味にあり，また，その性質上，暗示的で付随的なものであると強調している。リキャストは，教室談話やインターアクションを観察した記述的研究からも実験研究からも検証されているが，研究のアジェンダとして，まず，実際の教室で何が起きているかを把握する必要があり，記述的な教室観察研究が行われた。研究課題の中心は，教室活動全般において，あるいはペアのインターアクションにおいて，リキャストがどのような言語的側面の誤りに対して，どの程度の頻度で生じているか，また，そのリキャストが誤りの訂正として学習者に正しく認識されているかということであった。

例えば，Doughty(1994)は，フランス語初級の学習者がインターアクションに従事している教室活動の録音，録画データを分析して，NSである教師は学習者の目標言語規範から逸脱した発話について43%は何らかの反応をしていたことや，誤りが発話中1つのみの場合にリキャストを最も多く行っていたことを示した。また，Oliver(1995)は，8～13歳の年長の子ども(NNS)とNSの8ペアのインターアクションで，リキャストは他の暗示的フィードバックより頻度が少ないものの，NNSの発話の意味が明らかで，ただ1つの誤りしか含んでいない時にリキャストが提供されていたことを報告している。しかし，Pica(2002)は，近年，言語の教室で多く採用されている内容中心の英語のクラスにおいては，教師主導のディスカッション形式のインターアクションが多く，そのようなコンテクストでは，意味交渉やフィードバックの機会が極めて稀であることを報告している。80年代以降のインターアクション研究でも示されたように，ディスカッションのようにタスクのゴールが拡散的である場合は，意味交渉などの学習機会は起きにくいということであろう。

上記のように，リキャストの生起率は学習のコンテクストにより左右される可能性があるため，Oliver & Mackey(2003)は，ESLの教室談話の異なる場

面におけるインターアクションを比較して，フィードバックや修正アウトプットの頻度に違いがないかを調べている。オーストラリア人教師5人の各クラス4時間半ずつの授業が録画され分析された。教師と学習者のやりとりは，(1)学習内容のやりとり，(2)クラス運営に関するやりとり，(3)コミュニケーション(教師が答えを知らない質問をして情報を引き出すやりとり)，(4)明示的なFonFS(文法に関する説明)の4種類にコード化された。それぞれのやりとりが全体に占める割合は40％，30％，20％，10％であった。その中で，目標言語規範から逸脱した学習者の発話は(3)で半分を占め，他のコンテクストでも27％前後含まれ，フィードバックが最も少なかったのは(2)であった。しかし，どのコンテクストでも，そのような逸脱した発話に対して半分はフィードバックが与えられ，その中でもリキャストは，(1)(2)(3)のコンテクストでは63〜78％を占め，(4)のみ47％と他よりずっと少なかったことが明らかになった。よって，真の意味のやりとりを行う場面では，ESLの教室で自然発生的にリキャストがかなりの頻度で生じているということである。しかしながら，フィードバックを受けたインプットが後に使用されたかを見ると，明示的FonFSでは85％がフィードバック直後の修正アウトプット(modified output)につながったが，その他のコンテクストでは修正アウトプットはほとんど見られなかったことがわかった。つまり，意味のやりとりが優先される場面では，文法的誤りに対するリキャストは高い頻度で生じるが，学習者からの修正アウトプットは引き出せていないのである。一方で，言語にフォーカスした学習が行われている場面では，修正アウトプットを出すことが多いという傾向がありそうである。

さらに，誤りのタイプとフィードバックのタイプの関係を調べた研究もある。Mackey, Gass, & McDonough (2000)は，NSあるいはNS並みの上級学習者をL2学習者とペアにして，適切なところで何らかのフィードバックをするように指示してインフォメーション・ギャップのタスクを行わせている。その結果，形態素／統語的な誤りに対してのリキャストが最も多く，音韻的な誤りには明確化要求で反応することが最も多かったことが報告されている。さらに，タスクを行うインターアクションにおけるフィードバックに対する学習者の何らかの反応，つまりアップテイク(uptake)を調べたところ，語彙や発音に関するフィードバックに関しては学習者のアップテイクが起こり，インターアクション後の内省においても学習者が誤りを認識しているのに対し，形態素，統語に関するフィードバックにはアップテイクが少なく(33％)，学習者の認識度が低いことが明らかになった。形態素，統語に関するフィードバックはリキャ

ストの形をとることが多いが，学習者が見過ごす可能性も高い。また，コミュニケーションの性格上，意味のやりとりが主眼であるから，形態素，統語の誤りはあまり問題とならない場合もある。

　このように，教室環境において，また学習者の NS とのインターアクションにおいてリキャストが存在することが明らかになる一方で，教室活動においてリキャストが否定フィードバックとして学習者に認識されるにはあまりにも紛らわしいのではないかという疑問も生じた。例えば，Lyster & Ranta(1997)や Lyster(1998)は，教室談話における教師のリキャストが，言語形式を確認しているのか意味を確認しているのか，あるいは，間違いを直したのか新しい情報を追加しているのか，もしくは単に次に会話を進めようとしているのか，学習者にとってはあまりにも曖昧だとしている。Lyster & Ranta(1997)のコード化の方法では，教師のフィードバックに対して"yes"と答えたものから，教師のフィードバックを繰り返したもの，さらに修正アウトプットまでを含めてアップテイクと見なしている。そして，リキャストはフランス語のイマージョンの教室で最も頻度が高いフィードバックのタイプであるのに，アップテイクが起きる割合が最も低かったことを報告している。しかし，大人の会話学校のコミュニカティブなクラスでは，アップテイクが74%あったことが報告されている(R. Ellis, Basturkmen, & Loewen, 2001)。これは内容中心のイマージョンと，コミュニカティブな授業とはいえ学習者が言語レッスンであるという意識が高い語学のクラスであることの違いや，学習者の年齢も関係していると思われる。

　リキャストが学習者に認識されにくいという問題に関して，Philp(2003)は，リキャストの情報を使うためには，少なくとも15～20秒の間ワーキングメモリ(WM)の短期聴覚貯蔵庫に保持されている必要があるとして，その時間内の気づきを測るため「直後再生(immediate recall)」という方法を用いている。リキャストを与えた直後にテーブルを2回たたくのを合図に，学習者はその前に NS に言われたことを再生するというものである。学習者のレベルにより再生の正確さには違いが出ること，再生を続けると学習者は注意して聞くようになるので通常の行動とは異なってしまう可能性などを考慮し，直後再生はランダムに行うなどの工夫をした上で，実験を行っている。英語学習者(NNS)を NS とペアにして，描画タスクにおいて NNS は絵を描くために疑問文を使って NS にさまざまな質問をしなくてはならなかった。Pienemann(1989)などの疑問文発達段階に基づき，学習者は発達段階から言語能力の上，中，下のグルー

プに分けられている。また，リキャストの長さや，訂正された誤りの数も変数として組み込まれている。この実験から明らかになったのは，NNSの発達的レディネスにマッチしているリキャストに対しては正確な再生率が高く(70%)，その後修正アウトプットが生成される確率も高かった(90%以上)ことである。しかし，未知語が含まれている，リキャストが長い，学習者のオリジナルの発話に複数の変化をもたらすというような状況では，特に発達段階が下のレベルの学習者には認知資源の大きな負担になり，リキャストを再生できなかった。よって，Philpの研究は，適切なリキャストが与えられれば，学習者の気づきを促進していることを示唆している。また，Philpは，リキャストにおいて音韻的作動記憶の容量やパターン認知の能力の個人差が，リキャストの成否に大いに関わってくると述べている。

　さらに，リキャストやアップテイクの頻度はさまざまな要因に左右される。その1つが学習環境である。Mackey, Gass, & McDonough(2000)は，ESL学習者とイタリア語(FL)学習者との比較において，NSまたは言語能力が上のNNSとペアで二方向の情報交換タスクを行った際のインターアクションを分析している。ESLでは形態素，統語の誤りに対してリキャストが多く，音声面の誤りについては明確化要求を行うことが多かったことが示された。一方，イタリア語では語彙に対するフィードバックが多く，音声の誤りに対するフィードバックはほとんどなかったことも明らかになった。外国語環境では，L1が共通で，お互いの中間言語の発音に慣れていて明確化要求をしなかったという理由が考えられる。また，タスクの後に刺激再生法[4] (stimulated recall)を行ったところ，訂正フィードバックと認識されることは少なかったことが明らかになった。このように，L2環境かFL環境かにより好まれるフィードバックのタイプなどが異なる可能性がある。

　同様に，Sheen(2004)は，カナダのフランス語のイマージョン，カナダのESL，ニュージーランドのESL，韓国のEFLの教室を比較して，訂正フィードバックの中でもすべての環境において最も頻度が高かったのがリキャストだとしている(それぞれ，55%，55%，68%，83%である)。ニュージーランドと韓国ではリキャストの後のアップテイクやリペアが多く，授業が言語に焦点が

---

[4]　刺激再生法は，タスクを終了した後に内省を求める方法の1つで，時間経過に伴う記憶の減衰を考慮し，何らかのサポートを提供(タスク遂行時のビデオ録画を見せるなど)して思い出すことの負担を軽減して，タスク遂行時の思考を言語化する方法である(Gass & Mackey, 2000)。

あたっているコンテクストではリキャストが気づかれているとしている。また，Lyster & Mori(2006)は，カナダのフランス語のイマージョンとアメリカの日本語の部分的イマージョン・プログラムの教室を比較して，両方の教室で最も多く起きているのはリキャストであったが，フランス語ではアウトプットを促す誘導(prompt)の時に，日本語はリキャストの時にアップテイクが多くなったことを報告している。日本語の結果は意外なものだが，その後の授業の中身の分析から，普段から話すスキルのみを取り出して反復練習したり，声に出して読んだりして正確な口頭産出を強調していたため，リキャストに反応したのではないかということである。このような研究から，単純に L2 環境と FL 環境の違いというだけでなく，それぞれの環境で本来の授業が意味志向なのか言語志向なのかということも関係がありそうである。

　環境に加え，学習者の年齢もリキャストの頻度やアップテイクの有無に作用する要因である。Oliver などは一連の研究の中で子ども同士のインターアクションを分析し，さらに，大人のインターアクションとも比較している。Oliver(1995)は，8〜13歳の子ども同士の NS-NNS の8ペアのインターアクションを分析して，NS は英語(ESL)を学習中の NNS の誤った発話に対して，61%は訂正リキャストを行っていたこと，リキャストは発話の意味が明瞭で誤りが1つのみの時に多く起きていることを報告している。また，Oliver(2000)は，大人も子どもも ESL 環境においては，教師主導の活動においてもペアワークにおいても否定フィードバックが同程度の頻度で提供されていることを示している。

　Mackey, Oliver, & Leeman(2003)は，8〜13歳の年長の子どもと大人の英語学習者のペアのインフォメーション・ギャップ・タスクにおけるインターアクションを調べ，フィードバックを提供する側が NS の場合と NNS の場合を比較している。その結果，大人は NS の方がより多くのフィードバックを与えているが，子どものペアには NS と NNS の違いがあまり見られなかったことや，否定フィードバックの頻度が最も低い大人の NNS-NNS ペアでも，相手の誤った発話に対して 32% のフィードバックを与えていたことが示された。しかも，NNS-NNS のペアは，NS-NNS のペアのフィードバックより修正アウトプットにつながっていたことがわかった。Oliver は，自らが過去に行った研究の参加者よりもっと年少の子どもについても調べている。Oliver(2009)は，ESL 環境の 5〜7 歳の年少者の NS-NNS の 8 ペアと NNS-NNS の 8 ペアに情報の流れが一方向のタスクと双方向のタスクを課し，発話データを分析

している。その結果，どちらのペアも誤りの頻度は同程度に生じ，否定フィードバックの割合も両者に違いは見られなかった。また，リキャストと意味交渉(明確化要求，確認チェック，理解チェック，自己反復，他己反復)を結合した否定フィードバックの割合も，先行研究の年長者や大人の割合とほぼ同程度に起きていた。しかし，NS-NNS と NNS-NNS の否定フィードバックの中身を詳細に見ると，NS-NNS ペアは NNS 同士のペアの2倍のリキャストを与え，NNS 同士のペアは NS-NNS の2倍の意味交渉を行っていたことがわかった。つまり，年齢が低い場合は，正しい形を与えなくてはならないリキャストを NNS が使用するのは難しく，意味交渉を好んで使用したのではないかと考えられる。したがって，年少者同士のペアでもインターアクションから恩恵を受けられるが，リキャストの効果を見る際にはやはり年齢も考慮に入れる必要があるようだ。

環境と年齢の他に，インターアクションを行う対話相手との親密度(familiarity)や，フィードバックを与える NS の経験の長さもリキャストに影響を与える。Braidi(2002)は，大人の NS-NNS のペア10組にタスクを行わせた際の発話の文字データを分析して，リキャストが非常に少なかったことを報告している。これは，教室における教師 vs. 学習者のインターアクションと異なり，ペアの相手が初対面という要素が結果に影響しているのではないかと解釈されている。よって，データを取る場所(教室か教室の外か)や対話相手(いつもの教室の教師や同級生か，知らない相手か)によって，違いが出る可能性がある。実際にペアの相手との親密度(familiarity)がタスクにおける言語運用に影響するという研究が，80年代にもなされている(Plough & Gass, 1993 など)。また，教室談話を社会言語的に分析して，対話相手からリキャストのような訂正フィードバックを受けると，ばかにされているとか無力を非難されているととらえる学習者が存在することも指摘されている(Morris & Tarone, 2003)。NNS の相手をする NS の経験の長さについて調べた研究もあるが，一貫性のある結果は出ていない。Mackey, Polio, & McDonough(2004)は，経験のある教師の方がリキャストが多いとする結果を出しているが，Polio, Gass, & Chapin(2006)では，経験の長さに違いがあっても，NNS とのインターアクションで生じるリキャストや意味交渉の頻度は変わらなかったとしている。

いずれしても，さまざまな要因がインターアクションに影響を及ぼしているのが現実であるが，観察結果を一般化するのは難しく，研究を進めるには記述的研究だけでなく，実験研究でさらにリキャストの効果を実証する必要がある。大きな研究課題は，アップテイクがあまり見られないリキャストが本当に SLA

を促進しているかどうかということである。Lysterに代表されるように，リキャストに対する批判がある一方で，リキャストがSLAに使われたかどうかの指標にアップテイクを用いることを問題視する見方もある。Oliver(2000)は，イマージョンの教師と学習者のやりとりにおいて，学習者が教師の言ったことすべてに反応して繰り返すのはむしろ不自然，不適切であることを指摘している。よって，実験研究によりリキャストが習得を促進したという証拠を示す必要がある。

(2) リキャストの実験研究

　上述の記述的研究の成果をまとめると，イマージョンやコミュニカティブな教室で教師がリキャストを頻繁に与えていることは事実である。しかし，それが，SLAを本当に促進しているかははっきりしない。リキャストに対してアップテイクがあるかどうかがしばしば論争になってきたが，リキャストの効果はやはり実験により証明するしかない。前述のように，Mackey(1999)は，それまでのインターアクション仮説の実証研究が，インターアクションにより理解可能になったインプットと習得の直接的な因果関係を見いだせていなかったところに，Pienemann(1989など)の研究により示された，英語の疑問文における普遍の発達段階を習得の指標として用いる手法を導入していた。そして，同様の手法で，複数の研究で，リキャストを与えた学習者は発達段階が押し上げられたことを示すことに成功している。

　例えば，Mackey & Philp(1998)は，英語学習者をNSとペアにして，英語の疑問文の使用が不可欠なタスクを用いたインターアクションにおいて，実験群には集中的にリキャストを与えた。その結果，リキャストが与えられた直後の学習者の発話を見ると，誤りはほとんど訂正されていなかったが，事前テストで疑問文の発達段階が上位レベルにあった学習者においては，集中的にリキャストを受けた場合，リキャストを受けなかった学習者と比較して，実験開始時の発達段階より上の段階の疑問文の使用が著しく増加したことがわかった。特にその効果は指導直後よりもむしろ，遅延テストの結果に顕著だったことが示されている。したがって，リキャストもその時点の発達的レディネスに合致していれば，効果的であると言える。さらに重要なことは，効果は遅れて現れるということである。Mackey & Goo(2007)のメタ分析では，フィードバックのタイプの中ではリキャストが最も研究されていて，効果量は事後テスト全体では0.96という大程度の効果量の数値が得られている(直後テストでは

1.69, 遅延テストでは1.22であったが, 遅延テストを実施した研究自体が少ないとしている)。

既存のクラスで一学期を通してリキャストによる指導を盛り込んだ準実験(quasi-experimental)研究の代表的なものに, Doughty & Verela(1998)がある。理科を学びながら英語を勉強する内容中心のESLのクラスにおいて, まず, 教室談話を分析して, 理科の実験レポートに不可欠な単純過去と条件文を指導の対象とした。口頭のレポートにおいては, 強調したイントネーションや訂正リキャスト(corrective recast)により生徒の誤りを繰り返し訂正し, 筆記のレポートでは, 誤りを丸で囲み, そばに正しい言語形式が書き加えられた。Doughty & Varelaの訂正リキャストの操作上の定義は, 学習者の誤りを強調して, それを含む発話を繰り返すことも含んでいる。このような指導は学習者に認知比較の機会をもたらし, リキャストによる指導を受けなかったクラスと比較すると, 学期末には大きな改善が見られた。よって, クラスの主な焦点が意味やコミュニケーションであっても, 言語形式に焦点を当てたFonF指導をカリキュラムに組み入れることが可能だと言える。過去形や条件文は科学の実験レポートでは自然に使用されるものなので, コースにおける言語形式の焦点を維持するのが比較的容易である。指導対象の言語形式の選択は, リキャストの成否に大きく関わると言える。また, Doughty(1999a, b)は, リキャストの効果を生むための基準として, (1)リキャストが誤った発話に隣接していること, (2)フィードバックのタイプが首尾一貫していること, (3)学習者の発話に対する他の反応とはっきり区別されていること, (4)ある期間集中的に行うことをあげている。

このような研究に対し, Lyster & Saito(2010)は, リキャストは通常, 暗示的フィードバックに分類されるが, 誤りを強調するようなリキャストは明示的であり, 独立変数が絞られていないという問題点を指摘している。すなわち, Doughty & Varela(1998)のリキャストは, (既存の教室で行ったため, 純粋な実験デザインではないものの,)本来のフィードバックとしてのリキャストの変数と, イントネーションで強調するインプット強化の変数が共存しており, リキャストのみの効果と断定しにくいと批判している。また, R. Ellis(2007)は, 暗示的フィードバック(部分的リキャスト)と明示的フィードバック(メタ言語的説明)を比較した実験を行っているが, リキャストといっても発話全体を繰り返すのではなく, 誤った箇所のみを繰り返しており, 明示的な誤り訂正に近いものまでリキャストに含まれており, リキャストの操作上の定義には先行研究間で

一貫性がないという問題が残されている。

　また，リキャストの効果には，さまざまな要因が影響を及ぼすことも実験で示されている。まず，リキャストの指導の効果はすべての言語形式に同等に見られるのではなく，指導対象となる言語形式の選択が重要になる。前述のMackey & Philp (1998) でも示されたように，発達的レディネスがある言語形式に対してリキャストを行うことは，成功の1つのカギである。Long (2007) は，先行研究を概観し，リキャストは習得が難しく長期の処遇が必要な言語形式に向き，明示的なフィードバックは短期の処遇で改善が見られる比較的易しい言語形式に向いているとしている。実際には，言語形式の難易度を判定するのは難しい問題である (DeKeyser, 2005のレビューを参照) が，疑問文の普遍の発達段階は，言語処理上の認知資源の制約に起因する学習者から見た難易度の階層だと言える。リキャストの実験研究では，複数の言語形式を対象に処遇を行ったものもあるが，やはり効果は一様には現れていない。リキャストの効果は，その測定方法にも左右される。リキャストのような暗示的なフィードバックによる指導の効果は，暗示的な知識を測定するテストを用いるべきである。

　リキャストの効果に関する研究は，特にリキャストは曖昧だと批判的な研究者達により，誘導 (prompt) との比較で実験が行われることが多い。しかし，誘導の中にはメタ言語的フィードバック，抽出 (ellcitation)，繰り返し，明確化要求が含まれ，明示的フィードバックから暗示的フィードバックまで広範囲なフィードバックのタイプが含まれ，また研究間で用いられる誘導のタイプも異なっている。教室談話研究においてリキャストの効果を疑問視していたLyster (2004) は，実験研究においてもリキャストの反証を示している。イマージョンにおいてフランス語の名詞のジェンダーと冠詞を目標言語形式にして，印字を強調したテキストを読んだりメタ言語的説明などを行ったりした後に，リキャストを受けたグループと誘導を受けたグループを比較している。この実験で，誘導とは明確化要求，反復，メタ言語的キュー，抽出のいずれか，または組み合わせで与えられるが，いずれにしても正しい言語形式は与えずに学習者の自己訂正を引き出すものである。Lysterは，分析の結果，誘導が全体的にリキャストより優っていたことを報告している。ただ，誘導は，メタ言語的な筆記テストではリキャストに比べ持続効果もあったが，口頭の自発的なテストでは，指導直後も8週間後もリキャストとの有意差は出ていない。したがって，暗示的，手続き的知識の習得を目ざした場合にも誘導がインパクトがあるのかは不明である。この実験では，誘導には4種類，さらにそれらの組み合わせたもの

を含んでいるので，リキャストとの1対1の比較ではなく，誘導の何が有効なのかははっきりしない。そこで，R. Ellis, Loewen, & Erlam (2006) や R. Ellis (2007) は暗示的フィードバックであるリキャストと，明示的フィードバックであるメタ言語的説明を比較している。その結果，明示的フィードバックの方が効果があるとしているが，リキャストといっても，発話全体でなく誤った箇所を繰り返す部分的リキャストを与えており，リキャストというより明示的訂正に近いものになっている。

　このように，先行研究には，リキャストの操作上の定義が研究間で異なっているという問題点がある。誘導の方がリキャストより効果的だとする研究の多くは，明示性のレベルが異なる比較がなされていることから，McDonoguh (2007) は，誘導とリキャストの違いによるものなのか，修正アウトプットの有無によるものなのか，あるいはその両方なのかが曖昧だとしている。そこで，McDonough は，暗示的なタイプのフィードバックとして，誘導の中で最も暗示的な明確化要求とリキャストを比較している。74人のタイの EFL の大学生を，明確化要求を与えるグループ，リキャストのグループ，フィードバックを受けない統制群に分け，英語の過去形を目標言語形式に双方向と一方向のインフォメーションギャップ・タスクを行った。その結果，明確化要求もリキャストも同程度に，統制群より効果があったとしている。

　Goo & Mackey (2013) は，リキャストがリキャストとして学習者に認識されにくく，アウトプットを引き出す誘導の方が効果的とするような主張に対し，"The case against the case against recasts" というタイトルの論文を発表し，先行研究を総括している。リキャストの効果に影響する要因としては，発達的レディネス (Mackey & Philp, 1998; Ammar, 2008; Ammar & Spada, 2006 など)，熟達度 (Ammar & Spada, 2006)，イントネーションやリキャストの長さ，変更の箇所 (Egi, 2007a, b; Loewen & Philp, 2006; Nassaji, 2009; Philp, 2003; Sheen, 2006 など)，目標言語形式 (R. Elllis, 2007; Iwashita, 2003 など)，個人差 (Mackey, Philp, Egi, Fujii, & Tatsumi, 2002; Tromfivich, Ammar, & Gatbonton, 2007 など)，効果の測定方法 (Spada & Lightbown, 2008 など) などがあげられる。中でも，学習者の個人差は，リキャストを利用できるかどうかに大きく影響すると考えられるようになっている。Robinson (2002) は，知覚速度 (perceptual speed) やパターン認知能力がリキャストの気づきを左右し，たとえ気づきが起きたとしても，音韻的作動記憶の容量が劣る場合はリハーサル (心的復唱) がうまくできないので，長期記憶に統合することが難しくなる可能性があるとしている。

また，Goo & Mackey(2013)は，否定フィードバックはリキャストも誘導もどちらも有効だが，それらが有効な教室談話のコンテクストは異なるので，どちらがより効果的かという議論を続けるのは建設的ではなく，どんな条件下でリキャストがより効率よく機能するかを追求することの方が重要であるとしている。さらに，指導の効果は，心理言語面から見てなぜ有効かという科学的な裏付けが必要だと思われる（誘導は自己訂正，つまりアウトプットを促すフィードバックであり，その効果については2.4で論じることにする）。

2.3.5 リキャストの心理言語的妥当性

　リキャストは，暗示的な否定フィードバックとしてしばしば分類されるが，実際には部分的な訂正を行っているという意味では否定証拠を，しかし，正しいモデルを与えるという意味では肯定証拠も同時に提供している。UGの立場の研究者からは，リキャストは否定証拠として有効なのではなくて，言い直してモデルを与えるという意味で肯定証拠を提供していることがSLAに寄与しているのではないかという見解(Schwartz, 1993)も出されていた。そこで，Leeman(2003)は，リキャストのどの側面がSLAを促進するのかを検証している。スペイン語初級の学習者に対して，名詞句の性・数一致をターゲットに，(1)リキャスト（暗示的否定証拠＋肯定証拠），(2)卓立性の強化（ターゲットを強調したモデル，否定フィードバックなし），(3)否定証拠（誤った発話の繰り返しのみ）の3条件を比較した。4つ目の統制群は強調する部分のない肯定証拠のみを受けた。その結果，指導の効果が見られたのは(1)と(2)のグループのみであった。よって，リキャストは，否定証拠ではなくて，学習者の発話の一部が他の言い方に変化していることにより知覚的卓立性が高まることがSLAに寄与しているのではないかとしている。すなわち，知覚的卓立性が気づきを促していると考えられる。

　Goo & Mackey(2013)が主張するように，リキャストを推奨するためには理論的な裏付けが必要である。Doughty(2001)は，それまでのFonFが教育的な用語で議論されてきたという反省から，認知的な用語でFonFを論じる必要があるとして，リキャストの認知的基盤を論じている。SLAから推奨する指導技術は学習者の内的なメカニズムに照らして妥当性のあるものでなくてはならない。リキャストは，学習者が表現したい意味内容を表すのに新しい言語形式があるということを提示し，学習者が自分の用いた言語形式と比べられるという認知比較の機会を与える点で意義があると考えられる。認知比較を行うには，

SLAに必要な言語データを作動記憶という情報処理の作業場に載せることが条件である。Doughty(2001)は，FonFは，言語形式，意味，機能の統合的処理が行えるように手短に簡潔に認知的侵入を果たし，認知的マッピングを促進することが重要だと論じている。マッピングは，Levelt(1993)の言語処理モデル(本書の第2章，第2節参照)において，概念的表象と語の音韻形式の間で起き，その際に語用的，意味的，統語的情報などが，そのプロセスに影響を及ぼすとされる。図4-2はLeveltの言語処理モデルのうち，心的辞書への語彙アクセスの段階を拡大したものである。スピーチ・プランニングの形式処理においては，心的辞書の見出し語へのアクセスと，見出し語に対応する音韻形式へのアクセスの2段階があり，両者の相互作用はあるが，それぞれの部門は独立した自律的なプロセスだと考えられている。見出し語には辞書的な意味だけではなく，語用的，意味的，統語的な言語情報も含む。Doughtyは，見出し語の意味情報と音韻形式との間に，教育的介入のための小さな「認知の窓(cognitive window)」が開いていて，それが，すなわちリキャストの機会だと見ている。

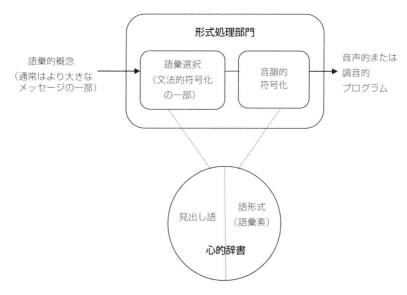

図4-2　スピーチ産出における語彙アクセス
(Levelt, 1991, p.4, Doughty(2001)に引用，小柳訳)

また，学習者がリキャストに気づき，インプットがインテイクとなるには，学習のターゲットに選択的に注意が向けられなくてはならないが，Doughty

(1999a, b)は，リキャストが学習者の誤った発話に隣接して与えられる場合，音韻ループ（言語性短期記憶）にとどまる20～30秒の間に言語習得に必要な認知比較の機会が十分に与えられるはずだと論じていた。Doughty(2001)は，さらに，情報に焦点的注意(focal attention)が向けられている周辺に漂う「流動性注意(roving attention)」を利用すれば，認知比較に使える時間はもっと長くなると論じている。WM は焦点的注意があたって長期記憶(LTM)から活性化された LTM の部分集合で，スピーチ・エラーの実証研究などを見ると，例えば，必ずしも焦点的注意があたっていない情報でも人間は覚えておくことができるという証拠があるという。よって，Doughty は，少し前まで注意を向けていて，時間と共に減衰しかけている情報，すなわち流動性注意があたっている情報は，LTM から速やかに容易に再活性化することができるので，教育的介入が可能だとしている。言い換えると，学習者が少し前の自分の発話を再び WM の作業場に呼び出し，インプット（リキャスト）と自らのアウトプットの認知比較を促すためにリキャストによる認知的侵入が必要なのである。そして，流動性注意を活用すれば，学習者の「認知の窓」が開いている時間は，以前考えられていたよりももっと長く，1分弱の猶予があるのではないかと Doughty は見ている。つまり，学習者はリキャストにより目標言語と中間言語のギャップに気づくのに十分な認知資源を有しているということである。そして，「認知の窓」が開いている短い間に介入すれば，学習者は，スピーチ・プランの生成過程を邪魔されずに，自らのアウトプットの中にリキャストされた言語形式を取り込んで，スピーチ・プランを修正することもできるのではないかとしている。日常生活の実例や実験によるスピーチ・エラーの研究では，言語の音韻，語彙，形態素といった同レベルにおいて入れ換えが起きるとされ，このメカニズムを利用すれば，中間言語が発達する方向に認知的侵入が果たせる可能性があるのである。

　さらに，リキャストの曖昧性に対する批判には，リキャストに対するアップテイクが少なく，修正アウトプットが導き出されないこと(Lyster & Ranta, 1997 など)が論点になっていたが，アップテイクの代わりに，心理学の「プライミング」の考え方を用いた気づきの指標も提案されている(McDonough, 2005; McDonough & Mackey, 2006 など)。心理学では，先行して受けた刺激（プライム）の影響を受けて，後続の刺激（ターゲット）に対する反応が変化することを「プライミング」と呼んでいる。このような現象は，身近な日常会話の談話においても観察される。例えば，ある話者が受身の構文を用いると，それに続く会

話の中で何度かの話順交替を経た後でも，最初に受身文を生成した話者が，あるいは会話に参加していた他の話者が，前の発話に影響を受け，語彙は異なっても同一の受身構文の使用が増すというようなことが起きる。ある話者が用いた語彙や形式表現が，引き続き会話の参加者の中で繰り返し使用されるというようなこともある。このように，ある経験が，覚えようという意識にのぼらなくても，その後の問題解決に促進的な効果をもたらすことを「プライミング効果」という。Jourdenais(2001)は，内省報告で言語化した気づきが，必ずしも言語産出につながらなかったことを示したが，Robinson(2003)も，学習者に言語形式に気づいたかを言語化して報告させるといったメタ言語的な内省による方法ではなく，プライミングの方が真の気づきを反映しているとしている。もし，リキャストによるプライミング効果，および習得が促進したことが証明されれば，リキャストより修正アウトプットを導き出す誘導の方が習得に恩恵をもたらすという主張に反論することができる。

McDonough & Mackey(2006)は，58人のタイのEFL学習者と英語のNSとをペアにしてインターアクションをさせ，事前テストと事後テスト(直後，3週後，6週後)を行う実験デザインにより，プライミング効果を調べている。英語の疑問文の発達段階を目標言語形式にして，リキャスト群と統制群に分け，インフォメーション・ギャップのタスクなどによる伝達活動の20分のセッションを3回行った。リキャスト群は談話の中で自然なフィードバックを受け，統制群はフィードバックは受けず，コミュニケーションの挫折があった場合は，次の話題に進んだ。効果の測定には，情報の流れが一方向のインフォメーションギャップ・タスクを個人で行い，疑問文の発達段階を調べた。まず，インターアクションにおいて，プライミングとして，リキャストの後，話順交替6回以内に，リキャストされた疑問文と同一の構文が産出された発話が特定された。以下は，リキャスト直後に学習者が発話を繰り返した場合(1)と，リキャストの後にプライミング産出があった場合(2)の例である。前者では，リキャストの直後に学習者はリキャストを繰り返しているが，その後の発話では元の発達段階の疑問文を産出している。一方，後者では，リキャストの直後に繰り返しは見られないが，話順交替を経て，リキャストされた疑問文と同じ発達段階の文を産出している。ロジスティック回帰分析の結果，リキャストによるプライミングは疑問文の発達に有意に関わっていたが，リキャスト直後の繰り返しは疑問文の発達への関与は見られなかったことが報告されている(プライミングについては2.5でさらに考察する)。

(1) リキャスト直後に繰り返しを伴う場合
　　NNS: where you live in Vietnam?　（段階3）
　　NS:　 where did I stay in Vietnam?　（リキャスト　段階5）
　　NNS: where did you stay?　　　　（繰り返し　段階5）
　　NS:　 I started in Hanoi and went down the coast to Hui and Danang and I dended in Saigon
　　NNS: where the event take place?　（段階3　誤りは未訂正）
(2) リキャストの後にプライミング産出がある場合
　　NNS: why he get divorced?　　　（段階3）
　　NS:　 why did he get divorced?　（リキャスト　段階5）
　　NNS: yeah
　　NS:　 because he know his wife was having and affair so he didn't want to be with her anymore
　　NNS: so where did Mr. Smith live?（段階5）
　　NS:　 with his friend

（McDonough & Mackey, 2006, pp.710-711)

2.4　アウトプット
2.4.1　アウトプット仮説

　Swain (1985, 1994, 1995) は，学習者が自分の発話が誤りであることを示す否定フィードバックを受けて，発話の修正を迫られることにより言語を産出することも SLA には重要だと考えた。これが，いわゆる「アウトプット仮説 (Output Hypothesis)」である。Swain が「アウトプット仮説」を提案した背景には，長期にわたってカナダのイマージョン・プログラムに参加した学習者が聴解力や流暢さは NS 並みになっても，文法的な正確さの点では NS にははるかに及ばないレベルにとどまっていたという事実がある (Swain 1991 のまとめを参照のこと)。イマージョンにおいては，教科学習の中で十分なインプットを受けているが，学習者が言語を産出する機会は非常に限られている。学習者は自分の考えていることを表現してみるまでは，その時点の自らの中間言語で言いたいことが適切に表現できるかを自覚することはできない。よって，インプットだけでなく，相手に「理解可能なアウトプット (comprehensible output)」を出すことも重要だと考えられるようになった。

　インターアクションにおいて学習者のアウトプットを引き出すには，学習者

側が正確に意味を伝えることを強いられるという意味で，会話的調整の中でも特に明確化要求(clarification request)が有効だと考えられている(Pica, Holliday, Lewis, & Morgenthaler, 1989)。学習者が NS から明確化要求を受けて，「強要アウトプット(pushed output)」を出すことが重要になる。Swain(1993)や Kowal & Swain(1994)は，強要アウトプットは学習者をインプットの意味的処理から統語的処理へと移行させるのに有効だと論じている。Swain(1994, pp.1-2)は強要アウトプットには，以下のように3つの機能があるとし，さらに4番目の流暢さ促進の機能が後から追加されている(Swain, 1995)。

(1) 気づき(noticing)の機能：アウトプットが気づきを生じさせると仮定する。つまり，目標言語を(声に出して，もしくは半ば声を出して)産出する際に，学習者は言いたいことと，言えることのギャップに気付き，それが彼らの知らないこと，もしくは部分的にしか知らないことを気付かせることへとつながる。
(2) 仮説検証(hypothesis testing)の機能：言語を産出することが言語学習過程に役立つもう1つの方法は，仮説検証を通してである。つまり，アウトプットを出すことは理解可能性，または言語的適切さについての仮説を試す1つの方法なのである。
(3) メタ言語的(内省的)機能：学習者が自分の目標言語使用について内省するにつれ，アウトプットがメタ言語的機能を持ち，学習者が言語知識をコントロールし内在化することを可能にする。
(4) 流暢さを高める機能

また，図4-3に示すように，コミュニケーションの必要性が生じた際に学習者はアウトプットを出し，それに対してフィードバックが得られる。そこでインプットを分析して内在化された言語形式は新たなアウトプットとなって，学習者から発せられる。そのようなサイクルを繰り返しながら，アウトプットは習得に寄与している。

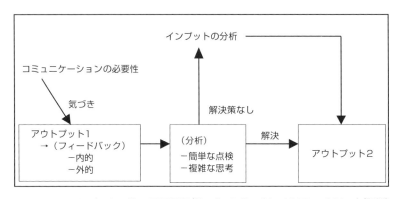

図4-3　アウトプットと第二言語習得(Swain & Lapkin 1995, p.388; 小柳訳)

2.4.2 アウトプットに関する実証研究

(1) 協働ダイアローグ

　Swain(1994, 1995)は自身の提唱したアウトプット仮説の実証研究(Kowal & Swain, 1994, Swain & Lapkin, 1995)の中で，教師が読み上げるパッセージを聞いてペアでそれを再構築する「ディクトグロス(dictogloss)」というタスクを「協働ダイアローグ(collaborative dialogue)」と位置づけて，その効果を検証している。学習者が言語形式について話し合っている発話の部分を言語関連エピソード(language-related episode: LRE)」として特定し，その分析から，アウトプットは，インプットの意味処理を超えた統語レベルの深い言語処理を促進しているとしている。Swain(2000)は，外に顕在化した社会的活動であるインターアクションと，問題解決活動における学習者の内面の認知との媒介ツールとしての言語の役割に着目し，社会文化理論(Lantolf, 2000a, b)も取り入れるようになった。数値的データや実験証拠を提示しない社会文化理論(Sociocultural Theory)のアプローチは，Longなど相互交流的，認知主義的なFonFの研究者としばしば対立するのだが，Swainは，インターアクションを重視しつつも，学習者間のメタトーク的な要素も認めているのである。全面的に意味中心に授業を行うイマージョンでは，時折このようなメタトークを含む練習を取り入れる必要性があったものと思われる。学習者は自分より能力が高い仲間とのインターアクションにおいて，自分の現在の能力と仲間の助けによって引き出される上限との間，つまり，社会文化理論でいうところの「最近接発達領域(zone of proximal development)」において，与えられた課題の問

題解決をしながら言語をより上の段階へと最大限に引き上げていくのである。

　Swain & Lapkin(1995)は，フランス語(L1: 英語)を学ぶ学生に，新聞記者としてフランス語で記事を書き，それから，その編集過程においてフランス語または英語で考えていることを声に出すように言い，思考表出法(think-aloud)による分析を用いることにより，アウトプット仮説の証拠を提示している。この分析データによると，学生は言語的ギャップを認識し，誤りを訂正するために自らの明示的な文法知識を検索したり，規則を適用しようとしたりしていた。つまり，Swain & Lapkin は，アウトプットは自分が表現できることとできないことのギャップを明らかにし，Swain などが「内的」フィードバックと呼ぶ認知過程をさらに引き起こすのに役立つとしている。同様に，Swain & Lapkin(1998)は，フランス語の再帰動詞の文法レッスンを5分やった後で，学習者のペアに異なる絵を半分ずつ持たせて，二人で順番を並べ替え物語を完成させるタスクを行うよう求め，タスクの間のLREを分析した。LREは，学習者同士が産出しようとする言語について話したり，お互いの言語使用を問題にしたり，自分もしくは相手の誤りを訂正するというような一種のメタトークであるが，このエピソードの生起数と，ペアの会話やタスク後の再帰動詞の文法テストのスコアとの関係を分析した結果，LREの頻度は事後テストの結果に影響をもたらしていることが示された。よって，この種のダイアローグが仮説を形成，検証したり，規則を新たなコンテクストに拡大使用する内的過程を活性化しているのではないかとしている。

　また，Swain(1998)は，LaPierre(1994)の予備研究を引用して，学習者の言語知識の内在化に対するアウトプットの効果を示している。この中では，「ディクトグロス」によるテキスト再構築タスクにおいて，学習者は短いパッセージを聞きながらメモを取り，その後でメモに基づき，すべての言語リソースを駆使して二人で共同でパッセージを再生するように求められた。その結果，メタトーク，すなわち言語知識に関するトークのモデリング・セッションがあらかじめ行われた場合，生徒は明示的知識を用いることにより問題を解決することに成功したことが明らかになった。この手順は学習者の中間言語と目標言語との間の「穴(holes)」に気づかせ，さらに仮説形成と検証へと導いていったとされている。しかし，これらの研究のほとんどは，いずれも記述的なもので習得が起きたことは何ら証明されていない(同様の批判や方法論上の問題点に関する詳細な議論は Shehadeh, 2002 を参照のこと)。Swain & Lapkin(1998)は，事前テスト−事後テストのデザインで LRE と言語発達の関係を見いだそうと試み

たが,同じタスクでもペアにより注意を向ける言語形式が異なるので,メタトークと言語発達の関係を示すにはいたらなかった。

　実験研究としては,Izumi(2002)が,テキストを視覚的に強調した読解教材によるインプット強化の有無(±IE)と,テキストを読んで重要だと思われる語に下線を引いていき,その後にテキスト再構築によって言語産出を行うアウトプット強化の2つの指導技術の有無(±O)により4つの実験群を比較している。アウトプット強化がない場合は,代わりにテキストに関する内容質問に答えた。実験群には,(1)＋O＋IE,(2)＋O－IE,(3)－O＋IE,(4)－O－IEの4つの条件を置いた。そして,テストのみ受けた統制群と比較して,関係代名詞を目標言語形式にしてコンピューター学習の効果を検証している。気づきはテキストを理解するために読んだ際に取ったメモにおける関係代名詞の数で測定している。指導の効果は,二文連結テスト,および,絵キューで平叙文が与えられて,関係代名詞を使って説明するテストの2種類の産出テスト,VanPattenなどのインプット処理に準ずる解釈テスト,15秒で文法性を判断し,非文については誤りを訂正させるテストの4種類のテストで測定している。その結果,実験群は統制群よりも指導の効果が見られたが,実験群の中では,インプット強化とアウトプット強化の両方の指導があったグループが,理解するためだけにテキストを読んだグループより学習効果が大きかった。また,視覚的インプット強化は言語形式への注意を喚起して気づきを起こすものの,必ずしも学習効果へと結びついてはいなかったとしている。したがって,Izumiは,視覚的インプット強化は知覚的に言語形式を検出できても表面的であり,アウトプット強化の方が深層レベルの認知処理を促進するのではないかとしている。

　協働ダイアローグはディクトグロスのみならず,コミュニケーション・ギャップがあるタスクによるインターアクションにおいても,LREが自然発生的に起きることが示されている。協働ダイアローグがL2学習を促進していることを示した研究(Qin, 2008; Swain & Lapkin, 2002; Tocalli-Beller & Swain, 2005; Watanabe & Swain, 2007, 2008; William, 2001; Zeng & Takatsuka, 2009)は蓄積されてきているが,協働ダイアローグの成否は,前述のリキャストと同様,学習者の熟達度レベルやペア同士の力関係(熟達度レベルや積極性の違い)など,他の要因にも左右される。例えば,Leeser(2004)は,熟達度レベルが高い学習者の方がLREが生じる頻度が高く,そこで生じた問題を解決することができたとしている。また,熟達度が高い学習者と熟達度が低い学習者の組み合わせでも,双方が協働ダイアローグから恩恵を受けることは可能だが,もっと重要な

ことは，協働ダイアローグに参加する個々の学習者が，活動のゴールをどうとらえ，課題にどれだけ深く取り組むかといったことにより形成される，協働志向があることだとしている(Dobao, 2012; Kim & McDonough, 2008; Watanabe, 2008; Watanabe & Swain, 2007, 2008)。

(2)　誘導(prompt)

　Swain は，最近は協働ダイアローグに関心を寄せているが，アウトプット仮説(Swain, 1985)を提案した当初は，学習者は，自分の発話が誤りであることを示す否定フィードバックにより修正を強要されると，意味を正確に伝えようとしてアウトプットを修正することが習得につながると仮定していた。すなわち，対話相手に「理解可能なアウトプット」を出すことが重要だと考えたのである。Pica, Holliday, Lewis, & Morgenthaler(1989)は，アウトプット仮説を支持する証拠として，母語話者が明確化要求によりコミュニケーション上の問題を指摘した場合，NNS は自分のアウトプットを修正する傾向があることを示した。このような強要アウトプットを出すことが重要なのである。一方，自分の理解が正しいかどうか相手に確認する確認チェックのようなフィードバックは，正しい言語形式が母語話者の側から提供されるので，学習者の言語発達にはインパクトが小さい。よって，学習者に意味を明らかにすることを求める明確化要求のようなオープン信号は，学習者の側でアウトプットが訂正されるという点で，確認チェックより有効だと言える。さらに，Pica et al.(1989)は，NNS による修正は意味的なものよりむしろ形態素や統語に関わるものであったことも報告している。

　同様に，Gass & Varonis(1989)は，NNS 間の談話において，自由会話より絵のタスクにおいてより多くのリペア(repair)が起きていることを示した。すなわち，学習者は答えの決まっていない自由会話に比べると，より詳細で正確な情報が求められる絵のタスクにおいて，アウトプットを出すことを強要されたのである。また，学生ペアで協力し合って修正された正しい言語形式は，その直後のみならず談話の後の方でもしばしば現れたことが明らかになった。さらに，Lyster & Ranta(1997)は，教室観察データ分析において，自己もしくは仲間によるリペアにつながるフィードバックや，さらにフィードバックを引き出す訂正フィードバックに対する学生の反応を特定し，内容中心(content-based)の語学教室においても，意味交渉だけでなく言語形式の交渉も行われていることを報告している。これらの研究は，言語習得が実際に起こったことを

証明したわけではないが，学習者はインターアクションにおいて意味の明確化を要求された場合，メッセージを伝えるためにアウトプットを調整することができることを示している。

　Shehadeh(1999)は，従来の実験研究(Pica, Lincoln-Porter, Paninos, & Linnell, 1996など)が，他者が明確化要求した際の強要アウトプットのみに着目していたのに対して，話者が明確化要求をされることなく自らの発話を明確に言い直そうとする試みをすることや，学習者はむしろ自分で気づいて自分で修正をすることを好む傾向があることを報告している。この傾向はNSのインターアクションの規範にも一致するものであり，学習者が自分の文法知識などに照らし合わせて産出したアウトプットも，中間言語文法の形成に重要だと言える。また，Shehadeh(2002)はアウトプットを，理解可能なアウトプット，正確なアウトプット，目標言語に近いアウトプットの3つに区別し，どんなアウトプットが言語発達に影響を及ぼすのかを検証すべきだとしている。なぜなら，理解可能だが正確ではないアウトプット，正確だが目標言語らしくないアウトプットなどがしばしば起こり得るからである。また，インターアクションにおいては，対話相手が必ずしも適切なフィードバックを提供しているとは言えないという問題点も指摘している。したがって，記述的な研究だけでなく，変数をコントロールした実験研究によりアウトプットの役割を検証する必要がある。さらに，Shehadehは，強要アウトプットが音韻，語彙，形態素，統語などの，どの言語的特徴に効果があるかも差別化する必要があると述べている。

　さらに，インプット強化とアウトプット強化の両方を組み込んでインターアクション強化(Interaction Enhancement)によりコミュニカティブ・タスクの中でFonFを実現した例(Muranoi, 2000)もある。インターアクション強化とは教師が学習者にアウトプットを出すように強要し，学習者の中間言語と目標言語との違いに気づかせるために反復要求をし，さらに誤ったアウトプットを学習者に訂正させようとする教育的介入である。シナリオによる問題解決タスクで，まず，学習者のペア同士でインターアクションを行い，その後，教師と代表の学習者一人がインターアクションを行ってインターアクション強化が行われた。Muranoiは英語の冠詞を目標言語項目にして，日本の英文科の大学生を被験者に実験を行っている。過剰般化の誤りに対して反復要求をし，学習者がアウトプットを修正すると，正しければそれを繰り返し，修正できなければ訂正リキャストを与えた。その後でクラス全体でインターアクションがうまくいったかどうか話し合った。この時に，不定冠詞の文法的説明を受けたグルー

プとコミュニケーションがうまくいったかに焦点を置いて話し合ったグループとを，インターアクション強化をせずにタスクを行い意味重視のフィードバックを受けたグループと比較している。その結果，インターアクション強化＋明示的文法説明のグループが，冠詞に関する中間言語知識の再構築に最も効果があり，5週間後まで効果は持続していたことが示された。また，不定冠詞の指導効果は定冠詞にまで波及し，インターアクションを行った学習者だけでなく，インターアクションを観察していた学習者にも指導のインパクトがあったことも報告されている。つまり，大人数の教室においてもコミュニカティブ・タスクを組み込んでFonFを実現することが可能だということが示されたのである。

近年は，リキャストの曖昧性の問題を指摘する研究者(Lyster, 1998; Panova & Lyster, 2002など)からは，リキャストより有効な技術として，誘導の優位性を主張する研究も進んでいる。誘導とは，誤りの再形成以外の方法で，学習者に自己リペア(self-repair)を強要するさまざまなシグナルのことで，「抽出(elicitation)」「メタ言語的手がかり(metalinguistic clues)」「明確化要求」，および「反復」を含む(Lyster & Saito, 2010, p.152)。つまり，モデルを提供しないフィードバックをひとくくりにして「誘導」と呼んでいる(Lyster, 2004)。訂正フィードバックについては，その定義に研究者間で常にズレが存在するが，Adams, Nuevo, & Egi(2011)は，分類基準として，誤りを特定する明示性，L2モデルの提供，学習者からの修正アウトプットの抽出という観点から分類している。誘導は，モデルを提供しないフィードバックと見なすことができる。フィードバックの明示性は，明示的，暗示的が二者択一ではなく連続性のあるものだ(Loewen & Nabei, 2007)ととらえられている。表4-4は，訂正フィードバックの分類を示したものである。

誘導の実証研究は，しばしばリキャストとの比較においてなされている。例えば，Lyster(2004)は，カナダのイマージョンにおいて，3つの実験群と指導を受けない統制群に分けて誘導とリキャストを比較している。フランス語の名詞のジェンダーを目標言語形式にして，実験群にはまず，インプット強化の教材による気づきの活動と，帰納的な規則発見とメタ言語的説明によるアウェアネス活動，および分析と流暢さの両方を高める練習活動からなるForm-Focused Instruction(FFI)を行った。その際に，1つ目の実験群には誘導(明確化要求，反復，メタ言語的手がかり，抽出)を，2つ目の実験群にはリキャストを与え，3つ目の実験群はFFIのみの指導を行った。指導の効果は，筆記による

絵の選択テストとテキスト完成テストと，口頭による絵描写テストにより測定された。その結果，3つの実験群は，名詞のジェンダーの正確さにおいて，統制群より有意に改善が見られた。筆記タスクでは誘導がリキャストより優り，FFIのみの実験群も統制群との有意差が見られた。どのグループも，2か月後も直後テストとスコアは変わらなかった。一方，口頭タスクについては3つの実験群に差は見られなかった。自発的な口頭産出テストで実験群の差が見られなかったので，誘導というよりFFIのインパクトが大きかったという可能性もある。

表4-4　訂正フィードバックの分類
(Adams, Nuevo, & Egi, 2011, p.44に基づく　小柳訳)

インプット／アウトプットの区別	フィードバック	NNSの誤りに対するNSのフィードバックの例	明示的／暗示的の区別
インプット提供	明示的訂正	No, it's not goed—went.	より明示的 ↑↓ より暗示的
	リキャスト	John went to school.	
アウトプット誘導	メタ言語的フィードバック	-ed is for past tense of regular verbs, and "go" is an irregular verb.	より明示的 ↑↓ より暗示的
	抽出	John...?	
	反復	John goed to school?	
	明確化要求	Pardon?	

　Lyster & Izquierdo (2009) は，さらに，フランス語の名詞のジェンダーを目標言語形式にして，カナダの大学生の中級フランス語学習者25人を対象に実験を行っている。まず，教室において1週間にわたり3時間のFFIの指導を行い，その後，教室外でフィードバックのセッションを行い，物を特定するタスクや絵描写タスクを課して，14人にはリキャストを，11人には誘導によるフィードバックを与えている。誘導は，明確化要求をして1回で誤りが直らない場合は，誤りを繰り返すという手順で行われた。効果は絵の選択テストとその反応時間，および絵描写テストにより測定された。その結果，リキャストも誘導も，生起数はほぼ同数であったが，当然のことながら，リペアは誘導の方がリキャストよりずっと多かった。しかし，どちらのグループも有意にパフォー

マンスが改善し，遅延テストでもその効果を維持していた。Lysterなどは，教室指導がFFIである場合，リキャストが通常より気づかれやすく，誘導との差が出なかったのではないかとしている。確かに，名詞のジェンダーのように名詞句の再形成で済む短いリキャストは，明示性が高いと考えられている(Egi, 2007a; Loewen & Philp, 2006; Philp, 2003; Sheen, 2006など)。この実験は，リキャストは一度きりのフィードバックであるが，誘導は，誤りが一度で直らない場合は，明確化要求と反復要求の二度のフィードバックを受けたことになり，比較のレベルがそろっていないように見える。また，リキャストは意味重視の指導に向くフィードバックであるが，FFIを3時間も行っており，本来のリキャストが目ざす指導とは異なるように思われる。

　Nassaji(2009)は，誘導の1つである抽出をリキャストと比較している。カナダの42人の大人のESL中級の学習者を，NSの教師とペアにしてインターアクションを行った。学習者は，4枚の絵を並べ替えて，それを描写するシナリオを書いた。筆記と同様に口頭でも産出し，その際に抽出かリキャストによるフィードバックを受けた。最初の筆記タスクが事前テストとなり，直後のテストでは自分の書いたシナリオを訂正させた。2週間後にも最初のシナリオを見せて，訂正させた。その結果，記述的統計のみであるが，リキャストと抽出に大きな違いは見られなかった。しかし，事前テストから直後テストまで含めて35〜45分しかかけておらず処遇の時間が短いので，習得するのに時間がかかるとされる暗示的な指導の効果が見いだせなかったのは当然であろう。

　Ammar & Spada(2006)は，カナダの5か月のESL集中プログラムに参加した小学5〜6年生63人に対して準実験を行った。目標言語形式は英語の所有限定詞(3人称単数his/her)で，母語のフランス語とジェンダーの決め方が異なるので，英語の習得が難しいとされている。4週間の間に30〜45分のセッションを12回行い，1回目は文法説明で，残る11回はコミュニカティブな活動にあてた。リキャスト群と誘導群と，活動のみの統制群を設けた。誘導のグループは，何を要求されているかが曖昧な明確化要求を含まず，抽出，繰り返し，メタ言語的フィードバックの3種類のフィードバックを受けた。また，リキャストは通常，暗示的とされるが，Ammar & Spadaは名詞句内のリキャストなので明示的なフィードバックと見なしている。よって，実験は明示的なリキャストと誘導の比較ということになる。絵描写テストでは，指導直後も4週間後も2つの実験群は統制群より有意にスコアが高かった。しかし，直後は誘導とリキャストに差は見られなかったが，遅延テストで誘導の方がリキャストより有

意にスコアが高いという結果になった。パッセージの誤り訂正テストでは，指導直後にすでに誘導の方がリキャストより有意にスコアが高く，4週間後にはその差がさらに大きくなっていた。

　Ammar & Spada のさらに重要な結果は，熟達度の高い学習者は訂正フィードバックの有無に関わらず教室指導から恩恵を受けていたが，熟達度の低い学習者は，フィードバックからの恩恵があり，中でも誘導の方がリキャストよりスコアが伸びていたことがわかった。Ammar(2008) は，Ammar & Spade (2006) と共通の同じ実験で得られたデータから，口頭の絵描写テストとコンピューター上で絵とパッセージが入った空所補充テストを行い，正答に加え反応時間も測定し分析した。その結果，誘導の方がリキャストやフィードバックがなかった統制群より効果的で，特に熟達度が低い学習者に有効だったとしている。また，誘導の方がコンピューターテストの反応時間も早かったとしている。しかし，Loewen & Nabei(2007)は，リキャスト，明確化要求，メタ言語的フィードバックの3つの実験群とフィードバックを受けない統制群を比較し，時間制限を設けない文法性判断テストに違いは見られず，時間制限付きの文法性判断テストでは，実験群と統制群の有意差はあったものの，実験群の間で違いは見られなかった。時間制限付きの文法性判断テストは，時間制限なしの文法性判断に引き続き，同じ問題で行われたため，練習効果が現れたという可能性もある。

　このように，インターアクションにおけるアウトプットの役割について，当初は明確化要求による「強要アウトプット」の重要性に注目が集まったが，その後はリキャストとの比較で，明確化要求を含む「誘導」として研究されることが多くなった。「誘導」を提唱する研究者は，メタ言語的な FonFS の指導をまず行い，その上でフィードバック・セッションを設け，誘導かリキャストを与えるというような実験を行っていることが多い。FonFS の要素を排除して最初から意味重視の指導の中でリキャストを提唱しようとする研究者とは，根本的にアプローチが異なる。また，誘導は明示的なものから暗示的なフィードバックまでを含み，それをひとくくりにして複数のフィードバックのタイプを「誘導」として「リキャスト」と比較することが多く，比較の単位としてはアンバランスである。明示的なフィードバックに適する教室のコンテクストと，明確化要求のような暗示的フィードバックに適する教室のコンテクストは異なると考えられるので，区別して研究する必要があると思われる。「転移適切性処理の原理」から考えると，メタ言語的フィードバックは文法の練習問題を解くよ

うな明示的学習には有効かもしれないが，意味あるコンテクストで言語形式，意味／機能とのマッピングを促進するには，明確化要求のような暗示的フィードバックの有効性を確立することが重要である。

2.4.3 アウトプットの心理言語的妥当性

アウトプット仮説を心理言語的なメカニズムでとらえて説明しようとしたのが，de Bot (1996) である。de Bot は Levelt (1989, 1993) の L1 の言語処理モデルを L2 に応用したことで知られるが，さらに，このモデルを使ってアウトプット仮説の妥当性について心理言語面からの説明を試み，特に語彙アクセスという観点からアウトプットを論じている。「語彙」の意味するところは深く，Levelt のモデルでも，見出し語にはさまざまな言語情報が含まれていることが前提になっている。例えば，表4-5はフランス語の "tuer"（殺す）と "mourir"（死ぬ）の見出し語に含まれている言語情報である。

表4-5　見出し語 "tuer" と "mourir" に含まれる文法的意味情報
（de Bot, 1996に基づく）

"tuer" （殺す）	概念的特定：原因(X("die")Y) 概念項：(X, Y) 統語的範疇：動詞 文法的機能：(素性，行為) 語彙的ポインター：245 弁別的パラメータ：テンス，アスペクト，ムード，人，数，ピッチ・アクセント
"mourir" （死ぬ）	概念的特定：(X("die")) 概念項：(X) 統語的範疇：動詞 文法的機能：(素性) 語彙的ポインター：687 弁別的パラメータ：テンス，アスペクト，ムード，人，数，ピッチ・アクセント

見出し語には，言語化する以前に生成されたメッセージの概念と合致させるために必要な意味的情報と，文の表層構造を構築する統語的情報が貯蔵されていなくてはならない。つまり，語彙が意味と言語形式を結びつける働きをしているのである。ただし，de Bot は語彙レベルのプロセスは自律的で，外からの操作が不可能な領域だと見ている。Levelt の言語処理モデルでは，言語処理システム全体は手続き的知識に支えられて動くが，心的辞書の情報のみが宣言的知識から成るとされている。見出し語の上記のような情報は宣言的知識である。

新たな知識を提供することが可能なインプットと異なり，アウトプットにより全く新しい言語形式を学習するとは考えにくい。よって，de Bot は，Anderson (1983)に基づき，アウトプットの最も重要な役割は，宣言的知識を手続き的知識に移行するプロセスに働きかけることではないかとしている。つまり，これは，Swain(1995)の「アウトプット仮説」の中で提案された4つの機能の中で「流暢さを高める」という機能を最も重視していることになる。

　アウトプットを繰り返すことで言語形式と意味／機能の関係が強化されるが，de Bot は，内的規則に基づき生成されたアウトプットが，否定フィードバックを受けて，そのような関係の発達が阻止されることにより「気づき」が生じるとしている。また，外に発話として出されたスピーチではなく，内的スピーチが理解過程に戻され，モニターが働くことにより「仮説検証」機能が働いていると見ている。de Bot(1996)は，Swain & Lapkin(1995)のテキスト再構築タスクのプロトコール分析に基づき，ペアが言語について話し合うメタトークが随時見られることから，そこにアウトプットの「メタ言語的機能」も働いているとしている。さらに，Izumi(2003)は，言語産出において文法的符号化は回避することができないプロセスであること，また，内的スピーチ，および発話として外に出されたスピーチ双方に言語理解過程のモニター機能が働くことが，内的に学習者の文法の意識化を促進しているのではないかとしている。これが，Swain(1994, 1995 など)がアウトプットの役割として重要視している，意味処理から統語処理への転換である。

2.5　プライミング活動

　インプットもアウトプットもさまざまなプロセスでSLAに異なる貢献をしていると考えられるが，Mackey & Goo(2007)のメタ分析によると，修正アウトプット(modified output)の機会の有無を比較しても効果量の違いが見られず，どちらも効果量が大きかったとしている。**2.3.5**でも言及したように，リキャストは必ずしも修正アウトプットを引き出さないが，プライミング効果により後の発話にリキャストされた文構造が学習者に使用されていたことが示されている。よって，McDonough & Mackey(2006)は，「修正アウトプット」という用語の使われ方を疑問視している。フィードバックを受けた直後の修正アウトプットのみが修正アウトプットにカウントされ，時間が少し経過してから修正されたアウトプットは含まれていないという問題点を指摘しているのである。そこで，McDonough達は，SLAにおけるプライミングそのものについ

て一連の研究を行い、そのメカニズムを明らかにしようとしている。

プライミングは、L1の心理言語学(Bock, 1995; Bock & Loeball, 1990など)において研究されてきたが、L2の、特に言語形式の習得と結びつけて論じられるようになったのは最近のことである(McDonough & Trofimovich, 2009; Trofimovich & McDonough, 2011など)。言語使用というコンテクストにおいて、プライミングとは「以前の言語接触が、その後の言語処理に何らかの影響を及ぼす現象のことで、知覚または産出という形態において生起する(McDonough & Trofimovich, 2009, p.1)」ことをさす。言語形式に関しては、ある構造に関して以前の経験があると、その構造を産出するという言語使用者の一般的な傾向(McDonough & Trofimovich, 2009, p.98)のことを「統語的プライミング(syntactic priming)」という。例えば、前の談話の中で誰かが受動態を使うと、その後に発話する対話相手も能動態ではなく受動態を使うようになったり、英語の与格交替のように2つの構造の選択肢がある場合、直近に聞いた構造に影響されて、会話の他の参加者も同じ構造を使い続けるというようなことが起きることが知られている。言語使用者は、ある統語的構造を理解、もしくは産出する際に活性化した構造のフレームの残像が残っているため、次に理解／産出する際に、全く新しい統語構造を活性化するより同じ構造フレームを利用する方が認知的負担が軽減されるからだと考えられている。

例：英語の与格交替
    a. Bob gave Mary a ring.(二重目的格)
    b. Bob gave a ring to Sue.(前置詞句)

McDonough(2005)は、109人のタイのEFLの大学生の中から、疑問文の発達段階が4である学習者を実験対象とし、発達段階が3と5だった学習者と実験の欠席者を除いた60人の学習者に情報交換タスクやインフォメーション・ギャップ・タスクによる処遇を行った。この研究では修正アウトプットは「対話相手の否定フィードバックに対して疑問文の再形成を伴う学習者の反応」と定義されている。フィードバックを受けない統制群が設けられ、ストレスとイントネーションの上昇で繰り返しと、明確化要求により修正機会を与えられた強化の実験群1と、明確化要求を受け修正機会が与えられた実験群2と、ストレスとイントネーションの上昇による繰り返しのみで修正機会のなかった実験群3の3つの実験群と比較した。事前テストを1週目に、事後テストを2, 5, 8

週目に行った。ロジスティック回帰分析を行った結果，疑問文の発達（4段階から5段階へ）に最も寄与した要因は修正アウトプットであることがわかった。また，明確化要求は疑問文の発達の予測因子にはならなかったが，発達と有意な相関が見られたので，SLAに間接的な役割があるとしている。つまり，明確化要求というより，産出された修正アウトプットそのものがSLAには重要だったということである。

　McDonough(2006)は，さらに統語的プライミングの研究を進めている。1対1のインターアクションで，構造に選択の余地がある場合に，同じ構造を繰り返して使うことがL1の研究(Branigan, Pickering, & Cleland, 2000; Hartsuiker, Picekring, & Veltkamp, 2004など)で知られている。McDonoughは，L1の連合スクリプティング(confederate scripting)の手法をL2に応用している。この手法では，絵と描写文をマッチングさせる活動で，参加者と実験協力者が1セットの絵を持ち，交替で絵(絵の下に指定の動詞あり)を描写し合う。相手の描写を聞きながら，聞き手はテーブルの上に並べられた絵からマッチングする絵を探し出す。その際に，実験協力者が与える文が参加者の次の絵描写のプライム(使用させたい統語構造)になるように操作した順序で絵を与えておく。L1では理解プライミングを調べる手法だが，McDonoughは，産出プライミングにも適用できるように改良している。理解プライミング群は，交替で絵を描写し合うだけだが，産出プライミング群は，まず相手の文を繰り返してから，自分の絵を描写するように指示された。60分のセッションを行った結果，理解プライミングと産出プライミングには違いは見られなかったが，統語的プライミングは前置詞の与格においてのみ生じていた。2つ目の実験では，二重目的の与格のみに集中して同様の実験を行ったが，やはり二重目的与格のプライミングは起きなかったことが明らかになった。

　2.3.5で言及したMcDonough & Mackey(2006)では，SLAへのインパクトがリキャストから来るものかプライミングから来るものか，あるいは，そのコンビネーションによるものかが明らかではなかったことから，McDonoguh & Mackey(2008)では，プライミングそのものの効果を見ようとしている。タイのEFLの大学生46人と実験協力者をペアにして，英語の疑問文を対象にプライミングの実験を行った。1週間に事前テスト，2週目に20分のセッションを2回行い，3週目と7週目に事後テストが行われた。統制群はテストのみ受けた。絵の間違い探しや地図によるタスクやインタビュー，推測ゲームを行う中で，実験協力者は，学習者より先に話してプライミングの機会を作り，でき

るだけ本当のコミュニケーションになるよう指示された。この研究では，実験協力者の発話から10回以内の話順交替に生じたものをプライミングとし，学習者の発達段階より上の疑問文のプライミングが起きた箇所を特定した。その結果，統語的プライミングと言語発達には有意な正の相関が見られた。また，発達段階が上がった参加者は，実験協力者と異なる疑問詞および主動詞で，対象の疑問文構造を産出する傾向が高かったことが明らかになった。すなわち，統語的プライミングでは，学習者が広い範囲の疑問詞や主動詞に統語的構造を適用する時に言語発達が見られるのではないかとしている。これは，リキャスト直後の単なる繰り返しでは言語発達につながっていなかった(McDonough & Mackey, 2006)ことの説明になり得る。

　このようなプライミングのメカニズムは，近年SLA研究において注目される用法基盤アプローチの構文の習得(Bybee, 2008; N.Ellis, 2008; Lieven & Tomasello, 2008など)[5]と結びつけて理解することができる。用法基盤アプローチでは，命題を表す形式と意味が対応したものを「構文(construction)」と呼ぶ。構文では，個々の語彙項目と構文そのものが発話全体の解釈に寄与すると考えられる。構文は形式と意味がつながっていることが前提で，語彙的動詞に関連する統語的パターンに駆動され，項目ベースのプロセスにより習得される。構文の習得では，まず，インプット中に高頻度の伝達機能を表す語彙ベースのフレームの目録を作り出し，ゲシュタルト的(あるまとまりのある固まり)な表現として使用されるようになる。次に，これらの語彙的フレームから，伝達場面の使用を繰り返すことにより類推で何らかの規則性が抽出され，複雑で抽象的な構文を派生させる。そこにはインプット中の語彙や構文の頻度が関わっていて，高頻度で生起する構文は一般化されやすいと考えられる。また，前述のように与格交替の構文ではできるだけ広い範囲の語彙に拡大していくことが重要だとすると，特にタイプ頻度が重要になると考えられる。

　McDonough & Kim(2009)が，そのタイプ頻度の重要性を検証した実験を行っている。タイの大学のEFL学習者85人をNSとペアにして，英語の疑問文を対象にプライミング活動を行い，事前／事後テストのデザインでタイプ頻度の効果を調べた。教材には，語彙的動詞と疑問詞をコントロールした高頻度のプライム教材と低頻度のプライム教材が用意された。NSは絵カードとプライムカード(動詞と助動詞が倒置した疑問文)，学習者は絵カードと指示カード

[5) 児玉・野澤(2009)は，第一言語習得における用法基盤アプローチを解説している。

（主語と動詞のみ）を60枚ずつ持ち，タスクをやりながら質問し合った。その結果，McDonough & Mackey(2008)と同様，タイプ頻度が高い指示カードを与えられた学習者の方が，正確なwh-疑問文（主語と助動詞の倒置）の生成につながっていたことがわかった。さらに，McDonough & Chaikitmongkol(2010)は，先行研究が学習者と訓練を受けたNSをペアにしてインターアクションを行っていたことから，学習者同士のインターアクションでも統語的プライミングが起きるかを調べている。タイの大学のEFL学習者を対象に教室でプライミングのタスクを課し，プライミング群は統制群より直後テストでも，また，4週間後の遅延テストでも，統制群より正しい疑問文を生成していたと報告している。すなわち，学習者同士のインターアクションにおいても統語的プライミングが起き，中間言語の発達段階のより高い疑問文の産出を促進していたのである。

　また，McDonough(2011)は，タイのEFL学習者の代替医療をテーマにしたクラスの中で，プライミングの実験を行っている。通常の伝達活動と同様のタスクを開発し，学習者が質問し合いながらプライミングを促進する活動を行った。目標言語形式は，wh-疑問詞と助動詞の入った疑問文である。ペアは，プライム文（目標言語形式の入った完全文）とプロンプト（疑問詞，動詞，名詞などの指示のみ）の両方を与えられ，質問し合った。また，プライムとプロンプトで同じ語彙項目（動詞または名詞）を繰り返す（＝語彙的増強：lexical boost）活動と，そのような繰り返しがない活動とを比較した。なぜなら，与格交替のプライミングにおいても，プライムで動詞giveの前置詞句の与格が使用された場合に，プロンプトでgiveを指定した場合の方が，それ以外の動詞を指定する場合より統語的プライミングが起きやすいとされているからである。8週間にわたり同一のテーマについて学習する中で，10〜15分の統語的プライミング活動を4回行った。学習者がプロンプトから生成した疑問文を分析し，語彙的増強がある方がない場合より多くの目標言語形式を生成し，統計上も有意であったことがわかった。これは，Mcdonough自身のそれまでの研究(McDonough & Kim, 2009; McDonough & Mackey, 2006)で，語彙の多様性が重要だとしていたことと矛盾している。同じデータを用いたMcDonough & Chaikitmongkol(2010)では，処遇から1週間後，および5週間後の事後テストで見る限り，語彙的増強がない方が，プライミングと産出の相関が高いこともわかっている。McDonough(2011)自身も認めているが，学習者同士のプライミング活動は，目標言語形式を引き出すタスクによる伝達活動をデザイン，コントロールするの

が難しく，予想に反して統語的プライミングがあまり生じなかった活動や，教材が内容的に難しくプライミング活動が円滑に進まなかったこともあったという。今後は，実験デザインの改善も必要であろう。

　統語的プライミングが起きる理由として，最初にある構造が理解，産出された際に，構造的情報と語彙的情報が活性化され，その残留した活性化状態が，引き続き同じ構造を表出するという立場と，話者が最初の構造を処理した時に，メッセージの形式と意味の間の連合を暗示的に学び，この形式と意味のマッピングがそれに続く使用を促進するという立場があるが，McDonough (2011) は，その両方がプライミングを説明し得るのではないかと考えている。もし，このプライミングがその後の産出を促進するとすれば，協働プライミング活動は，明示的な指導をしなくても学習の対象となる構造のモデルを与え，その産出を引き出す画期的な手法になり得る。それを実証する大規模な研究プロジェクトの第一歩として，Trofimovich, McDonough, & Neumann (2013) は，教室でのインターアクションにおいて，協働タスクが聴覚的および統語的プライミングを引き出すかを調べている。聴覚的プライミングとは，話された語または語の結合の処理をする際に，言語使用者にそれ以前に同様の経験があれば処理が促進される現象 (McDonough & Trofimovich, 2009, p.20) のことである。カナダの大学で ESL コースで英語を学ぶ大人の学習者42人を対象に，「家族 (家庭内暴力，結婚)」および「社会的行動 (移民，職場の差別)」に関するテーマ学習の中で，ペアになってクイズ形式でサブテーマに関するビリーフや事実について質問する活動を行った。目標構造は，「家族」が関係代名詞，「社会的行動」が受身であった。聴覚的プライミングの対象の単語も音節の長さやストレスの位置を考慮して選択され，タスクの中に配分された。

　プライムには構造とストレス両方を統合したもの，構造のみ，ストレスのみ，プライムがないものの4種類が組み込まれ，学習者のインターアクションにおけるプライム文とプロンプトにより生成された文が分析された。その結果，聴覚的および統語的プライミングを引き出す協働タスクをデザインすることは可能で，学習者同士でフィードバックを与えたりインプットを調整することが難しいという教室のコンテクストで，NS のようなモデルを与えられる点で，語と構造を統合したプライミング活動を行うことが有意義であるとしている。以上のようにプライミングの研究はまだ始まったばかりだが，用法基盤アプローチによる SLA のメカニズムを解き明かすカギになり得ること，また，プライミング活動が，教室において暗示的なやり方で学習者に目標言語のモデルを与

える活動になり得ることから，今後の研究の発展が待たれる。

第5章

日本語に関する教室習得研究

1. 初期のインターアクション研究

　本格的な教室習得研究の始まりは，インプット仮説やインターアクション仮説の検証からで，その1つのきっかけとなったのが，母語話者(NS)が非母語話者(NNS)に対して用いるフォーリナートークの特徴が明らかになったことであった。日本語に関してもいくつか研究がなされている。初期の研究では，スクータリデス(1981)が，NSとNNSのペア10組の自由会話を録音して，インフォーマントに「この発話は日本人に対して使うか。」という質問をして，使わないと判断したものをフォーリナートークと分類し，その特徴を記述した。英語のフォーリナートークにも見られる特徴の他に，文法的な文が多い[1]とか，基本文型そのままの文が多いということなどが報告された。この調査では，ペアは日本語と英語の交換レッスンをしている間柄なので，フォーリナートークといっても，ティーチャートーク的な性格もあるのではないかと思われる。志村(1989)はLong(1980)に基づき，NS-NSとNS-NNS各4組の15～20分程度の自由会話を録音して，語数やT-ユニット(主節を含む文の単位)の数など

---

[1] 通常，フォーリナートークでは，NNSにつられてか，NS同士の会話と比べると，NSが非文法的な文を発する割合が高くなると言われている。

を分析し，フォーリナートークの言語的修正の特徴として，質，量共に発話が単純化されていること，文法的に誤った文や未完成の文が少ないこと，日本語の基本文型が多く使われること，平叙文より疑問文が多いこと，助詞が省略されないことを示した。志村は，一般に考えられているよりフォーリナートークは文法的だったとしている。調査対象となったNSの情報が記載されていないので，NSが日本語教師であるのかどうかは不明である。

　また，坂本他(1989)はフォーリナートークの言語的修正の特徴を備えたフォーリナートークとNSの通常の話し方の調査文14ペアを作成して，初級から上級までのレベルの異なる学生に聞かせて好感度を5段階で答えさせた。その結果，学習者のレベルが低ければ低いほどフォーリナートークへの好感度が高く，レベルが高くなるほど好感度は逆に低いことが明らかになった。調査文は初級教科書前半の語彙，文型から選ばれており，中上級の学習者にはフォーリナートークは歓迎されなかったようである。さらに，中窪(1997)は前もって簡略化した修正インプットを聞き取りに用いると，中級の学生にはNSの修正を加えていないテキストより聴解テストの成績がよく，理解可能なインプットを含む教材を提示することで習得も進むのではないかとしていた。

　上記の研究は，フォーリナートークの言語的修正(簡略化)に焦点を当てているが，Long(1980)がインターアクション仮説を提案する根拠となったのは，言語的修正より，むしろ相互交流的調整の方であった。フォーリナートークはNS側のスピーチに焦点を当てたものだが，NS-NNS間のインターアクションにおいてNNSが何を行っているかを調べた研究もある。町田(1997)は，旅行会社に電話して必要な情報を得るというタスクにより，NS-NSとNS-NNS，およびレベルの異なるNNS同士の談話を比較した。その結果，NNSから働きかけて行う意味交渉は言語能力が低い準中級学習者に最も多く見られ，レベルが上がると共にその頻度は減少していた。しかし，交渉とは言っても相手の発話を繰り返すだけの単純なものが多く，NNSから明確化要求や確認要求などの積極的な働きかけをしていたわけではなかった。尾崎(1993)はNNSの問題処理の方策としての訂正ストラテジーを談話資料から分析しているが，曖昧な聞き返しは，反復要求か説明要求なのかがNSに通じず，さらに聞き返す状況に陥る場合が多いとしている。

　また，猪崎(1997)は言語上の誤りの訂正を含む「修正」という語を用い，それをコミュニケーションのルール違反によって生じたトラブルを取り除くための処置，方策と定義して，修正要求や実際の修正がどう行われたかを調べた。

フランス人大学生とクラスにゲストとしてやって来た日本人へのインタビューを録音し，その後録音テープをもとに教師のフィードバック・セッションを設け，学習者の発話意図などを確認してNS-NNSの談話を分析した。ここでは，NSは意味に影響しないルール違反については修正要求をせず，また，NNSの方は文レベルの修正を試みた回数は単語レベルの修正の1.5倍もあったが，修正に成功したケースは少なかったとしている。猪崎は，尾崎(1993)[2]と同様，NNSの「繰り返し」が何を要求しているのか曖昧で，必要な反応をNSから得られていなかったことを報告している。町田や猪崎の研究は，NNSはNSに対して丁寧にふるまわなくてはならない関係にあり，そのような相手に明確化要求などをするのは失礼だと感じた可能性もあり，だからこそ，同等の立場である学習者同士のインターアクションが教室では必要だと言える。尾崎も，NSとのインターアクションにはインプットを理解可能にするだけでなく，たとえ意味交渉の点では曖昧でもNSに対する丁寧さという点では適切な場合もあるとしている。

　このように，インターアクションにおいてNNSはいろいろな方略を用いて理解可能なインプットを得ようとするが，それだけでは習得は進まない。やはりNS側が単に言語的に簡略化して与えるインプット以上の良質のインプットを提供する必要がある。村上(1997a)は，NSの，NNSとのインターアクションの経験の長さの違いが，意味交渉に影響を及ぼすかを調べている。日本語教師歴25年以上，経験の浅い日本語教師，留学生との接触がある大学職員，日本語学習者にほとんど接した経験のない日本人各3人が，学習者とペアになって情報の流れが双方向のインフォメーションギャップ・タスクを行った。その結果，意味交渉の頻度は職員のグループが最も高かった。それは，普段から留学生と接して真にコミュニケーションをとる必要を感じているからではないかとしている。また，接触経験がない日本人と経験の長い教師の交渉頻度が低く，前者はNNSとのインターアクションに慣れていないため，また後者は慣れすぎて大体わかってしまい意味交渉を起こそうとしなかったのではないかと見ている。ここでは，村上自身も指摘しているように，NNS1人がNSの対話相手として同種のタスクを12回行ったことになり，NNS自身がタスクに慣れてしまったことも問題点として考えられる。他言語の先行研究と照らし合わせると，

---

[2]　NNSの聞き返しのストラテジーなど，NS-NNSの接触場面における談話構造に関しては，オーストラリアのモナシュ大学でよく研究されている(宮崎 1990; Miyazaki, 1999などを参照)。

2枚の絵の間違い探しは一般には情報の流れが双方向のタスクと見なされるが，絵があると言語以外の問題解決ストラテジーを発達させてしまう可能性もある(Brooks & Donate, 1994; Platt & Brooks, 1994)。

　さらに，村上(1997b)は同様の研究方法で，今度は2種類のタスクの比較をしている。ここでは，絵の間違い探しタスクを双方向，NNSの自らの研究について話すタスクを一方向と位置づけて，上述のグループと同様，4つのグループの違いを見た。その結果，どのグループにおいても一方向のタスクで意味交渉の頻度が減少することがわかった。双方向のタスクで意味交渉が多く起きることは，英語で行われた先行研究(Doughty & Pica, 1986; Pica & Doughty, 1988)の結果とも一致する。よって，NS側のNNSとの接触経験が意味交渉に影響を与えるというより，タスクの構造の方がもっとインパクトが大きかったと言える。また，NNSが専門分野のことを話すタスクは，NSがどこまで情報を確保すればいいかという制約はない。よって，一方向のタスクでは，タスクのゴールが収束的か拡散的かという要素も加わり，専門分野について話すタスクは拡散的なゴールの特徴も備えていたものと思われる。

　インタラクション仮説そのものを実証しようとした研究には，Loschky (1994)がある。Loschkyは，当時未解明だったインプットと習得との直接的な因果関係を証明できないか模索したのである。この時に用いた目標言語形式は，日本語の存在文である。NSが物の位置を描写し，NNSがその描写通りに絵に物を記入していくというタスクを行った。その際に，インタラクションのあるグループとないグループを比較した。インタラクションのグループのNNSは，必要なら明確化要求や確認チェックをするように前もって言われ，NSからはタスクの遂行時にきちんと理解できているかどうかフィードバックを受けた。インタラクションのないグループのNNSは，あらかじめメッセージの余剰情報を含むインプット，つまり簡略化というより精緻化されたインプットを聞いてタスクを行った。タスク遂行直後の理解は，正しく物が記入できたかというタスクの出来で判定され，インタラクションがあるグループの方が，精緻化インプットを聞いただけのグループより理解が優れていたことが明らかになった。これは，あらかじめ調整されたインプットよりインタラクションにより相互的に調整されたインプットの方が理解にインパクトがあったということである。さらに，Loschkyは語彙識別テストと文解釈テストを行って，理解(タスクの出来)と習得の関係を見いだそうとしたが，両者の相関関係は見いだせなかった。彼はこの2つの筆記テストで習得を見ているが，直接，

言語産出の中に目標言語形式が取り込まれたかを見たわけではない。

さらに，インターアクション中のアウトプットにも焦点を当てた研究にIwashita(1999)がある。Iwashitaは，学習者同士のインターアクションにおいて，タスクのタイプによって生成される会話的特徴がアウトプットにどのような影響を及ぼすかを調べた。24人の学習者が，一方向と双方向の閉じたタスク（closed task）をペアで行った。データは C-unit[3] を用いてコード化され，明確化要求と確認チェックによりアウトプットを強要された場合の発話を分析した。一方向のタスクは，学習者のどちらかが絵を描写し，もう一方が絵を描くタスクで，役割を交替して異なる絵を用いて2度目も行われた。双方向のタスクでは，3〜4枚の絵が与えられ，お互いの絵を描写し合いながら，ストーリーの順番を決めていくものであった。

その結果，一方向のタスクの方が双方向のタスクより明確化要求や確認チェックの頻度が高く，修正アウトプットの量も多かったことがわかった。これは，学習者同士のインターアクションにおいても，お互いにフィードバックを与え，修正アウトプットを産出することができることを示している。ただし，双方向タスクはインターアクションと修正アウトプットの量は一方向よりも少なかったのだが，統語の修正アウトプットの量に関しては一方向タスクより多く，タスクの性質，タスク遂行に使用される言語形式など，さまざまな要素が関わっていたのだと考えられる。Iwashitaは，双方向タスクでは，ストーリーの順序を決めるのに，時間の流れや絵に描かれた出来事間の関係を話し合うために複雑な統語を用いる必要があったのではないかと指摘している。ただし，確認チェックより明確化要求の方が修正アウトプットを多く生み出すという仮説は立証されなかった。これは，1語レベルの確認チェックが多用されたことに起因するものであるが，Iwashitaは会話的調整の特徴よりも，むしろタスクの構造の方が修正アウトプットにはインパクトが大きいとしている。

以上のように，インターアクション研究に関しては，日本語だけで理論構築できるほどには研究が蓄積されていない。Iwashita(1999)は日本語の学習者のインターアクションを研究する意義を，今までのデータが厳密な意味での第二言語としての英語（英語圏の学習者）に片寄っていること，日本語は類型的にも他

---

3) C-unitとは，伝達上の意味のかたまり（それが語単位，句単位，文単位でも，文法的でも非文法的であっても）を1単位とする分析方法である（Rulon & McCreary, 1986）。他にもよく使用されるT-unitは1つの主節を含んで1単位とし，文の複雑さの目安に用いられる。

言語と異なる会話的特徴(例：あいづち)があり，異なる結果を生む可能性があること，などをあげている。インターアクションの研究は，そのまま指導の効果を見る研究にもつながっており，そのような研究については第4節で扱う。

2. 社会文化理論からのアプローチ

　人間の認知は社会のインターアクションを通して発達するととらえ，相互交流論者(Interactionist)とは異なる視点でインターアクションを重視するヴィゴツキー学派は，社会文化理論(Sociocultural Theory) (Lantolf, 2000a, b)を打ち立て，言語学習の分野にも大きな影響を与えている。社会文化理論においてSLAとは新しい思考やインターアクションの方法を学ぶプロセスとされ，その中で内面の思考が表出した認知的ツールとして言語を重視している。そのため，L2の能力が低い場合は，L2学習において学習者が自分のL1を用いることも肯定的にとらえ，プライベート・スピーチの役割にも着目している。プライベート・スピーチとは音量が小さい個人的なささやきのようなもので，対話相手からの反応も欠如しているものである。このアプローチでは，相互交流論者が主張するような意味交渉を示す会話的調整の特徴だけでは，インターアクションをとらえられないと考えている。学習者は自分より能力の高い仲間とのインターアクションにおいて，与えられた課題の問題解決をしながら，自分の現在の能力と仲間の助けによって引き出される潜在能力の上限，つまり最近接発達領域(ZPD: Zone of Proximal Development)の上限へと言語能力を引き上げることができると見るのである。

　Ohta(2000a)は，アメリカで日本語を学ぶ大学生7人の授業中の発話を1年にわたり観察し，教師の訂正フィードバック，特にリキャストに対する反応を分析した。プライベート・スピーチを分析すると，インターアクションに直接参加せずに聞いているだけの学習者でも，マイクが拾ったプライベート・スピーチからは教師の他の学習者へのフィードバックに反応していることがわかった。Ohtaは，大人だったら，声に出さなくとも黙って反応していることもあり得るため，アップテイクを訂正フィードバックが学習者に利用されたかどうかを測る目安にするのは適切ではないと主張している。また，Ohta(2000b)は，アメリカの大学の学習者のペアひと組がコミュニカティブなコンテクストのない文法的なタスク(翻訳タスク)を行ったインターアクションを談話分析して，学習者がお互いにどれほど助け合いながら文を構築していたかを

示した。そして，相互交流論者が習得に効果的とするタスクの特徴(Pica, Kanagy, & Falodun, 1993)を備えていないメタ言語的なタスクでも，共同作業の中で学習者は相手からフィードバックをもらい，次第に自律し正しい文を作れるようになる過程で言語を発達させているとしている。よって，Ohta は，習得に効果があるとされるタスクの特徴だけではタスクを分析できないと主張している。

Ohta は大学生からデータを取っているが，Takahashi(1998)は，アメリカの小学校で日本語を学ぶ子どもが，教室において共同作業の中でどのように言語を発達させることができるかを調べた。3年間に3回にわたり8クラスぶんの計24回の授業を観察し，教室談話を分析した結果，教師やクラスメートのフィードバックにより助けられ，単語レベルの発話から文レベルへと言語を発達させ，インターアクションがますます積極的にダイナミックに変化していったことを報告している。Takahashi は，いくつかの話順交替をしながら，1つの発話を共同で作っていく足場かけ(scaffolding)が言語レベルを上に上げるのに有効だとしている。

より最近では，Yoshida(2008, 2009, 2010)が社会文化理論の枠組みの下，一連の教室観察研究を行い，訂正フィードバックに対する学習者の認識を調べている。Yoshida(2008)は，教師は，訂正フィードバックに対する何らかの反応，すなわちアップテイクを，学習者の正しい形に気づいた証拠と見なしているが，実際には学習者は必ずしも気づいていないとしている。Yoshida(2010)は，オーストラリアの大学の2年生の30時間の授業録音のうち教師2人と学習者7人のインターアクションの部分と，授業観察メモと，刺激再生法によるフォローアップ・インタビューを質的に分析している。その結果，訂正フィードバックに対する反応があった割合は，リキャストが52％，メタ言語的フィードバックが50％，明示的訂正が60％であった。しかし，教師が訂正フィードバックを与えた意図と学習者の認識には隔たりがあり，訂正フィードバックが明示的である方が学習者にはその意図が認識されやすいとしている。また，訂正フィードバックに対する学習者の認識とそれに対する教師の理解にも隔たりがあったことを指摘している。学習者は，教師のフィードバックの内容が理解できていないことが露呈するのを恐れて何らかの反応をしてしまう傾向があり，特に能力が高い学習者に対して教師がフィードバックの意図が理解されたと誤解することがよく起きたというのである。Yoshida(2009)は，教師は時間的な制約からリキャストを好む傾向があるが，学習者は抽出や明確化要求など，意味交渉

を促進する訂正フィードバックを求めているとしている。この種の訂正フィードバックは，Lyster(2004など)がリキャストより有効だと提唱する「誘導(prompt)」に分類される。

　社会文化理論の研究者達は，しばしば Long(1980, 1996)のインターアクション仮説を批判の対象にしてきたが，SLA の教室習得研究における実証的，科学的アプローチから見ると，社会文化理論の研究は観察の記述を繰り返すのみで，何の数値的データの統計分析による実験証拠は提示しておらず，理論の裏付けとなる説得力のある根拠がないように見える。しかしながら，明確化要求による強要アウトプットの役割を重視し，アウトプット仮説を提唱した Swain(2000)のように，元来は相互交流論や Focus on Form の枠組みで研究を行っていたが，近年は，外に表面化した社会的活動であるインターアクションと問題解決活動における学習者の内面の認知との媒介ツールとしての言語の役割に着目している研究者もいる。

　Haneda(1996)は，カナダの大学で2年生の日本語コースを終えた学習者(日本でいう初級修了者)8人を対象に，読み上げられたテキストをペアで再構築するディクトグロスを行った。学習者はメモを取りながら「カナダ人学習者の日本生活の経験」についてのテキストを3回聞いて，その後ペアになり，できるだけ正確にテキストを再生して書き出すよう指示された。目標言語形式は「～なければならない／いけない」，「動詞＋こと／の」および助詞の使用であった。インターアクションは録音され文字化され，言語関連エピソード(language related episodes)のプロトコール分析が行われた。この中で37の言語関連エピソードが特定され，Kowal & Swain(1994)の中学生のイマージョンの学習者に比べると，大学生の方が文法に関する言語関連エピソードの割合が高かったことが明らかになった。テキスト再生において，中学生は意味を再生することに焦点があり，自らの言葉でテキストを再構築しようとする傾向が見られたが，大学生は言語関連エピソードの中でも語彙を確認することが多く，注意はもっと言語形式に向けられていた。また，37の言語関連エピソードのうち27は問題解決に成功していたことも報告されている。しかし，ペアのインターアクションのパターンには共同で積極的にタスクに参加したペアから，ペアの片方のみが積極的でもう一方があまり反応しないペアなど，個人差が大きいこともわかった。Swain(2000)や Haneda(1996)の研究では，L2学習における言語関連エピソードの出現を重視していて教育的ではあるが，習得が起きたことが実証されたわけではない。

3. インプット処理—競合モデル

　SLAにおいてインプットの重要性が認識されて久しいが，インプットの処理過程に関する解明は遅れている(Doughty, 2003)とされていた。その中にあって，インプット処理の側面を最も説明し得るSLA理論の1つが「競合モデル(Competition Model)」である。競合モデルは，言語習得を機能レベル(意味もしくは発話意図)と形式レベル(表層形式もしくは表現手段)を直接結びつけていくプロセスだととらえる。そのプロセスで重要なのが，統語や意味などのキュー(手がかり)である。例えば，文を処理する際に，動作主を特定するには名詞句の有生性(animacy)や語順，格標示などがキューとなる(本書第2章の2.4も参照)。どのキューが特に重要かは言語により異なり，L1の処理ストラテジーはL2に転移しやすいので，L2のキューがL1と異なる場合は困難が伴うと考えられる。英語とは異なる言語的特徴を持つ日本語は，競合モデルの実験でも取り上げられる。文を処理するストラテジーはL1からL2に転移すると考えられるので，L2としての日本語でどのようにキューを習得していくのかが研究課題となる。

　Sasaki(1991, 1994, 1997a)は一連の研究の中で，日本語の基本的な他動詞文，すなわち，動詞1つに名詞が2つという文を解釈する際に，語順や格，名詞の有生性(animacy)といったキューを学習者がどのようにとらえて主語を特定するようになるのか実験を行っている。初期の研究(Sasaki, 1991)では，米大学に在籍する日本語母語話者，日本語学習者(L1：英語)および英語母語話者，英語学習者(L1：日本語)を対象に，統語的キュー(語順)と語彙／意味的キュー(有生／無生)が対立する連なりを織りまぜた日本語，または英語のテープを3本計81文聞かせ，文の主語すなわち動作主を口頭で特定させた。その結果，アメリカ人の日本語学習者は日本語母語話者に近い反応，つまり有生性のキューに依存する傾向が見られたが，日本人英語学習者は母語である日本語のパターンを転移する傾向が強く，英語母語話者に見られる統語的キューへの移行がなかったことがわかった。この研究で，日本語でおそらく重要なキューであろうと考えられる格助詞を省略したこと，学習者の熟達度を考慮に入れていなかったことなどの問題点を改善し，さらに次の実験が行われている。

　Sasaki(1994)は，第二言語の習熟度と文章処理のストラテジーとの関係を調査した。米大学の日本語学習者(L1：英語)の初級と中級各10名，および上級の英語学習者と見なされる日本人大学院生10名の3グループを対象に競合モデ

ルの実験が行われた。前回の研究と同様，テープにより，他動詞1つと名詞句2つの連なりを聞いて口頭で主語すなわち動作主を特定するもので，日本語版とそれに並行する内容の英語版をそれぞれ45分行った。実験材料の中で操作されたのは，語順（NNV, NVN, VNN）と有生性（第一名詞が有生，第二名詞が有生，両方有生），格標示（英語では名詞，主格 he/she，対格 him/her，日本語では名詞に格助詞「が／を」を標示，または無標示）というキューで，日英それぞれ144の刺激文が作成された。その結果，アメリカ人学習者の日本語の習熟度と日本語の格標示キュー依存傾向の間には正の相関関係が見いだされた。つまり，習熟度が上がれば，意味的キューの依存から，格標示キュー依存へと移行するということである。これは，文法キューの転移が阻まれた場合，すなわち，英語の語順が日本語では通用しないとわかった場合，日本語学習の初期の段階では語彙的意味，つまり2つの名詞句のどちらが有生かがかなり決め手となっていると考えられる。これは Sasaki(1991)を支持する結果となった。さらに，日本語母語話者は日本語も英語も両方共，格標示に頼るストラテジーを用いて文を処理しているが，英語母語話者は英語と日本語の処理において異なるストラテジーを用いていたことがわかった。このことから Sasaki は，日本語学習者であるアメリカ人は日本語の語順のスキーマと格標示のキュー（格助詞）との間の衝突を解決しようとして，日本語の格標示のストラテジーへの転換を余儀なくされるため，日本語においては英語とは異なるストラテジーで文を処理しようとするのだとしている。一方，英語学習者である日本人にはそのような衝突がないため，英語を処理する際にも日本語と同様の格依存のストラテジーの使用を継続していたと見た。

　Sasaki は大人の学習者に関して文章理解におけるインプット処理ストラテジーを調べたのだが，Rounds & Kanagy(1998)はアメリカのイマージョンスクールに通う子どもに対して競合モデルの実験を行っている。幼稚園から7年生（日本の中学1年相当）89人に，1週間の間隔をおいて英語版，そして日本語版をそれぞれ48の刺激文をテープ録音で提示し，8秒以内で3つの絵から文とマッチする絵を選ばせた。日本語のプロトコールは NNV 配列の中に格標示のキュー，つまり，格標示がないもの（助詞なし），規範の語順で格標示したもの（助詞あり），規範でない語順で格標示したもの（NをNは／がV）と，それから有生性のキュー，つまり，第一名詞が有生，第二名詞が有生，両方有生のものとが対立するように文が操作されていた。結果は分散分析により，子どもを年齢層で4つのグループに分けて比較した。その結果，キューの階層は語順＞

意味＞格標示の順番であることがわかった。日本語を第二言語として学ぶ子ども達は，格標示がされていない場合，規範の語順に頼る傾向が大人よりやや高い傾向があるようである(Rounds & Kanagy(1998) は76％, Sasaki(1991) は67％)。しかしながら，習得初期段階でNNVを日本語の規範語順のSOVと解釈しようとする傾向はSasaki(1991)と一致している。Rounds & Kanagyの研究で見いだされた大人と子どもの違いは，大人は習熟度が上がると共に日本語の格標示のキューに敏感になっていくのに比べて，子どもは年齢が上がっても語順依存をなかなかやめないことであった。Sasakiは教室談話の中で主語の省略がしばしば起こり，大人の学習者は語順依存のストラテジーが弱められていくとしているが，Rounds & Kanagy では，イマージョンの教室談話から教師の文節を1460調べても，日本語の規範の語順でない文は見当たらなかったとしている。また，イマージョンのクラスでその場その場の理解が正しいかどうかがとりたてて問題とならないので，間違った解釈に対してフィードバックを受けることがないのではないかと論じている。したがって，子どもが算数や理科などを学ぶ意味重視の教室環境でL2を学ぶ際には，日本語で格を表す後置詞が重要な役割を果たしていることに気づかせる，何らかの教室指導が必要になってくるだろう。

　文の連なりを解釈する際に格標示が重要なキューになっていることに関連して，「は」と「が」の習得についても競合モデルに基づいて説明しようとした研究がある。もともと，日本語の格助詞の習得，特に「は」と「が」については研究者の間で関心の高い分野である(まとめは八木1998を参照)が，富田(1997)は「は」と「が」は文脈によりどちらを選択するかが変わり，このようにキューが対立する場合は文の処理も困難で習得も遅れると推定して，「ローカルキュー」「グローバルキュー」という概念を使って実験をデザインしている。ローカルキューとは，「は」または「が」というどちらかの言語形式だけを指し示している場合，すなわち，競合するキューがない場合である。例えば，「誰が行きますか。」という疑問文の場合，助詞は「が」以外にはあり得ない。一方，グローバルキューとは2つ以上の相反するキューが共存している場合で，この場合は1つのキューのみを理解しているだけでは不十分で，文脈の中で意味を理解する高度な言語能力を必要とする[4]。富田は，「は」と「が」を

---

[4] 市川(1989)は，作文の誤用分析から，従属節の中の「は」の誤用や，単文レベルでも談話の中でいつ，何を主題として取り立てるかがわかっていないために「が」との混同が起きていることを報告し，文レベルというよりむしろ談話における文法の重要性を指

ローカル環境とグローバル環境を区別することにより，習得過程を精密に検証しようとしたのである。被験者はアメリカの大学の2年から4年生までの35人である。クローズテスト（会話文における助詞の穴埋め）48問（「は」「が」を各24問，ローカル／グルーバル各24問）を被験者に課し，誤答率を分散分析にかけた。その結果，正用順序としては，ローカル「は」→ローカル「が」→グローバル「は」→グローバル「が」という順序になった。「は」と「が」の先行研究では，「が」の方が誤答率が高いと言われていたが，ローカルの「が」とグローバルの「は」のみを比べると逆になっており，富田は文脈における言語環境を詳しく調べずして習得順序を決定することの問題点を指摘している。グローバルキューに関しては，学年が進んでも誤答率はあまり下がらなかったので，文脈における指導が必要だと言える。

　富田(1997)から具体的に例をあげると，「は」と「が」の談話機能のキューとして，「は」には文脈指示（前提）と対比（既知），「が」には眼前描写と焦点があるが，同一の文脈でキューが競合する場合がある。(1)では対比と眼前描写・焦点が相反し，(2)(3)では対比と焦点が対立しているように見えるが母語話者の間でも選択は微妙とはいえ，選択は大体一致するが，学習者がこれを習得するのは難しいはずである。よって，富田は，学習者が両方を使った際の意味，ニュアンスの違いを理解した上で選択ができるようになることが大切だと説いている。

(1)　（昼間の会話）
　　　A: あれ，テレビがつかないぞ。停電かな。
　　　B: ちょっと待ってください。あら，ステレオ**は(が?)**つきますけど。

(2)　A: 今度の商談がうまくいってくれるといいんだけどなあ。
　　　B: こっちはよくても，むこう**は／が**　うんと言わないだろう。
　　　　　　　　　　　　　　　　　　　　　　　　　（寺村 1991）

(3)　A: もっとゆっくりして行けばいいのに。
　　　B: ええ，でも門限**(は?)**が11時なんです。　　　（丹羽 1998）

　その他に，Sasaki(1997b, 1998)は名詞3つと動詞1つというもっと長い連

なりの文についても競合モデルによる実験を行っている。Sasaki(1998)では，二重目的の能動文(例:「ナオミがケンに手紙を書く。」)と他動詞の使役文(例:「ナオミがケンに手紙を書かせる。」)を実験対象の文に選んでいる。動作主を特定するには格標示と動詞の形がカギとなる。実験には，アメリカの大学または大学院に在籍する6人の日本人大学生と，同大学で日本語の学習4学期目の英語を母語とする日本語学習者9人が参加した。実験は事前テスト→フィードバックⅠ→フィードバックⅡ→事後テストという流れで，計25分かけてコンピューターで行われた。使用された刺激文は能動文と使役文が半分ずつで，それぞれ「～が～に」と「～に～が」の語順を半分ずつ含んでいた。つまり4タイプの文があり，4つのセッションのそれぞれに24文使われ，6つの動物でどれが動作主か絵を見て選ぶものであった。フィードバック・セッションではコンピューター画面に"That's right.""That's wrong."などのメッセージが現れ，その後同じ絵がもう一度現れて正しい答えが示された。反応時間と動作主の選択データをもとに，フィードバックを含む4つのセッションについて，グループ別，文のヴォイス，格標示の順序との間の分散分析により結果を分析した。また，Sasaki(1997b)では，個人のスコアを分析して，個人差を考慮に入れて結果が議論されている。その結果，日本語学習者が語順にかなり依存していることがわかった。しかも，母語話者も語順依存の傾向を示しており，名詞2つと動詞1つの他動詞で調査した先の研究とは異なる結果となっている。日本語母語話者は規範の語順はよいが，規範でない「～に～が」の時に誤りが多くなり，複雑な言語形式と機能のマッピングが要求される時には作動記憶に余計な負担がかかるためだとしている。また，学習者にはフィードバックの効果が現れ，誤りが減少したのに対して，母語話者はそもそも学習者より誤りが多く，フィードバックを与えても誤りが減少しなかったことがわかった。よって，母語話者が文を理解する際にボトムアップの文の処理ではなく，トップダウンの知識を用いて理解する傾向が強いのではないかと見ている。さらに，学習者は能動文では「が」が動作主を示す名詞につくことがわかっていても，そのストラテジーを使役文に移行することができないようだとしている。

Mitsugi & MacWhinney(2010)は，日本語のかきまぜ文(scrambled sentences)の文処理ストラテジーについて調べている。日本語は動詞が文の末尾にあるという規則以外，語順は比較的自由である。このような統語的な再編成を「かきまぜ」という。大人のNSはかきまぜ文を理解する際に，格助詞の情報を用いることにより累加的に文を解析し，どの文でも迅速に容易に文を処理でき

るとされる（Miyamoto, 2002）。そこで，L2学習者の文処理ストラテジーを調べたのである。実験の参加者は，日本語 NS，日本語とキューの依存が同じ韓国語 NS および日本語とキューが異なる英語 NS の日本語学習者それぞれ16人であった（韓国語と英語のグループの学習背景や日本語能力は同等であった）。日本語学習者は米大学の4学期目と6学期目の日本語履修者であった。実験で用いられた語順は以下の4つのタイプで，参加者はコンピューターの画面上で1語ずつ自分のペースで文を読んだ。12の文に4つのタイプの語順の文を作成し，計48の刺激文が，長さや複雑さが同等のフィラーの文と共に，かな表記で提示された。参加者が次の語に移るボタンを押す時間は記録され，一文読み終わる度に動作主を特定する内容質問が与えられた。

(4) a. 規範的語順
    オフィスで　忙しい社員が　厳しい社長に　熱いお茶を　出した。
 b. 与格（dative）かきまぜ文
    オフィスで　厳しい社長に　忙しい社員が　熱いお茶を　出した。
 c. 対格（accusative）かきまぜ文
    オフィスで　熱いお茶を　忙しい社員が　厳しい社長に　出した。
 d. 与格 - 対格かきまぜ文
    オフィスで厳しい社長に　熱いお茶を　忙しい社員が　出した。
                        （Mitsugi & MacWhinney, 2000より）

　その結果，日本語 NS に関しては，かきまぜ文でも規範的語順の文と同様に素早く文を処理することができていて，文解析における難しさは見られなかった。また，L2学習者のデータを見ると，学習者も日本語 NS と同様，L1の言語背景とは関係なく，格標示に駆動された，NS 並みの処理ストラテジーを用いることができていたことが明らかになった。ただ，データを詳細に検討すると，韓国人学習者は対格の名詞句が文頭に来る文の方が与格の名詞句が文頭の文より有意に処理できていたこともわかった。対格の助詞（「を」）は，複数の機能を持つ主格（nominative）の「が」などに比べると，常に統語の目的語を示すという点でキューの妥当性や強度が高いからではないかと論じている。この実験では，少なくとも二重目的語の文処理に関する限り，一定レベルのL2学習者は NS に近い処理ストラテジーを使用していたと言える。
　さらに，言語転移の問題を検討するため，白・向山（2014）は，モンゴル語モ

ノリンガル,中国語モノリンガル,およびモンゴル語と中国語のバイリンガルの日本語学習者を対象に,日本語の文処理の実験を行っている。モンゴル語は類型論的に日本語と同類で,中国語は日本語とは類型が異なる言語である。そこで,モンゴル語話者と中国語話者の日本語における文処理を比較し,さらに,日本語と類型論的に同様の言語を1つ習得済みのバイリンガルの,第三言語としての日本語の文処理を見たのである。この研究では,他の先行研究が扱っていた有生性のキューは扱わず,語順と格標示のみに焦点を当てている。また,漢字の影響を排除するため,文はひらがな表記でコンピューターにより提示された。動作主の選択のみならず,読み時間も測定して文処理の速さも調べた。

その結果,まず,日本語と類型が同じモンゴル語の話者の方が,類型が異なる中国語話者より読み時間が早く,文処理が速いことが明らかになった。モンゴル語話者も中国語話者も,格助詞があり主語が文頭にある文(格ありSOV/SVO文)では,文を正しく解釈できていたが,格助詞があり目的語が文頭にある文(格ありOSV/OVS文)では,モンゴル語話者が第一名詞を動作主とする誤答率が30～40%と中国語話者より高かった。しかし,OVS文についてはモンゴル語話者の読み時間は中国語話者より有意に短かった。これは,モンゴル語が日本語と類型的に同じでも,モンゴル語話者の方が短時間で文を処理したために,かえって誤った解釈をしたのではないかとしている。格助詞がないSOV/SVO文では両言語の話者に違いは見られなかった。さらに,中国語とモンゴル語それぞれのモノリンガルと,両言語のバイリンガルの日本語の文処理を比較すると,文解釈のパターンで有意な違いは見られなかった。一方,読み時間では,モノリンガルは文条件により読みの長さが異なるのに対し,バイリンガルはすべての文条件で読みの長さは一定であった。ただし,バイリンガルは,格助詞がある場合は,モンゴル語モノリンガルより遅くなり,中国語モノリンガルと同程度の時間を要した。格助詞がない場合は,中国語モノリンガルより速く,モンゴル語モノリンガルと同程度の時間がかかった。これは,バイリンガルは3つの言語の手がかりが活性化され認知的な負荷が高く,キューの間で連携と競合が起きたためだとしている。

競合モデルは,インプットがどのように処理されるのかを説明する理論として有意義であるが,研究は文処理において動作主を特定するプロセスに関するものが多かった。提唱者のMacWhinney(2005, 2008)自身は,L1とL2の習得の両方を説明し得る統合モデル(Unified Model)として競合モデルをさらに拡大,発展させている。そして,競合は,聴覚,語彙,形態素,統語,さらに言

語産出に関わるメッセージ形成，文や構音のプランニングにいたるあらゆるレベルで起きているとしている。また，チャンキングやキューの貯蔵など記憶のメカニズムとも関連づけ，言語産出までを説明する包括的な理論を目ざしている。競合モデルは，日本語のインプットの処理過程を明らかにするための有効な理論である。

4. 教室指導の効果

4.1 記述的レビュー vs. 系統的レビュー

　SLA 研究から教育的な示唆を導き出すには，教室指導の効果を調べた唯 1 つの実験研究の結果を見るだけでは不十分である。反証が示されることもあるし，データ収集のコンテクストが異なる場合，必ずしも同じ結果が出るとは限らない。よって，全体的な研究動向を見定めるために，先行研究を概観する展望論文やレビュー論文による総括が必要になる。最近は，系統的レビュー(systematic review)という新しいレビューの方法も用いられている。第 4 章でも触れたように，Norris & Ortga(2000) が教室指導の効果に関する系統的レビューをSLA 研究に導入して以来，L2研究にも取り入れられるようになった。従来の記述的なレビュー(narrative review)は，先行研究の結果や考察に基づき，レビューをする研究者が自分なりの解釈を加えて，先行研究の成果を明らかにするものである。研究者が結論づけたい主張に沿う論文を集める傾向があり，ややもすると主観的な解釈になるという欠点が指摘されている。

　一方，系統的レビューは，レビューに含む論文の基準を明確に定めてデータベースから論文を検索し，その方法に関する情報も論文中に詳細に開示される。量的研究のレビューでは，さらに統計処理を行い複数の研究結果を量的に統合するメタ分析を行う。その場合は，検索して集めた論文からさらにメタ分析に含むために精査した条件や，変数をコード化するための操作上の定義なども明らかにする。このようなメタ分析は，同様の研究課題を扱った研究が蓄積されて初めて可能になる。系統的レビューは記述的レビューに比べると客観性が高いと考えられているが，どの論文をレビューに含めるか，何を独立変数，従属変数に立てるかという基準は研究者が決めるものなので，誰が行っても全く同じ結果になるというわけではない。例えば，学術誌の刊行論文は指導の効果があったものが採択されがちだが，刊行されていない博士論文まで含めると効果量が下がるということも実際起きている。また，系統的レビューの導入で記述

的レビューが全く不要になったわけではない。記述的レビューは，先行研究が少ない萌芽的な研究課題について，関連周辺領域(例えば，第一言語習得や心理学)の動向に照らして，今後の研究の方向性を提言するような理論的な論文や，同一の研究課題というよりもっと大きい分野を広く概観するレビューに向いていると言える(表5-1のまとめを参照)。

表5-1　記述的レビューと系統的レビューの違い

	記述的レビュー (narrative review)	系統的レビュー (systematic review)
論文検索の方法	研究者が収集，選択(その基準はほとんど開示されない)	データベースの検索方法や論文選択の基準を論文中に明記
研究成果の評価	研究者なりの解釈 (主観的になりがち)	統計により複数の研究結果を量的に統合(客観的)
レビューの強み	先行研究が少ない場合に関連領域の動向から研究の道筋を提案するレビューや，より大きな領域の研究成果を概観するレビューに向く。	同一の研究課題について行われた研究の論文が蓄積した際に，客観的に研究成果を明らかにすることができる。

　日本語のSLA研究においては，小柳(2002)が，記述的レビューの中で，Focus on Form全体の研究動向と合わせて日本語の教室習得研究についてもまとめている。そして，Koyanagi(in press)では，それ以降の論文を含めて教室指導の効果に関する系統的レビューを行っている。以下に，日本語の教室指導の効果に関する研究をまとめ，今後の研究の可能性について考察する。

4.2　教室指導の効果の大きさ

　Koyanagi(in press)は，1990年から2012年7月までに刊行された国内外の論文から14本を選定[5)]し，メタ分析を行った。14本のうち純粋な実験(experimental design)(参加者を無作為配分によりグループ分けしたもの)が11本，準実験(quasi-experimental design)(既存のクラスを用いたもの)が3本であった。目標言語形式を複数扱った研究があり，言語形式の性質により指導の効果が異なって現れる可能性(DeKeyser, 1995)があるので，効果量はそれぞれの言語形式について算出された。よって，効果量の算出に用いられた研究数は17本であった。Norris & Ortega(2000)が1980年から1998年の教室指導の効果に関

---

5)　詳細な基準はKoyanagi(in press)を参照されたい。効果量を算出するため記述統計(平均点と標準偏差)の情報が開示されている論文のみをメタ分析に含めた。

するメタ分析を行った際には49本の論文が対象となっており,それに比べると本数は限られている。また,Lee & Huang(2008)が行った視覚的インプット強化のメタ分析では16本の論文が含まれ,視覚的インプット強化の研究はまだ若い分野であると述べている。日本語の教室指導の効果の研究もまだ限られた範囲でしか行われていないことを留意した上で,以下に系統的レビューの結果をまとめておく(レビューに含んだ論文の一覧は巻末資料を参照のこと)。

表5-2　実験参加者の特徴(Koyanagi, in press に基づく)

サンプル・サイズ	実験参加者の合計:460人 実験単位:M=32.86人,SD=14.92人(n=14) 実験群単位:M=13.43人,SD=6.37人(k=35)
学習環境	JSL1:4.3%(n=2)　JFL:85.7%(n=12)
教育機関	大学:78.6%(n=11) 大人の語学学校:21.4%(n=3)
学習者の熟達度レベル	初級下:50%(n=7) 初級上:35.7%(n=5) 中級下:7.1%(n=1) 不明:7.1%(n=1)
学習者のL1	英語:78.6%(n=11) 中国語:14.3%(n=2) イタリア語:7.1%(n=1)

　実験参加者の特徴は表5-2の通りである。14本のうち12本がJFL環境(特にアメリカ)で行われたもので,よって参加者のL1は,多くが英語か英語とのバイリンガルであった。サンプル・サイズは,1つの実験で32.86人,1つの実験群または統制群の人数の平均が13.43人である。欧米語の研究では,最近,実験参加者の数が大きくなる傾向にあるので,日本語の研究のサンプル・サイズはそれに比べると小さい。1つの教育機関で集められる参加者の数に制約があるということも一因としてあるだろう。また,参加者の日本語のレベルはほとんどが初級である。日本語教育では初級で基本文型を教え,中級以降からは読解の比重が高くなっていくので,文法の習得というと初級の学習者を対象とした研究が多くなっていると考えられる。

　教育的処遇のタイプは,第4章の1.3で言及したNorris & Ortega(2000)の操作上の定義に基づき,明示性と言語処理モードの観点から分類された。その結果は表5-3の通りである。14本の論文は35の実験群または統制群を含んでいた。そのうち60%が明示的な処遇,22.9%が暗示的な処遇を受け,処遇を何も受けない本当の統制群があった実験は6本であった。実験の対象が初級の学

習者で，教師も学習者も文法規則を学ぶことへの期待が大きく，それを反映してか，実験デザインも明示的な処遇が多くなっている。暗示的なFonFはすべてリキャストであった。

表5-3 実験で用いられた処遇のタイプ
(Koyanagi, in press に基づく)

明示性	処理モード	k	計
明示的	FonM	1	21 (60.0%)
	FonF	6	
	FonFS	14	
暗示的	FonF	7	8 (22.9%)
	FonFS	1	
	統制群	6	6 (17.1%)

また，処遇の時間が1時間未満の研究が21.4%，1時間以上3時間未満が21.4%，3時間以上6時間未満が57.2%であった。事前テストのタイミングを報告している研究は10本のみであったが，それらの平均は3.5日前であった。テストによる学習効果，および事前テストにより目標言語形式へのアウェアネスが高まる恐れなどを考えると，事前テストと処遇の間隔はもっと離すべきなので，メタ分析の結果の解釈においては，このような研究上の問題点を加味して解釈する必要がある。処遇の持続効果を測った研究は少ないが，遅延テストを行った研究8本の遅延テストのタイミングは処遇から平均34.1日後である。14本の研究は指導の効果の測定のテストを複数用いたものが多かったが，メタ言語的なテストが37.5%，解釈テストが28.1%，制約付き産出テストが9.4%，自由産出テストが25%であった。一本の研究に複数の種類のテストが用いられている場合は，それぞれの効果量を計算してその平均値を算出した。

表5-4[6]は，統制群と比較した処遇タイプによる効果量を示したものである。何も処遇を受けない統制群を置くことが推奨されている(Norris & Ortega, 2000)が，そのような統制群がある研究は6本のみだったので，最も注意を言

---

[6] 効果量の算出方法は，Norris & Ortega (2000) と同様，Cohen's *d* (Cohen, 1988) を用いた。効果量の大きさは，小≧0.20，中≧0.50，大≧0.80と見なす。メタ分析に用いられるだけでなく，学術誌 *Language Learning* などでもL2研究論文にも効果量の報告を義務づけるようになっている。

語形式に向けないタイプの処遇を対照群として効果量を計算した。表5-5は，実験群，統制群それぞれの事前テストと比較した直後テストおよび遅延テストの効果量を示したものである。全体的にどのタイプの処遇も効果量は大きい。ただし，前述のように事前テストの後あまり時間を置かずに処遇を行った研究が多く，学習者のアウェアネスを高めた可能性があるため，結果の解釈には注意を要する。

表5-4 処遇タイプによる効果量（統制群＆対照群との比較）
（Koyanagi, in press に基づく）

	処遇タイプ	k	M	SD	信頼区間
直後テスト	明示的 FonF	5	1.38	0.26	±0.23
	暗示的 FonF	11	0.77	0.57	±0.64
	明示的 FonFS	9	0.82	0.42	±0.27
遅延テスト	明示的 FonF	5	1.13	0.25	±0.22
	明示的 FonFS	5	0.53	0.25	±0.22

表5-5 処遇タイプによる効果量（事前テストとの比較）
（Koyanagi, in press に基づく）

	処遇タイプ	k	M	SD	信頼区間
事前＜直後	明示的 FonM	1	(2.73)		
	明示的 FonF	8	2.74	1.29	±0.89
	暗示的 FonF	9	2.25	3.12	±2.04
	明示的 FonFS	9	2.63	1.25	±0.82
	暗示的 FonFS	1	(1.04)		
	統制群	7	0.54	0.42	±0.31
事前＜遅延	明示的 FonF	5	1.68	0.20	±0.18
	暗示的 FonF	3	0.56	1.28	±1.45
	明示的 FonFS	3	1.18	2.98	±0.24
	暗示的 FonFS	1	(0.94)		
	統制群	3	0.69	0.51	±0.58

Norris & Ortega(2000)の1980年から1998年の指導の効果に関する研究のメタ分析で，効果の大きさが以下のように示されていた。

明示的 FonF ＞明示的 FonFS ＞暗示的 FonF ＞暗示的 FonFS ＞ FonM

　1990年から2012年の日本語の研究においても総合すると，ほぼ同様の効果の大きさの順序を示すこととなった。ただし，Norris & Ortega や Doughty (2003) が指摘した方法論上の問題点は，日本語の教室習得研究にもあてはまる。例えば，指導を行わない純粋な統制群のない研究が多いこと，暗示的な処遇を調べた研究が少ないこと，暗示的な指導の効果を検出できると考えられる自発的な言語産出を測った研究が少ないこと，持続効果を測った研究が少ないことなどである。今後は，さらに厳密な実験デザインによる研究が求められる（第4章の**1.3**も参照）。

　日本語の教室指導の効果の研究の問題点として，海外で行われたもの(JFL)がほとんどで，日本国内で行われた研究(JSL)が少ないことがある。JFLとJSLそれぞれの環境でSLA研究を行う利点や弱点もある。JFLでは欧米語のSLA研究の影響を受けるので，海外の動向に合わせた研究がなされることが多く，最新の理論に基づいている。また，日本語との接触が少ないので，実験以外の介在変数を統制しやすい。しかし，上級の学習者を多く集めるのが難しいという問題がある。一方，JSLでは初級から上級までさまざまな学習者がいるが，介在変数を統制するのが難しい。よって，JSLでは，L1背景や，教室外での日本語の使用時間，住居形態(ホームステイか否かなど)などが異なる学習者を実験群や統制群に均等に配分する必要があるだろう。また，JFL，JSLの両方に言えることだが，現状では初級の学習者が実験対象になることが多かった。しかし，中上級になっても習得が難しい言語形式もあり，先行研究で対象になった学習者よりもっと日本語のレベルが高い学習者も指導の効果の実験対象になり得るはずである。その点，レベルの高い学習者が多いJSL環境の方がデータ収集をしやすいという利点がある。いずれにしても，JFLとJSL双方で実証研究を蓄積し，総合的に指導の効果の大きさを検証していくことが重要である。

4.3　目標言語形式の選択

　日本語の先行研究を見ると，教師または研究者が初級の学習者にとって難しいと感じている言語形式が実験対象になっていることが多かった。しかし，教室指導の効果の実験対象になる目標言語形式は，SLA理論から教育的介入をする意義があると説明できるものや，中上級になっても習得が困難とされている言語形式から選択することも重要である。暗示的な教育的介入を行った研究

は少ないが，暗示的な処遇は，特に学習者から見て難しい言語形式に向く(Long, 2007)とされる。さらに，第3章で扱ったように，学習者から見た言語処理上の難しさも考慮する必要がある。また，教育的介入を行う言語形式は浸透性(permeability)があり，指導の効果が期待できるものでなくてはならない。

　日本語では，例えば，小柳(1998, 2004b)[7]が，条件文「と」を選択した理由をInaba(1993)と稲葉(1991)に基づき説明している。条件文「と」「ば」「たら」に関しては，必ず前件が後件に先行して起きるという時間順序制限があるが，Inaba(1993)は，英語をL1とする日本語学習者の習得が，転移仮説(Transfer Hypothesis)(White, 1989)により説明できるとしている。転移仮説によると，習得の難しさは二言語間の距離により双方向に同様に現れるのではなく，ある文法の規則の適用範囲が上位集合か部分集合かにより決まるとするものである。例えば，L1が部分集合である場合，L2を習得するには規則の適用範囲を広げる必要があるが，これは肯定証拠，つまり周囲のNSが使用しているという情報があれば習得にそれほど問題は起こらない(図5-1)。反対に，L1が上位集合でL2が部分集合の場合は，規則の適用範囲を狭めるために否定証拠が必要になる。NSが使用していないというのも一種の間接的な否定証拠になるが，L2学習者にはなかなか気づかれにくい。そこで，否定フィードバックを与えるなどの教育的介入をする意義があるのである(図5-2)。White(1989)は普遍文法に基づくSLAへのアプローチから，パラメータの再設定をする際の統語領域に転移が双方向には起こらないことを示したのだが，Inaba(1993)は，この転移仮説が日本語の条件文の意味領域にも適用できることを示したのである。もう1つの選択理由は，条件文には，後件には命令，依頼，禁止，勧誘，希望などの意思表現が立てられないというモダリティ制限があり，英語からの意味の分岐現象も4つの条件文(「と」「ば」「たら」「なら」)の習得を難しくしていることである(稲葉1991)(図5-3)。自然習得環境にはない否定フィードバックを学習者に提供できることは，教室習得環境の強みの1つである。

---

[7] 小柳(1998)は，メタ分析に含んだKoyanagi(1999)と同じ実験に基づくが，指導の対象となった言語形式を選択した理由の説明が詳しい。小柳(1998)は統合スコアで論じているため，個別のテストのスコアを提示したKoyanagi(1999)をメタ分析の効果量の計算に用いた。

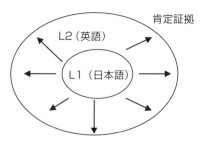
図 5-1　日本語(L1)話者が英語(L2)を学ぶ場合

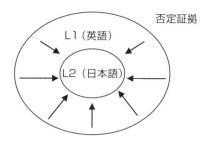
図 5-2　英語(L1)話者が日本語(L2)を学ぶ場合

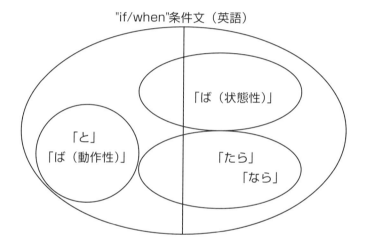
図 5-3　英語と日本語の条件文の意味領域(稲葉 1991)

　また，習得順序や段階を考慮した指導の効果の実験も可能になる。英語の教室指導の効果を調べる研究で，しばしば目標言語形式になったのは，関係代名詞である。関係代名詞の構造には類型論的普遍性から，主語＞直接目的語＞間接目的語＞斜格(前置詞の目的格)＞属格(所有格)＞比較級の目的格の階層があるとされる。主語の関係代名詞節は類型論的にどの言語にも見られる，ありふれた構造で，無標(unmarked)とされる。一方，比較級の目的格は稀にしか見られない構造で，有標(marked)とされる(Keenan & Komrie, 1977)。これが，「名詞句接近度階層仮説(Noun Phrase Accessibility Hierarchy: NPAH)」である。これは言語類型論から見た階層であるが，そのまま SLA における習得の難易

度にもあてはまるとされる。Pienemann(1989)の「教授可能性仮説」では，発達的レディネスを考慮し，学習者のその時点での1つ上の形式を教えると，習得が最も促進されるとされるが，NPAHでは異なる予測が成り立つ。英語の関係代名詞の習得において，より有標な形式を中心に指導を行うと，その効果は無標の形式にまで波及することが知られている。学習者はこのような「投射装置(projection device)」を有していると考えられている(Zobl, 1983, 1985)。実際，指導の対象ではなかった無標の形式の習得にまで指導の効果が投射されたことが実証研究(Doughty, 1991など)で明らかになっている。NPAHの予測は一見「教授可能性仮説」に矛盾するが，関係代名詞はPienemannの発達段階の一番上の段階に位置づけられ，その中での投射の効果なので相反するとは言えない。

　NPAHについては英語の習得ではさまざまな実証研究があるが，日本語でも適用できるかはまだあまり検証されていない。日本語の連体修飾節は，主要部最終(head last)の言語なので修飾部が名詞の前に置かれること，関係代名詞を持たないことなどから，英語と異なる特徴を持つ。大関(2005)やOzeki & Shirai(2007)は，日本語においては連体修飾節を処理する難易度は必ずしもNPAHに沿うわけではなく，むしろ被修飾語である名詞の有生性が処理に影響するとしている。そこで，指導の効果の実験として連体修飾節を目標言語形式にしたのがYabuki-Soh(2007)である。斜格(前置詞の目的語)の連体修飾節を導入して，その効果が他の連体修飾節に及ぶかが調べられた。その結果，NPAHの階層通りとはいかなかったが，斜格より無標の構造にも効果が及んでいたことは示された。ただし，効果の測定はさまざまなタイプの連体修飾節を含む質問文に答える理解テストと二文連結による産出テストが用いられており，自発的な産出にどのようなインパクトがあるかは不明である。

　言語形式によっては，上述のように学習者に投射装置があり，有標な形式を教えると無標の形式にも指導の効果が及ぶとしたら，習得の時間を短縮できることになり，それも教室指導を行う意義の1つになる。しかし，そのような言語形式は限られているので，もっと長期的な展望で習得を見ると，やはり習得段階における発達的レディネスを考慮することは重要になるだろう。英語では処理可能性理論に基づき，Mackey & Philp(1998)が，疑問文の発達段階が上がったことを根拠にリキャストによる教育的介入の効果を示したが，日本語ではそのような研究はまだ見られない。習得は複雑で累加的なプロセスをたどることから，近年は習得の単位は個々の言語形式ではなく処理単位であるとする

ような見解(Doughty, 2003)も見られる。第3章で見てきたような処理上の難易度から来る発達段階で教室指導のSLAに対するインパクトを探る日本語の研究が待たれる。

　さらに，小柳(2002, 2004b)でも指摘したように，日本語は言語形式と意味／機能のマッピングを習得ととらえる認知的アプローチのSLA研究において，より重要な研究対象の言語であると考える。というのも日本語学においてはたびたび指摘されているが，日本語は描写する出来事に対する話者の態度や視点を形態素や統語で示すことが，少なくとも英語よりずっと多い言語だ(Kuno & Kaburaki, 1977など)とされている(第3章の2.2.1も参照)。例えば，話者の視点が英語では副詞や挿入句で表すのに対し，日本語では表層構造レベルで文法的に符号化される。de Bot(1992, 1996)は，Levelt(1989)の言語産出モデルをL2にも適用し，言語産出のメッセージ生成段階の2つのプロセスとL2との関係を論じている。1つは伝達ゴールを策定するマクロ立案のプロセスで，どの言語にも共通である。もう1つは話者の伝達意図の精緻化を図るミクロ立案のプロセスで，これは言語固有のものだとされる。日本語では，この段階で出来事に対する態度や話者の視点を立案に組み込み，その後の形態素や統語の文法符号化へとつなげる必要がある。学習者のL1がそのような立案を必要としない言語であればなおさらである。

　日本語の発達段階に関する研究では，Kawaguchi(1999)や田中(1996)が，日本語で視点を統一するには統語の十分な発達が必要であるとしている。例えば，田中(1996)は，視点の統一にいたる以下のような発達段階を特定している。

　　第一段階：主語が異なる複文を生成
　　第二段階：どちらかの主語を省略→しばしば誤解が生じる
　　第三段階：主語を統一した複文の表出→受身が使えず，ねじれ文に
　　第四段階：受身が使え，主語を統一　　　　　　　　　　(田中 1996)

さらに，田中(1996, 1997)は，間接受身が中上級になってもなかなか正しく習得されないことを示し，迷惑や被害の場面での練習が不足しているからではないかと指摘している。このような発達段階の制約を受け，話者の視点にも関わる言語形式は，指導の効果を調べる研究の適切な目標言語形式となり得る。また，意味あるコンテクストを重視し，その中で目標とする言語形式を処理することを促進するFocus on Formのような教育的介入は，他言語にもまして日

本語でより意味があることだと言える。

4.4 暗示的指導の効果

近年,SLA 研究からは,「タスク中心の教授法(Task-Based Language Teaching: TBLT)[8]」が提唱されている。TBLT は,実生活で経験するであろうタスクの場面で言語を学ぶことが前提としてあり,教室では実生活の目標タスクに近づくように配列した教育的タスクを中心に教室指導を行い,タスクに基づく言語運用の評価をして,学んだスキルを実生活に転移させようとするものである。SLA においては,これまでインターアクション仮説の証明にもタスクが多く用いられてきたが,さらにタスクの認知的な難易度を操作することにより,暗示的に学習者の注意を言語形式にも向けさせようと,さまざまな試みがなされている(小柳 2013 のレビューを参照)。しかし,タスクの認知的難易度により学習者の言語運用(正確さ,複雑さ,流暢さ)にインパクトを与えようという研究は,日本語においてはほとんど行われていない。ここでは,タスク遂行時に重要になるフィードバック,特にリキャストの役割について,日本語に関する研究を見ておくことにする。教室指導の中身がメタ言語的である場合は,明示的なフィードバックが有効かもしれないが,意味重視の指導では,リキャストのような暗示的フィードバックが,コミュニケーションの流れを阻害せず,また,稼働している学習者の言語処理システムの進行を中断せずに,言語形式を認知的に取り込むことを促す方法であると考えられる。よって,フィードバックは,SLA 研究においても TBLT を提唱する上でも重要な課題である。

まず,Roberts(1995)は,アメリカの大学の日本語の50分授業を録画し,その後,授業に参加していた学生 3 人にその録画を見せ,教師が誤りの訂正をしているところの誤りの種類は何であるかを尋ねている。助詞,語彙,音韻から誤用論的知識にいたるまでの誤用と,リキャストから反復要求,確認チェックまでさまざまなタイプのフィードバックについて記述的,質的に分析した。その結果,学生は教師が誤りを訂正していることにも,その誤りがどんな類いのものなのかについてもあまり気づいていないことが示された。

Roberts の研究は小規模であるが,Moroishi(2001)は,アメリカの大学の日本語の 6 クラス,15時間ぶんをビデオ録画して,教室談話を分析している。その結果,日本人教師が教室で最も多く使用していたフィードバックはリキャス

---

[8] 第二言語習得研究会のジャーナル『第二言語としての日本語の習得研究』の第16号(2013)では,TBLT の特集を組んでいる。

トであった。しかし，アップテイクの観点で見ると，効果的だったのは，明確化要求やもっと明示的な訂正であった。教師は間違いに対するリキャストのみならず，訂正ではなくとも学習者の正確な発話を認めるサインとして，その発話を繰り返すことも多く，リキャストとの区別が難しく曖昧性が残るとしている。Moroishi(2002)は，さらに，アメリカの大学の日本人教師3人の教室のインターアクションの計5時間ぶんのビデオ録画を用い，リキャストとアップテイクとの関係を見ている。その結果，日本人教師が教室で最も多く使っていたのはリキャストで，統語と形態素の誤りに対して52%，発音に対して38%，語彙に対して10%のリキャストが与えられていた。ビデオセッション後に，ビデオを見ながら内省するという刺激的再生法(stimulated recall)を用いて，9人の学習者の内省コメントからリキャストに対する認識を調べたところ，リキャストが学習者に正しく認識されていたのは半分程度であった。Mackey, Gass, & McDonough(2000)の英語(ESL)の研究に比べると，形態素や統語の誤りに対するリキャストを正確にリキャストと認識していた割合は高かったが，それでも教師のフィードバックの意図と学習者の認識とのギャップが見られた。

　これらの教室談話の研究は，通常の教室で何が起きているか，その一端を示したものだが，次の研究段階は，フィードバックのSLAに対するインパクトを実験で確認することが必要になる。初期の研究[9]として，Koyanagi, Moroishi, Muranoi, Ota, & Shibata(1994，小柳 1998の中で報告)が，条件文「と」と「ば」の区別を学習するタスクにおけるフィードバックの効果を調べている。当時，Caroll & Swain(1993)やTomasello & Herron(1989)との間で，明示的なフィードバックと暗示的なフィードバックのどちらが有効かという問題に見解の相違が生じていたことからデザインされたものである。参加者はまず，モデリング・セッションに参加して目標言語形式の「と」と「ば」の両方の置き換えが可能な文6ペアと「ば」のみ可能な文を6つ見せられた。その後に事前テストを受け，事前テストの成績から層化別に明示的フィードバック群，暗示的フィードバック群，フィードバックを受けずにタスクのみ行う統制群とに無作為にグループに割り当てられた。被験者は1週間後に1対1の対面式のフィードバック・セッションに参加し，前件を書いたカードを見て後件を選ぶタスクと前件を与えて文を完成するタスクを行った。明示的フィードバック群で

---

[9]　他にもNagata(1993, 1997など)がコンピューター教材開発の過程で，その効果を検証した実験研究がある(メタ分析に含まれる)。タスクのコンテクストはメタ言語的なものである。

は，誤りは直ちに指摘され文法説明とモデルが与えられた。暗示的フィードバック群では，誤りがある場合は学習者自身にこれでいいかを問い，それでも直らなかった場合にリキャストをした。統制群では誤りは無視して次へ進んだ。セッションの直後と2週間後の二度にわたり事後テストを行い，計三度のテストはいずれも文法性判断テストと口頭の文完成テストにより学習者の能力を見た。口頭の文産出力に関しては実験直後に実験群は両方とも大きい伸びを示したが，文法性判断テストに関しては暗示的フィードバック群のみが伸びを示した。しかし，2週間後には伸びを維持することができず，統計上の有意差を検出することはできなかった。これは参加者の数(14人)が少なかったことと指導の時間(20～30分)が短いことにも起因すると思われる。また，タスク自体がかなりメタ言語的なセッションだったと言える。

　さらに，小柳(1998)は，条件文「と」の習得におけるコミュニカティブなタスクの効果を調べている。この研究では，Loschky & Bley-Vroman(1993)が導入した「タスクの言語形式必須性(task-essentialness)」という概念を用い，学習者が言語形式に注意を向けなければ達成できないようなタスクの作成を行った。教師側がタスクに言語形式をあらかじめ含んでおくことができる点で，言語産出タスクより聴解タスクの方が必須性が高く，言語産出タスクでは，ある言語形式を使用するのが「自然(natural)」というレベルにとどまるとされている。小柳(1998)は，これをタスク活動の流れで学習者の注意を言語形式に引き留めようと試みた。まず，学習者のこれから入ってくるインプットへのレディネスを高めるための手短な文法説明(Tomlin & Villa, 1994)を行い，インプットからインテイクへの処理過程を強化するインプット・タスクで気づきの機会を増やし(VanPatten, 1990, 1993)，それからアウトプット・タスクを行うという手順が言語習得に最もインパクトがあると仮定した。アウトプット群は，誤りに対して反復要求が与えられ，訂正されない場合は明確化要求により強要アウトプットを引き出し，それで訂正されなければリキャストを与えるという手順で一貫性のあるフィードバックを行った。このアウトプット群との比較として，アウトプット・タスクの代わりにさらにインプット・タスクを続けたインプット群が設けられた。また，アウトプットの質という点で，FonFとは異なるFonFSの典型であるオーディオリンガル・タイプの機械的ドリルを行ったドリル群，それから，指導を受けない統制群が比較された。被験者はアメリカの大学で日本語履修4学期目の学生30人であった。目標言語形式の条件文「と」は，コミュニカティブ・タスクという研究目的上，「道順を教える」「機械

の使い方を説明する」など，絵にして表しやすいこと，時間的順序制限(Inaba, 1993)とモダリティ制限(稲葉1991)があり学習者には習得が困難であること，また先行研究(Koyanagi et al., 1994)から指導の効果が期待ができること，などの理由から選択された。事前テスト，2度の事後テスト(指導直後と2か月後)において，文法性判断テスト，聴解テスト，言語産出テスト(口頭および筆記)を行い効果が測定された。

その結果，3つの実験群は指導直後には同等の効果が見られ，どのグループも事前テストと直後テストの差は有意であった。しかし，遅延テストを見ると，ドリル群は2か月後にはスコアが下がり，指導の効果を維持したアウトプット群，インプット群との差が歴然としていたことが明らかになった。したがって，機械的ドリル，つまりFonFSでは短期の学習効果はあるが，真の意味で中間言語文法知識を再構築するだけの習得は起こらないと考える(テストのスキル別の議論はKoyanagi, 1999参照)。アウトプット群とインプット群の差は検出できなかった。違いが出なかった理由として，アウトプット群は，1人の参加者が教師とインターアクションしている間に，他の参加者はインプット群と同様，描写を聞いてタスクを完成させていたため，違いが見いだせなかったと考えられる。実際，1対1でインターアクションを行った予備実験では，インプット群よりアウトプット群の方が直後テストのスコアは高かった(ただし，予備実験の遅延テストは行っていない)。

また，ドリル群は明示的文法説明を受けていない(代わりにモデル会話とその英訳が与えられた)ので，この実験結果を解釈する際に介在変数になっている可能性がある。この問題については，VanPatten & Oikkernon(1996)は，文法説明を変数にして，文法説明のみ，文法説明＋タスク，タスクのみのグループを比較して，VanPattenの提唱するインプット処理指導において習得を促進する要因は文法説明ではなくてタスクだと主張している。その後の研究動向からしても，おそらく明示的な文法説明は気づきの可能性を高める効用はあるが，習得にインパクトをもたらすほどではないと推定される。

文法説明と関連して，Moroishi(1999)は日本語の推量助動詞の区別の習得において，タスク活動を行ったグループとタスクに加えて文法説明を受けたグループを比較しているが，文法説明を受けたグループ，つまり明示的指導の方が暗示的指導より効果的であるとしている。FonFの提唱者(Doughty, 2003; Long & Robinson, 1998)は指導からメタ言語的知識を一切排除すべきとの強い立場をとるが，Moroishiの場合は，「ようだ」「そうだ」「らしい」「だろ

う」のそれぞれの推量助動詞は既習の学習者に4つの違いを説明したもので，知識ゼロの学習者にメタ言語的知識を与えたわけではない。説明するとしたら，最初に与えて演繹的に学ばせるよりは，ある程度スキルを発達させたところで類似する言語形式の説明を与えると，学習者の頭がすっきり整理され有効なのではないかと考えられる。

　小柳（1998）の研究は，インプットからアウトプットの活動へと学習者の言語形式への注意を維持するために，指導の流れを重視して実験を行ったため，リキャストのみに独立変数を絞った実験ではない。その後は，インフォメーションギャップのあるタスクを用いてリキャストにフォーカスした研究が日本語でも行われている。Long, Inagaki, & Ortega（1998），Inagaki & Long（1999）は，モデルを与える場合とリキャストをする場合の指導の効果の違いを調べている。被験者はアメリカの大学の日本語コース2学期目の学生24人である。目標言語形式は，形容詞の「色＋大きさ＋NP」（例：赤くて大きい箱）（語順および て形）と存在文で，指導を受ける4つの実験群と，漢字の練習をして目標言語形式の指導を受けない統制群が設定された。ここでは指導の順序による効果やテスト形式の効果をコントロールするため，実験デザインはカウンターバランスされていた。指導においては，被験者は教師とスクリーンを隔てたところで，コミュニケーション・ゲームを行った。形容詞についてはさまざまな色や大きさの色紙を取って描写（6項目）し，それに対してリキャストかモデルが与えられた。存在文については席が描かれた部屋の絵に人形を2つ置き，2つの人形の位置関係を描写（6項目）し，教師側も描写された通りに人形を置いてみて，リキャストかモデルで反応した。

(5)　テープ：Please choose two dolls and, using one sentence, describe their relative position from your vantage point.
　　　学習者：ジョーは舞の前にいます。
　　　テープ：はい。
　　　教師：　＜リキャスト＞舞の前にジョーがいますね。
　　　　　　　＜モデル＞　ジョーは舞の前にいます。

　目標言語形式それぞれに，また指導方法2つそれぞれの事前テストと事後テスト間のスコアの伸びを比較し，t検定を行った結果，モデルもリキャストも，いずれの指導も受けなかった統制群よりは効果があったことがわかった。しか

し，リキャストがモデルよりも効果があるという仮説は立証できなかった。参加者の中には高校で目標言語形式の既習者が混じっていたことも一因としてあげている。また，参加者は，相手の教師が人形を描写通りに置けるように描写しなければならないので，アウトプットを出す時に言語形式へ注意が向き，インプットそのものの効果を調べたことにはならなかったのではないか，というような問題点も指摘されている。

Ishida(2004)は，時系列(time-series)デザインを用い，実験群や統制群などのグループ単位の比較ではなく，4人のアメリカの大学生を対象に，「V-ている(アスペクト)」について集中的なリキャストを行った場合のスコアの伸びを調べている。学習者は1週間に2回のペースで1対1の30分のセッションに8回参加した。8回のうち最初の2回と最後の2回は事前テスト，事後テストで，間の4回が処遇セッションである。セッションは毎日の活動や週末のことなどを話したり絵を描写したりするもので，処遇セッションの中では，目標言語形式の誤りに対してリキャストを受けた。参加者4人のうち2人は7週間後に遅延テストも受けている。その結果，リキャストにより学習者の目標言語形式の正確さが増し，また，学習者が受けたリキャストの数と目標言語形式の使用との相関が高かったことが明らかになった。さらに，「V-ている」は，アスペクト仮説から通常，進行を表すタイプの方が，結果を表すタイプより習得が早いとされるが，Ishidaの研究では結果の「V-ている」の方が正確さが高かったとしている。この研究の参加者は，クラスの使用教科書で結果の「V-ている」を先に習っており，リキャストは学習者にとって既知の言語形式ですでにスキルを発達させつつある方がより効果的に機能するのではないかと論じている。

岩下(2006)は，オーストラリアの大学生を対象に，存在文(名詞と助詞の語順)とアスペクトの動詞の語尾(V-ている)を目標言語形式として，フィードバックの役割を検証している。大学生が日本人(NS)と45分のインターアクションを行い，その際にNSが与えたフィードバックをリキャスト，意味交渉，完成モデル，翻訳モデル，シンプルモデル(誤りのない発話に対して目標言語形式を用いてフィードバックしたもの)の5つに分類した。参加者55人のうち41人が実験群で，それぞれNSとペアで一方向のインフォメーションギャップ・タスクを行った。14人は統制群で，NSとペアになってフィードバックを受けずに自由会話を行った。事前テストと事後テストは絵を描写し，目標言語形式が産出され，タイプ別のフィードバックの頻度と言語産出テストのスコアの関係が重回

帰分析により検証された。その結果，タスクによるインターアクションを行った実験群は自由会話を行った統制群より，目標言語形式の習得が進んでいたが，どんなタイプのフィードバックが有効かは言語形式によって異なることも明らかになった。動詞の語尾についてはリキャストが，存在文の語順についてはモデルの方が効果があったのである。

　また，菅生（2008）は，日本で学ぶ学習者に受益表現（補助動詞と助詞）を対象にリキャストと誘導（prompt）を比較し，気づきの指標としてアップテイクを調べている。そして，受益表現の補助動詞は正確に気づいたが，助詞には気づいていないとしている。しかし，事前／事後テストのデザインの研究ではないので，受益表現の習得そのものを測ったわけではない。より最近では，Egi（2007a, b, 2010 など）がリキャストに関する一連の研究を行っているが，学習者のリキャストに対する認識を内省報告により調べたもので，これらも実験研究ではない。例えば，Egi（2007a）では，初級後半から中級の学習者49人に NS とのタスクによるインターアクションのセッションを 2 回設け，情報の流れが一方向の絵描写タスクと，双方向の絵の間違い探しのタスクを行った。NNS は NS よりリキャストを受け，31人は10〜15秒の間にノックの音が 2 回あり，リキャストの後とそれ以外の発話の後にその間の思考を L1の英語で話した。18人は刺激再生法によりセッションの後で録画ビデオを見ながらその時何を考えていたか内省した。内省コメントを分析した結果，短いリキャストの方がリキャストと認識されやすく，長いリキャストは内容に対する反応だと誤解されることが多かったとしている。また，リキャストにおいて元の発話から変化した箇所が多いほど学習者は内容に対する反応だと判断する傾向があることが示された。

　Egi（2007b）は前述の研究と同じデータを用いて，学習者それぞれに作成した直後テストと 2 週間後の遅延テストの結果を報告している。テストはセッションでも用いられた絵描写タスクの絵を用い，NS にリキャストを受けた言語項目についての変化を見たのである。直後テストで見る限り，リキャストの認識の程度によりスコアの得点に有意差が見られた。形態素・統語に関しては，リキャストを否定証拠または肯定証拠，あるいはその両方が含まれていたとの認識があった学習者のスコアは，リキャストを内容に対する反応だと解釈していた学習者のスコアより高かった。語彙はリキャストを肯定証拠だと解釈した学習者のスコアが最も高く，言語領域により異なる結果となった。

　どのようなリキャストがより効果的か，例えば，リキャストの長さ，変化の箇所，対象となる目標言語形式による違いなどについて，第 4 章でも触れたよ

うに，欧米語でもさまざまな研究がなされている。よって，リキャストの効果については，日本語の研究のみを取り出して論じるだけでなく，他言語も含めた研究成果の全体像を把握する必要があるだろう。また，厳密にコントロールされた日本語のリキャストにする実験は，まだほとんどなされておらず，リキャストのアップテイクや事後の内省インタビューに頼るだけでなく，習得を直接測る事前－事後テストの実験デザインの研究が求められる。

　SLAにおいて認知心理学の転移適切性処理の原理（Principle of transfer appropriate processing）（Morris, Bransford, & Frank, 1977）が取り入れられるようになったことは第2章で述べた。これは，記憶素材を覚え込む際の処理の方法と同じ方法でテストされると，テストの成績がより良くなるという考え方である。SLAにあてはめると，暗示的な教室指導の効果は，暗示的な知識の習得を測る，自発的で自由な言語産出のテストに最も反映されると考えられる。また，言語テストは本来，目標言語使用域で学習者がどの程度の言語運用ができるかを予測できるものでなくてはならない（Bachman, 1990）ので，教育現場で実生活に近いタスクによる言語運用を測定するというのは意味があることである。そして，転移適切性処理の原理からすると，教室指導もTBLTであれば，教室指導から言語テストの一貫性があり，さらに教室指導で培った言語運用能力が実生活に転移すると考えられる。教室指導のあり方，さらに指導の効果を測るテストのあり方を再考するには，そこに理論的根拠を与えるSLAの教室研究は以前にもまして重要だと言える。

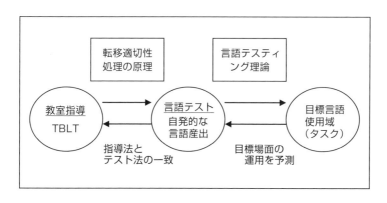

図5-4　教室指導と言語テストの関係

巻末資料

日本語のメタ分析(Koyanagi, in press)に含めた論文のリスト
(統制群がない場合は＊のグループが比較対照群)

	参加者の タイプ		教室指導	明示性	言語 処理 モード	目標言語 形式	指導 時間	効果の 測定方法	テスト事前	テスト直後	テスト遅延
Nagata (1993)	＜JFL＞ 米大学生 34人	1)	CALI＋メタ言語 フィードバック	明示的	FonFS	助詞 受身	中	筆記産出 長期保持テスト	△	○	○
		2)＊	CALI(フィードバックなし)	明示的	FonFS	V-ている					
Loschky (1994)	＜JFL＞ NS-NNS ペア 41組	1)	意味交渉	暗示的	FonF	存在文	短	文確認テスト	○	○	×
		2)	簡略化インプット	暗示的	FonF						
		3)＊	ベースラインのインプット								
Nagata (1996)	＜JFL＞ 米大学生 26人	1)	CALI＋ メタ言語的フィードバック	明示的	FonFS	助詞	中	助詞の穴埋め 理解テスト	○	○	○
		2)＊	ワークブック								
Nagata (1997)	＜JFL＞ 米大学生 14人	1)	CALI＋ メタ言語的フィードバック	明示的	FonFS	助詞	中	助詞の穴埋め	○	○	×
		2)＊	CALI＋ 英語翻訳フィードバック								
Nagata (1998)	＜JFL＞ 米大学生 14人	1)	インプット中心 CALI	明示的	FonFS	敬語動詞	中	保持テスト 理解／産出 自由会話	×	○	○
		2)＊	アウトプット中心 CALI								
Inagaki & Long (1999)	＜JFL＞ 米大学生 24人	1)	リキャスト	暗示的	FonF	形容詞の 語順 存在文	簡潔	絵描写	○	○	×
		2)	モデル	暗示的	FonF						
		3)＊	統制群								
Koyanagi (1999)	＜JFL＞ 米大学生 30人	1)	インプット中心 タスク	明示的	FonF	条件文 「と」	中	文法性判断理解 口頭絵描写 筆記絵描写	○	○	○
		2)	アウトプット 中心タスク	明示的	FonF						
		3)	機械的ドリル	明示的	FonFS						
		4)＊	統制群								

	参加者のタイプ	教室指導		明示性	言語処理モード	目標言語形式	指導時間	効果の測定方法	テスト		
									事前	直後	遅延
Moroishi (1999)	<JFL>米大学生42人	1)	タスク+文法説明	明示的	FonF	推量助動詞	中	文法性判断口頭産出筆記産出	○	○	○
		2)	タスク	暗示的	FonF						
		3)*	統制群								
Kondo-Brown (2001)	<JFL>50人	1)	説明+機械的ドリル	明示的	FonFS	授受表現	簡潔	動詞の穴埋め聴解(解釈)	○	○	
		2)	説明+インプット	明示的	FonF						
		3)*	統制群(説明のみ)								
向山 (2004)	<JSL>日本語学校中国人28人	1)	文法中心コミュニカティブ(+説明)	明示的	FonFS	連体修飾	短	SPOT文法性判断,絵描写聴解	○	○	
		2)*	文法中心コミュニカティブ	暗示的	FonFS						
岩下 (2006)	<JFL>豪大学生55人	1)	NSとペアでタスク	暗示的	FonF	助詞(位置)V-ています		絵描写	○	○	△
		2)*	統制群(自由会話)								
Lee & Benati (2007c)	<JFL>伊語学校27人	1)	構造化インプット	暗示的	FonF	動詞の現在形/過去形	中	解釈文完成	○	○	×
		2)*	伝統的指導	明示的	FonFS						
Yabuki-Soh (2007)	<JFL>加大学生60人	1)	形式中心	明示的	FonFS	連体修飾	中	理解二文連結	○	○	×
		2)	意味中心	明示的	FonM						
		3)	意味+形式(全てに文法説明)	明示的	FonFS						
中上 (2009)	<JSL>日本語学校15人	1)	処理指導	明示的	FonF	使役	短	理解文完成	○	○	○
		統制群/対照群なし									

引用文献

Adams, R., Nuevo, A. M., & Egi, T. (2011). Explicit and implicit feedback, modified output and SLA: Does explicit and implicit feedback promote learning and learner-learner interactions? *Modern Language Journal*, 95, Supplement, 1, 42-63.
赤塚紀子 (1998). 「第Ⅰ部　条件文と Desirability の仮説」中右実(編)『モダリティと発話行為』(pp.1-97). 研究社出版.
Akatsuka, N., & Clancy, P. (1993). Affect and conditionals: Evidence from Japanese and Korean acquisition. In *Japanese/Korean Linguistics* 2 (pp.177-192). Stanford: CSLI.
Alanen, R. (1995). Input enhancement and rule presentation in second language acquisition. In R. Schmidt (Ed.), *Attention and awareness in foreign language learning* (pp.259-302). Honolulu: University of Hawai'i, Second Language Teaching & Curriculum Center.
Allen, Q. L. (2000). Form-meaning connections and the French causative: An experiment in processing instruction. *Studies in Second Language Acquisition*, 22, 69-84.
Ammar, A. (2008). Prompts and recasts: Differential effects on second language morphosyntax. *Language Teaching Research*, 12, 183-210.
Ammar, A., & Spada, N. (2006). One size fits all? Recasts, prompts, and L2 learning. *Studies in Second Language Acquisition*, 28, 543-574.
Andersen, R. W. (1984). The One-to-One Principle of interlanguage construction. *Language Learning*, 34, 77-95.
Andersen, R., & Shirai, Y. (1994). Discourse motivation for some cognitive acquisition principles. *Studies in Second Language Acquisition*, 16, 133-156.
Andersen, R. W., & Shirai, Y. (1996). The primacy of aspect in first and second language acquisition. In W. C. Ritchie, & T. K. Bhatia (Eds.), *Handbook of second language acquisition* (pp.527-571). San Diego, CA: Academic press.
Anderson, J. R. (1983). *The architecture of cognition*. Cambridge, MA: Harvard University Press.
Anderson, J. R. (1985). *Cognitive psychology and its implications. 2nd ed.* New York: Freeman.
Anderson, J. R., & Fincham, J. M. (1994). Acquisition of procedural skills from examples. *Journal of Experimental Psychology: Learning, Memory and Cognition*, 20, 1322-1340.
Anderson, J. R., & Lebriere, C. (1998). *The Atomic component of thought*. Mahwah, NJ: Lawrence Erlbaum.
浅山佳郎(1995)「自動詞使役と他動詞に関する中間言語について」『神奈川大学言語研究』18, 83-96. 神奈川大学言語研究センター
Bachman, L. F. (1990). *Fundamental considerations in language testing*. Oxford, UK: Oxford University Press.
Baddeley, A. D. (1986). *Working memory*. Oxford, UK: Oxford University Press.
Baddeley, A. D. (2000). The episodic buffer: A new component of working memory? *Trends in Cognitive Sciences*, 4, 417-423
Baddeley, A. D., & Hitch, G. J. (1974). Working memory. In G. A. Bower (Ed.), *The psychology of learning and motivation: Advances in research and theory* (Vol. 8, pp.47-89). New York: Academic Press.
Baker, N. D., & Nelson, K. E. (1984). Recasting and related conversational techniques for triggering syntactic advances by young children. *First Language*, 5, 3-22.
Bates, E., & MacWhinney, B. (1989). Functionalism and the competition model. In B. MacWhinney, & E. Bates (Eds.), *The crosslinguistic study of sentence processing* (pp.3-76). New York: Cambridge University Press.
Bates, E., & MacWhinney, B. (1982). Functionalist approach to grammar. In E. Wanner, &

L. Gleitman (Eds.), *Language acquisition: The state of art* (pp.173-218). New York: Cambridge University Press.

Bates, E., & MacWhinney, B. (1987). Competition, variation, and language learning. In B. MacWinney (Ed.), *Mechanisms of language acquisition* (pp.157-193). Hillsdale, NJ: Lawrence Erlbaum.

Benati, A. G. (2001). A comparative study of the effects of processing instruction and output-based instruction on the acquisition of the Italian future tense. *Language Teaching Research*, 5, 95-127.

Benati, A. G. (2004a). The effects of structured input and explicit information on the acquisition of Italian future tense. In B. VanPatten (Ed.), *Processing instruction: Theory, research, and commentary* (pp.207-255). Mahwah, NJ: Lawrence Erlbaum.

Benati, A. G. (2004b). The effects of processing instruction and its components on the acquisition of gender agreement in Italian. *Language Awareness*, 13, 67-80.

Benati, A. G. (2005). The effects of PI, TI and MOI in the acquisition of English simple past tense. *Language Teaching Research*, 9, 67-113.

Benati, A. G., & Lee, J. F. (2008). *Grammar acquisition and processing instruction: Secondary and cumulative effects*. Bristol, UK: Multilingual Matters.

Berry, D. C. (1994). Implicit and explicit learning of complex tasks. In N. C. Ellis (Ed.), *Implicit and explicit learning of languages* (pp.147-164). San Diego, CA: Academic Press.

Berry, D. C. (1998). *How implicit is implicit learning?* Oxford, UK: Oxford University Press.

Bialystok, E. (1981). The role of linguistic knowledge in second language use. *Studies in Second Language Acquisition*, 4, 31-45,

Bialystok, E. (1988). Psycholinguistic dimension of second language proficiency. In W. Rutherford, & M. Sharwood Smith (Eds.), *Grammar and second language teaching* (pp. 31-50). Boston: Heinle & Heinle.

Bialystok, E. (1994). Analysis and control in the development of second language proficiency. *Studies in Second Language Acquisition*, 16, 157-168.

Bialystok, E. (1979). An analytical view of second language competence: A model and some evidence. *Modern Language Journal*, 63, 257-262.

Bley-Vroman, R. (1989). What is the logical problem of foreign language learning? In S. M. Gass, & J. Schachter (Eds.), *Linguistic perspectives on second language acquisition* (pp.41-68). Cambridge, UK: Cambridge University Press.

Bock, K. (1995). Sentence production: From mind to mouth. In J. Miller, & P. Elmas (Eds.), *Speech, language, and communication* (pp. 181-216). San Diego, CA: Academic Press.

Bock, K., & Loebell, H. (1990). Framing sentences. *Cognition*, 35, 1-39.

Bohannon, J., & Stanovicz, L. (1988). The issue of negative evidence: Adult responses to children's language errors. *Developmental Psychology*, 34, 684-689.

Bornstein, R. F. (1988). Exposure and effect: Overview and meta-analysis of research, 1968-1987. *Psychological Bulletin*, 106, 265-289.

Bowerman, M. (1982). Starting to talk worse: Clues to language acquisition from children's late speech errors. In S. Strauss (Ed.), *U-shaped Behavioral Growth* (pp.101-145). New York: Academic Press.

Braidi, S. M. (2002). Reexamining the role of recasts in native-speaker/nonnative speaker interactions. *Language Learning*, 52, 1-42.

Branigan, H., Pickering, M., & Cleland, A. (2000). Syntactic co-ordination in dialogue. *Cognition*, 75, B13-B25.

Bresnan, J. (2001). *Lexical-functional syntax*. Malden, MA: Blackwell.

Broadbent, D. (1958). *Perception and communication*. London: Pergamon Press.

Brooks, F. B., & Donato, R. (1994). Vygotskyan approaches to understanding foreign language learner discourse during communicative tasks. *Hispania*, 77, 262-274.

Brown, R., & Hanlon, C. (1970). Derivational complexity and the order of acquisition in child speech. In J. Hayes (Ed.), *Cognition and the development of language* (pp. 11-54). New York: Wiley.

Bybee, J. (2008). Usage-based grammar and second language acquisition. In P. Robinson, & N. C. Ellis (Eds.), *Handbook of cognitive linguistics and second language acquisition* (pp. 216-236). New York: Routledge.

Cadierno, T. (1995). Formal instruction from a processing perspective: An investigation into the Spanish past tense. *Modern Language Journal*, 79, 179-193.

曹大峰(2001).「作文コーパスによる日中モダリティ表現の対照研究─概言と確言」研究代表者　前田(宇佐美)洋．平成11-12年度科学研究費補助金　基盤研究(B)(2)課題番号(国)11691041 研究成果報告書『日本語教育のためのアジア諸言語の対訳作文データの収集とコーパスの構築』(pp. 72-80).　国立国語研究所

Carpenter, P. A., Just, M. A., & Miyake, A. (1994). Working memory constraints in comprehension: Evidence from individual differences, aphasia and aging. In A. G. Morton (Ed.), *Handbook of psycholinguistics* (pp. 1075-1122). San Diego, CA: Academic Press.

Carroll, S., & Swain, M. (1993). Explicit and implicit negative feedback: An empirical study of the learning of linguistic generalizations. *Studies in Second Language Acquisition*, 15, 357-386.

Cheng, A. C. (2004). Processing instruction and Spanish ser and estar: Forms with semantic-aspectual value. In B. VanPatten (Ed.), *Processing instruction: Theory, research, and commentary* (pp. 119-141). Mahwah, NJ: Lawrence Erlbaum.

Cleeremens, A., Destrebecqz, A., & Boyer, M. (1998). Implicit learning: News from the front. *Trends in Cognitive Sciences*, 2, 406-416.

Cohen, J. (1988). *Statistical power analysis for the behavioral sciences* (2nd ed.). Hillsdale, NJ: Lawrence Erlbaum.

Comrie, B. (1976). *Aspect: An introduction to the study of verbal aspect and related problems*. Cambridge: Cambridge University Press.

Comrie, B. (1985). *Tense*. Cambridge: Cambridge University Press.

Comrie, B. (1996). The unity of noun-modifying clauses in Asian languages. In *Pan-Asiatic Linguistics: Proceedings of the Fourth International Symposium on Languages and Linguistics, January 8-10, 1996*, 1077-1088. Salaya, Thailand: Institute of Language and Culture for Rural Development, Mahidol University at Salaya.

Cowan, N. (1997). *Attention and memory: An integrated framework*. New York/Oxford: Oxford University Press.

Cromer, R. (1974). The development of language and cognition: The Cognition Hypothesis. In B. Foss (Ed.), *New perspectives in child development* (pp. 184-252). Harmondsworth: Penguin Education.

Cromer, R. (1988). The Cognition Hypothesis revisited. In F. S. Kessel (Ed.), *The development of language and language researchers: Essays in honor of Roger Brown* (pp. 223-248). Hillsdale, NJ: Lawrence Erlbaum Associates.

Crowell, S. E. (2004). The neurobiology of declarative memory. In J. H. Schumann, S. E. Crowedll, N. E. Jones, N. Lee, A. Schuchert, & L. A. Wood (Eds.), *The neurobiology of learning: Perspectives from second language acquisition* (pp. 75-110). Mahwah, NJ: Lawrence Erlbaum.

Danemann, M., & Carpenter, P. A. (1980). Individual differences in working memory and reading. *Journal of Verbal Learning and Verbal Behavior*, 19, 450-466.

de Bot, K. (1992). A bilingual production model: Levelt's 'speaking' model adapted. *Applied Linguistics*, 13, 1-24.

de Bot, K. (1996). The psycholinguistics of the output hypothesis. *Language Learning*, 46, 529-555.

de Bot, K. (2002). Cognitive processing in bilinguals: Language choice and code-switching. In R. B. Kaplan (Ed.), *The Oxford handbook of applied linguistics* (pp. 286-300). Oxford, UK: Oxford University Press.

de Bot, K., Paribakht, S., & Wesche, M. (1997). Toward a lexical processing model for the study of second language vocabulary acquisition: Evidence from ESL reading. *Studies in Second Language Acquisition*, 19, 309-329.

de Graff, R. (1997). Implicit and explicit experiment: Effects of explicit instruction on second language acquisition. *Studies in Second Language Acquisition*, 19, 249-279.

DeKeyser, R. M. (1994). Implicit and explicit learning of L2 grammar: A pilot study. *TESOL Quarterly*, 28, 189-194.

DeKeyser, R. M. (1995). Learning second language grammar rules: An experiment with a miniature linguistic system. *Studies in Second Language Acquisition*, 17, 379-410.

DeKeyser, R. M. (1997). Beyond explicit rule learning: Automatizing second language morphosyntax. *Studies in Second Language Acquisition*, 19, 195-221.

DeKeyser, R. M. (1998). Beyond focus on form: Cognitive perspective on learning and practicing second language grammar. In C. Doughty, & J. Williams (Eds.), *Focus on form in classroom second language acquisition* (pp.42-63). New York: Cambridge University Press.

DeKeyser, R. M. (2001). Automaticity and automatization. In P. Robinson (Ed.), *Cognition and second language instruction* (pp.125-151). Cambridge, UK: Cambridge University Press.

DeKeyser, R. M. (2005). What makes learning second-language grammar difficult? A review of issues. *Language Learning*, 55, Supplement 1, 1-25

DeKeyser, R. M. (2007). *Practice in a second language: Perspectives from applied linguistics and cognitive psychology*. Cambridge, UK: Cambridge University Press.

DeKeyser, R. M., Salaberry, R., Robinson, P., & Harrington, M. (2002). What gets processed in processing instruction? A commentary to Bill VanPatten's "Processing instruction: An update." *Language Learning*, 52, 805-823.

DeKeyser, R. M., & Sokalski, K. (1996). The different role of comprehension and production practice. *Language Learning*, 46, 613-641.

Demetras, M., Post, K., & Snow, C. (1986). Feedback to first language learners: The role of repetition and clarification requests. *Journal of Child Language*, 13, 275-292.

Di Biase, B., & Kawaguchi, S. (2002). Exploring the typological plausibility of Processability Theory: Language development in Italian second language and Japanese second language. *Second Language Research*, 3, 274-302.

Dobao, A. F. (2012). Collaborative dialogue in learner-learner and learner-native speaker interaction. *Applied Linguistics*, 33, 229-256.

土井利幸・吉岡薫 (1990).「助詞の習得における言語運用上の制約—ピーネマン・ジョンストンモデルの日本語習得研究への応用」*Proceeding of the 1st Conference on Second Language Acquisition and Teaching*, 1, 23-33.

Doughty, C. (1991). Second language instruction does make a difference: Evidence from an empirical study of SL relativization. *Studies in Second Language Acquisition*, 13, 431-469.

Doughty, C. (1994). Fine-tuning of feedback by competent speakers to language learners. In J. Alatis (Ed.), *GURT (Georgetown University Round Table) 1993: Strategic interaction and language acquisition* (pp.96-108). Washington, DC: Georgetown University Press.

Doughty, C. (1998). Acquiring competence in a second language: Form and function. In H. Byrnes (Ed.), Learning foreign and second languages (pp.128-156). New York:

Modern Language Association.
Doughty, C. (1999a). Psycholinguistic evidence for recasting as focus on form. Paper presented at the Annual Conference of the American Association for Applied Linguistics. Stamford, CT.
Doughty, C. (1999b). The psycholinguistic plausibility of recasts. Paper presented at AILA '99. Tokyo: Waseda University.
Doughty, C. (2001). Cognitive underpinnings of focus on form. In P. Robinson (Ed.), *Cognition and second language instruction* (pp.206-257). New York: Cambridge University Press.
Doughty, C. (2003). Instructed SLA: Constraints, compensation, and enhancement. In C. J. Doughty, & M. H. Long (Eds.), *The handbook of second language acquisition* (pp. 256-310). Malden, MA: Blackwell.
Doughty, C. (2004). Commentary: When PI is focus on form it is very good, but when it is focus on forms. In B. VanPatten (Ed.), *Processing instruction: Theory, research, and commentary* (pp.257-270). Mahwah, NJ: Lawrence Erlbaum.
Doughty, C., & Pica, T. (1986). "Information gap" tasks: Do they facilitate second language acquisition? *TESOL Quarterly*, 20, 305-325.
Doughty, C., & Varela, E. (1998). Communicative focus on form. In C. Doughty, & J. Williams (Eds.), *Focus on form in classroom second language acquisition* (pp.114-138). New York: Cambridge University Press.
Doughty, C., & Williams, J. (1998a). Issues and terminology. In C. Doughty, & J. Williams (Eds.), *Focus on form in classroom second language acquisition* (pp.1-11). New York: Cambridge University Press.
Doughty, C., & Williams, J. (1998b). Pedagogical choices in focus on form. In C. Doughty, & J. Williams (Eds.), *Focus on form in classroom second language acquisition* (pp.197-261). New York: Cambridge University Press.
Doughty, C., & Williams, J. (1998c). *Focus on form in classroom second language acquisition* (pp.197-261). New York: Cambridge University Press.
Egi, T. (2007a). Interpreting recasts as linguistic evidence: The roles of linguistic target, length, and degree of change. *Studies in Second Language Acquisition*, 29, 511-537.
Egi, T. (2007b). Recasts, learners' interpretations, and L2 development. In A. Mackey (Ed.), *Conversational interaction in second language acquisition*(pp.249-267). Oxford, UK: Oxford University Press.
Egi, T. (2010) Uptake, modified output, and learner perceptions of recasts: Learner perception as awareness. *Modern Language Journal*. 94, 1-21.
江原有輝子 (1995).「メキシコ人学習者の構文の習得」『言語文化と日本語教育』9, 257-268. お茶の水女子大学
Ellis, N. C. (1993). Rules and instances in foreign language learning: Interactions of implicit and explicit knowledge. *European Journal of Cognitive Psychology*, 5, 289-319.
Ellis, N. C. (1994). *Implicit and explicit learning of languages*. San Diego, CA: Academic Press.
Ellis, N. C. (1996). Sequencing in SLA: Phonological memory, chunking, and points of order. *Studies in Second Language Acquisition*, 18, 91-126.
Ellis, N. C. (1999). Cognitive approaches to SLA. *Annual Review of Applied Linguistics*, 19, 22-42.
Ellis, N. C. (2001). Memory for language. In P. Robinson (Ed.), *Cognition and second language instruction* (pp.33-68). Cambridge, UK: Cambridge University Press.
Ellis, N. C. (2002). Frequency effects in language acquisition: A review with implications for theories of implicit and explicit language acquisition. *Studies in Second Language Acquisition*, 24, 143-188.

Ellis, N. C. (2003). Constructions, chunking, and connectionism: The emergence of second language structure. In C. J. Doughty, & M. H. Long (Eds.), *The handbook of second language acquisition* (pp.63-103). Malden, MA: Blackwell.

Ellis, N. C. (2008). Usage-based and form-focused language acquisition: The associative learning of constructions, learned attention, and the limited L2 endstate. In P. Robinson, & N. C. Ellis (Eds.), *Handbook of cognitive linguistics and second language acquisition* (pp.372-405). New York: Routledge.

Ellis, N. C., & Schmidt, R. (1998). Rules of associations in the acquisition of morphology? The frequency by regularity interaction in human and PDP learning of morphosyntax. *Language and Cognitive Processes*, 13, 307-336.

Ellis, R. (1985). *Understanding second language acquisition.* Oxford, UK: Oxford University Press.

Ellis, R. (1994). Implicit/explicit knowledge and language pedagogy. *TESOL Quarterly*, 28, 166-172.

Ellis, R. (1994). *The study of second language acquisition.* Oxford: Oxford University Press.

Ellis, R. (1999). Item versus system learning: Explaining free variation. *Applied Linguistics*, 20, 460-480.

Ellis, R. (2001). Investigating form-focused instruction. *Language Learning*, 51, Supplement, 1, 1-46.

Ellis, R. (2002). Methodological options in grammar teaching materials. In E. Hinkel, & S. Fotos (Eds.), *New perspectives on grammar teaching in second language classroom* (pp.155-179). Mahwah, NJ: Lawrence Erlbaum.

Ellis, R. (2007). The differential effects of corrective feedback on two grammatical structures. In A. Mackey (Ed.), *Conversational interaction in second language acquisition* (pp.339-360). Oxford, UK: Oxford University Press.

Ellis, R., & Barkhuizen, G. (2005). *Analysing learner language.* Oxford, UK: Oxford University Press.

Ellis, R., Basturkmen, H., & Loewen, S. (2001). Learner uptake in communicative ESL lessons. *Language Learning*, 51, 281-318.

Ellis, R., Loewen, S., & Erlam, R. (2006). Implicit and explit corrective feedback and the acquisition of L2 grammar. *Studies in Second Language Acquisition*, 28, 339-368.

Ellis, R., Loewen, S., Elder, C., Erlam, R., Philp J, & Reinders, H. (2009). *Implicit and explicit knowledge in second language learning, testing and teaching.* Bristol, UK: Multilingual Matters.

Fabbro, F. (1999). *The neurolinguistics of bilingualism: An introduction.* Hove, UK: Psychology Press.

Farley, A. P. (2004a). Processing instruction and the Spanish subjunctive: Is explicit information needed? In B. VanPatten (Ed.), *Processing instruction: Theory, research, and commentary* (pp.227-239). Mahwah, NJ: Lawrence Erlbaum.

Farley, A. P. (2004b). The relative effects of processing instruction and meaning-based output instruction. In B. VanPatten (Ed.), *Processing instruction: Theory, research, and commentary* (pp.143-168). Mahwah, NJ: Lawrence Erlbaum.

Farrar, M. J. (1990). Discourse and the acquisition of grammatical morphemes. *Journal of Child Language*, 17, 607-614.

Farrar, M. J. (1992). Negative evidence and grammatical morpheme acquisition. *Developmental Psychology*, 28, 90-98.

Fernández, C. (2008). Reexamining the role of explicit information in processing instruction. *Studies in Second Language Acquisition*, 30, 277-305.

Fillmore, C. J. (1979). On fluency. In C. J. Fillmore, D. Kempler, & W. S-Y. Wang (Eds.), *Individual differences in language ability and language behavior* (pp.85-101). New York:

Academic Press.
Foster, P. (1998). A classroom perspective on the negotiation of meaning. *Applied Linguistics*, 18, 39-60.
Foster, P., & Skehan, P. (1996). The influence of planning and task types on second language performance. *Studies in Second Language Acquisition*, 18, 299-324.
Fraser, C. A. (1999). Lexical processing strategy use and vocabulary learning through reading. *Studies in Second Language Acquisition*, 21, 225-241.
Frensch, P. A. (1998). One concept, multiple meanings: On how to define the concept of implicit learning. In M. A. Stadler, & P. A. Frensch (Eds.), *Handbook of implicit learning*(pp.47-104). Thousand Oaks, CA: Sage Publications.
深尾まどか (2005).「「よね」再考―人称と共起制限から」『日本語教育』125, 18-27.
Ganschow, L., & Sparks, R. (2001). Learning difficulties and foreign language learning: A review of research and instruction. *Language Teaching*, 34, 79-98.
Gass, S. M. (1994). The reliability of second language grammaticality judgments In E. E. Tarone, S. M. Gass, & A. D. Cohen (Eds.), *Research methodology in second-language acquisition*(pp.303-322). Hillsdale, NJ: Lawrence Erlbaum.
Gass, S. M. (1999). Discussion: Incidental vocabulary learning. *Studies in Second Language Acquisition*, 21, 319-333.
Gass, S. M., & Mackey, A. (2000). *Stimulated recall methodology in second language research*. Mahwah, NJ: Lawrence Erlbaum.
Gass, S. M., Mackey, A., & Ross-Feldman, L. (2005). Task-based interactions in classroom and laboratory settings. *Language Learning*, 55, 575-611.
Gass, S. M., Svetics, I., & Lemelin, S. (2003). Differential effects of attention. *Language Learning*, 53, 497-545.
Gass, S. M., & Varonis, E. M. (1989). Incorporated repairs in nonnative discourse. In M. Eisenstein (Ed.), *The dynamic interlanguage* (pp.71-86). New York: Plenum.
Geva, E., & Ryan, E. B. (1993). Linguistic and cognitive correlates of academic skills in first and second languages. *Language Learning*, 43, 5-42.
Goldschneider, J. M., & DeKeyser, R. M. (2001). Explaining the "natural order of L2 morpheme acquisition" in English: A meta-analysis of multiple determinants. *Language Learning*, 51, 1-50.
Goo, J., & Mackey, A. (2013). The case against the case against recasts. *Studies in Second Language Acquisition*, 35, 127-165.
Gordon, P. C., & Holyoak, K. J. (1983). Implicit learning and generalization of the "mere exposure" effect. *Journal of Personality and Social Psychology*, 45, 492-500.
Graf, P. (1994). Explicit and implicit memory: A decade of research. In C. Umiltà, & M. Moscovitch (Eds.), *Attention and performance XV: Conscious and nonconscious information processing* (pp.681-696). Cambridge, MA: MIT Press.
Gregg, K. (1984). Krashen's monitor and occam's razor. *Applied Linguistics*, 5, 79-100.
Green, P., & Hecht, K. (1992). Explicit and implicit grammar: An empirical study. *Applied Linguistics*, 13, 168-184.
郡司隆男・坂本勉 (1999).『言語学の方法』(現代言語学入門1)岩波書店
Gullberg, M., & Indefrey, P. (2010). *The earliest stages of language learning*. Malden, MA: John Willey & Sons.
白春花・向山陽子 (2014).「モノリンガルおよびバイリンガル日本語学習者の文処理―競合モデルに基づく類型論的視点からの分析―」『第二言語としての日本語の習得研究』17, 23-40.
Haneda, M. (1996). Peer interaction in an adult second-language class: An analysis of collaboration on a form-focused task.『世界の日本語教育』6, 101-123.
Harrington, M., & Sawyer, M. (1992). L2 working memory capacity and L2 reading skill. *Studies in Second Language Acquisition*, 14, 25-38.

Hartsuiker, R. J, Pickering, M. J., & Veltkamp, E. (2004). Is syntax separate or shared between languages? *Psychological Science*, 15, 409-414.
花田敦子（2001）.「談話資料に見る「は」「が」の習得」『久留米大学外国語教育研究書紀要』8, 89-108.
羽藤由美（2006）.『英語を学ぶ人・教える人のために―「話せる」のメカニズム』世界思想社
橋本ゆかり（2006）.「日本語を第二言語とする英語母語幼児のテンス・アスペクトの習得プロセス」『日本語教育』131, 13-22.
蓮沼昭子（1995）.「対話における確認行為『だろう』『じゃないか』「よね」の確認用法」仁田義雄（編）『複文の研究（下）』(pp.389-419.) くろしお出版.
早津惠美子（2005）.「現代日本語の「ヴォイス」をどのように捉えるか」『日本語文法』5(2), 21-38.
Henry, N., Culman, H., & VanPatten, B. (2009). More on the effects of explicit information in instructed SLA: A partical replication and a response to Fernández (2008). *Studies in Second Language Acquisition*, 31, 559-575.
Herron, C., & Tomasello, M. (1988). Learning grammatical structures in a foreign language: Modelling versus feedback. *French Review*, 61, 910-922.
Holmes, W. M., & Dejean de la Batie, B. (1999). Assignment of grammatical gender by native speakers and foreign learners of French. *Applied Psycholinguistics*, 20, 479-506.
堀口純子（1983）.「授受表現にかかわる誤りの分析」『日本語教育』52, 91-103.
堀口純子（1987）.「「～テクレル」と「～テモラウ」の互換性とムード的意味」『日本語学』6(4), 59-72.
Hulstijn, J. H. (1990). A comparison between the information-processing and the analysis/control approaches to language learning. *Applied Linguistics*, 11, 30-45.
Hulstijn, J. H. (2002). Toward a unified account of the representation, processing and acquisition of second language knowledge. *Second Language Research*, 18, 193-223.
Hulstijn, J. H., & De Graff, R. (1994). Under what conditions does explicit knowledge of a second language facilitate the acquisition of implicit knowledge? A research proposal. *AILA Review*, 11, 97-113.
市川保子（1988）.「クイズ・テストの結果と習得状況の流れ―文法教育への一考察」『日本語教育』64, 164-175.
市川保子（1989）.「取り立て助詞『は』の誤用―談話レベルの誤用を中心に―」『日本語教育』67, 159-164.
市川保子（1997）.『日本語誤用例文小辞典』凡人社.
池上嘉彦（1981）.『「する」と「なる」の言語学―言語と文化のタイポロジーへの試論』大修館書店
生田守・久保田美子（1997）.「上級学習者における格助詞「を」「に」「で」習得上の問題点―助詞テストによる横断的研究から」『日本語国際センター紀要』7, 17-34.
今井新悟（2010）.「間接受身再考」『日本語教育』146, 117-128
今井陽子（2000）.「上級学習者における格助詞「に」「を」の習得―「精神的活動動詞」と共起する名詞の格という観点から」『日本語教育』105, 51-60
稲葉みどり（1991）.「日本語条件文における意味領域と中間言語構造」『日本語教育』75, 87-99.
Inaba, M. (1993). Subset Principle vs. Transfer Hypothesis: Can L2 learners disconfirm superset grammar without evidence? *JACET Bulletin*, 23, 37-56.
Inagaki, S., & Long, M. H. (1999). Implicit negative feedback. In K. Kanno (Ed.), *The acquisition of Japanese as a second language* (pp.53-70). Amsterdam: John Benjamins.
庵功雄・高梨信乃・中西久美子・山田敏弘（2000）.『初級を教える人のための日本語文法ハンドブック』スリーエーネットワーク
猪崎保子（1997）.「日本人とフランス人日本語学習者の会話にみられる「修正」のストラテジー」『世界の日本語教育』7, 77-95.

石田敏子 (1991).「フランス語話者の日本語習得過程」『日本語教育』75, 64-77.
石田敏子 (1996).「非漢字系日本語学習者の作文力の伸びの分析―電子メールを利用した日本語作文通信教育のための基礎的研究」『第5回小出記念日本語教育研究会論文集』29-43.
Itani-Adams, Y. (2007). *One Child, Two Languages: Bilingual First Language Acquisition in Japanese and English* (Doctoral dissertation, University of Western Sydney).
乾敏郎・安西裕一郎 (2001).『認知発達と進化』岩波書店
Iwasaki, J. (2004). *The Acquisition of Japanese as a Second Language and Processability Theory: A Longitudinal Study of a Naturalistic Child Learner.* (Doctoral dissertation, Edith Cowan University).
Iwashita, N. (1999). Tasks and learners' output in nonnative-nonnative interaction. In K. Kanno (Ed.), *The acquisition of Japanese as a second language* (pp.31-52). Amsterdam: John Benjamins.
Iwashita, N. (2003). Negative feedback and positive evidence in task-based interaction. *Studies in Second Language Acquisition*, 25, 1-36.
岩下倫子 (2006).「母語話者(NS)との会話練習でみられるフィードバックの第二言語習得における役割」『第二言語としての日本語の習得研究』9, 42-62.
Ishida, M. (2004). Effects of recasts on the acquisition of the aspectual form *-te i-(ru)* by learners of Japanese as a foreign language. *Language Learning*, 54, 311-394.
Izumi, S. (2002). Output, input enhancement, and the noticing hypothesis: An experimental study of ESL relativization. *Studies in Second Language Acquisition*, 24, 541-577.
Izumi, S. (2003). Comprehension and production processes in second language learning: In search of the psycholinguistic rationale of the output hypothesis. *Applied Linguistics*, 24, 168-196.
Izumi, S., Bigelow, M., Fujiwara, M., & Fearnow, S. (1999). Testing the output hypothesis: Effects of output on noticing and second language acquisition. *Studies in Second Language Acquisition*, 21, 421-452.
Jones, N. E. (2004). The neurobiology of memory consolidation. In J. H. Schumann, S. E. Crowell, N. E. Jones, N. Lee, S. A. Schuchert, & L. A. Woods (Eds.), *The neurobiology of learning: Perspectives from second language acquisition* (pp.111-142). Mahwah, NJ: Lawrence Erlbaum.
Jourdenais, R. (2001). Cognition, instruction and protocol analysis. In P. Robinson (Ed.), *Cognition and second language instruction* (pp.354-375). New York: Cambridge University Press.
Jourdenais, R., Ota, M., Stauffer, S., Boyson, B., & Doughty, C. (1995). Does textual enhancement promote noticing? A think-aloud protocol analysis. In R. Schmidt (Ed.), *Attention and awareness in foreign language learning* (pp.183-216). Honolulu: University of Hawai'i at Manoa, Second Language Teaching & Curriculum Center.
門田修平・野呂忠司 (編) (2001).『英語リーディングの認知メカニズム』くろしお出版
Kahneman, D. (1973). *Attention and effort.* Englewood Cliffs, NJ: Prentice-Hall.
鎌田修 (1999).「KYコーパスと第二言語としての日本語の習得研究」研究代表者 カッケンブッシュ・寛子. 平成8-10年度科学研究費補助金基盤研究(A)(1)課題番号 08308019 研究成果報告書『第2言語としての日本語の習得に関する総合研究』227-237.
Kandel, E., Schwartz, J., & Jessell, T. (2000). *Principles of neural science* (4th ed.). New York: McGraw-Hill.
Kanno, K. (2007). Factors affecting the processing of Japanese relative clauses by L2 learners. *Studies in Second Language Acquisition*, 29, 197-218.
Kaplan, R., & Bresnan, J. (1982). Lexical-Functional Grammar: A formal system for grammatical representations. In J. Bresnan (Ed.), *The mental representation of grammatical relations* (pp.173-281). Cambridge, MA: MIT Press.

Karmiloff-Smith, A. (1984). Children's problem solving. In M. Lamb, A. Brown, & B. Rogoff (Eds.), *Advances in developmental psychology, Vol. III.* Hillsdale, NJ: Erlbaum.
加藤英司 (1984).「接続詞・接続助詞の使用頻度と日本語能力の関係」『日本語教育』53, 139-147.
加藤重広 (2003).『日本語修飾構造の語用論的研究』ひつじ書房
川人光男・銅谷賢治・春野雅彦 (2002).「計算神経科学の挑戦—討論『脳と言語と心の科学—その研究アプローチを探る』」『科学』72 (9), 879-886.
Kawaguchi, S. (1999). The acquisition of syntax and nominal ellipsis in JSL discourse. In P. Robinson (Ed.), *Representation and process: Proceedings of the 3rd Pacific second language research form, Vol.1* (pp.85-94). Tokyo: PacSLRF.
Kawaguchi, S. (2005a). Argument structure and syntactic development in Japanese as second language. In M. Pienemann (Ed.) *Cross-linguistic aspects of processability theory* (pp. 243-298). Amsterdam: John Benjamins.
Kawaguchi, S. (2005b). Processability Theory and Japanese as a Second Language.『第二言語としての日本語の習得研究』8, 243-298.
Keck, C. M., Iberri-Shea, G., Tracy-Ventura, N., & Wa-Mbaleka, S. (2006). Investigating the empirical link between task-based interaction and acquisition: A meta-analysis. In J. M. Norris, & L. Ortega (Eds.), *Synthesizing research on language learning and teaching* (pp.91-131). Amsterdam/Philadelphia: John Benjamins.
Keenan, E., & Comrie, B. (1977). Noun phrase accessibility and universal grammar. *Linguistic Inquiry*, 8, 63-99.
Kellerman, E. (1985). If at first you do succeed. In S. M. Gass, & C. Madden (Eds.), *Input in second language acquisition* (pp.345-353). Rowley, MA: Newbury House.
Kempen, G., & Hoenkamp, E. (1987). An incremental procedural grammar for sentence formulation. *Cognitive Science*, 11, 201-259.
菊池民子・猪狩美保・獄肩志江 (1997).「日本語モダリティ表現の予測能力とその習得に関する研究」『第二言語としての日本語の習得研究』1, 71-82.
Kim, Y., & McDonough, K. (2008). The effect of interlocutor proficiency on the collaborative dialogue between Korean as a second language learners. *Language Teaching Research*, 12, 211-234.
金田一春彦 (1950).「国語動詞の一分類」『言語研究』15, 48-63.(金田一春彦(編)(1976).『日本語動詞のアスペクト(pp.5-26)』むぎ書房に所収)
木下りか (1998).「ヨウダ・ラシイ—真偽判断のモダリティ体系における「推論」」『日本語教育』96, 154-165.
木下りか (2013).『認識的モダリティと推論』ひつじ書房
金水敏 (1992).「場面と視点—受身文を中心に」『日本語学』11(9), 12-19.
小林典子 (1996).「相対自動詞による結果・状態の表現—日本語学習者の習得状況」『文藝言語研究　言語篇』29, 41-56.
Koda, K. (1993). Transferred L1 strategies and L2 syntactic structure in L2 sentence comprehension. *Modern Language Journal*, 77, 499-500.
児玉一宏・野澤元 (2009).『言語習得と用法基盤モデル—認知言語習得論のアプローチ』研究社
小池圭美 (2002).「Focus on form と言語形式：海外における研究の概観と日本語習得研究への提言」『言語文化と日本語教育　増刊特集号　第二言語習得・教育の研究最前線 2002年版』136-149. 日本言語文化学研究会
小松伸一 (2000).「意識と無意識の記憶」太田信夫・多鹿秀継(編)『記憶研究の最前線』(pp.125-148). 北大路書房
小宮千鶴子 (1984).「使役表現の広がり—日英語間の発想のずれと指導上の問題」『日本語教育』53, 149-165.
Kondo-Brown, K. (2001). Effects of three types of practice in teaching Japanese verbs of giving and receiving.『第二言語としての日本語の習得研究』4, 82-115.

小西行郎（2003）.『赤ちゃんと脳科学』集英社
小西行郎（2004）.『早期教育と脳』光文社
Kormos, J. (2006). *Speech production and second language acquisition.* Mahwah, NJ: Lawrence Erlbaum.
Kowal, M., & Swain, M. (1994). From semantic to syntactic processing: How can we promote it in the immersion classroom? In R. K. Johnson, & M. Swain (Eds.) *1994: Immersion Education: International Perspectives.* (manuscript) OISE, Toronto.
小山悟（2004）.「日本語のテンス・アスペクト習得における普遍性と個別性」小山悟・大友可能子・野原美和子(編)『言語と教育—日本語を対象として』(pp.415-436).くろしお出版
Koyanagi, K. (1999). Differential effects of focus on form vs. focus on forms.『第10回国際大学第二言語習得研究学会論文集』(pp.1-31).
Koyanagi, K. (in press). The role of instruction in acquiring Japanese as a second language. In M. Minami (Ed.), *Handbook of Japanese applied linguistics*（*Handbook of Japanese language and linguistics series, Vol. 11*）(pp.199-222). Berlin/Boston: De Gruyter Mouton.
Koyanagi, K., Moroishi, M., Muranoi, H., Ota, M., & Shibata, N. (1994). Negative feedback and the acquisition of Japanese conditionals. Poster presented at the Second Language Research Forum (SLRF). Montreal, McGill University.
小柳かおる（1998）.「条件文習得におけるインストラクションの効果」『第二言語習得としての日本語の習得研究』2, 1-26.
小柳かおる（2000）.パネルディスカッション「教室志向の第二言語習得研究—言語形式の焦点化（Focus on Form）」日本語教育における研究アジェンダと教育上の実践『第11回第二言語習得研究会 全国大会予稿集』(pp.34-40).
小柳かおる（2001）.「第二言語習得過程における認知の役割『日本語教育』109, 10-19.
小柳かおる（2002）.「Focus on Formと日本語習得研究」『第二言語としての日本語の習得研究』5, 62-96.
小柳かおる（2003）.「日本語教育とSLA（第二言語習得）研究」『Sophia Linguistica』50, 15-24.
小柳かおる（2004a）.「教室第二言語習得研究と英語教育」(特集　第二言語習得研究の最前線)『英語教育』53(5), 8-11.
小柳かおる（2004b）.『日本語教師のための新しい言語習得概論』スリーエーネットワーク
小柳かおる（2004c）.『日本語習得の認知過程と教育的介入：「～ている」の中間言語文法知識の生成』平成14年度～平成15年度科学研究費補助金研究成果報告書(基盤研究(C)(2)　課題番号14580339)
小柳かおる（2005a）.「言語処理の認知メカニズムと第二言語習得—記憶のシステムから見た手続き的知識の習得過程」『言語文化と日本語教育　増刊特集号　第二言語習得・教育の研究最前線 2005年版』11-36.　日本言語文化学研究会
小柳かおる（2005b）.「教室の外の実践につなぐ効果的な教室指導のあり方—第二言語習得の認知心理面からの考察」『日本語学』24(3), 22-30.
小柳かおる（2008a）.「文法の習得(第3節)」(第3章　混合環境(自然習得＋教室習得)における日本語習得)坂本正・小柳かおる・長友和彦・畑佐由紀子・村上京子・森山新(編)『多様化する言語習得環境とこれからの日本語教育』スリーエーネットワーク
小柳かおる（2008b）.「第二言語習得研究から見た日本語教授法・教材—研究の知見を教育現場に生かす」『第二言語としての日本語の習得研究』11, 23-41.
小柳かおる・迫田久美子（2006）.「第二言語習得研究と日本語指導」迫田久美子(編)『講座・日本語教育学　第3巻　言語学習の心理』(pp.95-125).スリーエーネットワーク
Krashen, S. D. (1977). The monitor model for adult second language performance. In M. Burt, H. Dulay, & M. Finocchiaro (Eds.), *Viewpoints on English as a second language* (pp.152-161). New York: Regents.
Krashen, S. D. (1980). The input hypothesis. In J. Alatis (Ed.), *Current issues in bilingual*

education (pp.168-180). Washington, DC: Georgetown University Press.

Krashen, S. D. (1985). *The Input Hypothesis: Issues and Implications.* New York: Longman.

Kroll, J., & de Groot, A. M. B. (1997). Lexical and conceptual memory in the bilingual: Mapping form to meaning in two languages. In A. M. B. de Groot, & J. Kroll (Eds.), *Tutorials in bilingualism: Psycholinguistic perspectives* (pp.169-199). Mahwah, NJ: Lawrence Erlbaum.

久保田美子(1994).「第二言語としての日本語の縦断的習得研究―格助詞「を」「に」「へ」「で」の習得過程について」『日本語教育』82, 72-85.

工藤真由美(1995).『アスペクト・テンス体系とテクスト―現代日本語の時間の表現』ひつじ書房

久野暲(1973).『日本文法研究』大修館書店

久野暲(1978).『談話の文法』大修館書店

Kuno, S., & Kaburaki, E. (1977). Empathy and syntax. *Linguistic Inquiry*, 8, 627-672.

黒野敦子(1995).「初級日本語学習者における「-テイル」の習得について」『日本語教育』87, 153-164.

Lamendella, J. T. (1977). General principles of neurofunctional organization and their manifestation in primary and non primary language acquisition. *Language Learning*, 27, 155-196.

Lantolf, J. P. (2000a). *Sociocultural theory and second language learning.* Oxford, UK: Oxford University Press.

Landolf, J. P. (2000b). Second language learning as a mediated process. *Language Teaching*, 33, 79-96.

LaPierre, D. (1994). *Language output in a cooperative learning setting: Determining its effects on second language learning.* MA thesis. University of Toronto.

Laufer, B. (1997). The lexical plight in second language reading. In J. Coady, & T. Huckin (Eds.), *Second language vocabulary acquisition* (pp.20-34). Cambridge, UK: Cambridge University Press.

Lee, J. F., & Benati, A. G. (2007a). *Delivering processing instruction in classrooms and in virtual contexts: Research and practice.* London, UK: Equinox.

Lee, J. F., & Benati, A. G. (2007b). *Second language processing: An analysis of theory, problems and possible solutions.* London/New York: Continuum.

Lee, J. F., & Benati, A. G. (2007c). The effects of structured input activities on the acquisition of two Japanese linguistic features. In J. F. Lee, & A. G. Benati (Eds.), *Delivering processing instruction in classroom and virtual contexts: Research and practice* (pp.49-71). London, UK: Equinox.

Lee, J. F., & Benati, A. G. (2009). *Research and perspectives on processing instruction.* Berlin: Mouton de Gruyter.

Lee, J. F., Benati, A. G., & Hikima, N. (2010). Exploring the effects of processing instruction on discourse-level interpretation tasks with the Japanese passive construction. In A. G. Benati, & J. F. Lee (Eds.), *Processing instruction and discourse* (pp. 148-177). London/New York: Continuum.

Lee, N. (2004). The neurobiology of procedural memory. In J. H. Schumann, S. E. Crowell, N. E. Jones, N. Lee, S. A. Schuchert, & L. A. Woods (Eds.), *The neurobiology of learning: Perspectives from second language acquisition* (pp.43-73). Mahwah, NJ: Lawrence Erlbaum.

Lee, S. (2007). Effects of textual enhancement and topic familiarity on Korean EFL students' reading comprehension and learning of passive form. *Language Learning*, 57, 87-118.

Lee, S., & Huang, H. (2008). Visual input enhancement and grammar learning: A meta-analytic review. *Studies in Second Language Acquisition*, 30, 307-331.

Leeman, J. (2003). Recasts and second language development: Beyond negative evidence. *Studies in Second Language Acquisition*, 25, 37-63.

Leeman, J. (2007). Feedback in L2 learning: Responding to errors during practice. In R. M. DeKeyser (Ed.), *Practice in a second language: Perspectives from applied linguistics and cognitive psychology* (pp.111-137). Cambridge, UK: Cambridge University Press.

Leeman, J., Arteagoitia, I., Fridman, B., & Doughty, C. (1995). Integrating attention to form with meaning: Focus on form in content-based Spanish instruction. In R. Schmidt (Ed.), *Attention and awareness in foreign language learning* (pp.215-258). Honolulu: University of Hawai'i at Manoa, Second Language Teaching & Curriculum Center.

Leeser, M. J. (2004). Learner proficiency and focus on form during collaborative dialogue. *Language Teaching Research*, 8, 55-81.

Lennon, P. (1990). Investigating fluency in EFL: A quantitative approach. *Language Learning*, 40, 387-417.

Lennon, P. (2000). The lexical element in spoken second language fluency. In H. Riggenbach (Ed.), *Perspectives on fluency* (pp.25-42). Ann Arbor, MI: The University of Michigan Press.

Leow, R. (1996). Grammaticality judgment tasks and second-language development. In J. E. Alatis, C. A. Straehle, M. Ronkin, & B. Gallenberger (Eds.), *Linguistics, language acquisition, and language variation: Current trends and future prospects* (pp.126-139). Washington, DC: Georgetown University Press.

Leow, R. (1997). The effects of input enhancement and text length on adult L2 readers' comprehension and intake in second language acquisition. *Applied Language Learning*, 8, 151-182.

Leow, R. (1998). The effects of amount and type of exposure on adult learners' L2 development in SLA. *Modern Language Journal*, 82, 49-68.

Leow, R. (2000). A study of role of awareness in foreign language behavior: Aware versus unaware learners. *Studies in Second Language Acquisition*, 22, 557-584.

Leow, R. (2001). Do learners notice enhanced forms while interacting with the L2? An online and offline study of the role of written input enhancement in L2 reading. *Hispania*, 84, 496-509.

Levelt, W. J. M. (1989). *Speaking: From intention to articulation*. Cambridge, MA: MIT Press.

Levelt, W. J. M. (1991). Accessing words in speech production: Stages, Processes and representation. In W. J. M. Levelt (Ed.), *Lexical access in speech production* (pp.1-22). Cambridge, MA: Blackwell.

Levelt, W. J. M. (1993). Language use in normal speakers and its disorders. In G. Blanken, J. Dittmann, H. Grimm, J. C. Marshall, & C-W. Wallesch (Eds.), *Linguistic disorders and pathologies* (pp.1-15). Berlin: de Gruyter.

Levelt, W. J. M. (1999a). Language production: A blueprint of the speaker. In C. Brown, & P. Hagoort (Eds.), *Neurocognition of language* (pp.83-122). Oxford, UK: Oxford University Press.

Levelt, W. J. M. (1999b). Models of word production. *Trends in Cognitive Sciences*, 3, 223-232.

Li, S. (2010). The effectiveness of corrective feedback in SLA: A meta-analysis. *Language Learning*, 60, 309-365.

Lieven, E., & Tomasello, M. (2008). Children's first language acquisition from a usage-based perspective. In P. Robinson, & N. C. Ellis (Eds.), *Handbook of cognitive linguistics and second language acquisition* (pp.168-196). New York: Routledge.

Lightbown, P. M. (1983). Exploring relationship between developmental and instructional sequences in L2 acquisition. In H. Seliger, & M. Long (Eds.), *Classroom-oriented research in second language acquisition* (pp.217-243). Rowley, MA: Newbury House.

Lightbown, P. M. (1985). Great expectations: Second language acquisition research and classroom teaching. *Applied Linguistics*, 6, 173-189.

Lightbown, P. M., & Spada, N. (1990). Focus-of-form and corrective feedback in communicative language teaching: Effects on second language learning. *Studies in Second Language Acquisition*, 12, 429-448.

Lightbown, P. M., & Spada, N. (1997). Learning English as a second language in a special school in Quebec. *Canadian Modern Language Review*, 53, 315-355.

Liu, N, & Nations, I. S. P. (1985). Factors affecting guessing vocabulary in context. *RELC Journal*, 16, 33-42.

Loewen, S., & Nabei, T. (2007). Measuring the effects of corrective feedback on L2 knowledge. In A. Mackey (Ed.), *Conversational interaction in second language acquisition* (pp.361-377). Oxford, UK: Oxford University Press.

Loewen, S., & Philp, J. (2006). Recasts in the adult L2 classroom: Characteristics, explicitness and effectiveness. *Modern Language Journal*, 90, 536-556.

Logan, G. D. (1988). Toward an instance theory of automatization. *Psychological Review*, 95, 492-527.

Logan, G. D. (1990). Repetition priming and automaticity: Common underlying mechanisms? *Cognitive Psychology*, 22, 1-35.

Long, M. H. (1980). *Input, Interaction and Second Language Acquisition*. Ph.D dissertation. University of California, Los Angeles.

Long, M. H. (1981). Input, interaction and second language acquisition. In H. Winitz (Ed.), *Native Language and Foreign Language Acquisition, Annual of the New York Academy of Science*, 379, 259-278.

Long, M. H. (1983). Does second language instruction make a difference? A review of research. *TESOL Quarterly*, 17, 359-382.

Long, M. H. (1988). Instructed interlanguage development. In L. Beebe (Eds.), *Issues in second language acquisition: Multiple perspectives* (pp.115-141). Cambridge, MA: Newbury House.

Long, M. H. (1991). Focus on form: A design feature in language teaching methodology. In K. de Bot, D. Coste, C. Kramsch, & R. Ginsberg (Eds.), *Foreign language research in crosscultural perspective* (pp.39-52). Philadelphia, PA: John Benjamins.

Long, M. H. (1996). The role of the linguistic environment in second language acquisition. In W. C. Ritchie, & T. K. Bhatia (Eds.), *Handbook of second language acquisition* (pp.413-468). San Diego, CA: Academic Press.

Long, M. H. (2000). Focus on form in task-based language teaching. In R. H. Lambert, & E. Shohamy (Eds.), *Language policy and pedagogy* (pp.179-192). Amsterdam/Philadelphia: John Benjamins.

Long, M. H. (2007). *Problems in SLA*. Mahwah, NJ: Lawrence Erlbaum.

Long, M. H., & Doughty, C. J. (2003). SLA and cognitive science. In C. J. Doughty, & M. H. Long (Eds.), *The handbook of second language acquisition* (pp.866-870). Malden, MA: Blackwell.

Long, M. H., Inagaki, S., & Ortega, L. (1998). The role of implicit negative feedback in SLA: Models and recasts in Japanese and Spanish. *Modern Language Journal*, 82, 357-371.

Long, M. H., & Robinson, P. (1998). Focus on form: Theory, research, and practice. In C. Doughty, & J. Williams (Eds.), *Focus on form in classroom second language acquisition* (pp.15-41). New York: Cambridge University Press.

Loschky, L. (1994). Comprehensible input and second language acquisition: What is the relationship? *Studies in Second Language Acquisition*, 16, 303-323.

Loschky, L., & Bley-Vroman, R. (1993). Grammar and task-based methodology. In S. M. Gass, & G. Crookes (Eds.), *Tasks and language learning: Integrating theory and practice* (pp. 123-167). Clevedon, UK: Multilingual Matters.
Loup, G. (1996). Grammatical knowledge and memorized chunks: A response to Ellis. *Studies in Second Language Acquisition*, 18, 355-360.
Lyster, R. (1998). Recasts, repetition, and ambiguity in L2 classroom discourse. *Studies n Second Language Acquisition*, 20, 51-81.
Lyster, R. (2004). Differential effects of prompts and recasts in form-focused instruction. *Studies in Second Language Acquisition*, 26, 399-432.
Lyster, R., & Izquierdo, J. (2009). Prompts versus recasts in dyadic interaction. *Language Learning*, 59, 453-498.
Lyster, R., & Mori, H. (2006). Interactional feedback and instructional counterbalance. *Studies in Second Language Acquisition*, 28, 269-300.
Lyster, R, & Ranta, L. (1997). Corrective feedback and learner uptake: Negotiation of form in communicative classrooms. *Studies in Second Language Acquisition*, 19, 37-66.
Lyster, R., & Saito, K. (2010). Oral feedback in classroom SLA: A meta-analysis. *Studies in Second Language Acquisition*, 32, 263-302.
町田延代（1997）.「電話におけるフォリナートーク・ディスコースの違い―日本語非母語話者の言語能力と交渉」『第二言語としての日本語の習得研究』1, 83-99.
Mackey, A. (1999). Input, interaction, and second language development: An empirical study of question formation in ESL. *Studies in Second Language Acquisition*, 21, 557-587.
Mackey, A., & Goo, J. (2007). Interaction research in SLA: A meta-analysis and research synthesis. In A. Mackey (Ed.), *Conversational interaction in second language acquisition* (pp. 407-452). Oxford, UK: Oxford University Press.
Mackey, A., Gass, S., & McDonough, K. (2000). How do learners perceive interactional feedback? *Studies in Second Language Acquisition*, 22, 471-497.
Mackey, A., Oliver, R., & Leeman, J. (2003). Interactional input and the incorporation of feedback: An exploration of NS-NNS and NNS-NNS adult and child dyads. *Language Learning*, 53, 33-66.
Mackey, A., & Philp, J. (1998). Conversational interaction and second language development: Recasts, responses, and red herrings? *Modern Language Journal*, 82, 338-356.
Mackey, A., Philp, J., Egi, T., Fujii, A., & Tatsumi, T. (2002). Individual differences in working memory, noticing of interactional feedback and L2 development. In P. Robinson (Ed.), *Individual differences and instructed language learning* (pp. 181-209). Amsterdam/Philadelphia: John Benjamins.
Mackey, A., Polio, C., & McDonough, K. (2004). The relationship between experience, education and teachers' use of incidental focus-on-form techniques. *Language Teaching Research*, 8, 301-327.
MacWhinney, B. (1987). The competition model. In B. MacWhinney (Ed.), *Mechanisms of language acquisition* (pp. 249-308). Hillsdale, NJ: Lawrence Erlbaum.
MacWhinney, B. (1997). Second language acquisition and the competition model. In J. Kroll, & A. De Groot (Eds.), *Tutorials in bilingualism* (pp. 113-142). Mahwah, NJ: Lawrence Erlbaum.
MacWhinney, B. (2005). A unified model of language acquisition. In J. F. Kroll, & A. M. B. de Groot (Eds.), *Handbook of bilingualism: Psycholinguistic approaches* (pp. 49-67). Oxford: Oxford University Press.
MacWhinney, B. (2008). A unified model. In P. Robinson, & N. C. Ellis (Eds.), *Handbook of cognitive linguistics and second language acquisition* (pp. 341-371). New York: Routledge.
MacWhinney, B. (2011). The logic of the unified model. In S. M. Gass, & A. Mackey

(Eds.), *The Routledge handbook of second language acquisition* (pp. 211-227). Oxon, UK: Routledge.

Major, R. C. (1996). Chunking and phonological memory: A response to Ellis. *Studies in Second Language Acquisition*, 18, 351-354.

Mandler, G. (1980). Recognizing: The judgment of previous occurrence. *Psychological Review*, 87, 252-271.

Mandler, G. (1988). Memory: Conscious and unconscious. In P. R. Solomon, G. R. Goethals, C. M. Kelly, & B. R. Stephens (Eds.), *Memory: Interdisciplinary approaches* (pp. 84-106). New York: Springer-Verlag.

Manza, L, Zizak, D., & Reber, A. S. (1998). Artificial grammar learning and the mere exposure effect: Emotional preference tasks and the implicit learning process. In M. A. Stadler, & P. A. Frensch (Eds.), *Handbook of implicit learning* (pp. 201-222). Thousand Oaks, CA: Sage Publications.

Marsden, E. (2006). Exploring input processing in the classroom: An experimental comparison of processing instruction and enriched input. *Language Learning*, 56, 507-566.

Marsden, E., & Chen, H-Y. (2011). The roles of structured input activities in processing instruction and the kinds of knowledge they promote. *Language Learning*, 61, 1058-1098.

益岡隆志（1991）．『モダリティの文法』くろしお出版

益岡隆志（2007）．『日本語モダリティ探究』くろしお出版

松田由美子・斎藤俊一（1992）．「第二言語としての日本語学習に関する縦断的事例研究」『世界の日本語教育』2, 129-156. 国際交流基金

松本裕治・今井邦彦・田窪行則・橋田浩一・郡司隆男（1997）．『言語の科学入門1』（岩波講座言語の科学）岩波書店

松岡弘（1987）．「「のだ」の文・「わけだ」に関する一考察」『言語文化』24, 7-19.

メイナード，K・泉子（1993）．『会話分析』くろしお出版

McDonough, K. (2005). Identifying the impact of negative feedback and learners' responses to ESL question development. *Studies in Second Language Acquisition*, 27, 79-103.

McDonough, K. (2006). Interaction and syntactic priming: English L2 speakers' production of dative constructions. *Studies in Second Language Acquisition*, 28, 179-207.

McDonough, K. (2007). Interactional feedback and the emergence of simple past activity verbs in L2 English. In A. Mackey (Ed.), *Conversational interaction in second language acquisition: A collection of empirical studies* (pp. 323-338). Oxford, UK: Oxford University Press.

McDonough, K. (2011). Eliciting wh-question through collaborative syntactic priming activities during peer interaction. In P. Trofimovich, & K. McDonough (Eds.), *Applying priming methods to L2 learning, teaching and research: Insights from psycholinguistics* (pp. 131-151). Amsterdam/Philadelphia: John Benjamins.

McDonough, K., & Chaikitmongkol, W. (2010). Collaborative syntactic priming activities and EFL learners' production of wh-questions. *Canadian Modern Language Review*, 66, 811-835.

McDonough, K., & Kim, Y. (2009). Syntactic priming and EFL learners' production of wh-questions. *Modern Language Journal*, 93, 386-398.

McDonough, K., & Mackey, A. (2006). Responses to recasts: Repetitions, primed production, and linguistic development. *Language Learning*, 56, 693-720.

McDonough, K., & Mackey, A. (2008). Syntactic priming and ESL question development. *Studies in Second Language Acquisition*, 30, 31-47.

McDonough, K., & Trofimovich, P. (2009). *Using priming methods in second language research*. New York: Routledge.

McLaughlin, B. (1978). The monitor model: Some methodological considerations. *Language Learning*, 28, 309-332.
McLaughlin, B. (1987). *Theories of second language learning*. London: Edward Arnold.
McLaughlin, B. (1990). Restructuring. *Applied Linguistics*, 11, 113-128.
McLaughlin, B., & Heredia, R. (1996). Information-processing approaches to research on second language acquisition and use. In W. C. Ritchie, & T. K. Bhatia (Eds.), *Handbook of second language acquisition* (pp.213-228). San Diego, CA: Academic Press.
McLaughlin, B., Rossman, T., & McLeod, B. (1983). Second language learning: An information-processing perspective. *Language Learning*, 33, 135-158.
McNeil, D. (1966). Developmental psycholinguistics. In F. Smith, & G. A. Miller (Eds.), *The genesis of language: A psycholinguistic approach* (pp.15-84). Cambridge, MA: MIT Press.
Meisel, J. M., Clahsen, H., & Pienemann, M. (1981). On determining developmental stages in second language acquisition. *Studies in Second Language Acquisition*, 3, 109-135.
Methapisit, T. (2001) The usage of Japanese aspect expressions by Thai learners. 研究代表者　前田(宇佐美)洋．平成11-12年度科学研究費補助金　基盤研究(B)(2)　課題番号(国)11691041　研究成果報告書『日本語教育のためのアジア諸言語の対訳作文データの収集とコーパスの構築』(pp. 95-105). 国立国語研究所
Methapisit, Tasanee・坂田睦深・CHUENSRIVIROTE, Arunee (2001).「タイ人日本語学習者のアスペクト表現」研究代表者　前田(宇佐美)洋．平成11-12年度科学研究費補助金　基盤研究(B)(2)課題番号(国) 11691041　研究成果報告書『日本語教育のためのアジア諸言語の対訳作文データの収集とコーパスの構築』(pp. 81-94). 国立国語研究所
Miller, G. A. (1956). The magical number seven, plus or minus two: Some limits on our capacity for processing information. *Psychological Review*, 63, 81-97.
南不二男 (1993).『現代日本語文法の輪郭』大修館書店
峯布由紀 (1995).「日本語学習者における文末表現の習得過程に関する研究」『日本語教育』86, 56-80.
峯布由紀 (2002).「Processability theory に基づいた言語習得研究」『言語文化と日本語教育　増刊特集号　第二言語習得・教育の研究最前線 2002年版』28-44. 日本言語文化学研究会.
峯布由紀・高橋薫・黒滝真理子・大島弥生 (2002).「日本語文末表現の習得に関する一考察―自然習得者と教室学習者の事例をもとに」研究代表者　長友和彦．平成12-13年度科学研究費　萌芽的研究　課題番号 12878043　研究成果報告書『第二言語としての日本語の自然習得の可能性と限界』(pp.64-85).
峯布由紀 (2007a).「認知的な側面からみた第二言語の発達過程について―言語と思考のprocessability」『日本語教育』134, 90-99.
峯布由紀 (2007b).『第二言語としての日本語の習得過程における言語処理の発達と言語形式の広がり』お茶の水女子大学大学院人間文化研究科博士学位論文：博甲第510号.
峯布由紀 (2012).「言語処理の発達からみたダケとシカの習得過程」*Journal CAJLE*, 13, 42-62.
峯布由紀 (2015).『第二言語としての日本語の発達過程―発話のための言語処理と思考の発達』ココ出版
Mitsugi, S., & MacWhinney, B. (2010). Second language processing in Japanese scrambled sentences. In B. VanPatten, & J. Jegerski (Eds.), *Research in second language processing and parsing* (pp. 159-175). Amsterdam/Philadelphia: John Benjamins.
三宅晶 (2000).「ワーキングメモリ―過去，現在，未来」苧阪直行(編)『脳とワーキングメモリ』(pp. 311-329). 京都大学学術出版会
Miyake, A., & Friedman, N. P. (1998). Individual differences in second language proficiency: Working memory as language aptitude. In A. F. Healy, & L. E. Bourne (Eds.), *Foreign language learning: Psycholinguistic studies on training and retention* (pp. 339-364). Mahwah, NJ: Lawrence Erlbaum.
Miyake, A., & Shah, P. (1999). Toward unified theories of working memory: Emerging general consensus, unresolved theoretical issues, and future research directions. In A.

Miyake, & P. Shah (Eds.), *Models of working memory: Mechanisms of active maintenance and executive control* (pp. 442-481). Cambridge, UK: Cambridge University Press.

Miyamoto, E. (2002). Case makers as clause boundary inducers in Japanese. *Journal of Psycholinguistic Research*, 31, 307-347.

宮崎和人（1993）.「「～ダロウ」の談話機能について」『国語学』175, 63-50.

宮崎和人（2005）.『現代日本語の疑問表現　疑いと確認要求』ひつじ書房

宮崎里司（1990）.「接触場面における仲介訂正ネットワーク」『日本語教育』71, 171-181.

Miyazaki, S. (1999). Communicative adjustment and adjustment marker: The point of request for clarification. 『第二言語としての日本語習得研究』3, 57-93.

水谷信子（1985）.『日英比較　話しことばの文法』くろしお出版

Morgan-Short, K., & Bowden, H. W. (2006). Processing instruction and meaningful output-based instruction: Effects on second language development. *Studies in Second Language Acquisition*, 28, 31-65.

森下正修・近藤洋史・苧阪直行（2000）.「リーディングスパンテストにおける処理と保持」苧阪直行（編）『脳とワーキングメモリ』(pp. 181-201).京都大学学術出版会

Moroishi, M. (1999). Explicit vs. implicit learning: Acquisition of the Japanese conjectural auxiliaries under explicit and implicit conditions. In N. O. Jungheim, & P. Robinson (Eds.), *Pragmatics and pedagogy: Proceedings of the 3rd Pacific second language research forum* Vol. 2 (pp.217-230). Tokyo: Aoyama Gakuin University.

Moroishi, M. (2001). Recasts and learner uptake in the Japanese classroom discourse. In X. Bonch-Bruevich, W. J. Crawford, J. Hellermann, C. Higgins, & H. Nguyen (Eds.), *The past, present, and future of second language research: Selected proceedings of the 2000 second language research forum* (pp.197-208). Boston: Cascadilla Press.

Moroishi Wei, M. (2002). Recasts, noticing and error types: Japanese laerners' perception of corrective feedback. 『第二言語としての日本語の習得研究』5, 24-41

Morris, C. D., Bransford, J. D., & Franks, J. J. (1977). Levels of processing versus transfer appropriate processing. *Journal of Verbal Learning and Verbal Behavior*, 16, 519-533.

Morris, F., & Tarone, E. (2003). Impact of classroom dynamics on the effectiveness of recasts in second language acquisition. *Language Learning*, 53, 325-268.

向山陽子（2004）.「文法指導の効果に関する実験研究概観―明示性の観点から」『言語文化と日本語教育　増刊特集号　第二言語習得・教育の研究最前線 2004年版』124-146.日本言語文化学研究会

村上かおり（1997a）.「日本語母語話者の「意味交渉」に非母語話者との接触経験が及ぼす影響」『世界の日本語教育』7, 137-155.

村上かおり（1997b）.「日本語母語話者の「意味交渉」にタスクの種類が及ぼす影響―母語話者と非母語話者とのインターアクションにおいて」『第二言語としての日本語の習得研究』1, 119-136.

Muranoi, H. (2000). Focus on form through interaction enhancement: Integrating formal instruction into a communicative task in EFL classrooms. *Language Learning*, 50, 617-673.

中窪高子（1997）.「日本語学習者の聞き取りにおける「修正」の役割―聴解教材開発のための実証的研究」『日本語教育』95, 13-24.

中上亜樹（2009）.「処理指導(processing Instsruction)の効果に関する研究―日本語の使役と謙譲表現の項目間の比較」『広島大学大学院教育学研究科紀要』58, 245-252.

Nagata, N. (1993). Intelligent computer feedback for second language instruction. *Modern Language Journal*, 77, 330-339

Nagata, N. (1996). Computer vs. workbook instruction in second language acquisition. *CALICO Journal*, 14, 33-75.

Nagata, N. (1997). The effectiveness of computer-assisted metalinguistic instruction: A case study in Japanese. *Foreign Language Annals*, 30, 187-200.

Nagata, N. (1998). Input vs. output practice in educational software for second language acquisition. *Language Learning and Technology*, 1, 23-40.
長友和彦(1990).「誤用分析研究―日本語の中間言語の解明へ向けて」平成元年度科学研究費補助金 一般研究(B) 研究成果報告書『第2言語としての日本語の教授・学習過程の研究』1-53.
長友和彦(1991).「談話における「が」「は」 とその習得について―Systematic Variation Model」『言語理論と日本語教育の相互活性化』10-24.津田日本語教育センター.
中川良雄(1995).「日本語助詞習得に関する一考察―CAIによる学習履歴の分析」『無差』2, 63-79.京都外国語大学
中石ゆうこ(2005).「対のある自動詞・他動詞の第二言語習得研究―「つく-つける」,「きまる-きめる」,「かわる-かえる」の使用状況をもとに」『日本語教育』124, 23-32.
中西久美子(2010).「日本語学習者・日本語母語話者のとりたて助詞の使用実態」『計量国語学』27(7), 270-282.
Nassaji, H. (2009). Effects of recasts and elicitations in dyadic interaction and the role of feedback explicitness. *Language Learning*, 59, 411-452.
Nation, P. (2000). Learning vocabulary in lexical sets: Dangers and guidelines. *TESOL journal*. 9, 6-10.
Nation, I. S. P. (2001). *Learning vocabulary in another language.* Cambridge, UK: Cambridge University Press.
ニャンジャローンスック,スニーラット(2001).「OPIデータにおける『条件表現』の習得研究―中国語,韓国語,英語母語話者の自然発話から」『日本語教育』111, 26-35.
Newell, A. (1990). *Unified theories of cognition.* Cambridge, MA: Harvard University Press.
Nicholas, H., Lightbown, P. M., & Spada, N. (2001). Recast as feedback to language learners. *Language Learning*, 51, 719-758.
日本語記述文法研究会(2009).「第3部 格と構文」日本語記述文法研究会(編)『現代日本語文法2』くろしお出版
西由美子・白井恭弘(2001).「アスペクト構造の語彙化における普遍性と差異―英語と日本語の場合」南雅彦・アラム佐々木幸子(編)『言語学と日本語教育II―New Directions in Applied Linguistics of Japanese』(pp.75-92). くろしお出版
仁田義雄(1989).「現代日本語文のモダリティの体系と構造」仁田義雄・益岡隆志(編)『日本語のモダリティ』(pp.1-56).くろしお出版
仁田義雄(1992).「判断から発話・伝達へ―伝聞・婉曲の表現を中心に」『日本語教育』77, 1-56.
野田尚史(1991).「文法的なヴォイスと語彙的なヴォイスの関係」仁田義雄(編)『日本語のヴォイスと他動性』(pp.211-232).くろしお出版
野田尚史(2001).「第3章 学習者独自の文法の背景―学習者独自の文法は必然的に生まれる」野田尚史・迫田久美子・渋谷勝己・小林典子(著)『日本語学習者の文法習得』(pp.45-62). 大修館書店
野田尚史(2007).「日本語非母語話者の日本語とりたて助詞の不使用」中西久実子(編)『主題・とりたてに関する非母語話者と母語話者の言語運用能力の対照研究』(平成15-18年度科学研究費補助金基盤研究(C)(1) 研究報告書) 53-70.
Norris, J. M., & Ortega, L. (2000). Effectiveness of L2 instruction: A research synthesis and quantitative meta-analysis. *Language Learning*, 50, 417-528.
Norris, J. M., & Ortega, L. (2001). Does type of instruction make a difference? Substantive findings from a meta-analytic review. *Language Learning*, 51, Supplement 1, 157-213.
O'Brien-Malone, A., & Maybery, M. T. (1998). Implicit learning. In K. Kirsner, C. Speelman, M. Maybery, A. O'Brien-Malone, M. Anderson, & C. MacLeod (Eds.), *Implicit and explicit mental processes* (pp.37-56). Hillsdale, NJ: Erlbaum.
O'Grady, W. (1999). Toward a new nativism. *Studies in Second Language Acquisition*, 21, 621-633.

Ohta, A. S. (2000a). Rethinking interaction in SLA: Developmentally appropriate assistance in the zone of proximal development and the acquisition of L2 grammar. In J. P. Lantolf (Ed.), *Sociocultural theory and second language learning* (pp. 51-78). Oxford, UK: Oxford University Press.

Ohta, A. S. (2000b). Re-thinking recasts: A learner-centered examination of corrective feedback in the Japanese language classroom. In J. K. Hall, & L. Verplaeste (Eds.), *The construction of foreign and second language learning through classroom interaction* (pp. 47-71). Mahwah, NJ: Lawrence Erlbaum.

Ohta, S. S. (2001). *Second language acquisition process in the classroom: Learning Japanese.* Mahwah, NJ: Erlbaum.

奥田靖雄(布村政雄)(1977).「アスペクトの研究をめぐって―金田一的段階」『国語国文』8, 51-63. 宮城教育大学

大久保愛(1967).『幼児言語の発達』東京堂出版

Oliver, R. (1995). Negative feedback in child NS/NNS conversation. *Studies in Second Language Acquisition*, 18, 459-481.

Oliver, R. (1998). Negotiation of meaning in child interaction. *Modern Language Journal*, 82, 372-386.

Oliver, R. (2000). Age differences in negotiation and feedback in classroom and pair-work. *Language Learning*, 50, 119-151.

Oliver, R., & Mackey, A. (2003). Interactional context and feedback in child ESL classrooms. *Modern Language Journal*, 87, 519-533.

Oliver, R. (2009). How young is too young? Investigating negotiation of meaning and feedback in child aged five to seven years. In A. Mackey, & C. Polio (Eds.), *Multiple perspectives on interaction: Second language research in honor of Susan M. Gass.* New York: Taylor and Francis.

苧阪満里子(1998).「ワーキングメモリ」苧阪直行(編)『読み―脳と心の情報処理』(pp. 239-262). 朝倉書店

苧阪満里子(2002).『脳のメモ帳 ワーキングメモリ』新曜社

苧阪満里子・苧阪直行(1994). 読みとワーキングメモリ容量―リーディングスパンテストによる検討」『心理学研究』66, 339-345.

苧阪満里子・苧阪直行・Groner, R. (2000).「ワーキングメモリと第二言語処理―バイリンガルを対象としたリーディングスパンテストの結果」苧阪直行(編著)『脳とワーキングメモリ』(pp. 243-254)京都大学学術出版会

苧阪直行(1994).「注意と意識の心理学」安西祐一郎・苧阪直行・前田敏博・彦坂興秀(編)『岩波講座 認知科学9 注意と意識』(第1章) 岩波書店

苧阪直行(2002).「意識の科学は可能か」苧阪直行(編)『意識の科学は可能か』(pp. 1-64). 新曜社

大島弥生(1993).「中国語・韓国語話者における日本語モダリティ習得に関する研究」『日本語教育』81, 93-103.

大塚純子(1995).「中上級日本語学習者の視点表現の発達について―立場志向文を中心に―」『言語文化と日本語教育』9, 281-292.

大塚容子(1989).「視点による日英比較」『日本語教育』67, 173-180.

Overstreet, M. H. (1998). Text enhancement and content familiarity: The focus on learner attention. *Spanish Applied Linguistics*, 2, 229-258.

尾崎明人(1993).「接触場面の訂正ストラテジー――『聞き返し』の発話交換をめぐって」『日本語教育』81, 19-30.

大関浩美(2005).「第二言語における日本語名詞修飾節の産出は普遍的習得難易度階層に従うか」『第二言語としての日本語の習得研究』8, 64-82.

大関浩美(2008).『第一・第二言語における日本語名詞修飾節の習得過程』くろしお出版

Ozeki, H., & Shirai, Y. (2007). Doer the noun phrase accessibility hierarchy predict the difficulty order in the acquisition of Japanese relative clauses? *Studies in Second Lan-*

guage Acquisition, 29, 169-196.
Palmeri, T. (1997). Exemplar similarity and the development of automaticity. *Journal of Experimental Psychology: Learning, Memory and Cognition*, 23, 324-254.
Panova, I., & Lyster, R. (2002). Patterns of corrective feedback and uptake in an adult ELS classroom. *TESOL Quarterly*, 36, 573-595.
Paradis, M. (1994). Neurolinguistic aspects of implicit and explicit memory: Implications for bilingualism. In N. C. Ellis (Ed.), *Implicit and explicit learning of languages* (pp.393-419). San Diego, CA: Academic Press.
Paradis, M. (1997). The cognitive neuropsychology of bilingualism. In A. de Groot, & J. Kroll (Eds.), *Tutorials in bilingualism: Psycholinguistic perspectives* (pp.331-354). Hillsdale, NJ: Lawrence Erlbaum.
Paradis, M. (2004). *A neurolinguistic theory of bilingualism*. Amsterdam/Philadelphia: John Benjamins.
Paribakht, T. S., & Wesche, M. (1999). Reading and "incidental" L2 vocabulary acquisition: An introspective study of lexical inferencing. *Studies in Second Language Acquisition*, 21, 195-224.
Philp, J. (2003). Constraints on 'noticing the gap': Nonnative speakers' noticing of recasts in NS-NNS interaction. *Studies in Second Language Acquisition*, 25, 99-126.
Pica, T. (1984). Methods of morpheme quantification: Their effect on the interpretation of second language data. *Studies in Second Language Acquisition*, 6, 69-78.
Pica, T. (2002). Subject-matter content: How does it assist the interactional and linguistic needs of classroom language learners? *Modern Language Journal*, 82, 299-305.
Pica, T., & Doughty, C. (1988). Variation in classroom interaction as a function of participation pattern and task. In J. Fine (Ed.), *Second language discourse* (pp.41-55). Norwood, NJ: Ablex.
Pica, T., Holliday, L., Lewis, N., & Morgenthaler, L. (1989). Comprehensible output as an outcome of linguistic demands of the laerners. *Studies in Second Language Acquisition*, 11, 63-90.
Pica, T., Kanagy, R., & Falodun, J. (1993). Choosing and using communication tasks for second language instruction and research. In G. Crookes, & S. M. Gass (Eds.), *Tasks and language learning: Integrating theory & practice* (pp.9-34). Clevedon, UK: Multilingual Matters.
Pica, T., Lincoln-Porter, F. Paninos, D., & Linnell, J. (1996). Language learners' interaction: How does it address the input and feedback needs of L2 learners? *TESOL Quarterly*, 30, 59-83.
Pica, T., Young, R., & Doughty, C. (1987). The impact of interaction on comprehension. *TESOL Quarterly*, 21, 737-758.
Pienemann, M. (1984). Psychological constraints of the teachability of languages. *Studies in Second Language Acquisition*, 6, 184-214.
Pienemann, M. (1989). Is language teachable?: Psycholinguistic experiments and hypotheses. *Applied Linguistics*, 10, 52-79.
Pienemann, M. (1998). *Language processing and second language development: Processability theory*. Amsterdam: John Benjamins.
Pienemann M. (2002). Issues in second language acquisition and language processing. *Second Language Research*, 18, 189-192.
Pienemann, M. (2003). Language processing capacity. In C. J. Doughty, & M. H. Long (Eds.), *The handbook of second language acquisition* (pp.679-714). Malden, MA: Blackwell.
Pienemann, M. (2005). An introduction to Processability Theory. In M. Pienemann (Ed.), *Cross-linguistic aspects of processability theory* (pp.1-60). Amsterdam: John Benjamins.
Pienemann, M., Di Biase, B., & Kawaguchi, S. (2005). Extending processability theory. In

M. Pienemann (Ed.), *Cross-linguistic aspects of processability theory* (pp.199-251). Amsterdam: John Benjamins.
Pienemann, M., & Johnston, M. (1987). Factors influencing the development of language proficiency. In D. Nunan (Ed.), *Applying second language acquisition research* (pp.45-141). Adelaide, Australia: National Curriculum Resource Center, Adult Migrant Education Program.
Pienemann, M., & Johnston, M. (1996). A brief history of processing approaches to SLA: Reply to Mellow. *Second Language Research*, 12, 319-34.
Pienemann, M., Johnston, M., & Brindley, G. (1988). Constructing an acquisition-based procedure for second language assessment. *Studies in Second Language Acquisition*, 10, 217-243.
Pienemann, M., Johnston, M., & Meisel, J. (1993). The Multidimensional Model, linguistic profiling, and related issues: A reply to Hudson. *Studies in Second Language Acquisition*, 15, 495-503.
Pinker, S. (1991). Rules of language. *Science*, 253, 530-535.
Platt, E., & Brooks, F. (1994). The "acquisition-rich environment" revisited. *Modern Language Journal*, 78, 496-511.
Plough, I., & Gass, S. M. (1993). Interlocutor and task familiarity: Effects on interactional structure. In G. Crookes, & S. M. Gass (Eds.), *Tasks and language learning: Integrating theory & practice* (pp.35-56). Clevedon, UK: Multilingual Matters.
Polio, C., Gass, S. M., & Chapin, L. (2006). Using simulated recall to investigate native speaker perception in native-nonnative speaker interaction. *Studies in Second Language Acquisition*, 28, 237-267.
Posner, M. I. (1992). Attention as a cognitive and neural system. *Directions in Psychology Science*, 1, 11-14.
Qin, J. (2008). The effect of processing instruction and dictogloss tasks on acquisition of the English passive voice. *Language Teaching Research*, 12, 61-82.
Rast, R. (2008). *Foreign language input: Initial processing*. Clevedon, UK: Multilingual Matters.
Reber, A. S. (1967). Implicit learning of artificial grammars. *Journal of Verbal Learning and Verbal Behavior*, 5, 855-863,
Riggenbach, H. (1991). Toward an understanding of fluency: A microanalysis of nonnative speaker conversations. *Discourse Process*, 14, 423-441.
Roberts, M. (1995). Awareness and the efficacy of error correction. In R. Schmidt (Ed.), *Attention and Awareness in Foreign Language Learning* (pp.163-182). Honolulu: University of Hawai'i at Manoa, Second Language Teaching & Curriculum Center.
Robinson, P. (1994). Comments on Rod Ellis's "the structural syllabus and second language acquisition": Implicit knowledge, second language learning, and syllabus construction. *TESOL Quarterly*, 28, 161-166.
Robinson, P. (1995). Attention, memory and 'noticing' hypothesis. *Language Learning*, 45, 283-331.
Robinson, P. (1996). Learning simple and complex second language rules under implicit, incidental, rule-search, and instructed conditions. *Studies in Second Language Acquisition*, 18, 27-68.
Robinson, P. (1997a). Individual differences and the fundamental similarity of implicit and explicit adult second language learning. *Language Learning*, 47, 45-99.
Robinson, P. (1997b). Generalizability and automaticity of second language learning under implicit, incidental, enhanced, and instructed conditions. *Studies in Second Language Acquisition*, 19, 223-247.
Robinson, P. (2001a). *Cognition and second language instruction*. Cambridge, UK:

Cambridge University Press.
Robinson, P. (2001b). Task complexity, cognitive resources and syllabus design: A triadic theory of task influences on SLA. In P. Robinson (Ed.), *Cognition and second language instruction* (pp.287-318). New York: Cambridge University Press.
Robinson, P. (2001c). Individual differences, cognitive abilities, aptitude complexes and learning conditions in second language acquisition. *Second Language Research*, 17, 368-392.
Robinson, P. (2002). Learning conditions, aptitude complexes, and SLA: A framework for research and pedagogy. In P. Robinson (Ed.), Individual differences and instructed language learning (pp.112-131). Amsterdam/Philadelphia: John Benjamins.
Robinson, P. (2003). Attention and memory during SLA. In C. J. Doughty, & M. H. Long (Eds.), *The handbook of second language acquisition* (pp.631-678). Malden, MA: Blackwell.
Rosa, E., & O'Neil, M. D. (1999). Explicitness, intake, and the issue of awareness: Another piece to the puzzle. *Studies in Second Language Acquisition*, 21, 511-556.
Rounds, P. L., & Kanagy, R. (1998). Acquiring linguistic cues to identify AGENT: Evidence from children learning Japanese as a second language. *Studies in Second Language Acquisition*, 20, 509-542.
Rulon, K. A., & McCreary, J. (1986). Negotiation of content: Teacher-fronted and small-group interaction. In R. Day (Ed.), *Talking to learn: Conversation in second language acquisition* (pp.182-199). Rowley, MA: Newbury House.
Russell, J., & Spada, N. (2006). The effectiveness of corrective feedback for the acquisition of L2 grammar: A meta-analysis of the research. In J. M. Norris, & L. Ortega (Eds.), *Synthesizing research on language learning and teaching* (pp.133-164). Amsterdam/Philadelphia John Benjamins.
Rutherford, W. (1987a). *Second language grammar: Learning and teaching*. London: Longman.
Rutherford, W. (1987b). The meaning of grammatical consciousness-raising. *World Englishes*, 6, 209-216.
Rutherford, W. (1988). Grammatical consciousness raising in brief historical perspective. In W. Rutherford, & M. Sharwood Smith (Eds.), *Grammar and second language teaching* (pp.15-18). New York: Newbury House.
Rutherford, W., & Sharwood Smith, M. (1985). Consciousness raising and universal grammar. *Applied Linguistics*, 6, 274-282. Reprinted in W. Rutherford, & M. Sharwood Smith (1988) *Grammar and second language teaching* (pp.107-116). New York: Newbury House.
三枝優子・大野文 (2001).「文末表現の習得」『東アジア日本語教育・日本文化』3, 59-70. 東アジア日本語教育日本文化研究学会
佐伯哲夫 (1998).『要説　日本語文の語順』くろしお出版
齋藤智 (2000a).「作動記憶」太田信夫・多鹿秀継(編)『記憶研究の最前線』(pp. 15-40). 北大路書房
齋藤智 (2000b).「音韻ループと長期記憶とリズム」苧阪直行(編著)『脳とワーキングメモリ』(pp.277-297). 京都大学学術出版会
酒井邦嘉 (2002).『言語の脳科学　脳波どのようにことばを生みだすか』中公新書
榊原洋一 (2004).『子どもの脳の発達　臨界期・敏感期―早期教育で知能は大きく伸びるのか？』講談社
坂本正 (1996).「助詞「は」と「が」の習得について―文法性判断テストを通して」『平成8年度日本語教育学会秋季大会予稿集』166-171.
坂本正 (1997).「第二言語習得研究と日本語教育：助詞「は」と「が」について」ハーバード真紀・坂本正・デーヴィス, ジェームス(編)『日本語教育―異文化の掛け橋』(pp.175-189).

アルク
坂本正・小塚操・児崎秋江・稲葉みどり・原田千恵子（1989）.「日本語のフォーリナートークに対する日本語学習者の反応」『日本語教育』69, 121-146.
坂本正・岡田久美（1996）.「日本語の授受動詞の習得について」『アカデミア―文学・語学編』61, 157-202. 南山大学
迫田久美子（1998）.「誤用を産み出す学習者のストラテジー―場所を表す格助詞「に」と「で」の使い分け」『平成10年度日本語教育学会秋季大会予稿集』128-135.
迫田久美子（2001）.「第2章 学習者の文法処理方法―学習者は近くを見て処理する」野田尚史・迫田久美子・渋谷勝巳・小林典子（著）『日本語学習者の文法習得』(pp.25-43). 大修館書店
迫田久美子（2002）.『日本語教育に生かす第二言語習得研究』アルク
Salaberry, M. R. (1997). The role of input and output practice in second language acquisition. *Canadian Modern Language Review*, 53, 422-451.
Sanz, C., & Leow, R. R. (Eds.), *Implicit and explicit language learning: Conditions, processes, and knowledge in SLA and bilingualism*. Washington, DC: Georgetown University Press.
Sanz, C., & Morgan-Short, K. (2004). Positive evidence versus explicit rule presentation and explicit negative feedback: A computer-assisted study. *Language Learning*, 54, 35-78.
Sasaki, Y. (1991). English and Japanese interlanguage comprehension strategies: An analysis based on the competition model. *Applied Psycholinguistics*, 12, 47-73.
Sasaki, Y. (1994). Paths of processing strategy transfer in learning Japanese and English as a foreign language: A competition model approach. *Studies in Second Language Acquisition*, 16, 43-72.
Sasaki, Y. (1997a). Material and presentation condition effects on sentence interpretation task examinations of the competition experiment. *Second Language Research*, 13, 66-91.
Sasaki, Y. (1997b). Individual variation in a Japanese sentence comprehension task: Form, function, and strategies. *Applied Linguistics*, 18, 508-537.
Sasaki, Y. (1998). Processing and learning of Japanese double-object active and causative sentences: An error feedback paradigm. *Journal of Psycholinguistic Research*, 27, 453-479.
澤田美恵子（2007）.『現代日本語における「とりたて助詞」の研究』くろしお出版
サウェットアイヤラム・テーウィット（2009）.「受身文の談話機能の習得―タイ人日本語学習者を対象に」『第二言語としての日本語の習得研究』12, 107-126.
Sawyer, M., & Ranta, L. (2001). Aptitude, individual differences, and instructional design. In P. Robinson (Ed.), *Cognition and second language instruction* (pp.319-353). Cambridge, UK: Cambridge University Press.
Saxton, M. (1997). The contrast theory of negative input. *Journal of Chile Language*, 24, 139-161.
Schmidt, R. W. (1990). The role of consciousness in second language learning. *Applied Linguistics*, 11, 129-158.
Schmidt, R. W. (1992). Psychological mechanisms underlying second language fluency. *Studies in Second Language Acquisition*, 14, 357-385.
Schmidt, R. W. (1994). Implicit learning and the cognitive unconscious of artificial grammars and SLA. In N. C. Ellis (Ed.), *Implicit and explicit learning of languages* (pp.165-209). New York: Academic Press.
Schmidt, R. W. (1995). Consciousness and foreign language learning: A tutorial on the role of attention and awareness in learning. In R. Schmidt (Ed.), *Attention and awareness in foreign language learning* (pp.1-63). Honolulu: University of Hawai'i, Second Language Teaching & Curriculum Center.
Schmidt, R. W. (2001). Attention. In P. Robinson (Ed.), *Cognition and second language in-

struction (pp.3-32). Cambridge, UK: Cambridge University Press.
Schmidt, R. W., & Frota, S. N. (1986). Developing basic conversational ability in a second language: A case study of an adult learner of Portuguese. In R. Day (Ed.), *Talking to learn: Conversation in second language acquisition* (pp.237-326). Rowley, MA: Newbury House.
Schneider, W., & Shiffrin, R. (1977). Controlled and automatic human information processing in detection, search and attention. *Psychological Review*, 84, 1-66.
Schuchert, S. A. (2004). The neurobiology of attention. In J. H. Schumann, S. E. Crowedll, N. E. Jones, N. Lee, A. Schuchert, & L. A. Wood (Eds.), *The neurobiology of learning: Perspectives from second language acquisition* (pp. 143-173). Mahwah, NJ: Lawrence Erlbaum.
Schumann, J. H. (2004). Introduction. In J. H. Schumann, S. E. Crowedll, N. E. Jones, N. Lee, A. Schuchert, & L. A. Wood (Eds.), *The neurobiology of learning: Perspectives from second language acquisition* (pp.1-7). Mahwah, NJ: Lawrence Erlbaum.
Schumann, J. H., Crowell, S. E., Jones, N. E., Lee, N, Schuchert, A., & Wood, L. A. (2004). *The neurobiology of learning: Perspectives from second language acquisition.* Mahwah, NJ: Lawrence Erlbaum.
Schwartz, B. D. (1993). On explicit and negative data effecting and affecting competence and linguistic behavior. *Studies in Second Language Acquisition*, 15, 147-163.
Schwartz, B. D. (1999). Let's make up your mind: "Special nativist" perspectives on language, modularity of mind, and nonnative language acquisition. *Studies in Second Language Acquisition*. 21, 635-655.
Segalowitz, N. S. (2003). Automaticity and second languages. In C. J. Doughty, & M. H. Long (Eds.), *The handbook of second language acquisition* (pp.382-408). Malden, MA: Blackwell.
Segalowitz, N. S., & Segalowitz, S. J. (1993). Skilled performance, practice, and the differentiation of speed-up from automatization effects: Evidence from second language word recognition. *Applied Psycholinguistics*, 14, 369-385.
Segalowitz, S. J., Segalowitz, N. S., & Wood, A. G. (1998). Assessing the development of automaticity in second language word recognition. *Applied Psycholinguistics*, 18, 53-67.
Selinker, L. (1972). Interlanguage. *International Review of Applied Linguistics*, 10, 209-230.
Sharwood Smith, M. (1981). Consciousness raising and the second language learner. *Applied Linguistics*, 2, 159-168. Reprinted in W. Rutherford, & M. Sharwood Smith (1988). *Grammar and second language teaching* (pp. 51-60). New York: Newbury House.
Sharwood Smith, M. (1991). Speaking to many minds: On the relevance of different types of language information for the L2 learner. *Second Language Research*, 7, 119-132.
Sharwood Smith, M. (1993). Input enhancement in instructed SLA: Theoretical bases. *Studies in Second Language Acquisition*, 15, 165-179.
Sheen, Y. (2004). Corrective feedback and learner uptake in communicative classrooms across instructional settings. *Language Teaching Research*, 8, 263-300.
Sheen, Y. (2006). Exploring the relationship between characteristics of recasts and learner uptake. *Language Teaching Research*, 103, 361-392
Shehadeh, A. (1999). Non-native speaker's production of modified comprehensible output and second language learning. *Studies in Second Language Acquisition*, 49, 627-675.
Shehadeh, A. (2002). Comprehensible output from occurrence to acquisition: An Agenda for acquisitional research. *Language Learning*, 52, 597-647.
柴田美紀（1998）.「日本語学習者の談話におけるテンス・アスペクトの形態素の使用について」『第二言語としての日本語の習得研究』2, 68-102.
渋谷勝己（1998）.「中間言語研究における可能表現の諸相」『阪大日本語研究』10, 67-81.
Shiffrin, R. M., & Schneider, W. (1977). Controlled and automatic human information

processing II: Perceptual learning, automatic, attending, and a general theory. *Psychological Review*, 84, 127-190.
清水昭子 (1995). 「中級学習者の発話の発展―インタビュー分析から」『日本語・日本文化研究』3, 74-82. 京都外国語大学留学生別科
志村明彦 (1989). 「日本語の Foreigner Talk と日本語教育」『日本語教育』68, 204-215.
塩川絵里子 (2007). 「日本語学習者によるアスペクト形式「テイル」の習得―文末と連体修飾節との関係を中心に」『日本語教育』134, 100-109.
白井恭弘 (1998). 「言語学習とプロトタイプ理論」奥田祥子 (編)『ボーダーレス時代の外国語教育』(pp. 70-108). 未來社
Shirai, Y., & Kurono, A.(1998) The acquisition of tense-aspect marking in Japanese as a second language. *Language Learning*, 48, 245-279.
Shook, D. (1994). FL/L2 reading grammatical information, and the input-to-intake phenomenon. *Applied Language Learning*, 5, 57-93.
Shook, D. (1999). What foreign language reading recalls reveal about the input-to-intake phenomenon. *Applied Language Learning*, 10, 39-76.
Simard, D., & Wong, W. (2001). Alertness, orientation, and detection: The conceptualization of attentional functions in SLA. *Studies in Second Language Acquisition*, 23, 103-124.
Skehan, P. (1996). A framework for the implementation of task-based instruction. *Applied Linguistics*, 17, 38-62.
Skehan, P. (1998). *A Cognitive approach to language learning*. Oxford, UK: Oxford University Press.
Skehan, P., & Foster, P. (1999). The influence of task structure and processing conditions on narrative retelling. *Language Learning*, 49, 93-120.
Slobin, D. I. (1973). Cognitive prerequisites for the development of grammar. In C. A. Ferguson, & D. I. Slobin(Eds.), *Studies of child language development* (pp.175-208). New York: Holt, Rinehart & Winston.
Sokolik, M. E., & Smith, M. E. (1992). Assignment of gender to French nouns in primary and secondary language: A connectionist model. *Second Language Research*, 8, 39-58.
Spada, N. (1987). Relationships between instructional differences and learning outcomes: A process-product study of communicative language teaching. *Applied Linguistics*, 8, 137-161.
Spada, N. (1997). Focus-on-form instruction and second language acquisition. A review of classroom and laboratory research. *Language Teaching*, 30-73-87.
Spada, N., & Lightbown, P. M. (1993). Instruction and the development of questions in L2 classrooms. *Studies in Second Language Acquisition*, 15, 205-224.
Spada, N., & Lightbown, P. M. (1999). Instruction, first language influence, and developmental readiness in second language acquisition. *Modern Language Journal*, 83, 1-22.
Spada, N., & Lightbown, P. M. (2008). Form-focused instruction: Isolated or integrated? *TESOL Quarterly*, 42, 181-207.
Sparks, R., & Ganschow, L. (2001). Aptitude for learning a foreign language. *Annual Review of Applied Linguistics*, 21, 90-111.
Stadler, M. A., & Frensch, P. A. (1998). *Handbook of implicit learning*. Thousand Oaks, CA: Sage Publications.
菅谷奈津恵 (2002a). 「日本語のテンス・アスペクト習得に関する事例研究―自然習得をしてきた露・英・仏語母語話者を対象に」研究代表者 長友和彦. 平成12-13年度科学研究費補助金萌芽的研究 課題番号 1287043 研究成果報告書『第二言語としての日本語の自然習得の可能性と限界』102-114.
菅谷奈津恵 (2002b). 「第二言語としての日本語のアスペクト習得研究概観―「動作の持続」と「結果の状態」のテイルを中心に」『言語文化と日本語教育 増刊特集号 第二言語習得・教育の研究最前線 2002年版』70-86. 日本言語文化学研究会

菅谷奈津恵（2005）．『第二言語としての日本語のアスペクト習得研究―内在アスペクトと母語の役割』お茶の水女子大学大学院人間文化研究科博士論文

菅生早千江（2008）．「受益表現の誤用と訂正フィードバックに対する中上級日本語学習者の反応―リキャストと自己訂正を促す介入の比較」『日本語教育』139, 52-61.

スクータリデス，A.（1981）．「外国人の日本語の実態(3)日本語におけるフォリナー・トーク」『日本語教育』45, 53-62.

Swain, M. (1985). Communicative competence: Some roles of comprehensible input and comprehensible output in its development. In S. M. Gass, & C. Madden (Eds.), *Input in second language acquisition* (pp.235-253). Rowley, MA: Newbury House.

Swain, M. (1991). French immersion and its off-shoots: Getting two for one. In B. F. Freed (Ed.), *Foreign language acquisition research and the classroom* (pp.91-103). Lexington, MA: Heath.

Swain, M. (1993). The output hypothesis: Just speaking and writing aren't enough. *Canadian Modern Language Review*, 50, 158-164.

Swain, M. (1994). Three functions of output in second language learning. Paper presented at the Second Language Research Forum Montreal, McGill University.

Swain, M. (1995). Three functions of output in second language learning. In G. Cook, & B. Seidlhofer (Eds.), *Principle & practice in applied linguistics* (pp.125-144). Oxford, UK: Oxford University.

Swain, M. (1998). Focus on form through conscious reflection. In C. Doughty, & J. Williams (Eds.), *Focus on form in classroom second language acquisition* (pp.64-81). New York: Cambridge University Press.

Swain, M. (2000). The output hypothesis and beyond: Mediating acquisition through collaborative dialogue. In J. P. Lantolf (Ed.), *Sociocultural theory and second language learning* (pp.97-114). Oxford, UK: Oxford University Press.

Swain, M., & Lapkin, S. (1995). Problems in output and the cognitive processes they generate: A step towards second language learning. *Applied Linguistics*, 16, 371-391.

Swain, M., & Lapkin, S. (1998). Interaction and second language learning: Two adolescent French immersion students working together. *Modern Language Journal*, 82, 320-337.

Swain, M., & Lapkin, S. (2002). Talking it through: Two French immersion learners' response to reformulation. *International Journal of Educational Research*, 37, 285-304.

Takahashi, E. (1998). Language development in social interaction: A longitudinal study of a Japanese FLES program from a Vygotskyan approach. *Foreign Language Annals*, 31, 392-406.

高橋太郎（1985）．『現代日本語動詞のアスペクトとテンス』秀英出版

田丸淑子・吉岡薫・木村静子（1993）．「学習者の発話に見られる文構造の長期的観察」『日本語教育』81, 43-54.

田中真理（1991）．「インドネシア語を母語とする学習者の作文に現れる「受身」についての考察」『日本語教育』74, 109-122.

田中真理（1996）．「視点・ヴォイスの習得―文生成テストにおける横断的及び縦断的研究」『日本語教育』88, 104-116.

田中真理（1997）．「視点，ヴォイス，複文の習得要因」『日本語教育』92, 107-118.

田中真理（1999a）．平成8-9年度科学研究費(C)(2)課題番号 08680323 研究成果報告書『視点・ヴォイスに関する習得研究―学習環境と contextual variability を中心に』

田中真理（1999b）．「OPIにおける日本語のヴォイスの習得状況：英語・韓国語・中国語話者の場合」研究代表者 カッケンブッシュ・寛子．平成8-10年度科学研究費補助金 基盤研究(A)(1) 課題番号 08320019 研究成果報告書『第2言語としての日本語の習得に関する総合研究』335-350.

田中真理（2010）．「第二言語としての日本語の受身文の習得研究―今後の研究の可能性」『第二

言語としての日本語の習得研究』13, 114-146.
寺尾康（2002）．『言い間違いはどうして起こる？』岩波書店
寺村秀夫（1982）．『日本語のシンタクスと意味Ⅰ』くろしお出版
寺村秀夫（1984）．『日本語のシンタクスと意味Ⅱ』くろしお出版
寺村秀夫（1991）．『日本語のシンタクスと意味Ⅲ』くろしお出版
寺村秀夫（1993）．「連体修飾のシンタクスと意味─その１～その４」『寺村秀夫論文集Ⅰ』(pp. 157-320)．くろしお出版（寺村秀夫（1975～1878）．「連体修飾のシンタクスと意味─その１～その４」『日本語・日本文化』4～7　大阪外国語大学を再掲）
Tocalli-Bellar, A., & Swain, M. (2005). Reformulation: The cognitive conflict and L2 learning it generates. *International Journal of Applied Linguistics*, 15, 5-28.
Tomasello, M., & Herron, C. (1988). Down the garden path: Including and correcting overgeneralization errors in the foreign language classroom. *Applied Psyholinguistics*, 9, 237-246.
Tomasello, M., & Herron, C. (1989). Feedback for language transfer errors: The garden path technique. *Studies in Second Language Acquisition*, 11, 385-395.
富田英雄（1997）．「L2日本語学習者における「は」と「が」の習得：キューの対立が引き起こす難しさ」『世界の日本語教育』7, 157-174.
Tomlin, R., & Villa, V. (1994). Attention in cognitive science and second language acquisition. *Studies in Second Language Acquisition*, 16, 183-204.
Toth, P. D. (2006). Processing instruction and a role for output in second language acquisition. *Language Learning*, 56, 319-385.
Towell, R., Hawkins, R., & Bazergui, N. (1996). The development of fluency in advanced learners of French. *Applied Linguistics*, 17, 84-119.
Towse, J. N., Hitch, C. J., & Hutton, U. (1998). A reevaluation of working memory capacity in children. *Journal of Memory and Language*, 39, 195-217.
遠山千佳（2003）．「自然習得者による「は」の習得─タガログ語を母語とする学習者の発話から」『言語文化と日本語教育』25, 54-65．お茶の水女子大学日本言語文化学研究会
Trahey, M. (1996). Positive evidence in second language acquisition. *Second Language Research*, 12, 111-139.
Trahey, M., & White, L. (1993). Positive evidence and preemption in the second language classroom. *Studies in Second Language Acquisition*. 15, 181-204.
Trofimovich, P., Ammar, A., & Gatbonton, E. (2007). How effective are recasts? The role of attention, memory, and analytical ability. In A. Mackey (Ed.), *Conversational interaction in second language acquisition* (pp.171-195). Oxford, UK: Oxford University Press.
Trofimovich, P., & McDonough, K. (2011). *Applying priming methods to L2 learning, teaching and research: Insights from psycholinguistics*. Amsterdam/Philadelphia: John Benjamins.
Trofimovich, P., McDonough, K., & Neumann, H. (2013). Using collaborative tasks to elicit auditory and structural priming. *TESOL Quarterly*, 47, 177-186.
Truscott, J. (1999). What's wrong with oral grammar correction. *Canadian Modern Language Review*, 55, 437-455.
坪根由香里（1994）．「「ものだ」に関する一考察」『日本語教育』84, 65-77.
坪根由香里（1997）．「「ものだ」「ことだ」「のだ」の理解難易度調査」『第二言語としての日本語の習得研究』1, 137-156.
Tulving, E. (1991). Concepts of human memory. In L. Squire, G. Lynch, N. M. Weinberger, & J. L. McGaugh (Eds.), *Memory: Organization and locus of change* (pp.3-32). New York: Oxford University Press.
内田伸子（1996）．『子どものディスコースの発達─物語産出の基礎過程』風間書房
内田伸子（1999）．『発達心理学』岩波書店

Ullman, M. T. (2001a). The declarative/procedural model of lexicon and grammar. *Journal of Psycholinguistic Research*, 31, 37-69.
Ullman, M. T. (2001b). The neural basis of lexicon and grammar in first and second language: The declarative/procedural model. *Bilingualism: Language and Cognition*, 4, 105-122.
Ullman, M. T., Corkin, S., Coppola, M., Hickok, G., Growdon, J. H., Koroshertz, W. J., et al. (1997). A neural disassociation within language: Evidence that the mental dictionary is part of declarative memory, and that grammatical rules are processed by the procedural system. *Journal of Cognitive Neuroscience*, 9, 266-276.
VanPatten, B. (1989). Can learners attend to form and content while processing input? *Hispania*, 72, 409-417.
VanPatten, B. (1990). Attending to form and content in the input: An experiment in consciousness. *Studies in Second Language Acquisition*, 12, 287-301.
VanPatten, B. (1993). Grammar teaching for the acquisition-rich classroom. *Foreign Language Annals*, 26, 435-450.
VanPatten, B. (1994). Cognitive aspects of input processing in second language acquisition. In P. Hashemipour, R. Maldonado, & M. van Maerssen (Eds.), *Festschrift in honor of Tracy D. Terrell* (pp.170-183). New York: McGraw-Hill.
VanPatten, B. (1996). *Input processing and grammar instruction: Theory and research.* Norwood, NJ: Ablex.
VanPatten, B. (2002a). Processing instruction: An update. *Language Learning*, 52, 755-803.
VanPatten, B. (2002b). Processing the content of input-processing and processing instruction research: A response to DeKeyser, Salaberry, Robinson, and Harrington. *Language Learning*, 52, 825-831.
VanPatten, B., & Cadierno, T. (1993a). Explicit instruction and input processing. *Studies in Second Language Acquisition*, 15, 225-243.
VanPatten, B., & Cadierno, T. (1993b). Input processing and second language acquisition: A role for instruction. *Modern Language Journal*, 77, 45-57.
VanPatten, B., & Fernández, C. (2004). The long-term effects of processing instruction. In B. VanPatten (Ed.), Processing instruction: Theory, research, and commentary (pp.273-289). Mahwah, NJ: Lawrence Erlbaum.
VanPatten, B., & Jegerski, J. (2010a). Second language processing and parsing: The issues. In B. VanPatten, & J. Jegerski (Eds.), *Research in second language processing and parsing* (pp.3-23). Amsterdam/Philadelphia: John Benjamins.
VanPatten, B., & Jegerski, J. (2010b). *Research in second language processing and parsing.* Amsterdam/ Philadelphia: John Benjamins.
VanPatten, B., & Oikkernon, S. (1996). Explanation versus structured input in processing instruction. *Studies in Second Language Acquisition*, 18, 495-510.
VanPatten, B., & Sanz, C. (1995). From input to output: Processing instruction and communicative tasks. In F. Eckman, D. Highland, P. W. Lee, J. Mileham, & R. R. Weber (Eds.), *Second language acquisition theory and pedagogy*(pp.169-185). Mahwah, NJ: Lawrence Erlbaum.
VanPatten, B., & Wong, W. (2004). Processing instruction and the French causative: Another replication. In B. VanPatten (Ed.), *Processing instruction: Theory, research, and commentary* (pp.97-118). Mahwah, NJ: Lawrence Erlbaum.
Vendler, Z. (1957). Verbs and times. *The philosophical review*, 143-160.
Watanabe, Y. (2008). Peer-peer interaction between L2 learners of different proficiency levels: Their interactions and reflections. *Canadian Modern Language Review*, 64, 605-635.
Watanabe, Y., & Swain, M. (2007). Effects of proficiency differences and patterns of pair

interaction on second language learning: Collaborative dialogue between adult ESL learners. *Language Teaching Research*, 11, 121-142.
Watanabe, Y., Swain, M. (2008). Perception of learner proficiency: Its impact on the interaction between an ESL learner and her higher and lower proficiency partners. *Language Awareness*, 17, 115-130.
White, J. (1998). Getting the learners' attention: A typographical input enhancement study. In C. Doughty, & J. Williams (Eds.), *Focus on form in classroom second language acquisition* (pp.85-113). Cambridge, UK: Cambridge University Press.
White, L. (1987). Against comprehensible input: The input hypothesis and the development of second language competence. *Applied Linguistics*, 8, 95-110.
White, L. (1989). The adjacency condition on case assignments: Do learners observe the Subset Principle? In S. M. Gass, & J. Schachter (Eds.), *Linguistic perspectives on second language acquisition* (pp.134-158). Cambridge, UK: Cambridge University Press.
White, L. (1991). Adverb placement in second language acquisition: Some effects of positive and negative evidence in the classroom. *Second Language Research*, 7, 133-161.
White, L., Spada, N., Lightbown, P. M., & Ranta, L. (1991). Input enhancement and L2 question formation. *Applied Linguistics*, 12, 416-432.
Wickens, C. (1989). Attention and skilled performance. In D. Holding (Ed.), *Human skills* (pp.71-105). New York: Wiley.
Wilkins, D. A. (1976). *Notional Syllabus*. Oxford, UK: Oxford University Press.
Williams, J. (1999). Learner-generated attention to form. *Language Learning*, 49, 583-625.
Williams, J. (2001). The effectiveness of spontaneous attention to form. *System*, 29, 325-340.
Williams, J. N. (1999). Memory, attention, and inductive learning. *Studies in Second Language Acquisition*, 21, 1-48.
Willingham, D. B., & Goedert-Eschmann, K. (1999). The relation between implicit and explicit learning: Evidence for parallel development. *Psychological Science*, 10, 531-534.
Wong, W. (2004a). The nature of processing instruction. In B. VanPatten (Ed.), *Processing instruction: Theory, research, and commentary* (pp.33-63). Mahwah, NJ: Lawrence Erlbaum.
Wong, W. (2004b). Processing instruction in French: The roles of explicit information and structured input. In B. VanPatten (Ed.), *Processing instruction: Theory, research, and commentary* (pp.187-205). Mahwah, NJ: Lawrence Erlbaum.
許夏珮(1997).「中・上級台湾人日本語学習者による「テイル」の習得に関する横断研究」『日本語教育』95, 37-48.
許夏珮(2000).「自然発話における日本語学習者による「テイル」の習得研究―OPIデータの分析結果から」『日本語教育』104, 20-29.
許夏珮(2002).「日本語学習者によるテイタの習得に関する研究」『日本語教育』115, 41-50.
許夏珮(2005).『日本語学習者によるアスペクトの習得』くろしお出版
Yabuki-Soh, N. (2007). Teaching relative clauses in Japanese: Exploring alternative types of instruction and the projection effect. *Studies in Second Language Acquisition*, 29, 219-252.
Yagi, K. (1992). The accuracy order of Japanese particles『世界の日本語教育』2, 15-26.
八木公子(1996).「初級学習者の作文にみられる日本語の助詞の正用順序―助詞別,助詞の機能別,機能グループ別に」『世界の日本語教育』6, 65-81.
八木公子(1998).「中間言語における主題の普遍的卓越―『は』と『が』の習得研究からの考察」『第二言語としての日本語の習得研究』2, 57-64.
八木公子(2000).「『は』と『が』の習得―初級学習者の作文とフォローアップインタビューの分析から」『世界の日本語教育』10, 91-107.
山鳥重・辻幸夫(2006).『心とことばの脳科学』大修館書店
山下光(2000).「記憶の病理」太田信夫・多鹿秀継(編)『記憶研究の最前線』(pp.287-307). 北

大路書房
山内博之（1997）.「日本語の受身文における「持ち主の受身」の位置付けについて」『日本語教育』92, 119-130.
山内博之（1999）.「OPI 及び KY コーパスについて」研究代表者 カッケンブッシュ・寛子. 平成8-10年度科学研究費補助金 基盤研究(A)(1) 課題番号 08308019 研究成果報告書『第2言語としての日本語の習得に関する総合研究』238-245.
楊凱栄（1989）.『日本語と中国語の使役表現に関する対照研究』くろしお出版
横林宙代（1995）.「中級・上級学習者の発話に現れる助詞」『国際言語文化研究』1, 125-140. 鹿児島純心女子大学
Yoshida, R. (2008). Teachers' choice and learners' preference of corrective-feedback types. *Language Awareness*, 17, 78-93.
Yoshida, R. (2009). *Learners in Japanese language classrooms: Overt and covert participation*. London: Continuum.
Yoshida, R. (2010). How do teachers and learners perceive corrective feedback in the Japanese language classroom? *Modern Language Journal*, 94, 293-314.
尹喜貞（2004）.「第2言語としての日本語授受動詞習得研究概観」『言語文化と日本語教育 増刊特集号 第二言語習得・教育の研究最前線 2004年版』168-181. 日本言語文化学研究会
尹喜貞（2006）.「授受補助動詞の習得に日本語能力，及び学習環境が与える影響—韓国人学習者を対象に」『日本語教育』130, 120-129.
Zajonc, R. G. (1968). Attitudinal effects of mere exposure. *Journal of Personality and Social Psychology Monographs*, 9, 1-27.
Zeng, G., & Takatsuka, S. (2009). Text-based peer-peer collaborative dialogue in a computer-mediated learning environment in the EFL context. *System*, 37, 434-446.
張威（1998）.『結果可能表現—日本語・中国語対照研究の立場から』くろしお出版
張興・徐一平（2001）.「中国人学習者の作文における命題目当てのモダリティ表現について—中国語との対照を含めて」研究代表者 前田(宇佐美)洋. 平成11-12年度科学研究費補助金 基盤研究(B)(2) 課題番号(国) 1691041 研究成果報告書『日本語教育のためのアジア諸言語の対訳作文データの収集とコーパスの構築』国立国語研究所 61-71.
張惠芳（2010）.「自然会話に見られる「ダロウ」と「デハナイカ」の表現機能の違い—用法上互換性を持つ「認識喚起」の場合」『日本語教育』145, 49-59.
Zobl, H. (1983). Markedness and the projection problem. *Language Learning*, 33, 293-313.
Zobl, H. (1985). Grammars in search of input and intake. In S. M. Gass, & C. G. Madden (Eds.), *Input in second language acquisition* (pp. 329-344). Rowley, MA: Newbury House.

索　引

A

A 類　80, 81, 132-134, 141

B

B 類　80, 81, 132-134, 141

C

C 類　81, 132-134, 141

F

Focus on Form（FonF）9, 16, 29, 41-44, 48, 50, 58, 143-146, 148-155, 159, 171, 174, 175, 177, 181, 188, 197, 200, 201, 206, 210, 211, 230, 239, 241-243, 247, 250, 251

Focus on FormS（FonFS）42, 58, 145-148, 150-154, 171, 174, 191, 214, 241-243, 250, 251

Focus on Meaning（FonM）41-44, 58, 145, 146, 148, 150-153, 155, 241-243

Form-Focused Instruction（FFI）150-152, 211-213

M

meaning-focused instruction　150, 152

N

Noun Phrasal Accessibility Hierarchy（NPAH）136-138, 140, 245, 246

O

One to One Principle　129, 142

U

U 字型行動　47

あ

アウェアネス　3, 4, 11, 14-20, 23, 27-29, 42, 60, 61, 68, 72, 177, 181, 211, 241, 242

アウトプット仮説　41, 204, 206, 207, 209, 215, 216, 230

ACT* 理論　13, 51-57, 66

アスペクト　82, 105, 107-110, 113-116, 120, 215, 253

アスペクト仮説　109, 110, 113-115, 253

アップテイク　191-196, 202, 228, 229, 249, 254, 255

誤り訂正　184, 190, 197, 214

誤りの訂正　178, 185, 190, 224, 248

暗示的学習　4, 18, 19, 28, 29, 32, 35, 55-62, 64-73, 153, 154, 167, 177

暗示的知識　11, 12, 15, 30-32, 52, 59, 66, 68, 145, 165, 167

暗示的フィードバック　61, 186, 189, 190, 197-199, 214, 215, 248-250

暗示的モード　68, 70, 72

い

言い間違い　36, 40

意識　2, 3, 11, 14-18, 23, 29, 31, 51, 57, 59, 60, 63, 68-70, 72, 76, 144, 145,

171, 177, 178, 192, 203
意識化 12, 16, 216
維持リハーサル 27, 28, 68
意図的 60, 67-69, 149
イマージョン 41, 150-152, 192-194, 196, 198, 204, 206, 211, 230, 232, 233
今, ここ 127-129, 142
意味記憶 30, 31
意味交渉 144, 182-184, 190, 195, 209, 224-226, 228, 229, 253
インターアクション仮説 144, 182, 183, 196, 223, 224, 226, 230, 248
インターアクション強化 210, 211
インテイク 18, 19, 156, 161, 168, 169, 201, 250
インナー・スクライブ 25
インプット仮説 47, 144, 223
インプット強化 16, 18, 57, 150, 174-182, 197, 208, 210, 211
インプット洪水 150, 187
インプット処理指導 155-157, 159, 168, 169, 173, 174, 182, 251
インプット処理の原理 156, 157, 172

う

ウェルニッケ野 33
ヴォイス 82, 89, 90, 95, 100, 102, 104, 235
受身文 81, 89-96, 98, 100, 104, 107, 108, 203

え

エピソード記憶 30, 31
エピソード・バッファー 25, 26
演繹的 60, 62, 122, 162, 171, 174, 252

お

音韻識別能力 47

音韻ストア 25
音韻的解読 39
音韻的符号化 37, 39
音韻ループ 25, 26, 202
音声的解析処理部門 39

か

外国語学習障害 47
介在変数 7, 154, 180, 243, 251
概念駆動型 28, 32, 72
概念処理 38, 41, 46, 76, 179, 182
概念処理部門 37, 38, 41
蓋然性 120, 121, 123, 124
会話的調整 144, 183, 205, 227, 228
格助詞 34, 80, 82-85, 87, 102, 104, 141, 231-233, 235, 237
確信度 121-123
確認チェック 144, 183, 184, 195, 209, 226, 227, 248
過去 116, 117
過剰学習 147
過剰般化 64, 65, 147, 149, 185, 210
仮説検証 60, 72, 205, 216
仮説検証型 5, 7, 8
仮定的 130
可能表現 96, 100-104
可能文 89

き

記憶 3-5, 10, 13, 15, 19, 20, 22, 23, 25-33, 35, 36, 40, 42, 45-47, 51, 54-59, 63, 64, 68-73, 104, 145, 149, 176, 193, 199, 201, 238, 255
聞き手目当てのモダリティ 120, 125
記述的研究 8, 67, 190, 195, 196
記述的レビュー 152, 238, 239
規則ベース 53-56, 58-60, 63-65, 69, 72

気づき 4, 16, 18, 19, 23, 44, 85, 153, 165, 178, 180, 181, 192, 193, 199, 200, 202, 203, 205, 208, 211, 216, 250, 251, 254
気づき仮説 16, 29
帰納的 60, 62, 63, 69, 149, 182, 185, 211
キュー 20, 34, 48, 49, 157, 172, 198, 208, 231–234, 236–238
キューの強度 48
キューの妥当性 48, 236
教育的介入 6–8, 26, 40, 42, 44, 60, 153, 155, 174, 181, 189, 201, 202, 210, 243, 244, 246, 247
教育文法仮説 12, 16
競合 20, 21, 34, 39, 47–49, 117, 118, 155, 172, 231–235, 237, 238, 264
競合モデル 20, 34, 47–49, 155, 172, 231–233, 235, 237, 238, 264
教室観察研究 190, 229
教室習得環境 145, 147, 244
教室習得研究 2, 3, 7, 10, 26, 36, 42, 53, 59, 143, 150, 170, 173, 223, 230, 239, 243
教授可能性仮説 45, 246
協働ダイアローグ 206–209
強要アウトプット 170, 205, 209, 210, 214, 230, 250

け

警戒感 17, 18
形式処理部門 37–39
系統的レビュー 238–240
結果 103, 106, 107, 109–115, 117, 118, 136, 141, 253
言語関連エピソード 184, 206, 230
言語習得装置 148, 189
言語処理 2, 10, 16, 21, 35, 36, 38, 40–42, 44–47, 50, 52, 59, 71, 75–77, 79, 80, 87, 104, 120, 127–129, 133, 139–143, 145, 148, 152, 153, 156, 165, 173, 175, 181, 187, 198, 201, 206, 215, 217, 240, 244, 248
言語性短期記憶 26, 202
言語適性 61, 182
現在 116, 117
顕在記憶 30–32, 72
現在—結果 116–118
検索 2, 23, 24, 30–32, 34, 35, 44, 53–59, 69, 72, 73, 149, 152, 207, 239
検出 17–19, 23, 27, 42, 187, 208, 243, 250, 251

こ

語彙・機能文法 46
語彙機能文法 77, 80
語彙素 37, 39, 176
構音コントロール過程 25
効果量 154, 167, 180, 183, 188, 196, 216, 238, 239, 241, 242, 244
構造的インプット活動 158, 163, 164, 171, 173, 174
肯定証拠 148, 165, 167, 184, 187–189, 200, 244, 254
項目ベース 54–56, 58, 59, 72, 219
コネクショニスト 35, 62–65, 71
誤用率 56, 57
根本的相違仮説 29
根本的類似仮説 28

さ

最近接発達領域 206, 228
再構築 13, 43, 44, 52, 53, 60, 148, 171, 187, 206–208, 211, 216, 230, 251
作動記憶 4, 10, 22–24, 26, 30, 46, 76, 77, 156, 182, 193, 199, 201, 235

索 引 291

し

シークエンス学習 33, 34, 68
使役表現 100, 101, 141
使役文 89, 90, 101, 161, 235
視覚キャッシュ 25
視覚的インプット強化 174-182, 208, 240
視空間記銘メモ 25
刺激再生法 193, 229, 254
志向性 17, 18
思考の負担 142
思考表出法 178, 181, 207
自己訂正 50, 188, 198, 200
事実的 130
指示的活動 158, 160, 163, 165-168
自然言語 31, 58, 65
自然習得 12, 41, 45, 73, 79, 127, 138, 145, 147, 244
自然習得環境 41, 73, 145, 147, 152, 244
実験群 60, 61, 152, 160, 169-171, 183, 185, 186, 196, 208, 211-214, 217, 240, 242, 243, 250-254
実験室研究 58, 61, 65, 67, 143, 188
シテイルのプロトタイプ 111
視点 82, 90-96, 99, 100, 104, 133, 134, 228, 247
視点ハイアラーキー 92, 93, 95
自動化 4, 12, 13, 21, 30, 31, 33, 35, 36, 38, 45, 46, 49-58, 60, 66, 69, 71, 72, 76, 77, 80, 134, 160, 181
自動詞 89, 90, 96, 100-104, 107, 108
自動性 16, 35, 49, 51, 54, 55, 58, 72
自動的処理 13, 21, 51, 52
社会文化理論 206, 228-230
修正アウトプット 191-194, 199, 202, 203, 211, 216-218, 227
従属節の「が」 81, 88
従属変数 154, 188, 238
習得／学習仮説 11, 144
習得順序 9, 111, 145, 234, 245
授受表現 80, 81, 90, 91, 96-100, 104, 141
準実験 186, 188, 197, 213, 239
情意的活動 158, 160, 165-168
証拠性 121-123
焦点的注意 14, 23, 25, 27, 28, 67, 202
処理可能性理論 10, 41, 44-46, 75-80, 86, 110, 134, 140, 246
処理単位 35, 46, 47, 246
事例理論 54, 57, 58, 69, 73
進行 106-115, 117, 141, 248, 253
人工言語 31, 56-58, 62, 65, 66, 177
人工文法 31, 68
心的辞書 37-41, 44-46, 64, 175, 201, 215
心的努力 21, 22, 51
心的表象 13, 14, 23, 24, 26, 27, 32-44, 46, 52-54, 58-60, 72, 149
親密度 179, 180, 182, 195
信頼性 48, 154, 181
心理言語的妥当性 200, 215

す

推論 25, 55, 122, 123, 175
スキル習得論 12, 51-53, 70, 71
スピーチ・プラン 201, 202

せ

正確さ 41, 49, 50, 56-58, 65, 145, 148, 163, 164, 186, 192, 204, 212, 248, 253
精緻化リハーサル 27, 28
生得主義者 64, 189
宣言の記憶 31-33, 64, 70, 112
宣言的知識 12, 13, 32, 33, 38, 40, 52-54, 56, 57, 68, 70-72, 215, 216
潜在記憶 19, 29-32, 72, 176
漸増手続き的文法 46

選択的注意 18, 44, 182

そ

操作上の定義 19, 29, 69, 152–155, 159, 197, 199, 238, 240
素性の一致 78

た

夕 110
対比の「は」81, 88
多次元モデル 21, 45, 76
タスク中心の教授法 73, 152, 182, 248
タスクの言語形式必須性 158, 250
他動詞 89, 90, 91, 93, 100–102, 104, 107, 108, 231, 232, 235
短期記憶 22, 23, 72
談話処理 39

ち

知覚速度 199
知覚的卓立性 16, 174, 179, 200
チャンキング 33–36, 46, 47, 53, 55, 73, 238
チャンク 33–35, 38, 42, 46, 53, 55
注意 4, 12, 15–25, 28, 29, 34, 40–42, 44, 46, 51–54, 60, 67, 72, 76, 85, 101, 104, 116, 143, 146–148, 150, 153, 155–158, 164–166, 172, 174, 177, 179, 182, 192, 202, 208, 230, 241, 248, 250, 252, 253
注意資源 21, 22, 41, 51–53, 76, 146
中央実行系 25, 26, 182
中間言語 7, 12, 13, 26, 44, 60, 147, 148, 153, 160, 162, 170, 187, 190, 193, 202, 204, 207, 210, 211, 220, 251
抽出 34, 47, 60, 65, 154, 162, 181, 183, 198, 211–213, 219, 229
調音処理部門 39
長期記憶 2, 4, 12, 22, 24, 28, 30, 72, 91, 145, 176, 199, 202
訂正フィードバック 61, 178, 184–186, 188, 189, 193, 195, 209, 211, 212, 214, 228–230
直後再生 192

て

データ駆動型 28, 32, 55, 68, 72
ディクトグロス 171, 206–208, 230
訂正リキャスト 190, 194, 197, 210
テイル 110
手続き化 13, 52, 53, 56, 57, 60, 70
手続き的記憶 30–33, 35, 64, 70, 73, 112
手続き的知識 12, 13, 31–33, 38, 40, 52–54, 56, 59, 63, 64, 68, 70–73, 153, 198, 215, 216
転移仮説 244
転移適切性処理の原理 72, 173, 214, 255
テンス 82, 105, 109, 110, 113, 120, 215

と

統合的シラバス 147, 151
統語的プライミング 217–221
統合モデル 48, 237
投射装置 246
統制群 61, 154, 159, 160, 162, 163, 166, 167, 169, 170, 177, 180, 183, 185, 186, 188, 199, 200, 203, 208, 211–214, 217, 218, 220, 240–243, 249, 250, 252–254
統制的処理 13, 21, 51, 52
独立変数 7, 65, 154, 162, 168, 187, 197, 238, 252
トップダウン 25, 39, 40, 56, 145, 179, 182, 235
とりたて助詞 82, 85, 87, 141

な

内的限界 107, 108

索引 293

に

日本語の階層構造 80, 81
認知資源 4, 23, 34, 40, 45, 46, 51, 182, 193, 198, 202
認知的アプローチ 2-4, 6, 7, 26, 247
認知的基盤 200
認知的侵入 44, 201, 202
認知の窓 201, 202
認知比較 23, 44, 60, 185, 197, 200, 202

の

脳科学 1-7, 15, 24, 55, 71, 143
ノン・インターフェース仮説 11, 52, 59

は

パターン認知 34, 42, 193, 199
発達 75
発達段階 10, 35, 44-47, 50, 52, 77-79, 80, 82, 85-87, 110, 134, 140-142, 145, 178, 182, 183, 185, 187, 192, 193, 196, 198, 203, 217, 219, 220, 246, 247
発達的レディネス 42, 180, 193, 196, 198, 199, 246
発話意図 44, 48, 76, 77, 142, 225, 231
「は」と「が」 87, 88, 233, 234
反応時間 56, 57, 63, 65, 163, 212, 214, 235
反復 106, 111, 112, 116, 117, 141, 144, 194, 195, 198, 210-213, 224, 248, 250
凡例 19, 27, 54, 55, 58, 60, 68, 69, 72, 73, 149

ひ

非宣言的記憶 31
否定証拠 148, 165, 184, 187-189, 200, 244, 254
否定フィードバック 174, 184-188, 192, 194, 195, 200, 204, 209, 216, 217, 244
1つの出来事 116, 117

ふ

フィードバック 61, 66, 158, 162, 165, 170, 171, 174, 182, 184-200, 203, 205, 207, 209-217, 221, 225-229, 233, 235, 248-250, 253, 254, 266
複雑さ 49, 50, 66, 148, 227, 236, 248
複文 45, 75-77, 80-82, 86, 88, 104, 118-120, 128, 129, 133, 134, 141, 247
符号化 23, 25, 31, 32, 39, 41, 45, 46, 170, 172, 247
付随的 57, 58, 65, 67, 68, 72, 146, 149, 170, 190
付随的学習群 57
普遍文法 4, 19, 35, 48, 188, 244
プライミング 30, 202-204, 216-221
プランニング 20, 36, 38, 40, 41, 201, 238
ブローカ野 4, 33
プロトコール分析 18, 19, 29, 176, 181, 216, 230
分析的シラバス 149, 151
分節化 19, 46, 47
文法素性 39
文法的解読 39
文法的符号化 39, 216
文法性判断テスト 57, 61, 62, 65, 68, 110, 115, 153, 154, 167, 170, 171, 180, 214, 250, 251

ほ

母語の影響 95, 97, 112, 115, 125, 134, 138
ボトムアップ 22, 25, 39, 145, 176, 235

ま

マクロ処理 43, 44
マクロ・プランニング 38
マッピング 13, 34, 42-44, 48, 51, 53, 54, 56, 147, 149, 172, 175, 201, 215, 221, 235, 247

み

ミクロ処理 43, 44
ミクロ・プランニング 38, 41
見出し語 32, 39, 44, 46, 175, 176, 201, 215
南(1993) 80, 128, 132
未来 116

め

明確化要求 144, 183, 184, 191, 193, 195, 198, 199, 205, 209-215, 217, 218, 224-227, 229, 230, 249, 250
明示的学習 4, 28, 29, 32, 53, 56, 58-62, 66-72, 153, 154, 167, 177, 215
明示的説明 56, 65, 66, 156, 159, 162-168, 171, 174, 187
明示的知識 11, 12, 15, 30-32, 57, 59, 61, 62, 68, 145, 164-167, 207
明示的訂正 188, 199, 212, 229
明示的フィードバック 61, 186, 197-199, 249
メタ言語的な手がかり 211
メタ分析 68, 152, 168, 177, 180, 183, 187, 188, 196, 216, 238-242, 244, 249, 256

も

目標言語形式 67, 153, 159, 160-171, 178-180, 187, 190, 198, 199, 203, 208, 211-213, 220, 226, 227, 230, 239, 241, 243, 245-247, 249, 250, 252-254

モダリティ 21, 82, 103, 120, 121, 123-125, 128, 131-134, 141, 244, 251
モニター理論 51, 143

ゆ

U字型曲線 64
誘導 68, 126, 188, 194, 198-200, 203, 209, 211-214, 230, 254

よ

用法基盤アプローチ 219, 221

り

リーディング・スパン・テスト 24
理解チェック 144, 183, 184, 195
リキャスト 184, 187-189, 190-204, 208, 211-214, 216, 218, 219, 228-230, 241, 246, 248-250, 252-255
リハーサル 23, 27-29, 68, 72, 199
リペア 193, 209, 211, 212
流暢さ 21, 30, 35, 41, 49-51, 56-58, 60, 145, 148, 204, 205, 211, 216, 248
流動性注意 202
利用可能性 48

れ

連体修飾節 115, 129, 134-140, 246
連用修飾節 129

わ

話者の視点 247
話者の態度 120, 247
婉曲 99, 122-124

[著者紹介]

小柳かおる（こやなぎ・かおる）

福岡県出身。ジョージタウン大学にて修士号・博士号（言語学）取得。（社）国際日本語普及協会（AJALT），アメリカ国際経営大学院，ジョージタウン大学等の日本語講師，上智大学助教授などを経て，現在，上智大学言語教育研究センター／大学院言語科学研究科教授。著書に，『日本語教師のための新しい言語習得概論』（単著，スリーエーネットワーク，2004/改訂2021），『研究社日本語教育辞典』（「3 第二言語習得」単著，研究社，2012）など。

峯布由紀（みね・ふゆき）

長崎県出身。筑波大学大学院にて修士号，お茶の水女子大学大学院にて博士号（人文科学）取得。国際交流基金日本語教育派遣専門家，早稲田大学・お茶の水女子大学・日本大学非常勤講師，東洋学園大学人文学部准教授などを経て，現在，上智大学言語教育研究センター／大学院言語科学研究科教授。著書に，『第二言語としての日本語の発達過程―言語と思考のProcessability』（単著，ココ出版，2015）など。

認知的アプローチから見た第二言語習得
―日本語の文法習得と教室指導の効果―

2016年1月15日　第1刷発行
2023年8月31日　第2刷発行

著　者　　小柳かおる・峯布由紀
発行人　　岡野秀夫
発　行　　株式会社　くろしお出版
　　　　　〒102-0084　東京都千代田区二番町4-3
　　　　　電話：03-6261-2867　FAX：03-6261-2879　WEB：www.9640.jp

印刷所　三秀舎　　装丁　庄子結香（カレラ）

© Kaoru Koyanagi, Mine Fuyuki, 2016
Printed in Japan　ISBN978-4-87424-683-2 C3081

本書の全部または一部を無断で複製することは、著作権法上での例外を除き禁じられています。